LES
JUIFS ALGÉRIENS
LEUR PASSÉ
LEUR PRÉSENT, LEUR AVENIR JURIDIQUE
LEUR NATURALISATION COLLECTIVE

Paris. — Imprimerie de PILLET fils aîné, rue des Grands-Augustins, 5.

LES
JUIFS ALGÉRIENS

LEUR PASSÉ

LEUR PRÉSENT, LEUR AVENIR JURIDIQUE

LEUR NATURALISATION COLLECTIVE

PAR

C. FRÉGIER

PRÉSIDENT DU TRIBUNAL DE SÉTIF
MEMBRE DE L'ACADÉMIE DE LÉGISLATION DE TOULOUSE
ET DE LA SOCIÉTÉ HISTORIQUE D'ALGER

> Il y a beaucoup de choses obscures et difficiles dans la jurisprudence qui ne se connaissent que par une longue étude et une grande application.
> RENUSSON, *Traité de la Subrogation*, chap. 1er, no 6.
>
> Humanæ rationi naturale videtur ut gradatim ab imperfecto ad perfectum (lex) perveniat.
> S. TH., *Summa theol. de Leg.*, quæst. 97.
>
> צִיּוֹן בְּמִשְׁפָּט תִּפָּדֶה וְשָׁבֶיהָ בִּצְדָקָה׃
> Sion in *judicio* redimetur et reducent eam in *justitiâ*.
> Is., c. 1, v. 27.

PARIS
MICHEL LÉVY FRÈRES, LIBRAIRES ÉDITEURS
RUE VIVIENNE, 2 BIS, ET BOULEVARD DES ITALIENS, 15
A LA LIBRAIRIE NOUVELLE
—
1865

A MOÏSE MENDELSSHON

Ombre immortelle !

Qui plus que toi, depuis un siècle, concourut à l'émancipation juridique et à la civilisation générale des Israélites européens?

Digne héritier d'un nom porté par deux hommes illustres, — le Promulgateur de la première et le Commentateur de la seconde Loi, — tu fus le Traducteur de l'un et de l'autre, — et, en dépit des préjugés de la routine, des préventions de l'ignorance et des résistances du fanatisme, Poëte civilisateur du Judaïsme contemporain, comme le fils d'Amram avait été le Législateur du Judaïsme antique, et le fils de Maïmon, le Philosophe du Judaïsme du Moyen-Age, tu poussas courageusement tes frères dans la voie de leur transformation sociale et politique.

Ne sois donc pas surprise si je viens aujourd'hui placer sous le patronage de ta mémoire bénie, un livre consacré au progrès législatif et à la *naturalisation collective des Juifs algériens*.

Ce progrès, cette naturalisation, qu'est-ce autre chose que leur pleine émancipation juridique et leur complète civilisation?

Ce que tu fus pour les Israélites d'Allemagne, je voudrais l'être pour les Israélites d'Algérie.

Ah! sans doute, et nul ne le sait mieux que moi, là même où, de ta puissante faucille, tu moissonnas de si nombreuses et de si riches gerbes, à peine ai-je glané de rares et frêles épis!

Mais, tels qu'ils sont, ne daigne pas moins me permettre de te les dédier, et par toi, vivante personnification de tout progrès israélite, à tes frères de « toute région, » et, avant tout, à tes frères de la France algérienne!

C. FRÉGIER.

Alger, 19 août 1865.

PRÉFACE

« C'est icy un livre de bonne foy. »

Tel est le début des immortels *Essais de Montaigne*.

Telle doit être la première ligne de ces pages éphémères.

Mû par le seul amour du *Vrai* et du *Juste*, j'ai recherché sincèrement, exposé naïvement, exprimé énergiquement ce que je crois, ce que je sais être la *vérité* et la *justice*, et à l'exemple de Malherbe, j'ai dit sans périphrase et sans détour : *Cela est bon, et cela ne l'est pas* [1].

C'était certainement mon droit, peut-être mon devoir.

Si, d'après une des plus philosophiques et des plus profondes paroles du sage [2], *tout homme a été constitué par Dieu mandataire de son semblable*, n'est-ce pas surtout dans une colonie que doit être rempli ce divin mandat ?

Enfant de la France, persuadé qu'un mandat de

---

1. Balzac, *Entretiens*, édit. Moreau, t. II, p. 406.
2. Eccles. XVII, 12.

civilisation lui a été conféré d'en haut, et que celui-là forferait à ce mandat, qui, magistrat, jurisconsulte, publiciste, par la parole ou par la plume, ne concourrait pas *à sa plus prompte et plus entière exécution*, il m'a paru que je devais associer mes efforts aux efforts de ma mère, et, de concert avec elle, hâter, de tout mon pouvoir, l'avénement du jour solennel où, grâce à une naturalisation universelle et collective des sujets algériens de mon pays, la même justice, la même loi, le même droit régnant enfin sur eux et sur tous les habitants français ou étrangers de l'Algérie, s'opérera la fusion en une seule civilisation, en une seule législation, en une seule magistrature, en une seule nation, de trois civilisations, de trois législations, de trois magistratures, de trois nations séparées, rivales ou ennemies.

Je ne me suis dissimulé ni la grandeur, ni la difficulté, ni la délicatesse de ma tâche.

N'ayant ni le temps d'être court, ni celui d'être long, et craignant de n'avoir pas assez vu toutes les parties de mon sujet pour me permettre de les abréger, j'ai été forcé de louvoyer entre deux écueils également dangereux : la brièveté qui obscurcit et la prolixité qui fatigue.

Et puis, j'ai été contraint de toucher à des questions brûlantes.

Historien, j'ai raconté ce que m'ont appris les documents du passé.

Témoin, j'ai déposé de ce que j'ai vu et entendu.

Jurisconsulte, j'ai formulé mes opinions sur des points de droit, de jurisprudence et de législation, objets de nombreuses contestations et sources de vives controverses.

Publiciste, et publiciste progressiste, j'ai franchement proposé aux méditations du pouvoir et du législateur ce que j'ai estimé le plus favorable au progrès d'un pays devenu ma seconde patrie.

Progressiste ! qu'est-ce à dire ?

Avec Buffon et tous les publicistes et philosophes contemporains, j'appelle *progrès*, dans un sens élevé et philosophique, *tout événement et perfectionnement public et social.*

Ainsi l'ont entendu l'Empereur actuel de Russie et le Président du Sénat français : le premier, quand il a dit « que le progrès est la loi du présent et de l'avenir ; » le second, qu'il est « l'un des caractères du règne de Napoléon III, et un besoin impérieux pour l'infatigable génie de la France [1]. »

Or, partout, même en Algérie, il est des hommes qui aiment le mouvement en arrière, d'autres le repos absolu, d'autres enfin le mouvement en avant.

Ni rétrograde ni stationnaire, je suis de ces derniers ; je suis ami du progrès : je suis *progressiste*.

Sans doute, il est des hommes qui, se parant de ce titre comme d'une hypocrite étiquette, sous prétexte de marcher en avant, renversent, brisent et détrui-

---

1. Adresse du Sénat à l'Empereur, 1863.

sent tout ce qui les entrave et les arrête dans leur course insensée vers un chimérique avenir.

Entre eux et moi, rien de commun !

Un vrai *progressiste* n'est ni un utopiste ni un révolutionnaire.

Quoi qu'il en soit, forcé, par l'irrésistible puissance de la vérité et par les inspirations non moins irrésistibles de ma conscience d'homme et de magistrat, d'énoncer des idées, des opinions, des vues qui heurtent de front des préjugés, des systèmes, des intérêts et des passions hostiles, peut-être dois-je m'attendre à des attaques violentes, à des contradictions ouvertes, à de sourdes oppositions.

Mais que m'importe ?

Armé de convictions inébranlables, je ne crains pas les injustices de la critique, et ses sévérités, si elles sont loyales, je les provoque de grand cœur.

La Vérité est forte comme Dieu.

Si elle est avec moi, que mes adversaires la proclament !

Si elle est avec eux, qu'ils me le prouvent !

Dans tous les cas, partisans ou adversaires, que tous reconnaissent ma bonne foi et ma sincérité !

INTRODUCTION

> La France ne peut pas, ne doit pas tarder à arborer sur le sommet de la Casbah d'Alger le drapeau d'une seule et même législation, librement recherchée par tous et par tous librement acceptée[1].

Après la Théodicée et la Morale, je ne connais pas de science qui, autant que celle du Droit, intéresse et attire l'homme avide de posséder la vérité et désireux de se consacrer entièrement à sa recherche.

N'en soyons pas surpris!

De toutes les études, l'étude du Droit est, sans contredit, l'une des plus importantes et des plus belles, et de toutes les choses grandes et saintes aux yeux des hommes, elle est assurément une de celles qui occupent un des rangs les plus augustes et les plus élevés.

Religion, Philosophie, Histoire, Economie sociale,

---

1. Voir notre *Etude sur la naturalisation des Indigènes et des Etrangers en Algérie.*

Politique, Sciences, Lettres et Arts, rien ne lui est étranger, et tout, dans le monde intellectuel aussi bien que dans le monde moral et physique, tout lui apporte son tribut.

Voilà pourquoi, à près de vingt siècles d'intervalle, pour Cicéron [1] et Ulpien [2], de même que pour Domat [3] et Portalis [4], le Droit, considéré au point de vue de son origine, de sa nature, de son objet et de son but, embrasse, dans sa sphère vaste comme l'Humanité, l'universalité des rapports qui régissent les hommes entre eux, toutes les manifestations, tous les produits de la liberté humaine, tout ce qui, directement ou indirectement, tend à créer la vie sociale ou à constituer l'harmonie du monde moral.

Voilà aussi pourquoi, par l'organe du principal d'entre eux, les Jurisconsultes romains de l'Ecole stoïcienne ne se contentèrent pas de définir le Droit : « La science du juste et de l'injuste, » mais bien encore : « La connaissance des choses divines et humaines [5]. »

Profonde et admirable définition, trop longtemps mal comprise et plus mal appliquée, qu'il appartenait aux jurisconsultes chrétiens de mieux appliquer, parce qu'il leur était donné de mieux la comprendre, et dont, même après Vico, Bossuet et Montesquieu, Mirabeau me paraît avoir le mieux aperçu et mesuré l'étendue,

1. Cic. *De Officiis*, lib. I, 6.
2. Dig. 10, lib. I, tit. I.
3. *Traité des lois.*
4. *Discours préliminaire du Code civil*, et son beau livre : *De l'usage et de l'abus de l'esprit philosophique, passim.*
5. *Divinarum atque humanarum rerum scientia, justi et injusti notitia.*

lorsque, sans s'en douter peut-être, il y substitua cette autre définition, immortelle comme son éloquence et son génie : « Le Droit est le souverain du monde ! »

Contemplé de cette hauteur, le Droit, fils de la Loi éternelle qui est Dieu, le Droit, Raison suprême fondée sur la nature des choses, est, à certains égards, dans l'ordre des sciences morales, la Science par excellence, la Science mère, maîtresse et suzeraine, *artium omnium quasi parens*, au pied de laquelle les autres sciences de même ordre s'inclinent en humbles vassales.

Certes, on en conviendra sans peine, ainsi entendue, la science du Droit mérite incontestablement l'éloge que notre grand Evêque d'Hypone décernait à la science des premiers principes : « *Res magna totoque animo expetenda !* »

Or, parmi les caractères qui la distinguent des autres sciences, on a justement signalé la facilité merveilleuse avec laquelle elle provoque et célèbre, sur le terrain si mobile et si accidenté des réalités de la vie envisagée sous ses aspects divers, ce mystérieux hymen de la théorie et de la pratique qui, d'après Bacon, est pour elle le plus infaillible moyen d'atteindre sa destinée, tout à la fois sociale, religieuse et politique, — le règne de la Justice au sein de l'Humanité.

C'est qu'en effet, si, par ses principes, elle touche aux plus hautes régions des idées métaphysiques et morales, par ses tendances, par la nécessité et la variété de ses applications aux multiples besoins de la société humaine, elle ne touche pas moins aux régions les plus infimes, aux faits matériels et physiques qui se produisent chaque jour parmi les individus et les peuples.

D'où cette inévitable conséquence qu'à celui qui veut la cultiver à fond, trois choses sont absolument indispensables :

La *Raison*, qui perçoit les *principes* et apprécie les *idées*,

L'*Histoire*, qui révèle et détermine les *faits*,

L'*Expérience*, qui met en œuvre et applique les faits, les idées et les principes.

Hors de là, vous serez ou vous pourrez être des juristes, des légistes, des hommes de loi, des praticiens, mais assurément vous ne deviendrez pas, vous ne pourrez pas devenir de vrais *jurisconsultes*.

Et remarquez-le bien, ce que je dis des jurisconsultes, ces magistrats privés, je le dis également des magistrats, ces jurisconsultes publics ; car si les premiers recherchent, indiquent, préparent le droit, les seconds le découvrent, le proclament et l'appliquent.

Qu'est-ce donc qu'un jurisconsulte véritablement digne de ce nom ? Il ne me sied pas de vous l'apprendre moi-même : il faudrait l'être pour le dire.

Ecoutez donc un homme qui le fut, et qu'on peut regarder, si j'ose ainsi parler, comme sa définition incarnée et sa vivante personnification :

« Le jurisconsulte, répond Henrion de Pansey, c'est l'homme rare, l'homme doué d'une raison forte, d'une sagacité peu commune, d'une ardeur infatigable pour la méditation et pour l'étude, qui, planant sur la sphère des lois, en éclaire les points obscurs, en fait briller d'un nouvel éclat les vérités connues ;

qui, non-seulement aplanit les avenues de la science, mais en recule les bornes, indique aux législateurs ce qu'ils ont à faire, et laisse à ceux qui voudront marcher sur ses traces un fil qui les conduise sûrement dans cette vaste et pénible carrière [1]. »

Oui ! voilà le portrait du jurisconsulte, suivant la juste acception de ce terme, et, à mon avis, il n'en est pas de plus fidèle.

Je l'ai dit, et à Dieu ne plaise que je prétende en aucune façon m'arroger un titre beaucoup trop au-dessus de moi pour qu'il me soit même permis d'y aspirer! je ne suis pas jurisconsulte; mais je suis homme à ne reculer devant aucun effort pour mériter, s'il est possible, de le devenir un jour.

Nul plus que moi, je l'avoue, ne sent combien j'en suis indigne, et si en traitant une matière juridico-algérienne, j'ai cru pouvoir, magistrat algérien, tenter, malgré l'insuffisance de mes forces, une œuvre de jurisconsulte, et, qui plus est, de jurisconsulte publiciste, ce n'est, d'une part, que dans le modeste but d'essayer de montrer ce que recèle de trésors intellectuels et de profits scientifiques la culture du droit, telle que l'entendait le savant magistrat que je viens de citer; et c'est, d'autre part, dans l'espoir prématuré et illusoire peut-être de ramasser, à la sueur de mon front, de rares et maigres épis, là où d'autres, encouragés par mon exemple et plus heureux que moi, recueilleront des gerbes riches et nombreuses.

Qu'on ne se méprenne donc pas sur mes inten-

---

1. *De la Compétence des juges de paix.*

tions! Ce travail n'est qu'un *essai*, ou mieux, une réunion d'*essais* nés de mon sincère amour pour la science du Droit, et inspiré, non par la folle conviction que je possède l'ensemble des qualités requises pour l'entreprendre, mais seulement par l'invincible attrait qu'exerce sur mon esprit une science à laquelle, depuis plusieurs années, j'ai constamment voué tout ce que j'ai de forces, d'énergie et de facultés.

Quoi de plus intéressant, quoi de plus entraînant, j'allais dire de plus *passionnant*, que l'étude approfondie de questions de droit, ardues, complexes, obscures et douteuses, vivement débattues, sérieusement controversées, nécessitant, pour être scientifiquement résolues, des études tout à la fois spéculatives et expérimentales, philosophiques et historiques, et l'emploi, dans certaines limites, de tous les genres de preuves propres à porter la certitude et l'évidence dans l'esprit de tout homme intelligent et éclairé?

Et si la solution de ces questions est d'une haute importance, tant sous le rapport théorique que sous le rapport pratique, si elle se rattache à des intérêts en même temps individuels et collectifs, d'ordre privé et d'ordre public, si, par suite, l'écrivain qui s'en empare et les soumet au creuset de ses méditations peut espérer sans présomption de retirer de ses travaux, indépendamment de la satisfaction de ses goûts personnels, celle que procure toujours la conscience de s'être généreusement consacré à une tâche utile à tous, — qui ne voit qu'à l'entraînement d'une passion studieuse et toute intérieure se joindra bientôt le besoin de révéler et de répandre au dehors les résultats, si minces soient-ils, de ses investigations et de ses veilles ?

Il y a plus ! Le jour où, par suite de longs et patients labeurs, il se croirait autorisé à penser que ces résultats pourraient bien avoir acquis assez de consistance, de valeur et de portée pour être réunis en un corps de doctrine et livrés à l'appréciation des hommes appelés à en faire l'application, ce jour-là, naturellement et comme par la force des choses, cet entraînement ne tardera pas de s'élever à la hauteur d'un devoir, et ce besoin de se transformer en une sorte de mission.

Tels sont les motifs qui m'ont d'abord déterminé à composer, puis à publier sous le titre générique d'*Études judiciaires et législatives sur l'Algérie*, différents travaux juridiques, et plus tard, à en détacher, pour en former un faisceau compact et distinct, la série de celles qui ont exclusivement pour sujet le *passé, le présent et l'avenir des Juifs de l'Algérie*.

Les Juifs algériens, dans leurs rapports avec le Droit et la Législation de la France algérienne, ont été et devaient être pour moi l'occasion d'un ensemble d'études spéciales, comprenant, de près ou de loin, toutes les questions relatives à cette partie importante de la population de l'Algérie. Aussi me suis-je empressé de la saisir toutes les fois qu'elle s'est présentée.

Or, à plusieurs reprises, surtout depuis 1850, époque des plus grands épanouissements de la jurisprudence algérienne, les Tribunaux de l'Algérie, à tous les degrés, depuis la Justice de paix jusqu'à la Cour, ont eu à examiner ou à trancher, *principalement* ou *incidemment*, des questions concernant les plus graves intérêts civils, ou même politiques, des indigènes, tant musulmans qu'israélites. Statuts *réels* ou successions, statuts *personnels* ou mariages, statuts *mixtes* ou hypothèques, les questions de droit les plus difficiles leur ont été déférées, et il me serait aisé de démontrer qu'il n'en est pas ou presque pas une seule qui, explicitement ou implicitement, n'ait été l'objet d'une décision judiciaire.

Fermement résolu à porter toute mon attention sur la plupart de ces questions dans le cours de mes *Études*, j'avais tout naturellement à faire un choix entre elles.

Devais-je préférer les questions de droit musulman aux questions de droit israélite, ou les questions de droit israélite aux questions de droit musulman?

Je n'ai pas hésité à opter pour le droit israélite.

Mais en écrivant sur le droit et la législation de l'Algérie, je ne me suis pas proposé de mettre au jour de simples et arides dissertations d'intérêt privé, s'adressant spécialement aux membres de la magistrature et du barreau; j'ai dirigé plus haut mes visées; j'ai voulu défricher le terrain sur lequel, à un moment donné et dès à présent facile à prévoir, doit s'accomplir le grand œuvre de la fusion et de l'identification des divers droits qui se disputent encore, à l'heure qu'il est, le territoire de l'ancienne Régence d'Alger, œuvre providentiel et civilisateur de la France, dont le terme suprême n'est autre chose que la *naturalisation collective* de tous les habitants de l'Algérie, sans distinction de race, de religion, de législation ni de mœurs.

C'était donc par les Israélites qu'il me fallait commencer ces études.

Pouvait-il en être autrement?

En contact journalier et de tous les instants avec les intérêts juridiques des Israélites et des Musulmans, une chose a frappé mon esprit dans la condition respective de ces deux fractions de la populatian algérienne. Au regard de la civilisation européenne et de la naturalisation française, une distance immense les sépare l'une de l'autre, et je ne crains pas d'affirmer qu'autant les Israélites se sont rapprochés de ce baptême civil et politique de la France, après lequel ils n'ont cessé de soupirer à dater de leur assimilation judiciaire avec elle, et que, pour la troisième fois, ils viennent lui demander, par mon organe; autant en sont restés éloignés et ont à cœur de s'en éloigner toujours davantage les Musulmans, qui, jamais jusqu'ici, n'ont manifesté, plus ou moins collectivement, ni la volonté, ni même la pensée de l'obtenir.

C'est là un fait, un fait de la plus haute signification.

Pour qui réfléchit sérieusement, il y a trois manières de conquérir un peuple, ou une fraction de peuple, trois sortes de conquêtes :

La conquête naturelle;

La conquête morale;

La conquête légale;

La conquête par l'épée, qui ne fonde rien, si elle est abandonnée à elle-même.

La conquête par la colonisation, qui est le précurseur de la conquête légale.

La conquête par la législation qui, en préparant

et en consacrant l'assimilation et l'unification civiles et politiques du vaincu avec le vainqueur, incorpore celui-ci avec celui-là, les transforme l'un et l'autre, et, si j'ose le dire, les *transubstantie* en un seul et unique peuple, par la réalisation de ce progrès suprême et de cette unité supérieure qui résume tous les progrès, toutes les assimilations et toutes les unités, et que j'appelle *naturalisation*.

Eh bien! de bonne foi, si depuis longtemps déjà nous avons achevé la conquête matérielle de tous les habitants de l'Algérie, sans exception; si, par voie de conséquence, nous avons fait de chacun d'eux des *sujets* de la France,—qui pourrait nier que nous avons à peine ébauché çà et là la conquête morale des Arabes, tandis que nous avons presque entièrement terminé la conquête légale des Israélites? N'est-il pas, en effet, notoire qu'à la différence des Arabes, et grâce à une aptitude et à une prédisposition particulières pour toute assimilation quelconque avec le peuple conquérant, ces mêmes Israélites ont facilité et provoqué vis-à-vis d'eux notre conquête légale?

Ajoutez à cela que des motifs d'un ordre plus élevé, puisés dans des considérations religieuses plutôt que dans le progrès juridique des Israélites algériens, m'imposaient logiquement l'obligation de plaider leur cause avant celle des Musulmans.

On ne saurait le contester, chronologiquement et religieusement, l'Israélite est père du Chrétien. La loi chrétienne, le Christ lui-même l'a dit, est fille de la loi mosaïque; elle n'en est ni l'abrogation ni la suppression, moins encore l'anéantissement; elle n'en est que le complément, l'accomplissement et la *consommation*. La loi du Christ sort de la loi de Moïse, comme la branche du tronc, comme le fruit de la fleur, et selon le langage symbolique de saint Paul, comme la greffe de l'olivier franc, de la séve de l'olivier sauvage, et de même que le Christ était Juif de naissance, de même aussi le Chrétien est, en quelque sorte, religieusement parlant, Juif d'origine.

Entre Chrétiens et Israélites, il y a donc un lien de parenté, une souche commune, quelque chose comme des rapports de paternité et de filiation. Le Christianisme n'est-il pas né du Judaïsme, et les premiers de ses apôtres, de ses disciples et de ses fidèles n'étaient-ils pas nés Juifs avant de devenir Chrétiens? Et d'ailleurs, si on va au fond des choses, n'est-on pas forcé de convenir que le Christianisme n'est que le développement du germe contenu dans le Mosaïsme, et que, si la Rédemption de l'humanité vient du Christ, le Christ, le sauveur, le salut du monde, vient des Juifs? Dès lors, n'est-ce pas comme un devoir filial pour tout vrai Chrétien, de payer aux enfants de Juda un tribut de reconnaissance et de dévouement?

Mais qui doute, au contraire, qu'il ne soit tenu à rien de semblable envers les musulmans? Et pourquoi cela? si ce n'est parce que le Mahométisme, parce que le Koran n'est qu'un produit hybride, bâtard, dégénéré de la Bible et de l'Evangile?

Ce n'est pas tout. Au moment même où je trace ces lignes, les Israélites de l'Algérie, pour être échappés à l'oppression dix fois séculaire des sectateurs du Prophète, ne gémissent pas moins encore sous le coup d'une défaveur et d'une indifférence générales.

Si grande est la force de certaines idées préconçues, fruit malheureux d'une incomplète ou fausse interprétation de l'Histoire, qu'à moins de consentir à enlever sa base essentielle à une œuvre de charité chrétienne et de prosélytisme patriotique, j'ai dû songer à faire précéder sa partie uniquement juridique, d'un aperçu historique sur la mission, le rôle et la destinée du peuple juif dans la vie de l'humanité.

Tel est le principal objet de cette Introduction.

Je serai bref. Me renfermant scrupuleusement dans le cercle étroit des faits qui se rapportent, j'y toucherai à peine : *summa sequar fastigia rerum*.

Chose triste à dire, à une époque qui se glorifie, et non sans raison, d'être une époque de progrès, de lumière et de civilisation! tout écrivain chrétien qui prend la plume en faveur des Juifs se trouve presque toujours, dès le début de ses travaux, en face de deux redoutables obstacles, que, sous peine de manquer son but, il doit, avant tout, ou renverser ou tout au moins surmonter : — des préjugés invétérés et d'odieuses préventions. Fût-il Français, il sentira comme le besoin d'expliquer sa conduite, et de se disculper du tort d'avoir conçu la noble idée de mettre sa plume au service d'une cause d'autant plus juste et plus digne d'exciter son courage, qu'outre son caractère de cause sainte entre toutes les causes, elle revêt celui d'une cause généralement délaissée.

Et pourquoi ne l'avouerai-je pas? A entendre bien de mes compatriotes, sans en excepter plusieurs des plus spirituels, des plus instruits et des plus éclairés, l'histoire des Juifs, tels qu'ils se l'imaginent, forme contre ce prétendu peuple de Dieu, qu'on me passe le mot, une insurmontable exception d'incapacité et d'indignité civile et politique.

Pour les uns, les Juifs, pour toujours sous le coup d'un divin anathème, sont encore, au grand jour du XIXᵉ siècle, ce qu'ils étaient dans les *ténèbres* du moyen âge : — des espèces de Bohêmes, sans loi, sans patrie, sans gouvernement, sans lien commun, les authentiques descendants de l'éternel Vagabond de la légende, faits à son image et à sa ressemblance, fatalement destinés à partager son sort non moins étrange que cruel, et pour toujours incapables de s'asseoir au banquet de la cité et de l'Etat.

Pour les autres, à supposer qu'il existe un peuple juif, ce peuple, providentiellement dispersé et disséminé aux quatre coins de l'univers, par le vent de la colère divine, est justement et irrémissiblement condamné à subir, partout méprisable et partout méprisé, le châtiment d'un attentat sans nom, le meurtre et l'assassinat d'un Dieu, attentat à jamais exécrable et jamais assez exécré, qui devait les frapper irrévocablement d'un ostracisme social.

Pour d'autres enfin, et c'est le plus grand nombre, peuple ou non, les Juifs, si capables et si dignes qu'ils soient comme individus, par leurs qualités morales et intellectuelles, de jouir des droits civils et publics d'une nation, en sont déshérités en tant qu'agglomération et unité collectives, et justement voués, dès leur berceau, à une existence de cosmopolitisme sans fixité et de mercantile égoïsme, ne sont doués ni de cette capacité patriotique ni de cette dignité morale qui font le véritable *citoyen*.

Or, isolées ou séparées, ces trois catégories d'adversaires sont toujours prêtes à barrer le passage aux Israélites, quand ceux-ci cherchent à parvenir au port de la naturalisation ou de l'égalité politique et civile, et, pour ne parler que de la France du dernier siècle, malgré les aspirations d'une philosophie humanitaire et les tendances philanthropiques des mœurs publiques, nous les rencontrons au milieu des grands Corps judiciaires et jusqu'au sein de l'Assemblée nationale, si bien qu'en 1806 et dans les premières années qui suivirent le décret émancipateur et naturalisateur des Juifs français, après avoir failli réussir à en ajourner la publication, elles menacèrent un instant d'en empêcher l'exécution.

Ce sont elles encore, nous ne saurions en douter, que les Israélites algériens ont eu et auront à combattre, toutes les fois qu'ils élèveront leur voix jusqu'au trône du souverain de la France, pour lui exprimer leurs vœux d'affiliation et d'incorporation avec elle.

Ne dirait-on pas que ces hommes, involontairement victimes, plutôt que jouets volontaires d'inconcevables préventions, croient connaître les deux faces de la médaille juive, alors qu'ils n'en ont vu que le revers?

Héritiers des sentiments et des idées d'un autre âge, ils ne craignent pas de se faire les échos de l'Antonio du *Marchand de Venise,* de Shakespeare, et quoique, à tout prendre, ils conviennent que les temps et les hommes sont changés, cependant vous constaterez trop souvent que de cet amas de calomnies et de préjugés accumulés pendant des siècles sur la tête des

Juifs, il reste encore, à l'état plus ou moins ostensible et plus ou moins latent, quelque chose dans leur esprit.

Peut-on savoir ce qu'au seuil de mon entreprise m'ont fait *prudemment* observer, pour m'en dissuader, non pas seulement des Musulmans d'Algérie, mais bien plus d'un Chrétien d'Europe? — Veut-on connaître le langage étrange que nous ont adressé des lèvres chrétiennes, et même, le dirai-je, sacerdotales?

Le voici :

> Si ce ne sont leurs paroles expresses,
> C'en est le sens.....

Pas plus que la défense, je n'aurai garde d'exaspérer l'attaque. La vérité ne veut d'aucun excès.

« C'en est donc fait! nous a-t-on dit, vous avez résolu de demander la naturalisation des Juifs de l'Algérie; en d'autres termes, leur entière assimilation avec les citoyens français.

« Que ne réserviez-vous pour une cause et plus noble et plus digne d'elle votre ardeur de prosélytisme civique?

« Qui s'intéresse aux Juifs? Pourquoi la France, pourquoi l'Algérie ouvriraient-elles les portes de la cité française à trente mille Juifs africains? Croyez-nous! Ici comme en tant d'autres régions, laissez à cette poignée d'obstinés fanatiques, de Shylocks détestables, de hideux déicides, laissez-lui sa religion décrépite, son culte vermoulu, sa législation surannée! N'est-ce donc pas assez que les enfants de Jacob soient régis, parmi nous, par les mêmes lois *judiciaires* que les enfants de la France? Déjà dotés des même tribunaux, de la même justice, pourquoi vouloir, en outre, les doter du même Code, de la même Législation! A quoi bon tenter de les rendre, à tous égards, nos égaux! Qu'ils restent ce qu'ils sont! ils ne méritent rien de plus!

« Et d'ailleurs, que faire de ces hommes? Ne portent-ils pas, indélébilement gravé sur leur front maudit, le stigmate réprobateur qui les mit cent fois au ban du droit universel, politique et civil des nations modernes?

« Demandez aux Chrétiens de toutes les communions et de tous les pays, aux Musulmans de tous les rites! Musulmans et Chrétiens vous diront à l'envi qu'ils sont indignes de la faveur que, par un zèle au moins intempestif, vous voulez bien solliciter pour eux!

« Savez-vous ce qu'ils sont? »

On rapporte que, voulant revêtir d'une forme sensible l'idéal de la beauté physique, le plus illustre peintre de l'antique Athènes recueillit çà et là, et reproduisit sur une toile célèbre, les plus beaux traits des plus beaux visages humains!

« Eh bien! voulez-vous, nouvel Apelle, réunir et personnifier, sous le symbole d'une réalité vivante, les éléments essentiels de l'idéal d'un peuple justement condamné à l'isolement, à l'abandon, à la répulsion, à la haine et au mépris de tous! Retracez les phases diverses de ses annales depuis son berceau, et surtout depuis sa dispersion jusqu'à nos jours, et vous aurez dépeint le type de la laideur morale d'un peuple, considéré dans son ensemble comme dans chacun de ses membres! »

— Et c'est en Algérie, en plein XIXe siècle, sur une

terre désormais française, placée sous l'empire d'une loi religieuse toute de charité et d'amour, l'Evangile, et d'une loi civile et politique toute de civilisation et de progrès, le Code Napoléon et la Constitution de la France, — c'est, dis-je, en Algérie, qu'après plus de trente ans d'occupation et de progrès, on ose encore tenir un pareil langage ! Vous invoquez, répondrai-je, à ces contempteurs acharnés du nom israélite, vous invoquez l'histoire contre les juifs de tous les temps et de tous les pays. Eh bien ! c'est elle, elle seule que je prétends invoquer contre vous ! Elle, rien qu'elle en main, je vais vous démontrer que le peuple juif est de tous les peuples, non-seulement le plus ancien, le plus vivace, le plus singulier, le plus extraordinaire, mais encore le plus digne de tous les respects et de toutes les admirations, un peuple véritablement miraculeux et divin, dont ni le caractère, ni la religion, ni le culte, ni la législation ne s'opposent soit aux progrès de la civilisation européenne, soit à l'adoption des idées civiles, politiques et sociales des peuples chrétiens.

Je n'écris ni l'histoire, ni la philosophie de l'histoire, ni moins encore l'apologie du peuple juif. Je ne veux que résumer, en les accompagnant de quelques considérations, quelques faits historiques aussi incontestables que généraux, et en donner l'explication.

Les théologiens, les philosophes, les publicistes en ont présenté plusieurs ; mais, à mes yeux, il n'en est pas de plus simple et de plus naturelle que celle qu'on va lire.

Peut-être la trouvera-t-on originale et neuve. Mais est-ce là une raison pour se mettre en garde contre elle? Originale, neuve tant qu'on voudra, l'essentiel, c'est, à coup sûr, qu'elle soit juste et vraie.

Et qu'on ne s'étonne pas de me voir préluder par ces faits et ces considérations à ces modestes essais de droit et d'économie sociale : Bossuet, Vico, Montesquieu, Herder, et, parmi nos contemporains, un jurisconsulte philosophe, qu'il n'est pas besoin de nommer, n'ont-ils pas démontré par d'irrécusables preuves et d'inimitables exemples, que, s'il est nécessaire d'éclairer l'histoire par le *droit*, il ne l'est pas moins d'éclairer le *droit* par l'*histoire*.

D'ailleurs, pour détruire de fond en comble des erreurs, des préventions et des préjugés, tout à la fois religieux et historiques, ce n'est certes pas trop que de passer rapidement en revue, et d'interroger sérieusement tout ce qui, dans les généralités de son histoire, tant religieuse que juridique, est de nature à fournir à un lecteur impartial et réfléchi le moyen de connaître et de juger sainement les hommes qui en sont victimes.

Entre tous les peuples qui, dès l'origine des temps, ont joué un rôle plus ou moins important dans le monde, il n'en est pas un seul qui, dans toutes les régions qu'il a habitées, d'une manière permanente, ou n'a fait que toucher d'un pied errant et fugitif, ait laissé des traces plus anciennes, plus sensibles, plus profondes et plus ineffaçables que le peuple juif.

Et pourtant on chercherait vainement un peuple qui, à un moment donné, soit par le nombre, soit par le génie, soit par la gloire, soit par la force, n'ait surpassé et éclipsé ce peuple.

C'est qu'en lui, nous le verrons bientôt, tout est phénoménal, tout est exceptionnel.

Et, en effet, si au premier abord, ses annales n'offrent aux regards du vulgaire rien d'assez grand, d'assez vaste, d'assez éclatant pour les étonner et les ravir d'admiration, c'est le contraire qui a lieu pour le philosophe et pour le penseur, et nul ne me contredira si j'ose avancer que, depuis saint Augustin jusqu'à Bossuet, jusqu'à Herder, quiconque a interrogé ses origines, sondé sa nature, étudié son influence dans l'histoire de l'humanité, n'a pas hésité à lui accorder sa plus haute attention et à lui consacrer ses plus laborieuses méditations.

Qu'on me montre un peuple, un seul peuple chez qui, sous l'enveloppe des faits au milieu desquels l'homme s'agite, révèle, à des signes plus évidents et plus caractéristiques, le Dieu qui le dirige et qui le mène!

Contemporain des premiers âges de l'humanité, Abraham est son aïeul, Jacob est son père, Moïse, son législateur, Aaron, son pontife, la Bible, le plus vieux et le plus authentique des livres, sa loi et son histoire, et Jéhovah, son premier roi.

Quoique mort depuis près de vingt siècles, comme nationalité, comme peuple politique; — quoique successivement et quelquefois en même temps opprimé par le fer, par le feu, par la loi, — toujours par l'opinion, il se survit comme peuple religieux, et aujourd'hui comme sous les Pharaons, les Sésostris, les Nabuchodonosor, les Alexandre, les Titus, les Adrien, les Philippe le Bel, les Philippe II et les Czars, il professe la même foi, il vit des mêmes espérances, il poursuit le même but, et, à défaut de sceptre, il a pour se régir, pour se gouverner, un volume, un *rouleau* divin.

Sans doute le malheur des temps, les prévarications de ses pères, les discordes civiles, les vicissitudes de la guerre, les excès d'un fanatisme aveugle et brutal, la servitude, mère de tous les maux et de tous les vices, ont pu, à diverses reprises, l'humilier, le décimer, le disperser aux quatre coins de l'univers, l'avilir et le rendre méprisable; mais le détruire, que dis-je? mais le changer, mais l'altérer, mais le transformer dans ce qui fait l'âme et la vie d'un peuple : — dans sa foi, dans sa législation religieuse, — jamais!

Singulier peuple que ce peuple, sous quelque rapport qu'on le considère, — parce qu'il l'est éminemment sous celui qui les embrasse tous, — sous le rapport religieux! Peuple consacré à Jéhovah, peuple de Dieu, comme il s'appelle, par son origine, sa vocation, son rôle dans le mouvement général de l'humanité, et sa proclamation, à travers tous les temps et tous les lieux, toutes les oppressions et toutes les hontes, du dogme, principe de toute civilisation et de tout progrès, du dogme de l'unité de Dieu, — le premier de tous les peuples, parce qu'il a été choisi d'en haut pour avertir, éclairer et instruire les autres peuples assis à l'*ombre* du polythéisme et de la *mort*, — le dernier ou l'un des derniers par ses défaillances, ses infidélités, ses inconstances, ses égarements, ses lâchetés et ses idolâtries, — tour à tour favori du Dieu des armées, fort, redoutable, puissant comme lui, — délaissé, abandonné, livré par lui à un esprit d'étourdissement et de vertige, — saturé d'opprobres et d'ignominies, honni et raillé, réduit aux détresses de la misère et aux angoisses de désespoir, en proie à une agitation éternelle, — aujourd'hui l'instrument et le héraut des grâces et des miséricordes du Seigneur, demain le martyr et la victime de ses justices et de ses colères! Peuple sans égal! assez privilégié du ciel pour mériter de voir sortir de son sein le *Désiré* des nations, et l'Emmanuel qui *devait venir*. — Assez réprouvé, pourquoi ne dirions-nous pas — assez coupable, dans quelques-uns de ses ancêtres, pour être prédestiné à pendre à un gibet infâme celui qui qui avait dit : Je suis la *Voie*, la *Vérité*, la *Vie*, le *Christ*, fils de David, et fils de Dieu! — Peuple fatal, qui semble avoir eu le secret de trouver sa perte là où d'autres ont trouvé leur salut! — Source, centre et terme de mille contradictions et de mille antithèses, — toujours exterminé et toujours renaissant — tantôt à la tête, tantôt à la queue des nations, — riche comme Salomon, éprouvé comme Job, pauvre comme Lazare, — rebut, balayure des peuples, et objet d'envie et de jalousie pour eux, — infime par le cœur, sublime par l'intelligence, — dont le nom rappelle toutes les sublimités et toutes les bassesses, toutes les grandeurs et toutes les abjections, et, synonyme de tout ce qui est noble et saint, ou vil, rampant et cupide, suffit pour exciter la pitié chez quelques-uns, la haine chez plusieurs, le mépris pour la plupart, une indifférence outrageante chez presque tous!

Peuple étrange, à qui aujourd'hui encore, et dans plus d'une contrée, peut s'appliquer cet anathème du Deutéronome : « Tu fianceras une femme, mais un autre la prendra; tu bâtiras des maisons, mais tu n'y demeureras pas; tu planteras des vignes, mais tu n'en cueilleras point le fruit pour toi; ton bœuf sera tué devant toi, mais tu n'en mangeras point; ton âne sera ravi devant toi, et ne te sera point rendu; tes fils et tes filles seront livrés à un autre peuple, et tes yeux le verront et se consumeront tout le jour en regardant vers eux, et ta main n'aura aucune force. »

Peuple singulier, peuple étrange, ai-je dit. Est-ce assez?

Non! peuple plus que singulier et étrange, peuple miraculeux! Miraculeux dans son origine, dans son développement, dans sa prospérité, dans sa ruine, dans sa dispersion; miraculeux dans ses châtiments, dans ses récompenses et ses priviléges, dans ses exterminations et dans sa conservation; miraculeux dans son unité, dans son ubiquité, dans son *infusibilité* religieuse et physiologique parmi les autres peuples, miraculeux dans son opiniâtreté religieuse; miraculeux dans son divin témoignage en faveur de ces Ecritures qui renversent ses espérances, condamnent son culte, et détruisent le règne de sa loi originaire; miraculeux enfin dans son invincible obstination à se considérer, tout pauvre, tout délaissé, tout misérable qu'il est, le peuple bien-aimé de Dieu, le peuple en qui Jéhovah a réuni toutes ses complaisances et toutes ses prédilections!

Tel est le peuple juif, — peuple essentiellement différent de tout autre peuple, et que le souverain Dispensateur de toutes choses a de tout point traité comme il ne traita jamais aucun peuple[1].

---

1. Ps., *Non fecit taliter omni nationi*.

Mais, ce peuple existe-t-il encore aujourd'hui, et cette multitude d'enfants de Jacob, épars çà et là sur toute la surface du globe, est-il permis de l'appeler un peuple?

Qui dit *peuple* dit une multitude de familles réunies sur un territoire commun, vivant de la même vie privée et publique, ayant même constitution, même gouvernement, mêmes intérêts, mêmes lois, mêmes mœurs, mêmes tendances, même patrie.

Or, les Juifs ont-ils tout cela?

Si vous n'appelez *peuple* que l'agglomération et la réunion, sous l'empire d'une loi et dans les limites d'un territoire communs, d'un nombre plus ou moins considérable de familles, de tribus, ou de cités, les Juifs ont évidemment cessé de former un peuple, le jour où, suivant la prophétie de Joseph mourant, le sceptre tomba des mains de Juda! C'est qu'en effet, à dater de ce jour, tout est tombé dans Israël, le Temple, la Synagogue, l'Autel et le Trône; tout, excepté ce qui ne tombera qu'avec le dernier soupir du dernier Israélite, sa Bible, sa religion, sa Loi!

Que si, au contraire, vous donnez le nom de *peuple* à un ensemble de près de sept millions d'hommes disséminés, éparpillés sur tous les points du globe, issus du même sang, parlant la même langue, professant la même religion, conservant les mêmes traditions, aspirant aux mêmes destinées, et, quoique sans chef, sans prêtre, sans magistrat, sans gouvernement, sans patrie, se groupant tous comme un seul homme, par le cœur et par la pensée, autour d'un livre, justement appelé le Livre des livres, qui leu tient lieu de toutes ces choses, et qui est pour eux, en même temps qu'un dépôt inviolable et sacré de leurs annales, de leur foi et de leurs espérances, un signe de reconnaissance et de ralliement, le nœud qui les rassemble et les unit à travers le temps et l'espace, — si, dis-je, vous croyez pouvoir décorer ces hommes, ainsi matériellement épars et moralement rassemblés, de la dénomination de peuple, — n'hésitez pas à la donner aux Juifs, — et dites hardiment avec leur Dieu et leur histoire que les Juifs sont un peuple, — mais un peuple tel qu'il n'en exista jamais de semblable; — un peuple marqué du sceau d'un peuple providentiel, — un peuple vraiment — *peuple de Dieu!*

Et en effet, une volonté céleste, — docilement servie et par les hommes et par les circonstances, comme par autant d'instruments aveugles, — aura beau jeter à tous les vents les pierres de son sanctuaire et les débris de son sceptre; de ces pierres et de ces débris, poussière impérissable et à jamais féconde, sortiront sans cesse, isolés et débiles, s'il est vrai, mais vivants, et, pour ainsi dire, immortels comme la symbolique tige de Jessé, de nouveaux enfants d'Abraham, d'Isaac et de Jacob, — et un moment viendra où, malgré l'esclavage, l'oppression, la persécution, la torture, l'exil, les supplices, l'abjection et la mort, toute nation, toute tribu sous le soleil, comptera dans ses rangs, solitaires ou parqués, errants ou rivés aux chaînes de la servitude, des descendants d'Israël unis entre eux par cet unique mais indissoluble lien de la même loi et de la même foi, qui fait un seul et même peuple.

Au reste, peuple ou non, toujours est-il que les enfants d'Israël forment, tout au moins là où existent plusieurs de leurs familles, des groupes, des communautés, des unités collectives, qui, partout religieusement, et presque partout civilement, font de leur race une race à part, distincte de tout ce qui l'entoure.

C'est ce que nous prouverons bientôt pour les Juifs d'Algérie; mais, auparavant, jetons rapidement un coup d'œil sur l'état politique et social des Juifs contemporains dans les Deux-Mondes.

Deux lignes le résument.

Pour eux, l'exception est la règle, le droit exceptionnel, le droit commun.

Certaines nations se les sont pleinement incorporés, d'autres partiellement; les unes les ont adrogés; les autres se sont contentés de les adopter; plusieurs les tolèrent; le plus grand nombre les opprime. — Toutes, sauf de rares exceptions, les haïssent ou les méprisent. Presque partout Etrangers, s'ils sont assez heureux pour n'être ni esclaves, ni serfs, ni ilotes, ils ne sont presque nulle part simples sujets ou véritables citoyens. Mineurs pour la plupart, quelques-uns seulement sont entièrement émancipés; le reste, en plus grand nombre, ne l'est pas ou ne l'est qu'en partie.

Hâtons-nous de le dire avec un légitime orgueil, bien que, dès 1783, les Etats-Unis eussent, en quelque sorte, abaissé les barrières du Droit civil devant les Israélites américains, la France de 1790, faisant ce que, quinze siècles avant elle, n'avait pas hésité de faire le plus humain et le plus raisonnable des Empereurs romains [1]; — la France, à qui revient l'incomparable honneur d'avoir proclamé dans sa première Charte de Droit public « que les hommes naissent et meurent libres et égaux en droits, » posa dans sa déclaration du 26 août le principe de l'Emancipation *complète* des Juifs français. De ce jour date pour ces *orphelins* des nations leur incorporation à la grande famille française; ce décret fut le signal de leur émancipation parmi nous; et plus tard, après divers tâtonnements et certaines velléités de retour vers le passé, leur qualité et leurs droits de fils de la France, de citoyens français, furent solennellement reconnus.

Aujourd'hui donc, on pourrait presque dire d'eux en France ce que disait Tertullien[2] des chrétiens de son temps. Vous les trouverez sur tous les degrés de notre échelle sociale : — Armée, Finances, Commerce, Travaux publics, Justice, Enseignement, Conseil d'Etat, grands corps de l'Empire, — dans toutes les administrations, partout où il est besoin d'activité, d'intelligence et de savoir, à la Bourse comme au Forum, dans le silence du cabinet comme dans le tumulte des camps, vous rencontrez des Juifs, entourés d'une juste considération, et d'un éclat d'autant plus glorieux et plus méritoire qu'il est la conquête de leur moralité, le fruit de leur travail, et le rayonnement d'une liberté tardivement conquise.

Si je ne craignais de franchir les étroites limites que je me suis imposées, nous parcourerions rapidement les principaux actes de la législation métropolitaine en faveur des Israélites depuis 1790, et je

1. Alexandre Sévère.
2. Tert., *Apolog.*

ferais ainsi successivement assister mes lecteurs à l'enfance, à la jeunesse et à la virilité de la Cité franco-israélite.

Je me bornerai à en citer deux, le premier et le dernier de tous : l'un qui les appelle à devenir Français, qui les fait Français et leur accorde, avec tous ses droits et toutes ses prérogatives, le titre de Citoyens français, — l'autre qui reconnaît et protége leur culte à l'instar de tous les autres cultes.

Coïncidence digne de remarque ! Le décret de 1790, qui inaugura pour eux une ère nouvelle, fut désiré par un magistrat philosophe, Malesherbes, — préparé par un philosophe poëte, Mendelsohn, — provoqué par un Evêque-publiciste, Tailleyrand, — défendu par le plus grand des orateurs modernes, Mirabeau, — et s'il fut combattu par Maury, — il fut admiré par Sieyès. — Il est un des fruits les plus remarquables de ce progrès chrétien et civilisateur dont l'Assemblée nationale fut tout à la fois l'initiatrice et le promoteur.

En voici le motif :

« Considérant que les conditions nécessaires pour être citoyens français et pour devenir citoyens actifs sont fixées par la Constitution, et que tout homme qui, réunissant lesdites conditions, prête le serment civique, et s'engage à remplir tous les devoirs que la constitution impose, a droit à tous les avantages qu'elle assure ;

« Révoque tous les ajournements, réserves et exceptions insérés dans les précédents décrets, relativement aux individus juifs qui prêteront le serment civique. »

Comme on le voit, l'Assemblée nationale n'admit pas d'un seul coup, *ipso jure*, les Israélites de France au banquet de la Cité proprement dite.

Huit mois auparavant, elle avait débuté par placer quelques-uns d'entre eux sous la sauvegarde de la loi, et il n'y avait pas deux mois qu'elle avait supprimé tous les droits d'habitation, de protection et de tolérance, lorsqu'elle fit cette solennelle *Déclaration* des droits de l'*homme juif*.

Mais voyez quelle était, même parmi nos pères, la puissance des préjugés contre les Israélites! — Quinze ans plus tard, après que, grâce à une inspiration de tolérance religieuse jusqu'alors inouïe, Napoléon a organisé le culte israélite, de toutes parts les préjugés se réveillent; on les accuse de mauvaise foi dans leurs transactions civiles avec les Chrétiens. Contrairement aux principes les plus certains du droit civil, la fraude se présume contre eux, et plusieurs décrets, cédant à un mouvement rétrograde et réactionnaire de l'opinion publique, les replace un instant, en certaines matières, civiles ou administratives, sous le joug d'exceptions aussi odieuses qu'injustes.

Mais, le progrès de la raison publique aidant, toute différence entre Chrétiens et Israélites s'efface. La Restauration semble rivaliser avec l'Empire de générosité envers les Juifs. Tout vestige de régime exceptionnel s'évanouit ou par abrogation expresse ou par désuétude, et la *loi* du 8 février 1831 met les frais du culte israélite à la charge du trésor. Dès ce moment, l'adoption civile, politique et religieuse des Juifs est consommée. Ils ont cette égalité de droits et de devoirs qui, constituant et la famille, et la cité et la patrie, est l'une des plus solides colonnes du droit public et constitutionnel de la France. Bref, de nos jours, on peut le dire avec vérité, — aux yeux des lois, et, jusqu'à un certain point, aux yeux des mœurs françaises, il n'y a plus ni Chrétiens ni Israélites, il n'y a que des citoyens, et la parole de l'Apôtre des nations aux Galates, ces Gaulois de l'Asie, s'est accomplie parmi les descendants des Gaulois de l'Europe :

« Plus de Juifs, plus de Grecs, plus d'esclaves[1] ! »

L'exemple donné au monde par l'Assemblée nationale ne devait pas rester sans imitateurs. A la voix de la France, la Hollande d'abord, puis les Etats-Unis, le Canada, la Jamaïque, la Belgique, la Hesse électorale, le duché de Mecklembourg et le Hanovre reconnaissent des citoyens dans la personne des Israélites. — D'autres pays, moins généreux, tels que l'Angleterre, la Suède, le Danemark, la Prusse, le Duché de Bade, le Wurtemberg, la Bavière, la Hongrie et les Principautés danubiennes, circonscrivent, sous certains rapports, le bienfait de leur émancipation, et l'Allemagne presque tout entière, à sa tête l'Autriche, — la Pologne, la Russie, l'Espagne, le Portugal, le Piémont, l'Italie, et (qui le croirait?) la Suisse, la républicaine Suisse, loin de les traiter comme des citoyens, le dirai-je? les traitent à peine comme des hommes. — Là, sous un prétexte ou sous un autre, — à l'aide de récriminations et de mensonges, — on continuera à reléguer les Israélites dans des Ghetti, physiques et moraux : on les rejet-

---

[1]. Pauli, *Epist. ad Galat.*

tera de la société chrétienne comme des parias impurs. Héritiers de traditions superstitieuses, des haineuses légendes, — des injustices et des erreurs du moyen âge, — des enfants attardés du Christianisme social, moins chrétiens, dans le sens large et philosophique de ce mot, que ne l'étaient les habitants de Rome encore païenne, — au lieu de leur accorder le droit du *Civis sum* de saint Paul, leur *permettront* tout au plus, à titre de grâce et à regret, ceux de l'*Homo sum* de Térence! Aveugles qui ne voient pas qu'ils abaissent ainsi devant la majesté toute humaine du droit d'une ville païenne, la majesté toute divine du droit de l'*Univers* chrétien!

Qui dira les entraves, les restrictions de toutes sortes naguère encore apportées, par le droit public de quelques-uns de ces peuples, au libre et plein exercice des droits civils, des droits politiques, et même des droits naturels des Juifs? Ne croyez pas qu'ils leur concèdent les plus sacrés et les plus inviolables de ces droits, — le droit de mariage et le droit de commerce, — le droit d'aller et de venir, le droit d'habiter dans telle ou telle ville, de se rendre dans tel ou tel lieu, de se vêtir de telle ou telle manière, d'exercer tel ou tel métier, telle ou telle profession! — Et aujourd'hui encore, chose incroyable! n'est-il pas plus d'une région, plus d'une cité où un Juif, fût-il Mendelsohn, ne pourrait séjourner pendant quelques heures, sans être obligé de demander, ce qui fait supposer qu'on pourrait la lui refuser, — l'autorisation préalable du pouvoir local, ce pouvoir fût-il représenté par un roi comme Frédéric le Grand?

Parlerai-je des droits politiques? — Où l'on n'est

rien dans la Cité, on ne saurait être quelque chose dans l'Etat; — et si, à cet égard, on veut concevoir une juste idée de la situation des Israélites dans la plus grande partie de l'Europe, on n'a qu'à se rappeler les débats si animés et si significatifs de la chambre des Lords d'Angleterre, à propos de l'entrée de sir James Rothschild dans la chambre des Communes, ou bien encore les regrettables paroles d'un membre distingué des Cortès espagnoles de 1854, lors de la discussion de la loi concernant la liberté des cultes en Espagne.

Notons encore un fait, de tous peut-être le plus caractéristique à nos yeux; Rome Chrétienne, Rome Catholique, Rome sous un Prince et sous un Pontife comme le doux, libéral et *progressif* Pie IX, Rome a encore son Ghetto! — Qui s'étonnerait, après cela, des ostracismes de la Russie, des rigueurs de l'Autriche, des exclusions de l'Allemagne, des haines de l'Espagne et du Portugal, des aversions de la Suisse, des asservissements, des restrictions et des hésitations de la libérale Angleterre?

Mais puisque, à certains égards, la plus grande partie de l'Europe refuse encore aux Juifs le pain de la Liberté et de la Cité, pourrons-nous espérer qu'il leur sera accordé par l'Asie et l'Afrique, qui ne connurent presque jamais ni l'une ni l'autre de ces deux saintes choses? Regardez une carte d'Orient! de Constantinople à Khartoun, de Tanger à Ispahan, l'Israélite est un maudit d'Allah, un fugitif du destin qui erre, erre toujours, sans autre liberté que celle du cerf des forêts, sans autres droits que ceux de sa vie d'homme et de juif, en dehors de toute participation aux affaires publiques, en dehors de toutes fonctions politiques et sociales, — homme toléré, parfois persécuté, toujours et partout méprisé ou haï.

Mais traversons les mers! — Abordons ces bienheureux rivages où, importée par l'immortel Guillaume Penn, la liberté politique et religieuse a depuis si longtemps établi son domicile de prédilection. — Ici, enfin, nous retrouvons la France. — Ici, pas de distinction, pas de différence entre les habitants d'un même pays; —l'Israélite est homme; — homme, il est citoyen; — citoyen, il est membre intégral, il fait partie intégrante de cette association d'hommes égaux et libres qu'abrite et *illumine* le pavillon étoilé des Etats-Unis, ou qui vivent sous l'égide de la Constitution, non moins française qu'anglaise, du haut et du bas Canada.

Mais sortez de là! Parcourez en tous sens les régions les plus orientales du globe! Dans l'Indoustan, dans le Thibet, dans la Chine elle-même vous rencontrez des Juifs; — mais, si je puis ainsi parler, à l'état sporadique, — îlots imperceptibles et inaperçus sur cet Océan de sectateurs de Brahma ou de Bouddha, tous, sans exception, indifférents pour eux, et ne les laissant user du droit de vivre, que parce que leur nombre n'est pas assez considérable pour qu'on songe à le restreindre ou à le leur ôter.

Revenons sur nos pas; rapprochons-nous de l'Algérie! A Jérusalem, sur cette montagne de Sion, dans ces vallées de Juda si poétiquement célébrées par la lyre de David et la cythare des Prophètes, les Juifs déshérités de leurs antiques possessions, gémissent sous le joug du despotisme des Osmanlis, et leur Ville Sainte, comme du temps de Jérémie, gît, désolée et solitaire, pleurant la perte de son autonomie et de sa liberté. — A Alexandrie, les Juifs sont, à peu de choses près, ce qu'ils sont à Constantinople. — Il en est de même à Tripoli et à Tunis. Mais nulle part, ils ne sont plus opprimés, plus refoulés, plus insultés, plus méprisés que dans le Maroc, où leur état ne diffère en rien de ce qu'il était à Alger avant la Conquête, — esclaves plutôt que libres, — serfs plutôt qu'autonomes, — tolérés plutôt que protégés, — soumis à des obligations despotiques et arbitraires, plutôt que jouissant de droits reconnus et sanctionnés par la loi. — Plus près de nous encore, en Kabylie, et sur la frontière du Sahara algérien, les Juifs, quoique moins asservis, moins repoussés qu'ailleurs, n'y sont pas moins stigmatisés moralement, et matériellement séquestrés de leurs semblables, — comme si leur seule qualité, si leur seul nom de Juif, était une injure publique et un effrayant anathème.

En résumé, nous pouvons affirmer que, d'après les calculs de la plus consciencieuse statistique, la vingtième partie seulement de la population israélite est plus ou moins émancipée, — de sorte que c'est à peine si trois cent mille Juifs, sur sept millions environ, participent, à l'heure qu'il est, dans des proportions inégales, au Droit commun des nations civilisées !

Or, que résulte-t-il de ce qui précède, sinon qu'aujourd'hui encore, le peuple Juif, empruntant la voix du poëte des Lamentations, pourrait crier à la plupart de ceux qui passent à côté de lui, persécuteurs ou tout au moins indifférents :

« Voyez s'il est douleur semblable à ma douleur! Je gémis sous le poids de mon affliction, et mes épaules ploient sous le fardeau de l'inégalité ou de la servitude et du mépris. Je n'ai pas un ami qui me console. J'erre de régions en régions, et presque nulle part je ne puis trouver le repos.

« Vous me méprisez, vous me haïssez, vous me persécutez! — Que vous ai-je donc fait? Quel est mon crime? Physiquement, moralement, intellectuellement, — ne suis-je pas ce que vous êtes? Vous dites tout bas que je suis stigmatisé d'un signe accusateur; que je suis vil, lâche, rampant par caractère et par habitude; usurier par principe; cupide par nature; ennemi juré du nom chrétien; étranger, par mes goûts et mes mœurs, à tout autre intérêt qu'à mon intérêt personnel. Mais est-ce là la vérité? Ah! soyez donc sincères! non, et vous ne pouvez pas le nier, non! mon crime à vos yeux n'est rien de tout cela. Vous êtes trop éclairés pour ne pas voir que ces prétendus griefs ne sont qu'erreur, préjugé, prévention, ignorance. Eh! ne dites pas qu'en certains lieux, à certaines époques, dans certaines circonstances, j'ai pu mériter certains de ces reproches. Ne savez-vous donc pas que c'est à vous et à vous seul que vous devez, pour la plupart, les imputer en partie? Quand vous me poursuiviez comme une bête fauve, — quand vous m'abreuviez de toutes les ignominies; — quand, peu satisfait de me tenir, rebut de la société et de l'humanité, à l'écart de tous les honneurs, de toutes les fonctions, de toutes les libertés et de tous les droits, vous alliez jusqu'à m'interdire le feu et l'eau, et à me condamner, *outlaw* infortuné, à me blottir dans des bouges infects, loin de toute autre société que celle de ma famille et de mes coreligionnaires, — à qui la faute, à qui — si je me résignais à acheter par la ruse, par la bassesse, quelquefois même par la honte, un peu de trêve à vos incessantes persécutions ; — si je ne rougissais point de paraître poltron, méprisable, sans dignité, pour ne pas exciter, par une résistance impossible, — la cupidité ou la colère, deux puissances, hélas ! trop souvent prêtes à s'armer contre moi. — Soyez justes ! Si, par une conséquence fatale, je n'aimais pas le nom chrétien que vous m'enseigniez si bien à haïr ; — si, relégué comme une balayure immonde dans des quartiers inhabités et presque inhabitables, je ne m'initiais ni à la politesse de vos manières, ni à l'élégance de votre langage, ni à l'atticisme de vos mœurs, ni à la pratique de vos formes sociales, ni aux habitudes de votre vie politique ; — si je consacrais à la recherche de l'or et de l'argent, seul moyen pour moi d'échapper à vos malédictions, à vos vexations et à vos tortures, tout ce que j'avais d'activité et d'intelligence ; — si, plus d'une fois il m'arrivait de mettre mes services à trop haut prix ; — si, habitué à vous voir violer vos engagements, sous l'égide de lois toujours sourdes à mes plus justes réclamations, je demandais à des stipulations exorbitantes, à des conditions usuraires, la sanction illégale, je l'avoue, de ces engagements, — à qui la faute ? dis-je ; à qui, je le répète, si ce n'est tout d'abord à vous-mêmes ?

« Et vous osez prétendre que je suis incapable et indigne des droits que je revendique ! Incapable ! Indigne ? — Mais la France, la Hollande, la Belgique, etc., ne protestent-elles pas contre cette assertion? — Et puis, à supposer qu'il en fût ainsi, que dire d'une incapacité et d'une indignité qui ne sont que trop votre fait, et qu'un simple *fiat*, oui, un simple *fiat* de votre bouche pourrait détruire, effacer sans retour?

« Encore une fois donc, quel est mon crime? Vous avez à cœur, j'aime à le croire, d'être de votre temps et de passer pour avoir rompu avec les inculpations impossibles et les récriminations absurdes du moyen âge. — Avouez-le donc! mon crime, c'est que je suis le descendant des *meurtriers* du Christ; c'est que pour vous, de même que pour les premiers disciples de Jésus, je suis le *meurtrier* et l'assassin d'un Dieu, — meurtrier et assassin de ce nouvel Abel, encore tout couvert des gouttes d'un sang divin ; c'est que la voix de ce sang tombé sur mes pères et sur leurs enfants crie contre moi du sommet du Calvaire; et que, nouveau Caïn, coupable, moi aussi, d'une irrémissible iniquité, je suis condamné à errer fugitif sur la terre; — c'est que je suis ce que je serai toujours si je ne consens à me suicider dans la partie la plus intime et la plus sacrée de mon être, c'est que *je suis ce que je suis*, un enfant d'Israël, — un *Juif!* »

Oui, le crime des Juifs, c'est d'être Juifs, c'est-à-dire, de tenir avec une *obstination* sans égale à un dogme, à un livre, à une religion qui leur valut et leur vaut encore aujourd'hui les hostilités et la haine — de l'Islamisme, dont ils repoussent le Koran ; — et du Christianisme, dont ils rejettent l'Evangile; accusés qu'ils sont, par les sectateurs de l'Islam, d'avoir falsifié leurs Ecritures, pour ne pas suivre l'étendard du Prophète, et par les disciples de la Croix, d'avoir mis à mort un Dieu réformateur de leur loi et de leur religion.

Faut-il voir en cela la conséquence d'un courroux céleste, l'expiation providentielle d'un forfait inouï, ou bien la suite naturelle d'un ancien état de choses, résultant de circonstances particulières qui, sous des formes diverses, se sont perpétuées jusqu'à nos jours?

Sans prendre absolument parti pour ou contre aucune de ces opinions, je préfère cette dernière, parce que, en dehors de toute révélation précise sur ce point, et sans exclure l'action de la Providence pendant un certain temps, elle repose tout à la fois sur l'histoire et sur une série non interrompue de déductions rationnelles.

Je ne sais si on l'a assez remarqué, l'histoire du Judaïsme depuis la mort du Christ n'est, sous beaucoup de rapports, que l'histoire du Christ et du Christianisme lui-même.

Paradoxe! s'écrieront plus d'un lecteur sans doute! Paradoxe, soit! pourvu que vous conveniez que c'est la vérité.

A peine né, le Christ fuit en Egypte. — Rentré dans la Judée, après plus de vingt ans d'une vie obscure et inconnue, tout à coup il se produit, il se montre en public, il parle, il prêche, il évangélise, il annonce qu'il vient, — non détruire, mais accomplir la loi. — Il passe partout en faisant le bien, et pour prix de ses bienfaits, il est forcé de se cacher, d'errer de bourgade en bourgade, — pauvre, vivant au jour le jour, n'ayant pas même où reposer la tête, — haï des Pharisiens, détesté des Saducéens, calomnié par le peuple, accusé par les Princes des prêtres, trahi, renié, abandonné par les siens, livré par Pilate, blasphémé par Caïphe, insulté par Hérode, lâchement tourné en dérision par une vile populace et une soldatesque sans pitié, condamné par le pouvoir politique et par le pouvoir religieux, crucifié sur le Calvaire !

Voilà l'Homme-Dieu, tel que nous le représente l'Evangile.

Contemplez maintenant le peuple Juif depuis les premiers temps de l'établissement du Christianisme ! — Lui aussi est obligé de se cacher et de fuir ! — Voyez-le errer sans repos, de régions en régions, pourchassé, sans trêve, de tous les pays, les parcourant tous, et ne se fixant dans aucun, — partout méprisé, partout haï, repoussé hier par les Païens, demain par les Chrétiens, après-demain par les Musulmans, — également persécuté par les Orthodoxes et par les Hérétiques, par des Pontifes et par des Princes, — toujours accusé, — presque toujours calomnié, tantôt par les grands, tantôt par les petits, — tour à tour attaché au pilori de lois cruelles et de préjugés sans entrailles, livré sans défense aux rigueurs d'un ostracisme universel, et *enchaîné*, pieds et poings liés, aux bûchers des Auto-da-fé.

Voilà le peuple Juif, tel que nous le montre l'histoire d'au delà du Calvaire, — aussi malheureux, aussi opprimé, aussi rassasié de mépris et d'opprobres qu'avant le supplice du Rédempteur du monde, — voilà, qu'on nous permette cette expression, voilà l'*Ecce Homo* des peuples !

Mais où est la cause certaine, ou, tout au moins, la raison principale de cet étrange phénomène?

Nous n'hésitons pas à répondre : — Dans la conduite des premiers Chrétiens envers les Juifs.

Qu'étaient-ce, en effet, que les premiers Chrétiens? Personne ne l'ignore : — des Juifs convertis à la voix de Céphas ou de Paul. — Or, ces Chrétiens, de quel œil durent-ils voir ceux de leurs frères ou concitoyens qui, hier encore leurs coreligionnaires, avaient crié comme eux : *Tolle, crucifige!* contre le fils de Marie, mais aujourd'hui n'adoraient pas comme eux — dans celui qu'ils avaient mis à mort — l'Homme-Dieu conçu par la Vierge de la prophétie d'Isaïe, l'Emmanuel sorti du sein d'une humble fille de Juda?

Nul plus que moi n'admire la vie de ces hommes, prodiges de paix et de charité, et dignes prémices du Christianisme, qui n'avaient, dit leur historien, qu'un seul cœur et qu'une seule âme[1]! — Mais notre admiration ne peut nous faire méconnaître que, récemment initiés à la doctrine et au commandement nouveau et chrétien par excellence, — l'amour du prochain, — et tout pénétrés encore de cette loi mosaïque qui *ordonnait* le talion, — des Juifs tout à la fois réfractaires à la religion nouvelle et complices de la mort de son Fondateur, n'étaient désormais à leurs yeux que des ennemis et de coupables meurtriers du Christ, — plutôt que des hommes égarés un instant par l'envie ou la haine, et dignes de pardon, « parce qu'ils n'avaient pas su ce qu'ils faisaient. » De

---

1. *Act. apost.*

là vis-à-vis d'eux, dans le cœur de ces ardents néophites, des sentiments instinctifs et irrésistibles, d'abord de colère et d'indignation ; — plus tard, d'éloignement et de mépris.

Mais ces sentiments, ou plus exactement, ces préjugés (car ce ne fut bientôt plus autre chose), — après s'être traditionnellement implantés et enracinés chez les Chrétiens de Jérusalem, et, par eux, chez les Chrétiens de toute la Palestine, ne tardèrent pas de se propager, de s'étendre partout où les Chrétiens se trouvaient en contact avec les Juifs, — et peu à peu, par une sorte d'incurable contagion, de se transmetre à quiconque portait le nom de chrétien dans la Palestine et ailleurs. N'était-il pas écrit que sur les imprécations des Juifs qui avaient tué le Christ, son sang devait se répandre comme une rosée de malédictions et d'anathèmes, non-seulement sur leur tête, mais encore sur celle de leurs enfants? Ne fallait-il pas que les prophéties s'accomplissent? Et pour les adorateurs de la Victime du Golgotha, n'était-ce pas concourir à leur accomplissement que de n'avoir rien de commun avec ceux qui l'avaient immolée, — de les fuir et de les maudire ?...

Ce langage si facile à comprendre sur les lèvres des catéchumènes de la foi chrétienne, à une époque où, par la force des choses, le chrétien devait, en dépit des doctrines évangéliques et des prédications de saint Paul, se distinguer longtemps encore du juif et du gentil, — ce langage, disons-nous, les Chrétiens du IVe siècle le tinrent, plus énergique et plus accentué, quand avec Constantin la croix monta sur le trône des Césars. — Alors, des documents irrécusables nous l'apprennent, alors les Juifs que la loi civile des Romains avait presque tolérés, et même, à certains égards, protégés, furent régis par une législation exceptionnelle, *suggérée* par une pensée plus antijudaïque que chrétienne. — La loi consacra les mœurs, et le préjugé devint un fait légal. — Une fois chrétienne, la société nouvelle enchérit, si j'ose le dire, sur l'antipathie de la vieille société païenne contre les Juifs. — A la raillerie, au mépris, à l'indifférence, elle ajouta la répulsion, la rancune, un je ne sais quel levain de haine et de vengeance, et, grâce à la pression de l'opinion publique[1] et à l'autorité des lois, le peuple qui, d'après l'Ecriture, avait été un vase d'élection, fut converti en un vase de réprobation universelle.

Viennent les Barbares ! — Dès que l'eau du baptême aura touché leur front, ces rudes et naïfs adeptes du dogme chrétien s'éloigneront avec une sainte horreur des meurtriers de leur Dieu, si toutefois ils n'exercent pas contre eux de pieuses représailles, et, forcés de lutter contre le double flot de la Barbarie et de la Civilisation chrétiennes, les Juifs pourront déjà prévoir ce que leur réserve cette période de gestation de la société moderne, qu'on nomme le Moyen âge.

Mais voici luire l'aurore de la Renaissance ! — Les Juifs vont sans doute, eux aussi, renaître à une vie nouvelle, — et au flambeau de l'érudition et de la science se dissiperont les ténèbres des préjugés contre la race d'Israël. Erreur ! La Réforme, dans la per-

---

1. Vid., *Cod. Jud.*

sonne même de ses principaux chefs, ne les traitera pas autrement que le Catholicisme, et la société moderne tout entière semblera ne pas même se douter que, pour être des juifs, ils n'en sont pas moins des hommes et des frères.

— Soit pour le xvi°, soit même pour le xvii° siècle!
— Peut-être les guerres religieuses de l'un, la Révocation de l'édit de Nantes de l'autre, ne permirent-ils pas de penser à l'émancipation des juifs! Mais le xviii° siècle, ce siècle de liberté, de *lumières,* de généreuses doctrines, assurément ce siècle ne les oubliera pas!

Erreur encore, si vous n'entendez parler que des trois premiers quarts de ce siècle, du règne de la philosophie et des Encyclopédistes! L'homme prodigieux en qui ce siècle s'était en quelque sorte incarné, Voltaire croira avoir fait assez pour eux que de laisser tomber de sa plume fine et dédaigneuse une phrase, et quelle phrase, grand Dieu! « Il ne faut *pourtant* pas les brûler! »

A la fin du xviii°, ou plutôt au xix° siècle, était réservée en partie la gloire de l'émancipation civile et politique des juifs.

Jusque-là — nous croyons l'avoir suffisamment indiqué — le peuple juif a souffert, a été persécuté, honni, méprisé, j'allais dire *enseveli* dans le sépulcre de la misère et de la mort morale. Mais là devait commencer la fin de son long et lamentable martyrologe. Nous pensons et nous espérons que l'heure de la *résurrection* de ce nouveau Lazare, déjà sonnée chez quelques peuples, sonnera bientôt chez tous les peuples, et que plus éclairées, plus tolérantes, mieux inspirées, les nations chrétiennes, abjurant avant tout des préjugés dix-huit fois séculaires, feront succéder à leur *Tolle* traditionnel un *Veni foras* unanime, qui est tout à la fois dans la lettre de l'Ancien et du Nouveau Testament et conforme à l'esprit du vrai christianisme.

Arrière donc le passé ! Chrétiens, Israélites et Musulmans, reconnaissons nos torts, nos erreurs, nos excès réciproques ; saluons de concert l'avenir unitaire qu'appelle l'Evangile et que nous prophétise Isaïe : un seul pasteur, un seul troupeau, un seul juge, une seule loi ! Voilà ce que tout penseur sérieux et intelligent entrevoit à travers les limbes déjà transparents d'une époque éloignée encore... peut-être, mais à l'avénement de laquelle nous sommes tous tenus de concourir, parce qu'elle n'est autre chose que le règne de Dieu sur la terre.

Soldat du Droit, Sergent de Dieu, Peuple apôtre de toutes les nations, véritable *populus late rex* de la civilisation moderne, la France y a déjà contribué pour une large part, aussi bien à l'égard des enfants de Jacob qu'à l'égard des enfants d'Ismaël, nés sur le territoire de l'Algérie ou élevés dans le cercle de ses frontières ; mais sa tâche d'émancipation n'est pas encore terminée. Toujours docile à ce génie d'expansion sociale, qui a si justement et si poétiquement fait surnommer ces idées « poussière de tous les chemins, » elle a voulu tendre une main fraternelle à ceux, musulmans ou israélites, que la conquête d'Alger avait placés sous son empire ; elle a ainsi prouvé qu'elle n'est pas seulement venue en Algérie pour la conquérir par la force des armes et ajouter un nouveau fleuron à sa couronne; — pas même pour la coloniser par le travail, grossir ses ressources, et augmenter ses débouchés.

Ah! sans doute, elle y est venue pour tout cela. Mais, j'ai hâte de le proclamer, elle y est venue pour autre chose encore. Au-dessus, bien au-dessus de ce double but, elle s'en est proposé un troisième plus noble, plus désintéressé et plus moral; elle a voulu la civiliser, se l'assimiler, se l'identifier, en un mot, la naturaliser sans violence, sans secousse, sans contrainte, par la seule persuasion, par l'influence de ses bienfaits, et avant tout et surtout, par l'ascendant tout pacifique de sa Justice et de ses lois; c'est ce que démontre sans réplique l'histoire de l'Algérie depuis 1830, et c'est ce que nous prouverons dans cet ouvrage, par l'histoire de l'initiation des Israélites aux avantages de la civilisation européenne en général, et en particulier de la Civilisation française.

Et moi aussi, malgré l'isolement de mes efforts individuels et l'impuissance de ma solitaire initiative, j'ai voulu tendre aux Israélites d'Algérie une main fraternelle et pieuse! Je le sais, à cet édifice de naturalisation que la France est destinée à élever parmi eux, je ne puis, hélas! apporter qu'un simple grain de sable. Mais peut-être, semblable au grain de sénevé de l'Evangile, fécondé par une main puissante, grandira-t-il jusqu'à atteindre les vastes proportions d'une pierre monumentale et angulaire : *Omnia ab ovo*, disaient les Anciens. Le chêne superbe ne commence-t-il pas par n'être qu'un germe imperceptible et un humble gland? Qu'on nomme comme on voudra ce faible travail, le nom n'y fait rien, pourvu qu'il serve à quelque chose. L'amour-propre de l'ouvrier ne doit-il pas s'effacer devant l'utilité de l'œuvre?

Au reste, germe, gland, œuf, ou grain de sable, puisse-t-il se développer dans le sillon d'un prochain avenir, et puisse ce sillon lui-même être élargi et fécondé par les hommes à qui il appartient de décider du sort de l'Algérie. Le rôle d'initiateur me suffit.

Chrétien, Français et magistrat algérien, je tente, au nom des principes de l'Evangile, de la mission civilisatrice de la France et du progrès juridique et législatif de l'Algérie, de remplir, dans la mesure de mes facultés, une tâche éminemment chrétienne, française et algérienne. Un seul désir, un seul espoir guidera ma plume et soutiendra mon courage, celui de servir une sainte cause : la naturalisation d'une intéressante fraction de la population de l'Algérie, intermédiaire né entre l'Algérie et la France, pour fondre dans le même creuset d'unité sociale, politique et civile, les vaincus d'Afrique et les vainqueurs d'Europe, les fils du Croissant et les fils de la Croix, la civilisation musulmane et la civilisation chrétienne.

LES
JUIFS ALGÉRIENS

LEUR PASSÉ, LEUR PRÉSENT ET LEUR AVENIR JURIDIQUE

I

Je me propose de rechercher ce que fut autrefois, ce qu'est aujourd'hui, et ce que sera désormais l'Israélite Algérien, considéré sous le double rapport de la loi civile et de la loi politique.

Pour que mes recherches soient aussi complètes et aussi fructueuses que possible, je m'adresserai tour à tour ou en même temps à l'histoire et à la législation, aux faits et aux textes. J'évoquerai le passé, je décrirai le présent et j'interrogerai l'avenir.

En d'autres termes, je m'efforcerai de résoudre ces trois questions :

Judiciairement et légalement,

Qu'était l'Israélite Algérien avant la conquête ?

Qu'a-t-il été depuis la conquête, et qu'est-il encore de nos jours ?

Que doit-il être désormais ?

Envisagé sous ce triple aspect, le vaste et complexe sujet de cet ouvrage se montrera successivement dans son ensemble comme dans ses détails, et, je l'espère, ne sera sans intérêt ni pour le jurisconsulte, ni pour le magistrat, ni pour le publiciste.

Mais avant de retracer l'histoire juridique des Juifs Algériens avant 1830, il ne sera pas inutile d'esquisser à grands traits leur histoire générale jusqu'à cette époque.

Pas de nationalité, pas de droit commun, tolérance et arbitraire, servitude et oppression, voilà tout leur passé.

Et de tout cela, ne demandez la preuve ni à d'authentiques documents, ni à des témoignages historiques. Les Juifs Algériens ne sont comptés pour rien ou presque pour rien dans les annales de leurs tyrans. Ils sont, cela est vrai, mais c'est comme s'ils n'étaient pas.

Heureux, a dit je ne sais plus quel philosophe, heureux le peuple qui n'a pas d'histoire !

Spirituelle et humoristique boutade, qu'il faut bien se garder de prendre au sérieux !

Un peuple qui n'a pas d'histoire, c'est un peuple qui n'a ni mouvement ni progrès, ni vie, — un peuple qui n'existe pas, ou qui n'a qu'une factice et précaire existence.

Tant que le peuple Juif eut une histoire, il conserva sa nationalité et son gouvernement, sa mission, sa personnalité, son existence propre ; il vécut ! Mais à partir du jour où il les perdit, son nom, en tant que peuple, fut en quelque sorte rayé des tablettes de l'histoire ; il ne *vécut plus*, il *dura !*

Malheureux donc, dirons-nous avec la grande voix de l'histoire elle-même, malheureux le peuple qui n'en a pas ! Il ne compte plus parmi les nations, il est effacé du *livre de vie* des peuples.

Mais, hâtons-nous de le proclamer, plus malheureux encore est le peuple dont l'histoire, si cela peut ainsi s'appeler, n'est qu'un long et sanglant martyrologe !

Or, tel fut le peuple Juif dans les Etats Barbaresques ; tel il est dans l'Empire du Maroc, tel il était dans la Régence d'Alger, avant la conquête de ce pays par la France : — accident et simulacre de peuple, plutôt que peuple véritable. Trop méprisés des Turcs et des Indigènes pour en être haïs et n'en pas être tolérés, — partout et par tous maltraités, repoussés, humiliés, outragés, les Juifs Algériens étaient moins, civilement et publiquement, une personne qu'une chose entre les mains du Gouvernement turc, qui, au lieu de les protéger et de les défendre, croyait beaucoup faire pour eux que de consentir à les laisser vivre.

Si, du moins, il les avait traités comme on traite les étrangers, dans les pays qui, de même que la Régence, ne sont pas tout à fait barbares ! Alors, peut-être, en même temps que leurs lois, leurs usages et leur religion, leur eût-il laissé et assuré l'ensemble de ces droits, qui, pour n'être ni civils, ni politiques, n'en supposent pas moins une certaine participation à la cité, une certaine communion avec l'Etat, et constituent le droit des gens.

Mais il était loin d'en être ainsi. A peine leur accordait-il, et encore pas toujours, ces droits d'humanité, qu'on me passe ce mot, que les Romains eux-mêmes n'osaient pas toujours refuser à leurs esclaves, et auxquels on ne peut toucher, même indirectement, sans toucher au droit de vie matérielle et physique.

Aussi bien était-il de l'intérêt de l'Etat que les Israélites jouissent de ces droits. Outre les services qu'ils lui rendaient, soit comme marchands, soit comme intermédiaires dans les affaires civiles et commerciales, soit comme interprètes avec les Etrangers de toute espèce et principalement avec les *Roumis* ou Européens, n'étaient-ils pas matière, et matière abondante et féconde à impôts et à capitation, et leur population, si facile à s'accroître et à se multiplier, et dont on avait soin de drésser le plus exact dénombrement, ne concourait-elle pas, proportion gardée, autant et même plus que les populations maure et Arabe, à alimenter les caisses du Trésor?

Mais, ne croyez pourtant pas que cet intérêt fût assez puissant pour déterminer, chez leurs maîtres, des sentiments d'*égalité* purement humains. Ceux-ci, toutes les fois que l'occasion s'en présentait, se plaisaient à les accabler de leur tyrannique dédain. Comme dans le Maroc[1] à l'heure qu'il est, et en Egypte[2] avant le règne de Mehemet-Ali, les Juifs, sous la despotique domination des Janissaires, étaient à merci, ravalés, honnis, exposés à toutes les risées et à toutes les avanies, l'objet de la plus incroyable et de la plus insultante oppression.

En voici quelques exemples :

Certaines villes de la Régence leur étaient interdites.

---

1. Voir Graberg de Hemso et Marmol.
2. Voir Clol-Bey, *Aperçu général sur l'Égypte*, t. I. — Voir aussi *l'Algérie*, par le baron Baude, t. II.

Sous prétexte qu'ils n'étaient pas dignes d'entendre le Koran, on leur interdisait de lire ou d'écrire l'Arabe.

Ils ne pouvaient monter à cheval : cet animal était trop noble pour eux.

S'ils voulaient avoir le droit de se servir d'un mulet ou d'un âne, ils devaient l'acheter à prix d'argent.

Tout Musulman et tout Chrétien, passant la nuit dans une rue, devait être muni d'une lanterne allumée; mais, pour des raisons que tout le monde comprend, l'Israélite était exclu de ce droit.

Passait-il devant une mosquée, devant un marabout ou la maison d'un haut personnage, obligation pour lui de se déchausser.

Malheur à lui s'il s'approchait d'un puits quand un Musulman s'y désalterait! il risquait d'être traité, sans autre forme de procès, comme l'agneau par le loup de la fable.

Malheur à lui, en outre, s'il osait s'asseoir devant un Musulman! le bâton et quelque chose de pis, suivant les circonstances, aurait fait immédiatement justice de cet abominable forfait.

Vrais esclaves publics, il faut qu'une marque caractéristique les signale à l'animadversion publique : ils seront donc forcés de ne se vêtir qu'avec des habits de couleur noire!

A eux les offices les plus dégoûtants et les plus repoussantes occupations, la pendaison des criminels, l'enterrement des suppliciés.

Libre aux enfants de les insulter, libre aux gens du peuple de les frapper! Mais à Dieu ne plaise qu'ils osent lever la main pour se défendre! ils payeraient de leur liberté, et peut-être même de leur vie, cette impardonnable témérité.

Qu'il ne leur prenne pas fantaisie de porter des souliers qui ne seraient pas noirs! cela leur est défendu, sauf, toutefois, payement préalable d'un énorme tribut.

Aux yeux du Musulman, le Juif est moins une personne qu'une chose, *res, non persona*.

Ainsi donc, vis-à-vis des Musulmans, un seul droit régit le Juif Algérien, et ce droit, c'est la force. A l'instar de certains serfs du moyen âge, il est corvéable, taillable, mainmortable, au gré de ses seigneurs et maîtres. Il n'est ni citoyen, ni bourgeois, ni sujet. On ne le nomme pas esclave, mais il l'est, et il l'est d'autant plus qu'il l'est de tout le monde.

Maintenant, quelle était sa situation judiciaire et légale?

Il faut distinguer, suivant que cette situation est considérée vis-à-vis des Israélites entre eux, ou vis-à-vis des Musulmans.

Vis-à-vis des Israélites, elle est ce que l'ont faite la la loi de Moïse, le Talmud, les coutumes locales, les traditions et les écrits de quelques rabbins orientaux.

Comme on l'a dit avec raison, le mépris des Musulmans pour les Juifs devait, ce semble, les laisser librement s'organiser dans la servitude, et leur faire dédaigner de s'enquérir comment, au sein de leur abjection, les Juifs maudits sentaient le besoin de se donner des juges [1].

C'est sans doute ce qui, mieux encore que quelques

---

1. *Procès-verbaux et Rapports de la Commission du 7 juillet* 1833.

textes du Koran,¹ dont l'interprétation présente de graves difficultés, nous explique l'existence, sur un sol musulman, de tribunaux israélites ; c'était là une tolérance, fruit d'une pensée de mépris et de dédain plutôt que d'une inspiration d'équité et de justice.

Les Rabbins qui composaient le personnel de ces tribunaux rendaient leurs sentences devant le parvis de la synagogue, et nous devons ajouter, que s'il faut s'en fier aux appréciations d'hommes très-compétents pour en juger, ces tribunaux étaient plus déconsidérés, plus méprisés et plus dégradés, même aux yeux des Israélites, que les tribunaux musulmans, malgré la vanité bien connue et devenue en quelque manière proverbiale de leurs magistrats. Avides, comme leurs frères, à force de tyrannie et de mépris, les rabbins n'avaient pas le sentiment de leurs devoirs comme juges, et leur justice, à bon droit décriée par les Musulmans et les Etrangers, ne satisfaisait jamais les Juifs eux-mêmes ².

Le Tribunal rabbinique ne jugeait qu'entre Israélites en dernier ressort, et tant en matière civile qu'en matière criminelle. Devant lui l'instruction des affaires et l'exécution de ses jugements se faisait comme devant les Cadis, dont il avait le pouvoir.

Quoi qu'il en soit, le gouvernement de la Régence, par une tolérance digne d'éloges, qu'elle provînt soit du mépris des Juifs, soit du respect de quelques passages du Koran, reconnaissait la religion en même temps que la loi des Israélites ³.

---

1. *Koran*, II, 107, 129 ; V, 45, 46, 47.
2. *Procès-verbaux et Rapports de la Commission du 16 décembre 1833*.
3. *Ibid.*, t. II, p. 177.

Voilà ce qu'était la situation judiciaire et légale des Juifs entre eux.

En était-il de même vis-à-vis des Musulmans? Après ce que nous avons dit plus haut, la réponse est facile.

Les Juifs de la Régence, dans leurs contestations avec les Musulmans, Turcs ou Indigènes, ne pouvaient guère aspirer à l'égalité devant la loi et la justice. Cette égalité n'existe que là où règne tout au moins l'égalité devant Dieu, source de toute justice et de toute loi. Or, cette égalité, c'est-à-dire l'égalité religieuse, vous en chercheriez vainement, je ne dis pas le développement, mais même le germe, dans le texte du Koran, et surtout dans les mœurs et les coutumes musulmanes. Tout y respire, à quelques textes près, et sauf de rares exceptions imposées, en quelque manière, par des circonstances extraordinaires, la répulsion, le mépris, la haine des Israélites, — autant de passions incompatibles avec le sentiment et l'application de la même justice, de la même loi et du même droit.

Voyez, par exemple, ce que prescrit à leur égard, en matière de preuves, la loi musulmane!

S'il est une vérité incontestable et reconnue par toutes les législations, en général, — sauf celles où tout homme, par cela seul qu'il n'est pas citoyen, n'est pas réputé homme au regard de la loi civile, c'est que, quelle que soit sa nationalité et sa religion, le témoignage de celui qui, sous la foi du serment, rend compte à la Justice de ce qu'il a vu, entendu ou appris, est, toutes choses égales, aussi admissible, aussi digne de foi que le témoignage du naturel, du national ou régnicole lui-même. Toute différence sur ce point impliquerait, au détriment de l'homme qui en serait l'objet, une déchéance morale, un amoindrissement de dignité personnelle, un avilissement légal.

C'est ce que je trouve dans les dispositions du Droit musulman concernant les Israélites.

« Que je consulte Sidi Khelil » ou l'un des plus savants Cadis, Malekis, de la ville d'Alger, je constate trois choses :

D'abord, qu'en thèse générale, si les Musulmans élèvent quelques prétentions contre les Juifs, soit par voie de demande principale, soit par voie de demande reconventionnelle, soit comme demandeurs, soit comme défendeurs, et que des Juifs déposent en faveur des Mahométans et contre leurs propres coreligionnaires, les dépositions de ces Juifs, de même que les prétentions des Mahométans, sont recevables ;

En second lieu, que le témoignage des Juifs en faveur d'autres Juifs et contre des Musulmans n'est pas reçu pour les conventions entre Mahométans ;

En troisième lieu, qu'il est de principe universellement admis qu'un Juif, comme tout ennemi ou infidèle en général, n'est point admis à témoigner, même à propos d'un infidèle, et par conséquent d'un Juif.

Et en cela, rien d'étonnant ! Devant le Kadi Maleki, le témoignage d'un Juif contre ses coreligionnaires eux-mêmes n'est pas valable, et ce n'est que devant le Kadi Hanefi qu'il l'est de Juif à Juif [1].

---

1. Voir *Précis de jurisprudence ou Mockrassar*, de Sidi Khelil, tra-

Or, rapprochez de ces dispositions de la loi les textes du Koran relatifs aux témoignages [1], textes inspirés peut-être par le Code de Justinien, qui, lui aussi, défendit de recevoir en justice le témoignage des Juifs, et vous resterez convaincu que le Juif, par cela seul qu'il est Juif, ou, en d'autres termes, qu'il n'est pas vrai croyant, vrai fidèle, ne mérite aucune confiance, aucun crédit, est présumé n'avoir ni loyauté ni bonne foi, et ne déposer que sous l'empire de la crainte, de la haine, ou sous l'impulsion de tout autre mobile que celui de la vérité. — *Ab uno disce omnia!*

Pour combler la mesure des avanies dont le Juif de la Régence était constamment abreuvé, une seule chose restait à faire : revêtir d'une forme légale, prescrite et consacrée par une religion essentiellement intolérante, la plus criante des injustices, — et c'est ce qu'a fait le législateur musulman.

Après cela, que pouvait espérer, ou plutôt que ne devait pas craindre de cette législation l'infortuné *paria* Israélite ?

Il était temps que le drapeau de la France flottât victorieux sur le sommet humilié de la Casbah d'Alger.

Ici se place naturellement une réflexion :

On se demandera sans doute si, dans l'exposé des exclusions de droit commun, non-seulement civil et politique, mais encore du droit des gens et même du droit universel ou du droit naturel que nous avons sommairement mentionnées, il n'y a pas exagération

---

duction Perron, t. V, p. 194. — Genty de Bussy, *De l'Établissement des Français dans la Régence d'Alger*, t. II, p. 331, 332.

1. *Koran*, II, 282; IV, 134; V, 11.

évidente, ou erreur certaine de la part de ceux à qui nous le devons.

Nous répondons que nous l'avons puisé dans les ouvrages les plus autorisés, que nous l'avons nous-même constaté et contrôlé par le récit de plusieurs vieillards, Israélites, Maures, Turcs et Arabes, qui les ont vues se traduire en actes sous leurs yeux; et qu'enfin, aujourd'hui encore, ou à peu de chose près, le Maroc ne se conduit pas envers les enfants d'Israël autrement que ne se conduisait la Régence d'Alger, au moment même où sa capitale fut forcée d'ouvrir ses murs aux troupes victorieuses de la France[1].

Nous pourrions encore rappeler les avanies et les exactions sans nombre, tant morales que légales, qui ne sont révoquées en doute par personne, et dont les peuples chrétiens les accablaient impunément et sous le Bas-Empire et pendant le moyen âge.

Mais à quoi bon remonter si haut, quand il suffit de jeter un rapide coup d'œil sur la France au XVIII° siècle?

Je n'ai jamais lu sans frémir l'article *Juifs* du *Répertoire de Jurisprudence* de Merlin. On est tenté de croire, tant il contient de choses anormales, d'opinions surannées, de préjugés étranges, de vues étroites et mesquines, consacrées par les usages les coutumes et les lois du siècle dernier, qu'il n'y est question que du XI° et du XII° siècle.

Nous engageons vivement nos lecteurs à le lire en entier. Ils y remarqueront comme le reflet de ces lé-

---

1. Voir, entre autres auteurs *et passim*, Agobard, *De cultu Judæorum*. — Casir, Biblioth. arab. — Hisp Basnage, *Histoire des Juifs*. — Bedarride, *les Juifs en France*, etc.

gislations attardées et barbares qui, au sein de l'Europe chrétienne, présentent le triste spectacle d'une civilisation bien moins chrétienne que païenne, et ne respirent que haine, que persécutions et vengeance.

Comment admettre, en effet, si Merlin ne citait d'irrécusables autorités :

Qu'à la fin du xviiiᵉ siècle, dans les provinces françaises d'Alsace et de Lorraine, les Juifs étaient à peine tolérés;

Que dans la ville et les terres de l'Evêché de Strasbourg, et celles des comtés de Nassau et des Gentilshommes dont les fiefs relevaient autrefois immédiatement de l'Empire, les Seigneurs s'étaient réservé la faculté de recevoir les Juifs et de les congédier, le droit de leur accorder telle liberté, et de leur imposer telles conditions qu'ils jugeaient convenables;

Qu'aucun Juif ne pouvait s'établir dans la ville de Strasbourg; que dans les dix villes jadis impériales de la préfecture de Haguenau, nulle famille juive ne pouvait s'introduire sans la permission des magistrats, et que dans celle de Landau, entre autres, il fallait que les Juifs fussent autorisés pour faire tout autre commerce que celui de bestiaux, de vente d'habits faits ou de prêts d'argent à intérêt;

Que dans la Haute Alsace, les Archiducs d'Autriche, comme souverains, avaient seuls le droit de recevoir des Juifs;

Que dans la Haute et Basse Alsace, un Juif avait besoin de la permission du Roi ou des Seigneurs pour s'établir dans tous les pays; que le droit de libre commerce n'était octroyé aux Juifs d'Alsace qu'avec certaines restrictions. et sous certaines limitations de temps et de lieu ;

Qu'il en était ainsi du droit de mariage, — défenses étant faites à tous Juifs et Juives, résidant en Alsace, de contracter aucun mariage, même hors de la domination du Roi de France, sans permission expresse, et sous peine d'expulsion ;

Qu'il en était de même du droit de réunion, qu'ils ne pouvaient exercer qu'après y avoir été préalablement autorisés par les commissaires *départis ;*

Qu'il en était de même encore du droit de propriété immobilière, — chaque chef de famille juive autorisée à demeurer en Alsace n'y pouvant acquérir que la maison dont il avait besoin pour son habitation personnelle ;

Que les Juifs étaient exclus du droit d'être membres des corporations d'arts et métiers ;

Comment admettre, enfin, que la France, pour parler comme l'avocat Lacretelle, ravalât les Juifs au-dessous de l'humanité, et s'attachât à leur faire, dans plusieurs provinces, un honneur qu'ils ne recevaient nulle part, l'honneur de les haïr et de les craindre[1].

C'est pourtant là l'exacte vérité! mais pourquoi cela? Parce que, nous disent gravement les auteurs du temps, parce que le Juif est condamné par l'oracle éternel à errer perpétuellement sur la surface de la terre, parce qu'il est *révoltant* qu'un proscrit comme lui veuille forcer le Roi ou un Seigneur à le reconnaître et à lui accorder une sorte de protection, à

---

1. *Recueil des ordonnances d'Alsace*, par le premier président de Bouy. — Merlin, *Répert.*, v. *Juifs.*

cause que le Roi ou ce Seigneur aura bien voulu recevoir le père de ce Juif, et que ce Juif lui-même y est né. Sans doute, ajoutent-ils, la justice et l'humanité veulent qu'il en soit autrement; mais ces grands mots s'évanouissent devant les principes de la jurisprudence alsacienne.

De là vient qu'un fils ne pouvait, sous peine de désobéissance, s'établir, du vivant de son père, dans le lieu où celui-ci avait fixé sa demeure;

Qu'une veuve Juive ne communiquait pas à son second mari Juif la permission à elle accordée de demeurer où elle demeurait elle-même;

Qu'un gendre Juif n'avait pas le droit d'habiter dans le même lieu que son beau-père, Juif comme lui;

Qu'un Juif devait payer le droit naturel d'aller d'un lieu dans un autre;

Qu'il devait acheter à beaux deniers comptants la tolérance et la protection toutes conditionnelles dont il jouissait dans certaines localités.

Comment admettre enfin toutes ces énormités sans les graves autorités invoquées par l'illustre Merlin, et que serait-ce si l'illustre jurisconsulte avait ouvert les Annales du monde entier, pour y suivre pas à pas, dans le domaine de l'histoire du droit, les hostilités et les persécutions auxquelles les Juifs furent partout en butte; si, le flambeau de cette histoire à la main, il avait découvert les innombrables dérogations à la loi commune dont ils furent contraints de subir le joug ignominieux, que n'aurait-il pas ajouté à l'interminable liste des odieuses dispositions des ordonnances de l'Alsace contre eux? C'est alors surtout que, rapprochant la conduite des peuples musulmans de celle des peuples chrétiens envers les enfants d'Israël, et passant en revue les divers textes du Koran, qui les accusent d'avoir altéré, falsifié, déplacé le texte des Ecritures, et méritent par leurs crimes d'être maudits de Dieu et condamnés à avoir *leurs mains attachées à leur cou*, il n'aurait pas eu de peine à démontrer que, dans les pays de l'Islam, et par conséquent dans la Régence d'Alger, les Israélites devaient être mis au ban de la loi, et que, pour eux, dans leurs rapports avec les disciples de Mahomet, il n'y avait et ne pouvait guère y avoir d'autre droit que le droit de la force, d'autre règle que le caprice du bon plaisir, d'autre loi que *la loi du cordon*.

Mais c'est assez parler de la situation juridique des Israélites Algériens avant 1830. Parlons maintenant de celle qui leur a été faite par la France depuis cette époque.

II

La conquête d'Alger devait montrer une fois de plus ce que nous voyons presque à toutes les pages de notre histoire, que la France conquiert moins pour conquérir que pour civiliser, moins pour recevoir que pour donner, moins pour s'attribuer des terres, des trésors, des richesses, des revenus, que pour transmettre ses mœurs, ses tendances, ses idées, ses lois. Et, remarquons-le bien, ce que d'autres nations, tant anciennes que modernes, telles que Rome et l'Angleterre, ne firent que rarement, qu'accidentellement, que par politique, par intérêt et par calcul, la France, elle le fait souvent, permanemment, avec un noble dévouement, avec un désintéressement spontané.

Certes, nous ne craignons pas de l'affirmer, de toutes les nations civilisées ou barbares, païennes, chrétiennes ou musulmanes, — depuis les Carthaginois jusqu'aux Espagnols, qui foulèrent de leur pied vainqueur le sol du pays qui est aujourd'hui l'Algérie, nulle plus que la nation française ne traita ses habitants avec autant de générosité.

Et cependant, enivrée du succès de ses armes, se prévalant de son droit de vainqueur, peut-être eût-elle pu imposer, dès l'origine, au pays conquis, en même temps que son gouvernement politique, son administration civile et judiciaire. Mais, outre qu'il eût été pour elle imprudent et prématuré d'en agir ainsi, elle ne visa en Algérie, comme ailleurs, qu'à une seule chose, — à vaincre par les idées ceux qu'elle avait vaincus par les armes, et à plier de leur gré, à sa civilisation et à ses mœurs, — ceux que le sort de la guerre avait, malgré eux, soumis à notre domination.

C'est assez dire que, nation civilisatrice et chrétienne par excellence, la France, fidèle au conseil de Montesquieu, n'hésita pas à laisser indistinctement à tous les habitants de l'ancienne Régence, — avec la vie et la liberté, leur religion et leurs biens, — leurs magistrats et leurs lois, — se réservant plus tard, quand sonnerait l'heure de leur union et de leur identification judiciaires avec la Mère-Patrie, de les doter de ses propres lois et de ses propres magistrats.

Sur ce point, comme sur plusieurs autres, elle n'a eu d'autre ambition que de s'assimiler lentement l'Algérie, et de la former graduellement peu à peu à son image, soit en l'éclairant de ses lumières, soit en la gratifiant de ses bienfaits.

Ouvrons l'histoire de la conquête d'Alger.

Le 5 juillet 1830, au moment de conclure la glorieuse Capitulation qui fut et est encore la Charte de sa conquête, la France se trouvait en présence de deux éléments de population, différents par la religion, hostiles par les mœurs, opposés par les lois et par les tendances — d'une part, la population musulmane, la plus nombreuse et la plus importante, — d'autre part, la population israélite, objet du mépris et de la haine des Musulmans, et dont la fidélité au culte de ses aïeux l'avait condamnée à subir le joug d'une oppression et d'une servitude que nous ne saurions mieux comparer qu'à celui sous lequel gémissaient en Europe les Juifs du moyen âge.

Que fait le vainqueur de Staouéli? Peu soucieux de sacrifier, par des vues d'une politique étroite, les droits de l'un de ces éléments aux droits de l'autre, son premier acte est d'assurer le libre exercice de la religion mahométane, — le second, de garantir celle des habitants de toutes *les classes*, — et, conséquemment, la religion judaïque.

En d'autres termes, il place sous le niveau d'une égale protection deux religions d'autant plus contraires entre elles que, toutes les deux, elles gouvernent les intérêts moraux et matériels, elles sont la loi spirituelle et la loi temporelle de leurs adeptes.

C'était inaugurer dignement le régime de liberté et d'égalité de la France, dans un pays de servitude et d'arbitraire.

Mais là ne devait pas se borner la tâche du Vainqueur.

Les vaincus conserveraient-ils leur loi, — ou bien soumis désormais à la France, leur loi, en tant que loi civile, serait-elle remplacée par la loi française ?

Par une large interprétation de la Capitulation de 1830, la France crut devoir maintenir, tant en faveur des Musulmans qu'en faveur des Israélites, des lois si intimement inféodées aux lois religieuses qu'elles se confondaient avec elle, et faisaient partie intégrante de la *religion*.

C'est ainsi, pour ne parler que des Israélites, qu'un arrêté général du 22 octobre 1830 dispose, dans son article 2, que toutes les causes entre Israélites, tant au civil qu'au criminel, seront portées devant un tribunal institué par le Général en chef, et composé de trois rabbins, qui prononcera, souverainement et sans appel, d'après la teneur et suivant les formes des lois Israélites.

Impossible de consacrer plus clairement l'autonomie judiciaire des Israélites, alors qu'il ne s'agissait que de contestations entre Israélites.

Devait-il en être de même quand il serait question, non plus de causes entre Israélites seulement, mais entre Israélites et Musulmans ?

Evidemment non ! et c'est ce que décide l'article 3 du même arrêté. En vertu de cet article, toute cause entre Musulmans et Israélites, tant au civil qu'en criminel, doit être jugée, sans appel, par le Cadi maure.

Cette disposition, susceptible, ce semble, d'une sérieuse critique, parce qu'elle conservait, entre les mains de l'autorité judiciaire du Vaincu, une prérogative qui appartenait de plein droit au Vainqueur, n'en était pas moins pleine de sagesse, fondée qu'elle était sur les habitudes du pays, — et sur les nécessités du moment.

Au surplus, ce qu'au premier coup d'œil elle pouvait avoir d'exorbitant, était tempéré par le droit pour la partie succombante, d'interjeter appel devant une Cour de justice composée de trois magistrats exclusivement Français, et autorisée à appliquer, suivant les cas et selon qu'elle le croirait convenable, les lois françaises ou celles de la Régence d'Alger.

Remarquons ici que cette Cour de justice connaissait aussi de tous litiges civils et commerciaux dans lesquels un Français ou un étranger, de quelque nation qu'il fût, était intéressé en même temps qu'un Israélite.

Remarquons, en outre, que tout jugement du Tribunal rabbinique, portant condamnation à la peine de mort, ne pouvait s'exécuter qu'après l'approbation préalable du Général en chef.

Tel est le résumé de l'arrêté général du 16 octobre 1830. — Le 20 avril 1832, il y fut dérogé, mais provisoirement, et seulement pour la ville de Bone, par un arrêté de l'Intendant civil du royaume d'Alger. — Aux termes de cet arrêté, un juge royal, investi de la plénitude des fonctions judiciaires connaissait de toutes contestations civiles entre Chrétiens, et entre Chrétiens et Musulmans et Israélites, mais sauf l'appel devant la Cour de justice d'Alger, si l'objet de litige excédait 2,000 francs.

Il maintenait, au surplus, l'arrêté général que nous venons d'analyser.

Le 20 septembre de la même année, il fut appliqué à Oran.

Hâtons-nous de dire que dès le 16 novembre 1830, un chef de la nation Israélite à Alger, sorte d'intermédiaire administratif entre les Israélites et les Français, avait été créé à l'imitation du *roi* des Juifs de l'ancienne Régence, pour s'occuper de tout ce qui concernait les affaires de la nation Juive, et exerçait sur ses membres un droit de surveillance et de police.

Cet agent de la France près des Juifs Algériens fut, par arrêté du Général en chef, en date du 21 juin 1831, chargé de régler toutes les contestations, entre Israélites, qui n'étaient pas de la compétence du Tribunal rabbinique.

Cet état de choses reçut, sous le rapport criminel, une profonde atteinte de l'arrêté du Général en chef et de l'Intendant civil, du 16 août 1832, qui eut pour but principal de dissiper bien des incertitudes, de combler bien des lacunes, et de prévoir bien des hypothèses échappées aux arrêtés antérieurs. Dérogeant aux dispositions de l'article 2 de l'arrêté du 22 octobre 1830, par le motif qu'il convenait d'étendre à tous les habitants de la Régence, à quelque nation qu'ils appartînssent, une protection et une répression toute d'ordre public, il établit que les affaires criminelles ou correctionnelles, entre Israélites et Musulmans, seraient jugées à l'avenir par la Cour criminelle, ou par le Tribunal de police correctionnelle, — suivant leur compétence respective.

Mais continuons notre revue législative.

L'arrêté du 8 octobre 1832 enleva pour toujours l'appel des jugements rendus par les Cadis ou les Rabbins en matière criminelle, à la juridiction supérieure et extraordinaire du Conseil d'administration de la Régence, nommé aussi Commission administrative ou Comité de Gouvernement. Désormais l'appel de ces jugements dut être, dans tous les cas, porté devant la Cour criminelle.

Hâtons-nous d'arriver à l'Ordonnance du 10 août 1834, premier essai d'une organisation régulière de la justice en Algérie.

Nous y remarquons trois points principaux.

Elle maintient purement et simplement les tribunaux musulmans avec leurs attributions et leur compétence, — telles qu'elles étaient dès les premiers jours de la conquête, — tandis qu'elle modifie le Tribunal rabbinique, tant ou civil qu'au criminel. —

En même temps qu'elle respecte, en général, tant à l'égard des Musulmans qu'à l'égard des Israélites, *la loi* du pays, toutes les fois qu'ils ont contracté entre eux, elle donne aux Musulmans, ou plutôt, leur conserve des Assesseurs, s'il s'agit d'un litige entre Musulmans et Français, Etrangers ou Israélites, et n'en accorde aucun à ces derniers.

Le Tribunal rabbinique, jusque-là saisi de la connaissance souveraine de toutes les causes entre Israélites, en matière civile comme en matière criminelle, ne connaîtra plus à l'avenir que des contestations concernant la validité ou la nullité des mariages, et répudiations selon la loi de Moïse, ou des infractions à la loi religieuse, lorsque, d'après la loi française, elles ne constituent ni crime, ni délit, ni contravention. D'où nous pouvons dès à présent conclure que le texte et l'esprit de la Législation Algérienne distinguent déjà, sous plusieurs rapports, la population israélite de la population musulmane, et tendent à assimiler la première aux Français, tandis qu'ils laissent la seconde dans une sorte de *statu quo* judiciaire.

Mais la France va rapprocher davantage encore de son cœur attendri les enfants d'Israël. — Lisez l'Ordonnance du 28 avril 1841! Les Rabbins ne pourront plus que donner leur avis écrit sur les contestations relatives à l'état civil, aux mariages et répudiations entre Israélites. Au lieu de consister à *juger*, à proprement parler, leurs coreligionnaires, leurs fonctions judiciaires se borneront à prononcer sur leurs infractions religieuses, dans le cas prévu par l'ordonnance de 1834.

L'Ordonnance du 26 septembre 1842 confirme cette disposition; de sorte qu'on peut dire qu'à dater du 28 février 1841, toute juridiction criminelle et commerciale est retirée aux Rabbins, qui ne conservent plus qu'une simple juridiction religieuse, — faible souvenir, vestige, pour ainsi dire, nominal de leur juridiction *plénière* d'autrefois.

Voilà donc, ne l'oublions pas, voilà plus de vingt ans que la France, au point de vue *judiciaire* ou de *forme*, a pleinement assimilé l'Israélite Algérien à l'Européen, bien plus, au Français de l'Algérie, et qu'au regard de son assimilation légale ou du *fond* du droit, elle n'a pas changé un mot à la législation en vigueur en 1842.

Un mot seulement sur la condition *administrative* de l'Israélite Algérien. Elle est sous certaines conditions ce qu'est celle de l'Européen, laquelle ne diffère presque en rien de celle du Français lui-même. Il peut être électeur communal, membre d'un conseil municipal, adjoint au maire, membre d'un Conseil général, enrôlé dans la milice ou garde nationale algérienne, etc. Bref, sauf quelques-uns de ses honneurs, le droit administratif de l'Algérie ne lui refuse aucun de ses avantages, et l'on peut dire que, sous ce rapport, son assimilation avec la France est non moins avancée que sous le rapport judiciaire.

Nous pouvons enfin aborder le sujet de cet ouvrage, son assimilation légale avec les Chrétiens français et algériens.

III

Nous n'en dirons ici que quelques mots : nous y reviendrons à plusieurs reprises dans la suite de cet ouvrage.

C'est ici le lieu d'aborder notre grande question. Quelle est aujourd'hui la condition civile et politique de l'Israélite Algérien ? Est-il Français ou Etranger, Etranger ou assimilé au Français ? — Tient-il de l'un *ou* de l'autre, — ou de l'un *et* de l'autre tout ensemble ? Est-il simple sujet ou citoyen ? Qu'est-il enfin? Et s'il est prouvé qu'il n'est pas Français, pleinement Français, citoyen français, n'est-il pas temps qu'il le devienne par la naturalisation? Nous croira-t-on? A ces questions que jurisconsultes et publicistes se posent tour à tour, depuis de si longues années, il n'a pas été fait encore, et nous verrons bientôt qu'il ne pouvait pas être fait de réponse catégorique et certaine!

L'Israélite Algérien est Français, vous diront les uns, en invoquant les effets de la Conquête, — l'assimilation judiciaire de nos Israélites avec les justiciables Européens et Français, soit en territoire civil, soit en territoire *militaire* [1], la réunion, l'annexion de l'Algérie à la France, certains documents de jurisprudence civile, — leur admission dans les rangs de la Milice, des Conseils municipaux et généraux, dans nos chambres de Commerce, parmi nos Interprètes judiciaires et Traducteurs assermentés, — leur adoption spontanée de notre état civil, — la célébration de leur mariage devant l'officier municipal, — le droit pour eux d'être avocats, — l'identification de l'Administration de leur culte avec celle de leurs coreligionnaires de France, etc., etc.

— Non! — vous diront les autres, en vous citant — de nombreuses demandes de *naturalisation* de la part des Israélites, — une multitude d'*actes législatifs* qui établissent clairement, sans équivoque, une distinction profonde, *essentielle*, entre les Français, ou naturalisés Français et les Etrangers, les Etrangers purs et simples et les Etrangers autorisés par le Gou-

---

1. Décret du 15 mars 1850.

vernement français à exercer leurs droits civils en Algérie, les Indigènes en général, Musulmans et Israélites, les Musulmans non Indigènes et les Israélites non Algériens, — quelques documents de jurisprudence administrative ou arrêté du Conseil d'État du 23 janvier 1863, approuvé par l'Empereur en 1863 (*Moniteur de l'Algérie*, 4 décembre 1863), — l'exonération pour tous les Israélites de l'Algérie du service militaire, leur inadmissibilité à certaines fonctions civiles, administratives et politiques, — leur incapacité d'être témoins dans des actes notariés, — leur soumission au *statut personnel* pour tout ce qui concerne leur état civil, mariage, divorce, successions, etc., — non ! l'Israélite Algérien n'est pas Français !

Pour nous, nous avons parcouru, page par page, la collection complète des *Actes* du Gouvernement en Algérie, et, à chaque ligne, nous nous sommes trouvé en présence de cette distinction entre Français et Indigènes, Musulmans et Israélites, que, dès le lendemain de la Conquête, tout comme hier encore, le Législateur a pris à cœur de consacrer dans la plupart de ses actes.

Aujourd'hui donc, comme en 1842, comme en 1852, nous pouvons répéter ce que nous écrivions pour la première fois en 1852[1] :

D'une part, ni aux termes de la législation métropolitaine, ni aux termes de la législation algérienne, l'Israélite d'Algérie ne peut se dire, en général, Français. Il est sujet Français, il est plus Français

---

1. *Recueil de Jurisprudence algérienne*, par M. Branthomme.

que l'Etranger, mais il n'est pas entièrement Français.

D'autre part, l'esprit de ces deux législations, — esprit de rapprochement et d'assimilation progressive, non de fusion et d'identification immédiate du Conquis avec le Conquérant, de l'Etranger et du non-Français avec le National, s'oppose à ce qu'il *naisse* tel, — ou le *devienne* autrement que dans certains cas, et en se conformant aux prescriptions de la loi française à l'égard des Etrangers proprement dits, ou, tout au moins, des enfants d'Etrangers nés sur le sol français.

C'est qu'il est de principe que tout ce qui tient à la qualité de Français (*Caput*) se rattachant chez nous, comme chez les Romains, comme chez presque tous les peuples, au droit public ou constitutionnel, doit résulter expressément d'un texte, et ne peut ni se présumer ni se suppléer.

Or, ce texte, où est-il?

Et qu'on ne prétende pas qu'à défaut de ce texte la Conquête a suffi pour faire les Israélites Français! — S'il en était ainsi, les Musulmans, eux aussi, seraient Français! Mais alors, pourquoi, loin d'abroger leur loi, le Conquérant l'a-t-il expressément maintenue? — Pourquoi, au lieu d'effacer toute différence entre les vainqueurs et les vaincus, a-t-il, au contraire, constamment établi entre eux une ligne de démarcation bien *tranchée?* En fait, en droit, en raison, en bonne politique, pense-t-on qu'un peuple puisse être, tout d'un coup, pleinement transformé, absorbé par un autre peuple, alors que le peuple conquis est un peuple barbare ou semi-barbare, et que le peuple conquérant est le *Peuple-Roi* de la Civilisation ! Non, un peuple se fait, un peuple ne se décrète pas !

Allons au fond des choses ! La conquête n'a fait jusqu'ici et ne pouvait faire que ce qu'elle a fait : assimiler plus ou moins, ou rendre plus ou moins assimilable au Français l'Indigène Algérien, quel qu'il soit, Arabe, Maure, Turc, Kabyle ou Israélite.

Mais, qu'on ne l'oublie pas ! autre chose est être plus ou moins semblable au Français, autre chose est être Français, — et, sous plus d'un rapport *juridique*, l'Indigène Algérien n'est pas plus Français que l'Algérie n'est la France.

Mais encore une fois, qu'est-ce donc que l'Israélite Algérien ?

Il n'est ni étranger, comme l'Européen, — ni Français, — ni *naturel* Français, comme le Français ou l'Indigène de France né d'un Français, — ni *naturalisé* Français comme l'Etranger qui a obtenu des lettres de naturalisation, — ni simplement *naturalisable* comme l'Etranger européen. Civilement parlant, il est plus *francisé* que le Musulman, plus *francisable* que l'Etranger européen. — Au point de vue des droits politiques, sa position est celle de l'Etranger (de l'Etranger en Algérie), s'il est né en Algérie avant la Conquête, — et, s'il est né après la Conquête, il tient presque toujours, en quelque sorte, le milieu entre l'Etranger *naturalisable*, et l'Etranger *naturalisé*.

Ici, répondons à une objection.

— Si, nous dira-t-on, l'Israélite Algérien n'est pas

Français; — si, conséquemment, il ne peut exercer les droits du Citoyen français, convenez au moins que par l'établissement forcé, permanent, de son domicile en Algérie, sur une terre française, il y jouit incontestablement des droits civils de la France.

L'objection serait peut-être fondée [1], si l'Algérie, quoique terre française, n'était régie par des lois spéciales, qui, surtout à l'endroit des Indigènes, ne sont pas toujours les lois de la Métropole. — Toute la question est donc de savoir si la loi algérienne accorde aux Israélites les mêmes droits civils que ceux que le Code Napoléon confère aux Etrangers qui remplissent les conditions imposées par l'article 13 de ce Code.

Or, à notre avis, nul doute sur la négative.

L'article 37 de l'ordonnance du 26 septembre 1842 consacre, en principe, le maintien de la loi civile et religieuse du pays, c'est-à-dire la loi musulmane pour les Musulmans et entre Musulmans, et la loi mosaïque pour les Israélites et entre Israélites, — la loi civile, ou plutôt considérée sous un rapport purement civil, dans toutes les contestations, — la loi religieuse, s'il s'agit de contestations relatives à l'état civil.

Mais qu'importe, d'ailleurs, alors même qu'il serait certain, ce que nous nions aux termes de cet article, que tous les droits civils des Etrangers appartiennent aux Israélites, qu'en conclure ? — Les droits *civils* ne sont pas les droits *civiques*. L'Israélite *Algérien*, fût-il civilement identifié, ne serait pas plus

---

[1]. D'après quelques arrêts qui nous paraissent peu juridiques.

Français qu'eux, et pour le devenir, ne serait pas moins tenu, en *thèse générale*, de demander comme eux des lettres de *naturalisation*.

Il n'est pas Français, avons-nous dit, mais il n'est pas Etranger. Ajoutons qu'il est plus Français qu'Etranger : il n'a pas tous les droits civils des Français, mais il en a une partie d'après la législation algérienne. Et si, empruntant à Merlin une expression aussi pittoresque qu'exacte, j'ai pu dire il y a cinq ans [1] qu'il était Français *commencé*, je puis dire aujourd'hui que, grâce à la jurisprudence, et surtout à la jurisprudence de la Cour suprême, il est un Français presque *achevé*.

Quoi qu'il en soit, c'est, à tout prendre, une bizarre condition que la sienne, et féconde en difficultés de plus d'un genre!

Nous regrettons de ne pouvoir *discuter* dès à présent, ne fût-ce qu'au pas de course, les principales questions que soulève la situation juridique, *sui generis*, — des Israélites en Algérie! Il en est pourtant une que nous ne devons pas passer sous silence. — Par elle, il sera facile de juger des autres, et de concevoir une juste idée des mille embarras qui surgissent à chaque instant de cette situation anormale.

L'Israélite indigène qui se marie avec une Israélite indigène en Algérie, et partant, sur une terre française, — dont l'*acte* de mariage est reçu par un officier de l'Etat-Civil *français*, et dont le *contrat* de mariage est passé devant un notaire *français*, n'est-il pas Français, en ce sens que son mariage engendrera,

---

1. *Question juive en Algérie.*

en faveur de sa femme, entre autres effets civils du mariage français, l'hypothèque *légale* de la femme *française?*

Non! persisterons-nous à répondre. L'hypothèque *légale* est de droit civil, créée, instituée, régie, *formalisée* par le *pur* droit *civil*, par la *seule* volonté de la loi *purement civile*. — Donc, l'hypothèque légale du Code Napoléon est une hypothèque *toute française*, qui ne se communique et n'appartient qu'à la femme *toute française*. — Donc, peu importe l'acte de mariage, le fait du mariage, le contrat de mariage, le lieu de sa célébration, le magistrat qui l'a célébré, le régime adopté par les époux! Dès que l'épouse n'est pas *française*, elle ne peut prétendre à l'hypothèque légale de l'épouse *française*.

— Mais quoi? Ne voyez-vous pas qu'en vertu d'un principe trop rigoureux pour être juste, vous maintenez ainsi, en dehors d'un privilége créé dans un intérêt public, la femme Israélite algérienne qui, de bonne foi, a cru participer, par son *mariage à la française*, à tous les droits et avantages de la femme *française?* N'est-ce pas le cas de s'écrier : *Summum jus, summa injuria?*

Nous répliquons, au nom des principes constitutionnels rappelés et consacrés par le Code Napoléon, et auxquels n'a nullement dérogé la législation algérienne, — au nom des doctrines les plus autorisées en matière de droit international, public et privé, — au nom de la logique judiciaire, si bien appliquée par la Cour d'Alger, dans plusieurs de ses arrêts [1],

---

1. Notamment dans ceux des 16 octobre 1858, affaire Moïse Amar,

que ni la célébration d'un mariage devant l'officier de l'état civil, ni la passation du contrat de mariage devant un notaire français, ni même la déclaration explicite qu'on entend assumer ou subir toutes les conséquences du mariage français, ne confèrent à une femme étrangère [1], ou quasi étrangère, en un mot, non française, des droits exclusivement réservés à la femme française. *Dura lex, sed lex!*

Depuis le jour où, pour la seconde fois, nous avons tiré cette conclusion de notre analyse et de notre examen raisonné de la législation algérienne touchant les Israélites [2], plusieurs jugements, plusieurs arrêts, tant de la Cour impériale d'Alger que de la Cour de cassation, plusieurs décisions administratives ont été rendus, qui, directement ou indirectement, ont eu à se prononcer sur la question de savoir si ou non l'Israélite algérien est simplement sujet français ou bien encore Français.

Ces jugements, ces arrêts, ces décisions, doivent-ils apporter un revirement ou, moins que cela, une modification quelconque à notre conclusion?

Législateur, nous le voudrions! jurisconsulte, nous ne le pouvons pas, et, quel que soit notre respect pour la jurisprudence de la Cour suprême, nous ne

---

et 19 janvier 1860, affaire Courcheya. — On peut également consulter un jugement du Tribunal civil d'Alger du 5 novembre dernier, affaire Zermati, contre les époux Marcina et autres, et un jugement du Tribunal civil de Sétif de 1863.

1. Voir en ce sens un jugement du Tribunal civil de Constantine du 30 novembre 1858, réformé par un arrêt de la Cour d'Alger du 21 mars 1860, lequel arrêt a été cassé par arrêt de la Cour de cassation du 20 mai 1862, affaire Frenzel et Seligman.

2. Voir notre *Question juive*.

croyons pas que les vrais principes du droit, que les textes de la loi algérienne nous permettent de nous incliner devant elle.

On va s'en convaincre par la discussion sommaire à laquelle, toute réflexion faite, nous allons nous livrer, dès à présent, à l'occasion de l'arrêt de la Cour de cassation du 15 février 1864, lequel, rejetant le pourvoi formé par le bâtonnier de l'Ordre des avocats d'Alger contre l'arrêt qui avait admis un Israélite algérien [1] à exercer la profession d'avocat en Algérie, a déclaré de nouveau [2], non-seulement que les Israélites étaient sujets français, mais encore Français, et que cette qualité de Français, qui leur appartient depuis la conquête, loin de leur avoir jamais été contredite ou méconnue, leur a été, au contraire, plusieurs fois confirmée.

Entre tous les arrêts de la Cour régulatrice concernant l'Algérie, cet arrêt est, sans contredit, un des plus mémorables, soit à raison de l'importance de la question qu'il a résolue, soit à raison des circonstances qui en ont accompagné la solution.

Et en effet, il a été rendu sur les conclusions conformes de M. l'avocat général de Raynal, sous la présidence de M. le premier président Troplong, après les remarquables plaidoiries de deux avocats distingués [3], et conformément à un arrêt de la Cour d'Alger, précédé de solennels débats, et d'autant plus digne de remarque qu'il a formulé des principes, sur

---

1. M. Énos.
2. Une première fois par un arrêt de rejet du 19 août 1858.
3. Mes Aubin et Philippe Larnac.

plusieurs points, contraires à ceux déjà consacrés par elle dans plus d'une circonstance.

Voici les motifs de l'arrêt du 15 février, dans sa partie relative à la question qui nous occupe :

« Attendu que, par le fait même de la conquête de l'Algérie, les Israélites indigènes sont devenus sujets français; que, placés, en effet, à partir de là, sous la souveraineté directe et immédiate de la France, ils ont été dans l'impossibilité absolue de pouvoir, en aucun cas, revendiquer le bénéfice et l'appui d'une autre nationalité; d'où il suit que la qualité de Français pouvait seule, désormais, être la base et la règle de leur condition civile et sociale;

« Attendu, d'ailleurs, que, loin que cette qualité ait, depuis, été contredite ou méconnue, il résulte des énonciations de l'arrêt attaqué qu'elle a été, au contraire, pleinement confirmée par des actes nombreux de l'autorité publique qui ont déclaré les Israélites indigènes aptes à remplir les fonctions auxquelles les étrangers ne peuvent pas être appelés;

« Que c'est donc très-justement que l'arrêt attaqué a reconnu au défendeur la qualité de Français. »

Or, réduite à sa plus simple expression, la pensée de cet arrêt est celle-ci :

L'Israélite est Français.

L'exercice de la profession d'avocat n'exige pas la qualité préalable de citoyen français.

Nous ne disons rien de cette dernière proposition, son examen n'entre pas dans notre plan; mais nous ne saurions admettre la première.

Est-il vrai que l'Israélite algérien est Français, et, bien entendu, Français *achevé?* Est-il exact que toujours et partout cette qualité ait été reconnue et même confirmée en Algérie par des actes nombreux de l'autorité publique?

Quoi qu'en dise notre arrêt, l'affirmative sur ces deux questions ne nous paraît pas douteuse; et, sans revenir sur ce que nous disions tout à l'heure, sans même nous prévaloir des textes précités, pas même de l'article 37 de l'ordonnance du 26 septembre 1842, nous puisons la preuve de notre assertion dans les actes de l'autorité publique invoqués par la décision du conseil de l'Ordre des avocats d'Alger, qui déniait à un Israélite d'Alger le droit d'exercer la profession d'avocat en Algérie, par la Cour d'Alger, par la Cour de Cassation, et cité, en outre, *in extenso* et en sens contraire, dans les plaidoiries et conclusions entendues par l'une et par l'autre de ces Cours.

Nous ne reproduirons que les principaux, sans commentaires et même sans ou presque sans observation, et en nous renfermant dans les limites d'une thèse générale, sans application exclusive à l'espèce dans laquelle sont intervenues les décisions que nous examinons.

Mais résumons tout d'abord les arguments des deux opinions adverses.

D'après le conseil de l'Ordre de avocats d'Alger, la qualité française ne peut résulter que de l'origine des personnes, du bienfait de la loi ou de la naturalisation.

La naturalisation ne résulte pas du seul fait de la réunion de l'Algérie à la France.

Il n'en serait ainsi que si le conquérant n'avait

pas réservé à l'intégralité ou à certaines classes du peuple conquis, l'empire des lois qui régissaient ce peuple avant la conquête, alors surtout que ces lois diffèrent sur des points essentiels des lois du peuple conquérant.

Or, consultez la Capitulation de 1830, toutes les ordonnances organiques sur l'administration judiciaire de l'Algérie; consultez les procès-verbaux des conseils généraux de l'Algérie, qui, chaque année, émettent des vœux pour la naturalisation des indigènes en général, et en particulier des Israélites de l'Algérie, — vous reconnaîtrez partout que l'Israélite algérien a conservé son statut personnel, l'état civil qu'il avait avant la conquête, et qu'aujourd'hui encore les conventions et contestations qui peuvent intervenir entre eux sont régies par leurs lois.

Et ne dites pas que l'Israélite est membre de l'unité nationale, membre de l'Etat français, soumis à la souveraineté française, il est sujet français, et voilà tout.

Comment serait-il autre chose? Son état civil, son statut, sa capacité civile, ne sont-ils pas régis par la loi mosaïque? Est-il possible de concevoir un Français qui n'est pas gouverné, quant à son état et à sa capacité, par la loi française?

Sans doute, il jouit de certaines attributions politiques ou municipales, qui supposeraient en France la qualité de citoyen français; mais qu'est-ce que cela, sinon des concessions gracieuses de l'Etat, des dérogations individuelles à des règles générales qui, en dehors des personnes qui les ont motivées, restent dans toute leur vigueur?

Et d'ailleurs l'Israélite n'a-t-il pas une condition juridique analogue à celle de l'étranger proprement dit en Algérie?

Ecoutez comment la Cour de cassation elle-même (arrêt Frenzel, 20 mai 1862) s'est chargée de vous répondre:

« Il importe peu, vous dit-elle, qu'un certain nombre de droits civils, dérivant de la loi française, réservés aux seuls régnicoles et aux citoyens français par le droit commun de la *France,* aient été, en considération de la situation particulière de l'Algérie, libéralement étendus aux étrangers y résidant; on ne peut conclure de ces concessions partielles, dont chacune se renferme dans un objet spécial, que les étrangers résidant en Algérie y jouissent de ceux des droits civils que ces concessions ne comprennent pas. »

Si donc l'étranger ne peut être avocat en Algérie, parce qu'il n'est pas Français, par la même raison, l'Israélite ne peut l'être. Si l'étranger, même résidant depuis longues années en Algérie, quoique moins étranger que l'étranger qui ne fait qu'y passer, n'est pourtant pas Français, pourquoi l'Israélite algérien, bien que sujet de la France, le serait-il davantage?

On peut être non-Français de différentes manières; on n'est Français que d'une seule, et c'est celle qui nous fait tels, non en partie, mais pour le tout, non par fraction, mais intégralement.

A tout cela, qu'a répondu la Cour d'Alger par son arrêt de 24 février 1862?

D'abord, qu'il est de principe, en droit international, que tout régnicole du pays conquis revêt, par le seul fait de l'annexion, la nationalité du pays au profit duquel l'annexion est faite ; — qu'alors, il est vrai, que les populations annexées ou conquises ne sont nullement homogènes avec les populations de ce pays, il est fait exception à ce principe, comme on le sait, dans les capitulations d'Alger et de Constantine, mais que la seule annexion n'en donne pas moins une nationalité nouvelle aux populations annexées ; — que, sans doute encore, quoique Français, l'Israélite algérien n'est pas citoyen français.

Et c'est ce principe que la Cour suprême a consacré en termes plus précis et plus formels que jamais, en disant que, par le fait même de la conquête de l'Algérie, les Israélites indigènes sont devenus Français.

Mais ce principe, où est-il? Et, dans tous les cas, est-il aussi général, aussi incontesté que paraît l'affirmer la Cour de cassation, après la Cour d'Alger? — Assurément, rien ne s'oppose à son application, *ipso facto*, si l'annexion ou la conquête a lieu de pays civilisé à pays civilisé, par exemple, de la Savoie à la France. C'est là ce qu'entendait Pothier [1], quand il parlait de la réunion d'une province à la couronne. Il n'avait évidemment en vue qu'une province européenne, ayant, à peu de chose près, mêmes mœurs, même religion, mêmes lois, même civilisation. Et encore, s'il faut en croire le premier de nos jurisconsultes modernes, est-il nécessaire que le peuple annexé soit suffisamment préparé à cette civilisation, notamment à l'exercice des droits et des devoirs du

---

1. Pothier, *Traité des personnes*. — Voir aussi Dalloz, *Répert. de jurisprudence*, v° *Droit civil*, et Demolombe, t. I, n° 157.

peuple qui se l'annexe; qu'en un mot, le peuple conquis ou réuni n'ait pas besoin d'apprendre à devenir semblable au peuple qui en a fait la conquête ou opéré la réunion?

Que sera-ce, si la nation conquise est à la nation conquérante ce qu'est la barbarie à la demi-barbarie, ou, si l'on veut, une civilisation naissante, à peine ébauchée, à une civilisation complète, parfaite? Que me parlez-vous d'un principe de droit international? — Ce principe, c'est une création du droit positif! — Je lui préfère un principe de droit naturel, le principe des principes, la nature des choses. Vous voulez être Français comme moi! commencez par être, comme moi, capable de le devenir!

Mais l'article 105 de la Constitution de 1848 a déclaré l'Algérie territoire français! — Territoire français. — Oui; mais depuis quand tous les habitants d'un territoire français sont-ils Français? Depuis quand l'homme est-il l'accessoire de la terre? La force seule suffit pour franciser le territoire. — Mais la francisation de ses habitants dépend d'autre chose! On naît Français, il est vrai, mais aussi on le devient par le bienfait de la loi, ou par la naturalisation, — dans les deux cas, alors seulement qu'on est digne de l'être.

C'est ainsi que l'entendaient les Grecs et les Romains [1]. Nul chez eux n'était Romain ou Grec par le seul fait de la conquête. — Ce titre était bien trop précieux à leurs yeux pour être conféré à qui n'avait

---

1. Charles Giraud, *Histoire du droit romain*, passim, p. 94 à 115, 216 à 218.

pas su en mériter l'honneur. Ils pensaient, et avec raison, qu'il n'y a pas d'assimilation possible là où n'existent pas des éléments assimilables.

Que peut-on nous objecter? Que, d'après l'arrêt Courcheya [1], autre chose est l'étranger, autre l'indigène devant la loi française! Qu'à la différence du premier, le second peut se soustraire à un statut personnel! — Qu'est-ce à dire? Que l'étranger n'est pas dans la même situation juridique que l'indigène? Mais là n'est pas la question.

Oui ou non, l'indigène est-il Français?

Toute la question est là!

Voyons maintenant si les actes de l'autorité publique ont fait un Français de l'indigène algérien.

Quels sont ces actes?

A coup sûr, ce n'est pas la capitulation de 1830 ou les différents documents législatifs que nous avons déjà cités; ce n'est pas non plus l'ordonnance du 23 octobre 1849, articles 12 et 13 combinés; encore moins le décret du 27 octobre 1858, sur l'institution des Conseils généraux; moins encore les travaux de la Commission chargée, en 1861, de s'occuper de la *naturalisation* des Israélites, ni plus récemment les décrets du 7 décembre 1859, sur le service de la milice, articles 8 et 34, et l'article 3 du décret du 10 mars 1864 sur les interprètes.

Tous ces décrets établissent nettement la distinction entre indigènes, étrangers et Français, et les Français, les Etrangers et les Indigènes [2].

---

1. 15 avril 1862; Sirey, 1862, I, 577.
2. Voir aussi Loi du 16 juin 1852 sur la nouvelle constitution de la propriété en Algérie.

Oui! nous en convenons, les Israélites sont admis à certaines fonctions publiques; mais les étrangers le sont aussi, pourvu qu'ils soient autorisés par le chef de l'Etat à exercer leurs droits civils en Algérie.

Il y a plus, les étrangers sont parfois préférés aux Israélites : sont-ils Français pour cela? Eux et les Israélites sont particllement assimilés aux Français, mais ils ne le sont pas, ils ne le sont pas entièrement.

Du reste, si l'Israélite est Français, pourquoi une décision ministérielle du 5 novembre 1845 ne l'a-t-elle pas exempté de l'impôt appelé *zeckkat*, par cela seul qu'il en a excepté les Européens? (Arrêt du Conseil d'Etat du 13 août 1863.)

Qu'importe? réplique-t-on, l'Israélite n'a pas d'autonomie et dépend de la France! — Soit; mais qu'importe? vous dirons-nous à notre tour : c'est l'assimilation avec le conquérant qui fait la nationalité, et non l'assimilation, l'annexion de la terre conquise, à la terre qui a fourni les conquérants! Est-ce que le sauvage de la Nouvelle-Calédonie est Français? Direz-vous qu'il ne peut appartenir en même temps à deux souverainetés, à deux Etats? — C'est vrai; mais la nationalité n'est pas que l'œuvre de la dépendance mutuelle et brutale. La nationalité, c'est l'habitation de la terre sur laquelle vit une nation (qui le conteste?) Mais c'est aussi et surtout l'exercice des droits, l'accomplissement des devoirs qui constituent la vie morale, civile, politique et sociale de cette nation.

Vous parlez de l'autonomie des Musulmans, et vous dites : Les Israélites n'en ont jamais eu, ou du moins ont perdu la leur.

— Mais de quelle autonomie parlez-vous? De l'autonomie judiciaire? — Les Israélites, cela est vrai, ne l'ont plus; mais les Musulmans ne l'ont-ils pas perdue en partie? — De l'autonomie municipale? Où est-elle? — De l'autonomie religieuse? Pour celle-là, Israélite et Musulman la possèdent; c'est la liberté des cultes, la liberté religieuse. Mais qu'a-t-elle à faire avec notre question? — Un Français n'est pas nécessairement chrétien ou catholique. — Il peut être juif, musulman même : la loi ne regarde pas à la religion, et elle proclame la liberté des cultes.

Disons donc qu'il n'y aurait autonomie véritable, exclusive de toute nationalité étrangère, puisqu'elle serait elle-même une nationalité, que s'il s'agissait d'une autonomie politique de l'indépendance, de la souveraineté politique.

Mais y a-t-il rien de semblable, tant à l'égard de l'Israélite qu'à l'égard du Musulman, en Algérie?

Nos anciennes provinces, autonomes sur bien des points et sous bien des rapports, en étaient-elles moins françaises? La Provence était une province; mais elle faisait partie de la France!

Je comprendrais donc qu'on prétendît que le Musulman est Français comme l'Israélite, et c'est ce qu'implicitement, et par voie de conséquence, déclare la Cour de cassation.

Mais serrons de plus près son arrêt! D'après elle, l'Israélite, et par suite l'Indigène Musulman ne peut revendiquer le bénéfice de l'appui d'une autre nationalité que la nationalité française; la qualité de Français, qui seule peut désormais être la base et la règle de sa condition civile et sociale, lui a été justement reconnue par la Cour d'Alger.

Mais la Cour de cassation a-t-elle prévu toutes les conséquences de cette doctrine?

Nous n'irons pas jusqu'à dire, avec un jurisconsulte algérien, qui a écrit, sur la condition juridique des indigènes de l'Algérie, un opuscule recommandable à plus d'un titre [1], que l'arrêt de la Cour de cassation entraîne nécessairement, logiquement, au profit des Israélites, en même temps que la qualité de Français, celle de citoyen français; en même temps que l'application du Code civil, celle de la loi constitutionnelle. La Cour n'a pas dit cela, et rien ne prouve qu'elle ait entendu le dire.

D'ailleurs, bien qu'à la rigueur et à un certain point de vue, il n'existe qu'une seule condition civile et une seule condition sociale, nous n'hésitons pas à penser, contrairement à l'opinion de M. Poivre, que, relativement, *secundum quid*, l'une et l'autre de ces conditions peut être plus ou moins entière, plus ou moins complète, et qu'en tout cas, en matière d'Etat comme en toute autre matière, un principe théorique se trouve nécessairement limité par des circonstances ou des faits tenant à la nature des choses.

C'est ainsi qu'en un sens le mineur est moins Français que le majeur; celui qui n'a que la jouissance des droits civils, que l'homme qui en a le plein exercice. Et cependant tous les deux sont Français.

Mais ce que nous voulons et devons relever, c'est que, quelles que soient les conséquences de l'arrêt de la Cour, elles rejaillissent forcément sur le Musulman tout autant que sur l'Israélite. Eux aussi, après la

---

1. *Les Indigènes algériens, leur état civil et leur condition juridique*, par Aimé Poivre, avocat à la Cour impériale d'Alger.

conquête, ont été placés sous la souveraineté directe et immédiate de la France; eux aussi n'ont pu revendiquer d'autre nationalité que celle de la France; d'où il suit que la qualité de Français a pu seule être « la base et la règle de leur condition civile et sociale. »

Ainsi, la logique l'exige, Juifs et Musulmans sont sujets de la France et Français. Voilà donc un arrêt qui tient lieu de naturalisation collective et individuelle à tous les indigènes sans exception. Voilà tous les Indigènes Français, que dis-je, rigoureusement, les voilà tous citoyens français, et cela sans que la loi française, ni la loi algérienne l'aient dit, — en vertu d'un seul arrêt de la Cour suprême, dont la mission est non de créer, mais d'interpréter la loi !

Répétons, au contraire, avec la loi métropolitaine, pleinement confirmée par la loi coloniale : répétons que, si l'Israélite, à plus forte raison le Mulsulman algérien, n'est pas étranger, il n'est pas davantage Français, et qu'il est, tant au point de vue civil qu'au point de vue politique, dans une situation juridique anormale, incertaine, hybride, que la jurisprudence tend à faire disparaître, il est vrai, mais à laquelle le législateur pourra seul mettre un terme.

Il est certain que si l'Israélite algérien n'est pas étranger, il n'est pas davantage Français, et que rien n'est anormal et irrégulier comme son état juridique tant au point de vue politique qu'au point de vue civil.

Nous allons examiner maintenant s'il serait prématuré et inopportun de l'étendre, même dans les limites restreintes d'un progrès essentiellement relatif, ou bien, si, au contraire, tout ne fait pas un devoir à la France d'effacer, à peu d'exceptions près, toute ligne de démarcation entre l'Israélite d'Algérie et l'Israélite de France.

IV

Nous avons vu ce qu'est l'Israélite en général, ce qu'est en particulier l'Israélite algérien.

Voyons ce que doit être ce dernier.

Que doit être l'Israélite algérien?

Nous estimons qu'il est tout à la fois d'une habile politique, d'une sage administration, et d'une incontestable justice, de lui ouvrir, à deux battants, les portes de la Cité française.

Et en effet,

La France a besoin de grossir le nombre de ses enfants en Algérie. La *naturalisation* des Israélites lui en donnerait environ 30,000 de plus.

La France a besoin de communiquer, pour se les assimiler, et par là, les civiliser, avec les deux millions d'Arabes qui habitent l'Algérie. — Qu'elle naturalise les Israélites algériens, et au *moyen* de chacun d'eux, elle se trouvera en contact *immédiat* avec toute la population indigène!

La France est un peuple éminemment civilisé et civilisateur. — A qui veut et mérite les bienfaits de sa civilisation, loin de les refuser, elle se croit obligée de les offrir, ou tout au moins de les accorder.

Or, ces bienfaits, tous ou presque tous les Israélites algériens les demandent, et en sont dignes.

Pourquoi ne les obtiendraient-ils pas ?

Toute notre thèse est là ! peu de mots nous suffiront pour le démontrer.

Il ne faut pas se le dissimuler, la conquête morale de la France n'a pas marché de pair avec sa conquête matérielle. — Nous appelons conquête *morale*, celle qui ne se fait ni avec l'épée, ni même avec la charrue, mais avec le seul secours de l'Idée et la Civilisation.
— Indépendamment des motifs que nous n'avons pas à rechercher ici, l'Indigène Musulman, soit parce qu'il est Musulman, soit parce qu'il est le vaincu de la France, n'a pas encore franchi les bornes d'une soumission, en quelque manière, toute physique, et quoi que la France ait fait pour lui, il n'a encore rien ou presque rien fait pour la France.

Devenu son *sujet* par la force des armes, il n'a pas même essayé de devenir son *citoyen* par l'effet de sa volonté. Resté en dehors de nous par la religion, il y est également resté par les habitudes et par les mœurs, et, au moment où nous écrivons ces lignes, de même qu'il y a vingt ans, « la question de savoir si un Musulman, en tant qu'il continuera à n'avoir pour loi que le Koran, pourra jamais... devenir Français, » est depuis longtemps jugée par des hommes de bon sens. Il est bien évident que notre Code civil sera toujours aussi contraire à la constitution des familles mahométanes que certains préceptes de l'Evangile à certaines observances du Koran [1]. »

---

[1]. De Baudicour, *la Colonisation de l'Algérie.*

En est-il de même pour les Juifs? Non, certes! — Pour eux « la loi du Royaume, » c'est-à-dire du pays qu'ils habitent, « c'est la loi de Dieu. » — Rien dans leurs mœurs, rien dans leur religion, qui s'oppose à nos lois civiles, et les empêche de cesser d'être simplement sujets de la France, pour devenir Français et citoyens français. — De tous les Indigènes les plus assimilables et les plus assimilés avec nos idées, nos goûts, nos manières, notre costume et notre langue, la France, en les réhabilitant sur le sol algérien et en les identifiant, jusqu'à un certain point, aux Israélites d'outre-mer, a prouvé son intelligence et sa sagesse! Qu'elle fasse un pas de plus! — Qu'elle dote sans réserve de son Code civil et de ses droits politiques, ceux d'entre eux qui déclareront vouloir les accepter! C'en sera assez pour opérer leur entière et presque immédiate incorporation à la grande famille française.

Une fois Français, l'Israélite algérien, un instant l'objet du dépit, et nous l'*espérons* bien, de la jalousie des autres Indigènes, ne tardera pas d'être parmi eux un instrument de propagation de l'influence française, un moyen de rapprochement avec nous, une occasion de civilisation. Par lui, la France attirera insensiblement vers elle, comme vers un centre civilisateur et moral, les indigènes Musulmans que par lui, aussi, dès les premiers temps de la conquête, le seul intérêt matériel et pécuniaire avait groupés autour de ses enfants.

Qui ne connaît son esprit souple et liant, son génie progressif et assimilateur, sa longue habitude de la langue arabe, sa prompte et merveilleuse initiation à la connaissance théorique et pratique de la nôtre?

V

Il y a quelques années, un de nos amis [1], tout dévoué aux véritables intérêts de l'Algérie, s'efforçait d'appeler du haut de leurs montagnes sur nos plateaux du Tell, et même sur les lisières du Sahara algérien, un détachement de ces Arabes-Chrétiens connus sous le nom de *Maronites*. Dans sa pensée civilisatrice et chrétienne, ces hommes aux habitudes, au langage, au costume, et jusqu'à un certain point, aux traditions arabes, devaient servir comme de trait d'union, entre l'Arabe de l'Algérie et le Français algérien, entre l'Algérie et la France. Commercialement parlant, le Maronite serait devenu notre intermédiaire entre les villes et les campagnes, entre le Tell et le Sahara, peut-être même entre le Sahara et le Soudan. — L'idée était excellente, et pour notre part, elle nous souriait comme toutes les idées d'amélioration et de progrès. — Eh! qui pourrait dire aujourd'hui les fruits qu'elle eût portés, si la Révolution de 1848 n'avait empêché cette *transplantation* d'Arabes orientaux parmi les Arabes du Sud!

1. M. de Baudicour. — Voir le remarquable ouvrage cité plus haut. La même pensée a été reprise, mais sous un aspect et pour des motifs différents, par un homme de talent et de cœur, M. Vaissetes, interprète-traducteur pour la langue arabe à Constantine. Voir *Sauvons les Maronites*.

Quoi qu'il en soit, si excellente qu'elle fût, elle ne laissait pas que de susciter quelques objections, et de présenter quelques difficultés pratiques. — Etait-il sûr que les Maronites consentissent à quitter le Liban pour l'Atlas? Pourraient-ils s'acclimater sous le ciel algérien? Qu'auraient pensé les Arabes-Musulmans de ces Arabes-Chrétiens ? — Le contact d'hommes de religion si différente n'eût-il pas engendré bien des conflits et bien des embarras ? — Et puis, au point de vue de l'unité de la discipline ecclésiastique, n'était-il pas à craindre que l'autorité épiscopale ne vît de mauvais œil s'établir sur son terrain, sous sa direction apparente, mais sous la direction réelle d'un pouvoir étranger au sien, un troupeau dont les mœurs, à bien des égards, eussent singulièrement contrasté avec celles de ses autres Ouailles ?

Rien de semblable à prévoir ou à redouter de la part de nos Israélites. Algériens par le langage, par la résidence, par les habitudes, par le cœur, ils sont, nous l'avons déjà dit, nos *Intermédiaires* naturels entre nous et les Arabes. Ils l'étaient avant nous; ils l'ont été avec nous [1]; ils le seront encore longtemps, — jusqu'au jour où l'absorption de la langue arabe par la langue française, ou plutôt, la *fusion* de ces deux langues en une seule, permettra les transactions *directes* et le contact *direct* des Européens avec les Arabes. Ne sont-ils pas partout, dans les villes, dans les plaines, dans les montagnes, dans le Tell et dans le Désert, partout où il y a quelque argent à gagner? Et d'ailleurs leur religion essentiellement monothéiste

---

[1]. Ils ont été les agents de plus d'un négociateur politique. Baron Baude, *Algérie*, t. I, p. 288.

ne s'accorde-t-elle pas plus facilement avec la religion de Mahomet qu'avec celle du Christ, que l'Arabe répute, à tort sans doute, mais enfin répute trop souvent une religion trithéiste ?

VI

Mais, convenons-en, ces fonctions d'intermédiaires et d'interprètes, si utiles à la colonie sous le rapport commercial et matériel, il dépend de nous de les rendre plus utiles encore sous le rapport social et politique. Que l'Israélite soit Français ! Que l'Arabe sache que là où il est, là est la France, — que le titre de Français est pour lui comme le pavillon pour le navire, et que ce titre est la prime, la récompense de son assimilation volontaire et libre avec les Français par le langage, par les relations, par le vêtement, par les mœurs, et surtout par une entière soumission à la loi française, par son attachement cordial à la France ! Ne voyez-vous pas que, même à son insu, l'Israélite, devenu Français, et, en cette qualité, admis à la jouissance de *tous* les droits civils et de certains droits politiques de la loi française, sera, pour plus d'un Musulman, un représentant, un apôtre de la France ? — Certes, on ne peut le nier, si la France se montrait généreuse en les revêtant de la toge de citoyens, nos Juifs qui, à en juger par leurs coreligionnaires de France, ne sont pas des ingrats, paieraient sa générosité avec usure !

Or, a-t-on réfléchi à tout ce que leur naturalisation attirerait de sympathies, de respect à la France, et détruirait de préjugés religieux de la part des Musulmans contre les Chrétiens?

Nous n'avons pas besoin de dire que, pour être Français, l'Israélite ne continuerait pas moins *de rester Israélite*. Il conserverait donc sa foi, sa religion, son culte. N'en serait-ce pas assez pour convaincre l'Arabe que notre liberté de conscience n'est pas un vain mot, et que si nous distinguons la patrie politique de la patrie religieuse, les choses du culte des choses de la loi, — le droit civil du droit religieux, — ce n'est ni parce que nous n'estimons pas la religion ce qu'elle vaut, ni parce que nous l'abaissons au niveau d'une loi purement humaine, — mais bien parce que pour nous, autre est la loi de Dieu, autre est la loi du *Sultan*, — autre notre vénération pour celle-ci, autre notre respect pour celle-là.

L'Arabe, naturellement sérieux et réfléchi, ne manquerait certainement pas de penser que, lui aussi, pourrait être, à la rigueur, *francisé*, sans cesser d'être Musulman, et plus d'un disciple de l'Islam pour qui des rapports plus ou moins suivis avec les *Roumi*, semblent entraîner une apostasie indirecte de leur foi, apprendraient, par l'exemple des Juifs, que la France ne contraint pas les consciences, et que si elle veut des enfants, elle ne veut pas d'apostats.

Dès lors, que d'erreurs dissipées! Que de préjugés détruits! Que de barrières renversées! Et tout cela, pourquoi? Parce que la France, rendant semblables à elle des hommes qui n'auraient rien négligé pour le devenir, leur dirait : Soyez enfin ce que vous avez si bien mérité d'être ! Allez, et dites à ceux qui l'ignorent, ce que je suis et ce que je veux. Initiés par moi à la civilisation, soyez initiateurs à votre tour, et ce que vous avez appris de moi, que d'autres l'apprennent de vous !

Qu'on imagine, si on le peut, avec quel amour, quelle reconnaissance, quel zèle, l'Israélite, investi de cette sublime mission, l'accomplirait dans les lieux les plus isolés et les plus reculés de l'Algérie ! — Nous osons l'affirmer, — avant peu, grâce à la dignité avec laquelle il porterait le nom français, là où il poserait son pied d'apôtre, il y aurait plus qu'un Français, il y aurait la France !

A plus forte raison en serait-il ainsi, plus près de nous, au milieu de nous, dans nos villes et dans nos principaux centres de population, en face de ces Indigènes du littoral, qui, plus ou moins initiés à notre vie civile et administrative, verraient peut-être dans l'adoption des Israélites par la France, un exemple et un stimulant d'assimilation avec elle. Qui ne comprend que, — soit parce qu'il parle leur langue, soit parce qu'il connaît leurs mœurs, soit enfin parce qu'à raison de son commerce et de ses affaires, il est, à toute heure, mêlé à la population musulmane, — l'Israélite algérien est naturellement destiné à être pour elle notre *trucheman* par la parole comme par la conduite, et, à ce double titre, à lui inoculer les éléments vivants et pratiques de nos Codes et de nos Institutions ?

Sans doute, et c'est un fait que nous aimons à constater, — bien que non naturalisé encore, l'Israélite a été jusqu'ici notre intermédiaire auprès des

Indigènes. — Oui ! — mais notre intermédiaire obligé, nécessaire, mu par un seul mobile, son intérêt individuel, — sans esprit de prosélytisme national, — traducteur, du bout des lèvres et non pas du fond du cœur, des paroles échangées entre des indigènes et des Français — courtier commercial et rien de plus. — Eh bien ! nous disons qu'à en juger par la noble fierté que lui inspire l'honneur de nous être *judiciairement* assimilé, le jour où il recevra le baptême de l'assimilation *légale*, il deviendra, qu'on nous permette ce mot, notre *Courtier* de civilisation !

C'est que ce jour-là (que certains esprits étroits et envieux en prennent leur parti !), les Israélites qu'on ne trouve guère aujourd'hui que dans les marchés, les magasins, les comptoirs et les banques, on les rencontrera partout où on les rencontre en France. Ni la Magistrature, ni le Barreau, ni l'Administration ne leur seront fermés. — Alors, qui pourrait en douter ? alors, abandonnant le rôle de porte-voix de la France, ils rempliront celui de ses porte-drapeau !

Or, nous le demandons à tout homme de bonne foi, quoi de plus propre à servir les intérêts sociaux de la France que l'émancipation de pareils hommes ? Quoi de plus digne d'une habile politique et d'une sage administration ? Le nier, ne serait-ce pas nier la mission de la France en Algérie ?

Et ici qu'on nous permette de reproduire textuellement une réflexion économique, commerciale et agricole que nous trouvons dans un auteur que nous aurons plus d'une fois l'occasion de citer. On ne pourrait ni mieux dire ni dire davantage en moins de lignes :

« Leurs rapports (des Israélites) avec les tribus les

plus éloignées ont étendu le bruit et propagé la terreur du nom français. Et ne pense-t-on pas que leur influence serait plus grande encore, si le titre de Français venait les relever, aux yeux des Indigènes, de cette tache originelle qui fait peser encore sur eux une absurde aversion? Protégés par la crainte et le respect qu'inspire notre force, ils pourraient étendre encore leurs relations, nouer au loin un système d'échanges mutuels et conquérir à notre civilisation les tribus déjà soumises à nos armes. C'est par eux encore que pourrait s'accomplir ce rêve, à si bon droit caressé par les pouvoirs locaux, d'une expédition commerciale dans l'Afrique centrale. La longue pratique des mœurs, des besoins et de langue indigènes, la connaissance des lieux, une aptitude reconnue pour ces sortes d'affaires les rendraient merveilleusement propres à ces explorations lointaines qui ne rencontreraient, quoi qu'on en puisse dire, chez nos négociants européens ni la même patience, ni la même habileté, ni la même souplesse. Par ces relations établies entre l'intérieur de l'Afrique et le littoral, ils aideraient puissamment la France dans l'œuvre régénératrice qu'elle poursuit soit en Algérie, soit au Sénégal, soit dans la Régence de Tunis. Et certes ce n'est pas un mince cadeau de bienvenue qu'ils nous feraient, en prenant place parmi nous, que d'ouvrir à notre commerce, par leurs intelligents efforts, des contrées à peine inexplorées, que de faire, en quelque sorte, de l'Algérie un vaste marché où l'Europe et l'Afrique viendraient échanger leurs produits, et où la civilisation moderne pénétrerait, à la longue, la barbarie musulmane!

« Une question se présente ici : quels seraient les effets de cette mesure sur la colonisation, le problème capital de l'Algérie? Il est incontestable qu'en créant pour eux une situation régulière et nettement définie, on attacherait à notre sol une population stable et normale. Les négociants et les colons européens n'ont en général qu'un but, d'amasser ici une fortune plus ou moins considérable, et d'aller en jouir dans leurs foyers. Le Maltais, l'Espagnol, le Français même séjournent dans notre colonie, mais ne s'y fixent pas pour toujours. Il y a un mouvement de va-et-vient; il n'y a pas à un degré suffisant cette acclimatation matérielle et morale par laquelle l'homme prend racine sur le sol, se l'assimile en quelque sorte et s'assimile à lui. Les Arabes, essentiellement nomades et conservant, de plus, contre notre domination un fonds d'hostilité qui éclate parfois en révoltes soudaines, campent sur notre territoire plutôt qu'ils n'y résident. Il en serait tout autrement des Juifs indigènes qui, déjà rivés à l'Algérie par les garanties qu'ils y possèdent et qu'ils ne trouveraient dans aucune autre contrée de l'Afrique, s'y attacheraient plus complétement encore, pour peu qu'aux liens qui les y retiennent s'ajoutât le lien le plus fort et le plus puissant de tous, l'amour de la patrie, ajoutons, et de la propriété immobilière. »

VII

Mais est-ce tout? Convient-il à une nation comme la France de maintenir en Algérie le règne de plusieurs lois incertaines dans leur interprétation, plus incertaines encore dans leur application?

Rien, pour nous servir d'une expression de Bacon[1], rien n'importe à la *dignité* des lois, comme leur *certitude*. — C'est que l'incertitude d'une loi qui existe, est, à certains égards, pire que la non-existence d'une loi qui devrait exister.

Or, nous n'en finirions pas, si nous voulions *toucher* aux principales questions de droit *mixte* que présente ou peut présenter l'état actuel de la législation algérienne vis-à-vis des Israélites algériens.

C'est ainsi que nous pourrions nous demander, — si la coutume de *Soria*, telle qu'elle se pratiquait entre eux avant la conquête, obtient encore force de loi parmi eux, et étend ses effets non-seulement d'Israélites à Israélites, mais encore jusqu'aux tiers Musulmans et Européens ; — si des époux divorcés d'après la loi mosaïque, peuvent valablement contracter un nouveau mariage en Algérie, du vivant de l'un d'eux; — si le changement de religion d'un Juif algérien qui embrasserait l'Islamisme ou le Christianisme, entraînerait le changement de sa juridiction et de son sta-

---

[1]. *De Dignit. et Augment. scient.*

tut personnel; — si le serment judiciaire, déféré par un Israélite algérien à un Israélite algérien, doit l'être *more judaico,* et non *more gallico;* — toutes questions auxquelles on peut, sans crainte, répondre par la négative ou par l'affirmative, assuré que l'on est de trouver des documents *in utroque sensu,* dans les annales de notre Jurisprudence.

Constatons-le donc avec regret, — après vingt-six ans d'application de l'ordonnance de 1834, il règne encore, sur tous ces points, parmi nos hommes les plus compétents, magistrats, avocats et jurisconsultes, une déplorable, mais, hâtons-nous de le dire, inévitable divergence d'opinions.

C'est là, de l'aveu de tous, un des malheurs de notre Législation spéciale. Multiple dans sa nature et dans son objet, puisqu'elle s'adresse également au Français, à l'Etranger et à l'Indigène, elle est, en outre, incomplète dans sa teneur — incertaine dans ses résultats.

De là, des variations, des oscillations, et même des contrariétés de jurisprudence qui nous rappellent celles que le Code Napoléon eut pour mission de supprimer en France.

Il est temps de remédier, autant que possible, à un mal aussi grave que profond. — Quoi de plus contraire à l'esprit unitaire de la France, que cette diversité et cette *bigarrure* des lois ? — Forcée quelquefois de la subir et de la tolérer, elle se réserve et se promet toujours d'en secouer le joug. — Elle ne peut encore (qui sait même si elle le pourra un jour ?) fondre la législation musulmane tout entière dans sa législation. Mais il en est autrement de la législation des

Israélites. Depuis la déclaration du grand Sanhédrin de France, en 1807, — nul doute n'est permis sur la possibilité de subroger notre loi française à la loi mosaïque, dans ses dispositions purement civiles. Il y a plus, cette subrogation ainsi limitée, les Israélites français d'Algérie la désirent et la demandent comme leurs coreligionnaires de France avant 1789. Pourquoi tarderait-on plus longtemps de la leur accorder? — Est-ce que tout ce qui favorise de près ou de loin l'unité de législation, n'est pas dans la pensée de la France de 1860 comme dans celle de la France de 1804, et ce que la France a voulu pour elle-même, ne le veut-elle pas pour la plus belle de ses Colonies? Mais tout ce qu'elle a fait jusqu'ici pour l'assimilation *judiciaire* des Israélites de l'Algérie, ne révèle-t-il pas clairement sa volonté de réaliser leur assimilation *légale?* — N'est-ce pas là tout à la fois sa mission et son intérêt?

VIII

Il nous reste à prouver que cette émancipation serait encore un *acte de justice*.

Pour cela, nous n'avons qu'à comparer [1] ce qu'ils étaient sous le joug des Deys d'Alger avec ce qu'ils doivent être sous le sceptre de la France, — si toutefois, comme nous le démontrerons bientôt, ils sont,

---

1. V. *Suprà*.

à l'heure qu'il est, en Algérie, ce qu'ils étaient en France avant 1789.

Un seul mot nous rappellera ce qu'était l'Israélite sous la Régence : un *Ilote*, ni plus ni moins ! On se servait de lui comme d'un instrument utile, et c'est pourquoi on lui octroyait le droit de vie matérielle et religieuse. — Quant à la vie civile, quant à la vie politique et sociale, il n'y en avait pas pour lui ! et, pour exprimer toute notre pensée à cet égard, nous dirons, en empruntant la parole d'un grand écrivain [1] : « l'Esclave était obligé de se baisser pour le voir. »

L'Esclave ! — lui, du moins, n'était pas assujetti à cette cohorte d'humiliations et d'avanies qui accablaient les Juifs, et faisaient d'eux, même à ses yeux, le point de mire du mépris et de l'opprobre universels. — Assurément, il était tenu d'obéir à la volonté d'un maître ; mais il n'était pas sans trêve exposé à ses sarcasmes et à ses insultes, — et cette même loi musulmane qui voulait qu'on le traitât avec ménagement et humanité, et qu'on rompît un jour les chaînes de sa servitude, parce que l'affranchissement est toujours agréable à Dieu, — prononçait contre les enfants d'Israël l'*æterna auctoritas esto* des XII Tables !

Eh bien ! que fit la France, dès que son glorieux drapeau flotta sur la Casbah de la ville jusque-là *bien gardée ?* Elle promena sur tous les vaincus, Musulmans et Israélites, son niveau d'égalité civile et religieuse. Et plus tard, quand, témoin des tendances d'assimilation de la nation Juive, avec sa langue, ses mœurs et ses habitudes, elle comprit que cette frac-

---

[1]. Lamennais.

tion notable et si intéressante de la population algérienne méritait que ces tendances fussent encouragées par une noble récompense, nous avons vu qu'elle lui accorda un brevet d'assimilation *judiciaire*.

Par ce fait, elle sembla dire aux Israélites : « Distincts des Musulmans par vos vœux et par vos efforts d'assimilation française, soyez-le plus encore par votre participation à la généralité des droits civils français ! — Vous avez mérité cette distinction; elle n'est de ma part qu'un acte de justice. »

Or, ce langage, si fondé aux diverses époques que nous avons mentionnées plus haut, la France peut et doit le tenir de nos jours ! A cette heure, il ne s'agit plus seulement, chez les Juifs d'Algérie, d'une simple tendance vers l'assimilation avec la Métropole. — Tous, sauf peut-être quelques retardataires, veulent être Français, se regardent comme Français, et seraient peu flattés de ne pas être reconnus comme tels.

Il y a plus ! aujourd'hui surtout, nous pouvons répéter ce qu'affirmait déjà en 1847 un auteur que nous aimons à citer [1] : « Le Gouvernement français a un *intérêt* majeur à s'attacher cette nation Juive aux ramifications si étendues sur le territoire algérien, et qui couvre, comme d'un réseau, toute l'Algérie et tout le Sahara. »

Mais comment se l'attachera-t-il d'une manière durable, définitive, complète, — si ce n'est en les adoptant au nombre de ses propres enfants ?

Remarquons-le : — sous plus d'un aspect, la situation des Israélites algériens, en ce qui touche l'exer-

---

[1]. De Baudicour.

cice de certains droits civils et de presque tous les droits civiques, a de l'analogie avec celle des Israélites de France avant 1789. — S'il y a une différence entre eux (et il n'est pas douteux qu'il en existe plusieurs), elle est toute en faveur des Israélites d'Algérie.

Contre ces derniers, en effet, aucune de ces règles exceptionnelles, aucun de ces principes anti-juridiques, aucune de ces exclusions qui constituaient le droit commun de leurs frères de France. — S'ils sont encore régis entre eux, dans certains cas seulement, par la loi de leurs pères et par leur statut personnel, c'est que la France, à tort ou à raison, mais dans une pensée toute philanthropique, a cru qu'il leur était avantageux de l'être.

Or, la France, en déclarant citoyens tous les Israélites qui habitaient son territoire, sans excepter ceux de l'Alsace, fit acte de libéralité, sans doute, mais aussi de justice. — Tout son mérite est d'avoir devancé d'un demi-siècle dans la voie de l'émancipation civile et politique des Juifs, les hommes éminents qui naguère en Prusse [1] et en Angleterre [2] ont hautement revendiqué cette émancipation au nom de la Justice et de l'Humanité.

---

1. De Humboldt.
2. Lord Brougham, — l'Évêque de Saint-David.

IX

Pourquoi donc l'Algérie ne ferait-elle pas pour ses Israélites ce que fit pour les siens la France de 89 ?

Nos Israélites possèdent-ils moins que ceux-ci cette aptitude à la civilisation, cette facilité d'assimilation aux nations civilisées, qu'admirait Louis-Philippe [1] ; — cette capacité et cette dignité morale qui, dans une occasion solennelle et assez récente, forçait un roi de Prusse à proclamer qu'ils étaient mûrs pour l'Emancipation ?

La France s'est-elle repentie d'avoir, par une résolution généreuse, également digne de son passé et de son avenir, rompu avec des préjugés barbares, stupides, ou superstitieux, et pratiquement interprété le sens social du précepte évangélique de l'amour du prochain [2], en réunissant sur son sein, autour de son foyer civil et politique, les enfants d'Israël qui formaient çà et là de chétives et misérables agglomérations sans nationalité et sans caractère public ?

Est-ce que, d'ailleurs, il n'est pas dogmatiquement certain pour les Israélites d'Algérie, comme pour ceux de l'univers entier, qu'ils doivent *en conscience* se soumettre à toutes les lois de l'Etat où ils résident, en tant qu'elles ne violentent pas les prescriptions essentielles de leur religion ?

---

1. V. *Archives israélites*.
2. L'Évêque de Rottembourg.

Dès lors, n'est-ce pas pour eux une vérité religieuse qu'ils peuvent et doivent accepter l'indissolubilité de notre mariage, et notre régime matrimonial, en l'absence de tout contrat, et même, le cas échéant, notre conscription militaire ?

Eh! ne savent-ils pas, eux aussi, que la loi de Moïse contient, — en même temps que des ordonnances sacramentelles, — des prescriptions purement rituelles qui n'ont qu'un temps et qu'un lieu, — et que ce qu'elle a d'universel dans le temps et dans l'espace, n'a rien d'opposé à la loi chrétienne, envisagée dans ses développements civils, politiques et sociaux ?

Faut-il dire maintenant que le Juif d'Algérie prouve tous les jours qu'il appartient à cette race de Jacob qui a donné à l'Europe, des Mendelsohn, des Halevy, des Crémieux, des Rothschild, des Fould, des Meyerbeer et des Rachel ?

Répétons-le donc, et répétons-le avec l'accent de la plus inébranlable conviction, si, ce dont nous voudrions douter, l'Israélite n'est pas Français, à coup sûr, il mérite de l'être.

X

Mais qu'oppose-t-on à la consécration, en *droit*, d'un état de choses qui, nous l'avons vu, existe *en fait*, sous tant de rapports, et que réclament de concert les vues d'une politique habile, les inspirations d'une sage administration, les devoirs d'une intelligente justice, et peut-être aussi, aux yeux de certains jurisconsultes et de certains publicistes — la saine application de notre droit civil et de notre droit public?

On nous dira : — Déclarez les Israélites d'Algérie Français! — ils deviennent électeurs et éligibles; vos Tribunaux consulaires sont envahis par un flot irrésistible de candidats Israélites, et toutes les fonctions publiques, judiciaires ou administratives, tombent en leurs mains, moins encore par l'effet de leur mérite intellectuel, que par l'influence de leur fortune et par la puissance de leurs intrigues. Armés de tous les droits civils et civiques du Citoyen français, quelle carrière leur sera fermée, et qui pourra leur dire, comme Jéhovah au sable du rivage : Vous viendrez jusque-là, vous n'irez pas plus loin?

Mais oublie-t-on que c'est à peine si 30,000 Juifs habitent l'Algérie, et qu'un fort petit nombre parmi eux est, et sera pendant longtemps encore, seul capable d'aspirer aux fonctions publiques?

C'est surtout, nous assure-t-on, le Commerce qui s'effraie de l'accessibilité des fonctions publiques au profit des Israélites naturalisés. Or, nous disons que dans ces alarmes il y a une exagération flagrante, — beaucoup de passion, — et peu ou point de logique.

Eh bien! soit! Voilà les Israélites appelés, comme tous les Français, aux fonctions publiques! — Mais ne comprenez-vous pas qu'au lieu de se livrer presque exclusivement au commerce, comme ils l'ont fait jusqu'à présent, ils brigueront désormais des emplois dans toutes les branches de l'administration, et que dès lors, vous, commerçant européen, vous n'aurez plus à redouter en eux autant de concurrents que d'individus?

Mais supposez que vos alarmes soient fondées à l'endroit des autres carrières! Est-ce que le pouvoir souverain, seul appréciateur compétent de toutes les questions de nominations, et dispensateur suprême des places et des emplois, n'aurait pas, tout à la fois, le droit et le devoir d'agir comme toujours, avec *nombre, poids et mesure*, — suivant les circonstances et les exigences d'une sage administration?

On nous dira encore : Quoi que vous fassiez, — avant longtemps, jamais peut-être, — des hommes habitués de longue main au mépris et à l'abjection, comme le lazzarone à l'oisiveté et l'esclave à la servitude, — et prêts à tout subir, pourvu qu'ils exercent en toute liberté certains trafics et certaines industries plus ou moins avouables, ne posséderont à un degré suffisant cette moralité qui est au citoyen ce qu'est l'honneur à un Français. — Appelez-les citoyens français, tant que vous voudrez! le nom ne donne pas la chose, et, de la veille au lendemain, on ne monte pas de l'avilissement à la considération, et de la bassesse des sentiments à l'élévation des idées!

— Il y a là comme un écho, légèrement affaibli, des reproches adressés par plus d'un vieil Algérien aux Israélites de 1830, tout courbés encore sous le cimeterre d'Hussein-Dey, et, si l'on peut ainsi parler, tout *imprégnés* des habitudes de servilité et de rampante soumission par eux contractées en face du pal ou du cordon. — Mais cet écho n'est aujourd'hui qu'un grossier anachronisme. — Si vous en doutez, mettez seulement en présence l'un des Vétérans de l'ancienne nation Juive d'Alger et le premier membre venu de la génération nouvelle! Et dites, si vous l'osez, que, moralement parlant, il n'y a pas, entre ces deux hommes, toute la distance qui sépare l'asservissement de la liberté, et la barbarie de la civilisation!

On nous accusera peut-être de prétendre que les Juifs Algériens sont pleinement dépouillés du vieil homme, et qu'il ne reste plus rien en eux du levain de la Régence. — Telle n'est pas notre pensée. — Nous avons encore à faire, beaucoup à faire parmi eux, — mais n'en est-il pas de même parmi nous? — Nous en appellerions volontiers à l'opinion publique, et, au besoin, à nos casiers et à notre statistique judiciaires.

Voulez-vous être exact? Ne dites pas que le Juif est le plus *méprisable*, mais bien que quelques Juifs, dans les classes inférieures, sont les plus *méprisés* des Algériens. Voilà la vérité!

Mais d'où lui viendrait ce *privilége* du mépris?

On nous répond : de ses basses spéculations, de ses pratiques usuraires, de ses industries sordides et honteuses.

Généralités, vagues généralités! sophismes que tout cela! Qu'on précise ces accusations! Qu'on énonce ces faits! — Eh! quoi? parce qu'à l'origine de la Conquête, il s'est trouvé une *poignée* de Juifs dignes du mépris des honnêtes gens, vous n'hésiteriez pas à affirmer que *tous* les Juifs leur ressemblent, et même que ce qui était alors l'exception parmi eux, est aujourd'hui la règle ! — A raisonner ainsi, où en serait l'Algérie ? — Qui veut trop prouver ne prouve pas assez, et quelquefois ne prouve rien.

Autre grief. — N'est-ce donc pas assez que les Juifs soient presque les seuls parmi les Algériens à s'enrichir dans leurs entreprises commerciales ! — Tout d'abord, nous nions le fait, et nous défions l'Algérien le plus hostile aux Juifs de démentir notre dénégation! Mais, cela fût-il, — faudrait-il donc leur faire un crime d'avoir, à force d'intelligence, d'activité et d'économie, atteint un degré de fortune qui excite l'envie, la jalousie et la rivalité de concurrents souvent ineptes, paresseux ou prodigues ?

— Mais ce n'est pas tout, ajoute-t-on[1] !

— Aujourd'hui comme avant la Conquête, une seule chose préoccupe les Juifs algériens, le lucre, toujours le lucre. — Ils n'ont de sympathie que pour leur intérêt, et comme leur intérêt marche avec et par le commerce, ces sympathies ne sont que pour le peuple de son goût, le peuple commerçant, le peuple par excellence, le peuple anglais !

J'ignore si, il y a treize ans, les Juifs d'Algérie ont manifesté quelque préférence pour l'Angleterre. Si nos renseignements sont exacts, on ne pourrait nous en citer un seul exemple. — Ce qu'il y a de certain, c'est que nos Juifs de 1864 sont loin de préférer l'Angleterre à la France. — Vous parlez d'intérêt !

---

1. De Baudicourt, Mémoire en faveur des Maronites.

Eh ! quel plus grand intérêt pour eux que la prospérité d'une puissance qui les traite comme jamais nulle autre puissance ne les traita ! — qui les fait participer à ses lois, qui leur ouvre ses tribunaux, qui couvre d'une protection sans égale leurs biens, leur personne, leur religion ? N'hésitons donc pas à le proclamer, en nous étayant du passé ! Oui, que l'Angleterre ose nous disputer un jour notre terre africaine ! Les Juifs, d'autant plus attachés à nous par les liens de l'intérêt et de la reconnaissance que nous les aurons *conviés* à jouir, sans réserve, de la plénitude de nos droits, nous fourniront un *appui convenable*, et, vrais compatriotes des Français, ils s'uniront à eux pour défendre la commune patrie.

Et qu'on n'en soit pas surpris, malgré l'injuste accusation de lâcheté, tant de fois répétée contre les Juifs ! — Savez-vous pourquoi, à Alger, en 1830, de même qu'à Tétouan, en 1860, les Juifs n'ont pas fait cause commune avec les assiégés contre les assiégeants ? La raison en est bien simple ! c'est qu'ils n'avaient rien à défendre, c'est qu'au lieu d'être groupés autour d'un drapeau civil et politique, ils ne l'étaient qu'autour de *leur* drapeau religieux ! c'est enfin qu'au lieu d'être Algériens ou Marocains, — ils étaient simplement des Juifs. Donnez-leur une patrie, proposez-leur la défense d'un intérêt collectif ! Que, suivant le vœu de Napoléon Ier, ils retrouvent une *nouvelle Jérusalem* parmi nous, et ici, comme autrefois en France, comme sous l'Empire romain, comme aux beaux jours de leur histoire, vous *retrouverez* en eux les dignes descendants de ces Juifs de

Jérusalem dont le burin de Tacite a gravé cet immortel éloge : « Ils sont les seuls qui n'aient pas cédé aux aigles romaines. Ce qu'ils craignent, ce n'est pas de mourir, mais bien plutôt de vivre sous le joug d'un maître [1]. »

Il faut l'avouer, — dans le mépris que certains Européens semblent encore éprouver pour les Juifs, il y a, plus qu'on ne le pense, quelque chose du mépris traditionnel des Musulmans contre la race d'Israël. On a tant ouï dire à ceux-ci que les Juifs sont des gens méprisables, qu'on a fini par le croire, — si bien qu'aujourd'hui, aux yeux de bon nombre d'Européens, le mépris pour les Juifs n'a pas d'autre raison d'être !

Qu'on se souvienne de ce que nous avons déjà dit des préjugés chrétiens contre le peuple dont les aïeux ont crucifié le Christ [2]. Les mêmes observations peuvent, à peu de choses près, s'appliquer aux préjugés des Musulmans contre lui. — Le Koran, en plus de vingt endroits, se plaît à le couvrir de mépris et d'opprobres, et ses disciples n'ont été que trop dociles à ses enseignements et à ses conseils. Pourquoi ? Est-ce parce que, dès la fondation du Mahométisme, il était ce peuple errant, vagabond, sans asile, jouet de tous les autres peuples, dont on trouvait des tronçons dans tous les pays qui avoisinaient le berceau de l'Islam ? Mais ce serait résoudre la question par la ques-

---

[1]. *Augebat iras quod soli Judæi non cessissent — Major vitæ metu, quam mortis.* — Hist. lib. V, C. 10, 13.

[2]. Ce mépris chez les Musulmans a la même origine que chez les Chrétiens. — Les Musulmans accusent les Juifs d'avoir *voulu* être ce que les Chrétiens les accusent d'avoir *été* — les meurtriers du Christ.

tion ? — Pourquoi donc ? Le Koran vous le dit lui-même, — parce qu'il était Juif, et comme tel, accusé d'avoir altéré un livre, réfutation vivante des rêveries du Koran, et que tout Juif, sous peine d'apostasie, était obligé de conserver religieusement, au péril même de ses jours ! Sa Bible donc était l'ennemie irréconciliable du Koran. En fallait-il davantage pour exciter la haine, les persécutions, le mépris des Musulmans contre les Juifs ?

Ajoutons que dans les pays musulmans, tout comme dans les pays chrétiens, la haine et le mépris avaient amené l'oppression, et avec elle, la nécessité pour les Juifs de demander à la puissance de l'argent, gagné par des voies illégitimes et sordides, le moyen de se soustraire à des persécutions et à des vexations incessantes. Et l'on s'étonnerait, après cela, que le Juif, universellement méprisé, fût généralement devenu méprisable ! Il en est des peuples comme des individus : — ils deviennent ce qu'on les fait.

Laissons donc de côté des incriminations plus ou moins fondées au regard du passé, — mais que repousse le présent — et qu'un prochain avenir rendra de plus en plus impossibles !

Au surplus, j'admets un instant que l'Israélite algérien soit un être déchu, dégradé, sans dignité. — Concluerez-vous de là qu'il faut perpétuer son avilissement et sa décadence ?

Logique étrange, non moins opposée à la raison civile et politique qu'à la raison chrétienne ! Pour moi, je me prévaudrais volontiers de ce fait pour lui tendre une main généreuse, le relever de son abjection, et, nouveau Samaritain, répandre sur ses plaies le baume rédempteur de notre civilisation.

— Fort bien! mais prenez garde! Vous jetez un germe d'inimitié plus profonde encore, si c'est possible, entre les Musulmans et les Israélites! — Les Musulmans, personnification réelle, hélas! du stationnement et de l'immobilisme, n'accueilleront pas avec faveur une émancipation qui fera de vils et méprisables Juifs autant de Français, leurs maîtres par le droit et par le progrès. — N'est-il pas à craindre, du reste, que cette qualité de Français, prodiguée à des Israélites, ne perde aux yeux des Musulmans une partie de son prestige et de son prix?

La France ne saurait, sans abdiquer sa mission de progrès et de civilisation, s'arrêter un moment à des objections de ce genre. — Libre aux Musulmans d'imiter les Israélites, dans les limites de leur religion! libre à eux de marcher, à leur exemple, dans une voie d'assimilation judiciaire et même légale pour tout ce qui ne touche pas aux choses purement religieuses! — A celui qui repousse un bienfait, je ne reconnais pas le droit de dire à qui le recherche et l'appelle :

« Pourquoi l'acceptez-vous? »

Devons-nous répondre à un reproche qui, nous n'en doutons pas, serait maintenant rétracté par l'écrivain qui s'en fit l'écho en 1847?

— « Mais ces Juifs si progressifs ont conservé dans leurs foyers les mêmes habitudes, les mêmes usages, les mêmes goûts qu'au temps de l'administration des Turcs. »

De qui parle-t-on, de tous les Juifs sans distinction! C'est une erreur dont nous nous sommes cent fois personnellement convaincu. Les premiers, les riches parmi les Israélites, se sont, en général, pliés depuis longtemps à nos mœurs et à nos habitudes.

— C'est là un fait notoire qui n'a pas besoin d'être démontré. Assurément, il est encore un grand nombre de Juifs restés fidèles à leurs vieux us et coutumes. Mais ce sont les vieillards et les pauvres, — et encore nous serait-il facile de prouver que ces us et coutumes, ils ne les ont conservés que parce qu'ils les confondent, à tort ou à raison, avec leurs prescriptions religieuses.

Et puis, ne perdons point de vue que, d'après la loi de Moïse, et d'après le *Talmud*, scrupuleusement interrogés par le Grand-Sanhédrin de France [1], la soumission de l'Israélite aux lois civiles et politiques de l'Etat est un *devoir religieux*, — et que tout Israélite est religieusement tenu de regarder comme sa patrie l'Etat où il est traité comme Citoyen!

XI

Si je ne me trompe, j'ai épuisé la liste des reproches dirigés contre les Juifs et les objections élevées contre leur naturalisation collective, inconditionnelle et immédiate.

Il ne me reste plus qu'à réfuter trois assertions

---

1. En 1806. — Voir *in fine*, Notes, documents et pièces justificatives.

dans lesquelles se réfugient, comme dans leur dernier retranchement, les adversaires de cette mesure.

Premièrement, les Juifs n'ont pas besoin d'être naturalisés ; ils sont Français par cela seul qu'ils sont sujets de la France, habitants d'une terre française.

En second lieu, ne fussent-ils pas Français, il leur serait loisible de le devenir, en accomplissant les prescriptions de l'article 13 du Code civil.

Troisièmement, enfin, aux termes d'une loi toute récente (7 février 1851), — est de plein droit Français tout enfant, né en Algérie, d'un Juif qui lui-même y est né.

Cela revient à dire que nous ne demandons pour les Juifs d'Algérie que ce qu'ils ont déjà, ou ce qu'il leur est facultatif d'obtenir, et qu'ainsi il ne saurait être sérieusement question pour eux d'une naturalisation superflue, et, à peu de chose près, inutile.

Mais ce n'est là qu'une erreur spécieuse, nous allions dire *insidieuse*.

En effet, s'il est vrai que l'Algérie est désormais une terre française qui n'a besoin que d'une chose, d'être connue de la mère-patrie [1], il n'est pas moins vrai que cette terre diffère de la terre de France par une partie de ses habitants, par leur religion et leur degré de civilisation.

Ne confondons pas la terre avec ses habitants ! — l'Algérie est française, en tant que conquise par la France et assujettie à ses lois ! Mais ne dites pas que

---

1. Paroles de S. Exc. le ministre de l'Algérie et des Colonies, prononcées à Alger en 1859.

tous ses habitants sont Français. La nature des choses s'y oppose, et le langage métaphorique n'est pas un argument sérieux.

Les Colonies, disait l'Orateur du Tribunat, ne sont pas la France proprement dite. — A moins de nier l'évidence, nous devons dire la même chose de l'Algérie, c'est-à-dire d'une colonie, qui, à la différence de presque toutes les autres, est peuplée par des naturels avec la religion et la civilisation de qui il sera longtemps encore nécessaire de compter.

A la vérité, Siméon ajoutait : Mais les colons sont des Français. — Or, pourquoi, d'après lui, étaient-ils Français ? — Parce qu'ils avaient joui des droits civils des Français, — ce qui, même de nos jours, n'a pas pleinement lieu en Algérie ! Encore avait-il soin de s'expliquer, en ajoutant : « sauf les exceptions particulières qu'exige la différence des climats et des mœurs. »

— Nous n'en voulons pas davantage.

Vous l'entendez : « sauf les exceptions particuculières ! »

Et il parlait de colonies depuis longtemps incorporées à la France, vivant de sa vie, de ses aspirations, de son atmosphère ! Qu'eût-il donc dit de l'Algérie, de ce pays, qu'on me pardonne cette expression, de ce pays de *marqueterie* judiciaire légale et un peu administrative légale, où l'unité législative est encore loin d'être établie, et même, chose triste à avouer ! de pouvoir l'être ?

Il en eût dit, sous le rapport des droits civils, ce qu'il disait des colonies transatlantiques, sous celui des droits politiques. Il eût dit que ces droits avaient besoin d'être *expressément* accordés à une partie de ses habitants, et, nous n'en doutons pas, il eût provoqué sur ce point, en faveur des Israélites, ce que nous voulons provoquer nous-même, un acte spécial et formel du législateur.

— On insiste, — et appuyé sur l'ancien Droit français [1], on nous demande avec le premier Consul « quel inconvénient il y aurait à reconnaître pour Français, sous le rapport des droits civils » l'Israélite algérien, dont la position est bien plus favorable que celle de l'Etranger, « à qui, suivant Napoléon Iᵉʳ, il n'y avait que de l'avantage à étendre l'empire de lois civiles françaises ? » — Ne pourrait-on pas, en s'inspirant de sa pensée, prétendre qu'au lieu de n'obtenir les droits civils qu'après avoir déclaré vouloir en jouir, il n'en sera privé que lorsqu'il y aura formellement renoncé ?

A cela, une double réponse ! Législativement parlant, nous sommes d'accord avec nos adversaires. — Mais il ne s'agit pas ici de savoir ce qui doit être. — Ce qui est, voilà ce que nous recherchons.

Et d'ailleurs, notez que le premier Consul parlait des Etrangers *européens*, habitant la France *européenne*. Eût-il parlé de même des Indigènes algériens, restés de par la France, — *toujours*, comme les Musulmans, ou *quelquefois*, comme les Juifs, — sous l'empire de leur loi et de leurs statuts ? Nous nous permettons d'en douter. — Nous pensons que son génie politique lui eût fait découvrir ce que le génie de l'histoire devait plus tard révéler à un de

---

1. Voir notamment Bacquet, *Traité du droit d'Aubaine*.

nos plus illustres contemporains [1], — « que le droit civil et politique, ou la civilisation, se mesure au degré du développement des hommes. »

Il y a plus ! Avec votre système, les Etrangers européens eux-mêmes seraient Français. — Mais s'il en est ainsi, outre que vous renversez par la base les principes les plus certains du droit international, que faites-vous de tant de dispositions spéciales de la législation algérienne concernant les Etrangers ? Que faites-vous notamment du décret du 28 mars 1848, promulgué en Algérie le 22 août suivant, qui abrège la durée de la résidence des Etrangers algériens qui veulent se faire naturaliser ? — Que faites-vous enfin d'une dépêche du ministre de la guerre du 3 juillet de la même année, qui, en considération des besoins spéciaux de l'Algérie, ne permettait la naturalisation qu'à ceux de ces Etrangers à qui il serait d'un intérêt public de conférer *dès à présent* la qualité de Français ?

Voilà bien la preuve que l'Etranger en Algérie est, à l'égard des droits politiques, ce qu'est tout à la fois, à l'égard des droits politiques et des droits civils, l'Indigène algérien, Musulman ou Israélite. Ni l'un ni l'autre n'est Français *achevé*, et de même que par suite des circonstances locales dont il était nécessaire de tenir compte, le Français lui-même n'est pas, en Algérie, *absolument* Français comme en France, de même ni l'Etranger, ni l'Indigène, surtout l'Indigène Musulman, n'est encore Français comme les Français en Algérie.

---

1. Guizot, *Essais sur l'histoire de France*.

Au surplus, ce n'est certes pas nous qui combattrons, pour le puéril plaisir de les combattre, les doctrines de la jurisprudence qui, dès à présent, proclament ou tendent à proclamer l'Israélite algérien Français à l'instar des Français d'origine ou de naissance. — Ce livre n'a pas d'autre but, mais on en conviendra sans peine, il est temps qu'à une doctrine et à une jurisprudence plus ou moins variables et incertaines, on substitue enfin un texte de loi, clair, précis, non équivoque.

On nous objecte, en outre, l'article 13 du Code Napoléon [1].

Mais en admettant qu'il fût applicable aux Indigènes algériens, s'agit-il des Israélites, on conviendra sans peine qu'il ne serait ni sensé ni logique de le leur appliquer? — Quoi? vous exigeriez de lui qu'il demandât à l'Empereur, pour devenir Français, l'autorisation d'établir son domicile en Algérie! Mais où est-il donc son domicile? — Il n'en a jamais eu ailleurs qu'en Algérie! — C'est là qu'est le tombeau de ses aïeux, là qu'est sa famille, là qu'est son foyer, là que sont ses biens, là qu'est son passé, son présent et son avenir! Et vous voulez qu'il obtienne ce qu'il a déjà!

Arrivons à une prétention plus sérieuse! elle se puise dans l'article premier de la loi du 7 février 1851, ainsi conçu :

« Est Français tout individu né en France d'un étranger qui lui-même y est né, à moins que dans

---

1. « L'Étranger qui aura été admis par l'autorisation de l'Empereur à établir son domicile en France, y jouira de tous les droits civils, tant qu'il continuera d'y résider. »

l'année qui suivra l'époque de sa majorité, telle qu'elle est fixée par la loi française, il ne réclame la qualité d'étranger par une déclaration faite soit devant l'autorité municipale du lieu de sa résidence, soit devant les agents diplomatiques ou consulaires accrédités en France par le gouvernement étranger. »

Mais a-t-on réfléchi que cette loi qui confère la naturalisation de plein droit à l'Etranger né en France d'un père étranger qui y est né lui-même, ne concerne que les Etrangers européens, déjà nos frères en civilisation, — qu'au surplus elle n'a pas été promulguée en Algérie, et que dès lors elle n'y est pas applicable?

Mais, voulez-vous qu'elle le soit, comme loi d'intérêt général? Je le veux bien! Or, voyez ce qui va advenir : — L'Israélite Simon, né avant la Conquête, restera Indigène. — Salomon, son fils, né depuis la Conquête, restera Indigène, et le fils de Salomon sera Français. — Voilà donc la troisième génération des Israélites algériens, depuis 1830, qui *sera*, en droit et en fait, toute française, tandis qu'en droit la seconde ne pourra que le *devenir!* et qu'en fait la première mourra Indigène! — Quelle mosaïque de situations juridiques! Quels conflits de mœurs et de droits surgiront de là entre les Israélites français, les Israélites non français, et les Naturels français et les Etrangers en rapport d'affaires et d'intérêts les uns avec les autres, — dans un pays où il importe tant de n'avoir qu'une loi et qu'un droit, pour n'avoir qu'une civilisation!

Non! tel n'a pas été, tel n'a pu être le vœu d'un législateur français!

On nous objectera peut-être encore qu'aux termes de l'article 9 du Code civil, combiné avec la loi de 1849, qui permet à tout âge la déclaration prescrite par cet article, rien n'est plus simple pour les Israélites algériens que de devenir Français.

— Très-bien! Mais d'abord cette déclaration ne conférera qu'aux majeurs de 21 ans la qualité de Français. En second lieu, il n'est pas certain, en droit, que cette déclaration confère autre chose que les droits civils, — et enfin, ceci est très-important, n'est-il pas à craindre qu'il arrive derechef ce qui est arrivé en 1848, — que par cela seul qu'il faudra faire cette déclaration, la majorité des Israélites ne la fasse pas, et qu'ainsi vous les condamniez à un *statu quo* éternel?

Il nous paraît donc préférable que le législateur procède par voie de naturalisation générale, et ne leur impose d'autre condition que celle d'être *sérieusement établis* sur le sol de l'Afrique française.

Dans ce seul fait, nous verrions, en droit, une *présomption* suffisante de cette résidence et de cet établisment effectif de domicile en Algérie qui, d'après le Code Napoléon, sont nécessaires pour obtenir la qualité de Français.

Bien plus! en vue d'un prosélytisme facile à comprendre, nous ferions bénéficier de cette présomption tout Israélite né dans l'Afrique septentrionale, qui remplirait la même condition de domicile intentionnel et réel en Algérie.

De cette façon, plus de formalités à accomplir, plus d'autorisation à demander !

Mais cette présomption serait-elle tellement absolue qu'elle ne dût pas fléchir devant la *preuve* du contraire ?

Non, certes, et c'est pourquoi, de concert avec le législateur de 1851, nous voudrions qu'elle cédât à la *déclaration* contraire, faite en termes exprès et dans un court délai, par l'Israélite qui ne voudrait pas de notre nationalité [1].

Qu'on ne s'y méprenne point ! Si nous voulons pour les Israélites algériens une naturalisation collective, nous ne voulons pas pour cela une naturalisation forcée. Le nouvel article 10 du Code Napoléon l'atteste : La France offre et accorde de grand cœur, mais n'impose jamais ses bienfaits. Libre donc à l'Israélite de refuser la naturalisation ; mais alors qu'il le déclare ! La France n'est pas avare de son droit ! qu'il aille à elle, et elle ira à lui !

Ainsi serait atteint le but de nos efforts, ainsi s'accomplirait la naturalisation *collective* et *libre* des Israélites algériens.

Nous pourrions sans doute pousser plus loin la rigueur du principe de l'unité législative. Mais nous estimons qu'il est prudent pour la France de ne pas suivre encore jusqu'au bout une pente dangereuse peut-être. — La logique, la logique absolue, n'est pas toujours d'accord avec le bon sens, et surtout avec la raison politique.

Les mêmes considérations nous amèneraient à penser que, sans déroger au principe dont nous avons démontré l'importance et l'opportunité, le législateur ferait peut-être sagement de n'admettre, pendant

---

[1]. *Invito beneficium non datur.* Mais à défaut de cette déclaration, il serait présumé l'avoir acceptée.

quelque temps encore, qu'avec une *certaine* réserve, *certains* Israélites à *certaines* fonctions publiques d'une nature *exceptionnelle*. La raison politique a voulu que la France procédât graduellement à leur assimilation judiciaire et civile, n'exigerait-elle pas qu'elle ne procédât point autrement à leur assimilation administrative et politique[1]?

Intelligenti pauca! A la rigueur, nous croyons en avoir dit assez pour être dispensé d'entrer dans de plus longs développements.

Je ne veux cependant pas terminer cette partie de ma tâche, sans étayer de quelques nouvelles considérations juridiques et morales les motifs historiques et les arguments légaux qui en forment la base et comme la substance.

XII

La naturalisation des Israélites en Algérie, — telle qu'ils la demandent et la sollicitent à grands cris, ainsi qu'on a pu plusieurs fois, et tout récemment encore[2], s'en assurer par les pétitions qu'à cet effet ils ont adressées au gouvernement de la métropole, — la naturalisation concorde de tous points avec les vœux du chef de l'Empire, les besoins de l'Algérie, l'esprit de la société française depuis 1789. Ainsi que l'a dit très-justement et très-éloquemment l'auteur d'un trop

1. Voir *Sup.*, p. 64.
2. Voir aux Notes la pétition adressée par les Israélites de l'Algérie au Sénat (1864).

court *Essai sur la naturalisation collective des Israélites indigènes* [1], — où l'ancienne société ne voyait que des sectateurs de tel ou tel culte, la société moderne, plus équitable et plus éclairée, voit des hommes égaux en droits comme en devoirs. Les Israélites veulent bien remplir les devoirs, dans toute leur rigueur; quoi d'étonnant, s'ils veulent jouir des droits dans toute leur plénitude? Certes, ce n'est pas à la France de se plaindre qu'on mette tant d'empressement à réclamer le titre de Français, et tant d'orgueil à l'obtenir! »

D'après le même auteur, la naturalisation collective des Israélites algériens est légitime et nécessaire, tant au nom du progrès législatif qu'au nom du progrès rationnel. — Progrès rationnel, progrès législatif, ce sont, à ses yeux, deux points de vue différents, mais qui découvrent au philosophe et révèlent au législateur le même but. La jurisprudence expérimentale et la justice absolue s'y rencontrent pour donner la même réponse, comme des rayons qui, partis de points divers, convergent vers un centre commun.

Et si, comme nous, il avait été témoin du soulèvement, disons le mot, de l'insurrection arabe qui, de Tiaret à Bou-Câda, des frontières du Désert aux limites du Tell, agite, trouble, ensanglante, à l'heure qu'il est [2], le Sud de l'Algérie, découvrant à la France étonnée et indignée des ennemis, des rebelles et des ingrats, là même où, grâce à de récents et insignes bienfaits, elle ne devait rencontrer que des enfants

---

1. Par Jules Delsieux. — Cet opuscule est une sorte de supplément de notre *Question juive* publiée quelques mois avant lui.
2. 1er octobre 1864.

soumis, dévoués et reconnaissants ; — si, au moment où, de tous côtés, semble souffler sur l'Algérie avec plus ou moins de violence, un je ne sais quel vent soudain de haine et de vengeance, qui pousse aux armes un trop grand nombre de tribus dociles à la voix de perfides kaïds et à l'appel de fanatiques marabouts, il avait, comme nous, vu à l'œuvre le dévouement sincère et actif des Israélites de l'Algérie à la cause de la civilisation et de la France ; — si, enfin, aujourd'hui, plus que jamais, il les entendait avec nous demander et solliciter encore de la générosité et de la justice française, leur incorporation civile, publique et administrative aux conquérants de la Régence, leurs « libérateurs et leurs frères, » — que n'eût-il pas ajouté aux raisons non moins solides que nombreuses qu'il invoquait si justement, il y a plus de quatre ans, en faveur de la naturalisation *collective* et *libre* des Juifs algériens ?

Autre considération : Je ne saurais trop le redire[1], la naturalisation matérielle et morale, de fait et de droit, que, dès à présent, je demande pour eux, et que, plus tard, mais seulement en vue d'un lointain avenir, et sous des conditions spéciales nettement déterminées, j'espère demander pour les Arabes indigènes, cette naturalisation, presque à tous égards définitive et absolue, qui n'est autre chose que l'*unification* de l'individu ou du peuple soumis ou vaincu, avec le peuple vainqueur, n'est certes pas chose facile. Elle ne s'impose pas d'emblée et ne s'improvise pas en un clin d'œil. Œuvre complexe de la volonté de l'homme

---

1. V. *passim* notre *Étude sur la naturalisation des Indigènes et des Étrangers.*

et de la volonté de la loi, elle n'est pas que le fruit de l'une et de l'autre. Il y faut quelque chose de plus, et c'est le temps. C'est qu'en effet, elle a également à compter avec les souvenirs du passé, les nécessités du présent et les besoins de l'avenir. En même temps conservatrice et progressiste, elle est tout à la fois tradition et progrès.

Or, je dis que cette œuvre est une œuvre ardue, d'autant plus ardue que, comme en Algérie, elle a pour théâtre un milieu que nul courant, nulle effluve, bien plus, nul souffle de civilisation chrétienne n'a pu toucher encore.

Etant donné un milieu aussi réfractaire à la civilisation du conquérant, il faudra bien, bon gré mal gré, que celui-ci se résigne à prendre en sérieuse considération, l'histoire, les traditions, la religion, les mœurs, les coutumes, les usages, les lois du peuple conquis, à les observer, à les étudier, à ménager ses préjugés avant de chercher à les détruire, à respecter jusqu'à un certain point ses préventions et ses erreurs, avant de s'efforcer de les dissiper et de les combattre, bref, à s'adresser et à son intelligence et à son cœur, éclairant l'une par les lumières, gagnant l'autre par les bienfaits, pour le transformer ainsi, et, si j'ose me servir d'un mot, trop hardi sans doute, mais qui rend très-exactement ma pensée, le *transubstantier* en un autre peuple.

Et comment en serait-il autrement?

La naturalisation, n'est-ce pas une sorte d'adoption *in universum jus*, politique et civile, un baptême national, l'acte par lequel la loi, suppléant, autant que possible, à la nature, accorde ou impose à une nation ou à un individu qui veut faire partie ou devenir membre d'une autre nation, les droits et les devoirs de cette nation?

La naturalisation, c'est donc la création légale, — au profit d'un citoyen ou d'une cité, d'une société ou d'un individu, — d'une nouvelle nature, son admission dans une nouvelle patrie, sa dotation d'une nouvelle nationalité.

Or, cette création peut être collective ou individuelle, — libre ou forcée, — spontanément demandée et acceptée, — ou violemment imposée et subie. Dans tous les cas, elle suppose une prédisposition ou préparation préalable, la préexistence ou la préacquisition d'une certaine aptitude de rapprochement, d'assimilation et de fusion avec le peuple naturalisateur, le déblaiement et la culture préliminaire du terrain sur lequel doit pousser le nouveau plant national; en un mot, un état d'intelligence, de volonté et de tendances identiques, ou tout au moins similaires à l'état d'intelligence, de volonté et de tendances du peuple dont tout candidat à la naturalisation veut prendre la nature et épouser les destinées.

Et qu'on ne nous taxe pas d'exagération!

La naturalisation, c'est plus que la conquête et la colonisation du sol, c'est la conquête et la colonisation du sang et de l'âme du peuple conquis.

Mais, je vous le demande, est-ce là une tâche facile? Est-ce là l'œuvre d'un jour? Que d'obstacles à surmonter! Combien d'années s'écouleront avant que le peuple conquérant puisse dire du peuple conquis : Ce peuple et moi nous ne sommes qu'un seul et même peuple! Et que sera-ce si, pour parler comme Joseph de Maistre, « le peuple à naturaliser contemple en rugissant le peuple appelé à lui conférer le baptême de la naturalisation, » et s'il est du nombre de ceux « qui, sinon pendant l'éternité, tout au moins pendant des siècles, peuvent toucher un autre peuple sans l'aimer, » et, par suite, confondre ses destinées avec les destinées de ce peuple?

Or, le peuple arabe n'est-il pas un de ces peuples [1], et s'il en est ainsi, la France ne doit-elle pas se féliciter de trouver sur ses pas, et d'avoir sous sa main, comme autant d'instruments intelligents et dévoués de sa civilisation, de sa législation et de ses mœurs, — comme autant d'intermédiaires de naturalisation, — trente mille hommes, trente mille descendants d'Abraham, providentiellement apostés entre les vainqueurs et les vaincus de l'Algérie, pour les rapprocher insensiblement les uns des autres, et prouver, par leur exemple, combien ces derniers auraient à s'applaudir d'adopter, comme eux, le drapeau et le Code de la France?

Mais que conclure de là, sinon que des hommes, des *sujets* si éminemment propres, si éminemment utiles au développement de la civilisation des vainqueurs ne doivent pas, d'une part, être astreints aux

---

[1]. N'allons pourtant pas jusqu'à nous permettre à leur égard certaines comparaisons, que repoussent également la raison et la justice. Gardons-nous, par exemple, de dire, avec un journal algérien, que « l'Arabe est à l'homme ce que le lièvre est au lapin, ce que le chacal est au chien. » N'affirmons même pas sans correctif, avec le même journal, « qu'aujourd'hui les descendants d'Ismaël sont tels qu'ils ont toujours été, farouches, paresseux, vindicatifs, ennemis de la civilisation, fanatiques, maladroits dans tout ce qu'ils font. » La vérité fuit l'exagération. *Ne quid nimis.*

conditions ordinaires de la naturalisation métropolitaine, et que, d'autre part, pour l'obtenir, il doit leur suffire de ne pas l'avoir refusée, qu'en d'autres termes, leur naturalisation doit être collective, — libre et immédiate?

Collective, parce qu'il est du plus haut intérêt pour le prosélytisme de la France vis-à-vis des Arabes, de s'assimiler et de s'unir l'intégralité ou la grande majorité de la population arabe; — *libre*, parce que rien n'est méritoire, rien n'est digne d'attention et d'estime aux yeux de la France, que ce qui est marqué au coin de la spontanéité et de la liberté; — *immédiate*, parce qu'il est notoire, certain, incontestable, que tout ce qu'il y a d'élevé, d'éclairé et d'influent parmi les Israélites de l'Algérie, a depuis longtemps achevé son catéchuménat de naturalisation, et aspire après elle comme après l'objet de ses vœux les plus ardents, de ses plus chères espérances.

Je ne reviendrai pas sur ce que j'ai dit plus haut[1] sur la différence profonde qui, sous le rapport de la civilisation et de la naturalisation, sépare l'Israélite du Musulman algérien. Quel est l'observateur sérieux, quel est même le simple touriste qui n'ait remarqué des milliers de fois que les fils de Jacob, imitant, autant qu'il est en eux, leurs frères de France avant le décret émancipateur de 1808, marchent à grands pas vers leur *unification française*, tandis que les sectateurs de Mahomet, parqués, ou peu s'en faut, dans le cercle inflexible d'une loi dont ils s'obstinent à confondre, dans un mystérieux et indisso-

---

1. Pages 45, 46, 61 et 62.

luble hymen, l'élément religieux et l'élément civil, n'ont de contact avec la législation de la France, que par un droit de révision et d'appel dévolu, depuis quatre ans à peine, aux magistrats français?

Ainsi, l'Israélite est presque en toutes choses assimilé au Français, et le Musulman lui est tout au plus assimilable. L'Israélite est un Français presque achevé, le Musulman, un Français à peine commencé.

Donc, et cette conséquence ne sera contestée par personne, — donc il ne serait ni rationnel ni juste de traiter l'Israélite algérien, au regard de la naturalisation, autrement que l'étranger européen. Qu'a-t-il besoin, lui aussi, d'une autorisation préalable d'établir son domicile en Algérie, de l'établissement effectif de ce domicile, d'un stage de plusieurs années pour obtenir des lettres de naturalisation? Son intention de se faire incorporer à la France, son domicile immémorial sur le sol algérien, deux choses qui, à elles seules, rendent tout stage inutile, peuvent-ils être raisonnablement révoqués en doute? Et n'est-il pas certain que, Français par le sol et Français par le cœur, de même que l'étranger, il est *aussi* Français et mérite tout autant d'être déclaré tel par la loi, que celui qui ne l'est que par le hasard de la naissance?

Cela posé, la France a un devoir à remplir vis-à-vis de l'Israélite algérien, comme l'Israélite algérien vis-à-vis de la France : il faut qu'en 1865 un décret de Napoléon III ordonne pour les Juifs d'Algérie ce qu'ordonna en 1807, pour les Juifs de France, un décret de Napoléon Ier, une réunion de Notables, d'Anciens d'Israël, la convocation d'un Sanhédrin algérien, chargé de répondre solennellement et *obligatoirement* à toutes les questions d'assimilation civile, politique et administrative de l'Israélite avec le Chrétien d'Algérie, et de provoquer de sa part la déclaration qu'il entend ou non se soumettre aux lois, à toutes les lois de la France.

Que ce décret soit rendu, qu'il soit immédiatement exécutoire, et, du Maroc à Tunis, les Israélites de l'Algérie se lèveront comme un seul homme pour s'écrier d'une voix unanime, et à l'exemple de l'un d'eux, interrogé en 1833 par les promoteurs de l'ordonnance de 1834 sur la justice algérienne : Oui, qu'à l'avenir la loi de la France soit notre loi! — Jusqu'ici, c'est la loi de Moïse qui a régi nos personnes, nos mariages, nos biens, nos successions; que désormais, sauf en matière purement religieuse, la loi de la France remplace cette loi [1]!

Que ce décret soit rendu, que ce cri se fasse entendre, et la naturalisation de l'Israélite algérien est faite, faite telle que je la veux — collectivement, librement, immédiatement!

XIII

Je ne sais si, après ce que j'ai exposé en différents endroits de cet ouvrage, il sera permis à personne

---

1. Voir aux *Notes et Pièces justificatives*, 1° les 13 articles de la foi israélite, tels que nous les avons recueillis dans un ouvrage de Léon de Modène, célèbre rabbin de Venise; 2° Les réponses du *sanhédrin* de France aux questions à lui posées par ordre de Napoléon Ier. On y trouvera la complète démonstration de la *possibilité* et de la légimité de la transformation en loi civile française de la partie purement civile de la loi mosaïque.

de douter sérieusement de l'opportunité de ce décret. Et cependant (tant sont profondément enracinées dans certains esprits paresseux, ignorants ou obstinés les préventions contre les Juifs) je crois nécessaire d'insister quelques instants encore sur la démonstration de cette opportunité !

Je l'accorde sans peine, il importerait peu que les Israélites de l'Algérie méritâssent sous tous les rapports l'honneur de la cité française, s'ils ne recherchaient cet honneur que dans des vues d'intérêt personnel, et non parce qu'ils aimeraient sincèrement la France.

Et à ce propos je ne puis m'empêcher de rappeler ici l'idée singulière, pour ne pas dire autre chose, émise tout récemment par un grand journal, par l'*Indépendance belge*. D'après cette feuille, il serait utile à la France d'attirer en Algérie un grand nombre de ces malheureux Circassiens que la Russie a fait récemment transporter sur les plages insalubres et mortelles de la mer Noire, et elle n'aurait qu'à se féliciter d'avoir ouvert les portes de l'Algérie à des émigrés musulmans, que la communauté de religion mettrait naturellement et facilement en relation avec les chefs indigènes, et sans doute aussi avec les subordonnés de ces chefs.

Un des principaux journaux de l'Algérie, l'*Ackbar*, dans sa réponse à l'*Indépendance belge*, sans nier la facilité des relations à créer entre les Musulmans du Caucase et les Musulmans de l'Atlas, s'est posé une seule question, et cette question est celle-ci :

« Les Indigènes musulmans nous aiment-ils ? aiment-ils la France ?

— Non, cela est tout à fait impossible : les Indigènes sont les ennemis-nés de notre domination en Algérie. »

Or, que le même journal se fût posé la même question à l'égard des Indigènes israélites; croyez-vous qu'il y eût fait la même réponse? Bien certainement non! Et nous en avons pour garant cette opinion publique dont, en maintes occasions, il n'a pas craint de se rendre l'écho en leur faveur.

Eh! pourquoi les Israélites ne nous aimeraient-ils pas? Pourquoi n'aimeraient-ils pas la France? Jamais pouvoir chrétien les couvrît-il d'une protection plus efficace et plus salutaire? Tout en respectant leur religion, leurs coutumes, leurs mœurs, leurs personnes, leurs biens, n'avons-nous pas, par le seul ascendant de notre civilisation, provoqué et favorisé le développement de leurs aptitudes et de leurs facultés? Et n'est-ce pas assez pour arracher de leur cœur jusqu'au levain de cette ingratitude qui leur fut tant de fois reprochée par Moïse et leurs autres prophètes?

Mais, à défaut de reconnaissance, leur intérêt bien entendu ne leur fait-il pas un devoir de s'enrôler sous notre drapeau, et, à tout prendre, nous en faut-il davantage pour leur ouvrir nos rangs? Longtemps déshérités de toute place au soleil du droit et du bien-être communs, la régence d'Alger, leur nouvelle Egypte, est pour eux devenue un nouveau Chanaan. Ils le savent, ils le sentent, et, chaque année, leurs représentants au sein de nos conseils généraux, en émettant le vœu de leur naturalisation, expriment leur désir de s'associer sans réserves aux destinées de la France et d'être par elle adoptés.

C'est ce qui vient d'avoir lieu dans le Conseil général de Constantine, le plus capable, après celui d'Alger, de connaître et d'apprécier les vrais sentiments des Israélites à l'endroit de leur admission dans la famille française. Pour demander le renouvellement du vœu de leur naturalisation, un de ses membres s'est fondé, entre autres motifs, sur sa conviction que les Israélites désirent vivement acquérir, dans le plus court délai possible, la qualité de citoyens français, et il aurait pu ajouter que ce désir s'allie chez eux avec la résolution de servir la France, et, au besoin, de mourir pour elle [1].

Or, ce désir, a-t-on songé à le nier ou à le révoquer en doute? Nullement! Il est des choses si évidentes et si certaines qu'il est également impossible de les nier et d'en douter. Tenons donc pour un fait incontestable et incontesté l'amour des Israélites algériens pour la France, et puisque cet amour va de pair avec la capacité et la dignité requises par la raison et par la loi pour leur « grande émancipation [2], » que la France n'en ajourne pas plus longtemps le bienfait!

Je dois ajouter qu'un autre membre du même Conseil général a élevé contre elle une objection d'inopportunité, à laquelle, il est vrai, le conseil ne s'est point arrêté, puisqu'il a voté le renouvellement du vœu demandé. Selon lui, il y aurait danger, danger politique, sans doute, à admettre dans notre société (*sic*) en Algérie, où les Français sont encore si peu nombreux, une population de 40,000 Israélites.

1. *Voir* aux *Notes cit.* la Pétition déjà citée.
2. Expressions de M⁰ Crémieux.

On a victorieusement répondu à cette objection : Ce danger, a-t-on dit, est peu grave, parce que la population israélite ne peut avoir des intérêts contraires aux intérêts de la France, et parce qu'on espère voir la population européenne prendre un plus grand développement.

De ces deux raisons, la première pouvait suffire. Les intérêts des Israélites n'ont rien de commun avec ceux des Musulmans. Nos trente-quatre ans de conquête ne leur ont rien fait oublier et leur ont beaucoup appris. Entre le Croissant de l'oppression et la Croix de la délivrance, leur choix ne saurait être douteux. Je comprendrais, à la rigueur, le danger signalé au conseil général, si, quoique réduite, on en conviendra, à de très-faibles proportions, la population israélite pouvait tenter de lever, en présence de la population européenne, l'étendard de la révolte au profit de sa nationalité ; mais qui ne sait que depuis le jour où, comme nous l'avons dit ailleurs, le sceptre est tombé des mains de Juda, les Israélites ont perdu toute nationalité, ou pour parler comme Puffendorf, toute *forme* de nation [1], et qu'ainsi que l'a reconnu un de leurs rabbins contemporains, ils n'ont d'autre drapeau que le drapeau religieux [2] ?

On a encore objecté, et ceci ne relève pas peu l'importance du vœu dont je m'occupe (car un vœu est d'autant plus significatif qu'il a été accepté après une vive et sérieuse discussion), on a encore objecté, en s'en rapportant strictement aux textes du droit civil,

---

1. *De Jure nat. et gent.*, liv. VI, c. vii, § 9.
2. M. Isidore, grand rabbin de Paris, *Discours* dans le temple consistorial de Paris (1864).

qu'une naturalisation collective était contraire à notre droit; on a répondu par le fait de la naturalisation collective des Israélites de France en 1808, et par des exemples récents de la même naturalisation. On pourrait se contenter d'invoquer les effets naturalisateurs, reconnus, par le droit des gens, à toute réunion d'un territoire au territoire de la France par suite de conquête ou de cession, et s'il était besoin de faits historiques remontant à une époque déjà ancienne, on n'aurait qu'à se réclamer de l'autorité de notre vieux jurisconsulte Charondas qui enseigne que « le droict de naturalité ou de cité et de bourgeoisie a été octroyé par nos roys, non-seulement à quelques particuliers, ainsi aussi à aucunes villes et nations. »

Eh! sans doute, la naturalisation collective n'est pas gouvernée par les mêmes règles que la naturalisation individuelle. Celle-ci est régie par les principes du droit civil ou privé, celle-là, par les maximes du droit politique ou public; l'une s'opère par voie de demande personnelle, l'autre par voie d'octroi ou de concession générale. Mais de même que la conquête annexe, incorpore en général le peuple conquis au peuple conquérant, ce qui est un genre de naturalisation à part, ainsi un traité ou convention diplomatique, arrêt ou acte législatif peut introduire dans un État ou une cité un peuple ou une agrégation d'individus vivant au dehors et au dedans de cet État ou de cette cité. Dans les deux cas, c'est la nature des choses qui s'oppose à une naturalisation purement individuelle, c'est ce qu'avait compris la Convention, quand elle naturalisa en masse les Belges et les Liégeois, c'est ce que comprit le premier empire quand il s'annexa l'Illyrie.

Revenons au vœu de naturalisation émis par le conseil général de Constantine : possibilité, légalité, opportunité de cette naturalisation, voilà ce qui en résulte. Le conseil semble ne s'être préoccupé que d'une seule condition : la constatation préalable chez les Israélites de la volonté de se faire naturaliser, et peut-être, à cet égard, a-t-il implicitement fait la part, tout en ne l'acceptant pas, de l'opinion de l'éminent administrateur du département de Constantine, qui, se fondant sur ce que la naturalisation individuelle n'est pas chose difficile, s'est borné à engager les Israélites à employer les voies légales pour l'obtenir. J'en demande pardon à ce haut fonctionnaire. Mais je crains qu'à son insu il n'ait peut-être trop cédé dans cette circonstance à une de ces inspirations de prudence et de lenteur administratives qui ne sont pas toujours d'accord avec les vrais besoins de l'intérêt public.

Qu'est-ce à dire que la naturalisation individuelle n'est pas difficile? — Veut-on dire par là que, grâce à la générosité et au prosélytisme national de la France, elle sera rarement refusée? Oui; mais ses formalités seront-elles moins nombreuses, ses conditions moins longues à remplir? S'il est vrai que soit aux termes de notre droit public, soit aux termes de la législation algérienne, les Israélites indigènes ne puissent suppléer à l'acquisition de la qualité de Français ou à la naturalisation par aucun équipollent, par aucune présomption, par aucun fait, pas même par une espèce de possession d'état résultant ou de leur permanent séjour en Algérie, ou de l'exercice de certains droits civils et de certaines fonctions administratives, etc. S'il est vrai qu'au regard de sa naturalisation (individuelle) l'Israélite soit soumis aux mêmes lois que l'étranger, ne sera-t-il pas tenu de passer, lui aussi, par les fourches caudines de l'article 3 de la Constitution de l'an VII, et de l'article 1er de la loi du 3 décembre 1849? Ne lui faudra-t-il pas subir une enquête sur sa moralité, obtenir un avis favorable du conseil d'État, et l'autorisation de l'Empereur d'établir d'établir son domicile en Algérie, et tout cela pour n'être naturalisé qu'après dix ans seulement depuis sa majorité, c'est-à-dire de sa vingt-et-unième année révolue? Car, inutile de se le dissimuler, le décret du 28 mars 1848, qui facilitait la naturalisation des étrangers, et la dépêche du Ministre de la guerre en date du 31 juillet suivant, qui en prescrivait l'exécution pour l'Algérie, sont abrogés ou tout au moins tombés en désuétude[1].

Mais comment se soustraire aux prescriptions de la loi actuelle en matière de naturalisation?

Il n'y a que trois moyens : l'un impuissant, l'autre incertain, le troisième inavouable.

On peut dire que la loi de France n'est ni applicable, ni exécutoire en Algérie. Mais alors quelle sera la loi de naturalisation algérienne?

On peut dire encore que l'Israélite est Français, même en vertu de quel texte de loi la jurisprudence

---

1. Il est à remarquer que cette dépêche, qui, rigoureusement, n'était applicable qu'aux étrangers proprement dits, voulait qu'il y eût *intérêt public* à leur conférer la qualité de Français.

l'affirme aujourd'hui. C'est vrai! mais qui vous dit qu'elle ne le niera pas demain[1]?

On dira enfin qu'il n'y aura qu'à consigner qu'il y a intérêt public à accorder la naturalisation demandée et alléguer l'une des raisons qui ont fait réduire à *un an* seulement le stage de l'impétrant à partir de sa demande. Mais c'est là une fraude à la loi et à la vérité! et ce n'est pas nous qui conseillerons jamais d'y recourir.

Nous voilà donc forcément ramenés à la naturalisation collective.

J'ai dit que je voulais pour les Israélites une naturalisation immédiate, en d'autres termes, sans autres conditions que son acceptation tacite ou l'absence d'un refus formel. Je n'ignore pas que de bons esprits voudraient une enquête préalable.

Mais où en est la nécessité? Une pareille enquête serait tout d'abord insolite, sans exemple dans l'histoire des conquêtes et des agrandissements territoriaux de la France. Et puis, ne serait-ce pas méconnaître, en thèse générale, les suites nécessaires de la conquête? Le peuple conquis suit la loi politique et civile du peuple vainqueur : ce n'est que par exception qu'il en est quelquefois autrement. Quant à la loi civile, ce principe est surtout admis alors que le peuple ou l'agrégateur d'individus conquis est rationnellement présumé demander avec instance et accepter avec gratitude non-seulement la loi politique, mais encore la loi civile du conquérant, parce que loi civile et loi politique ne sont, sous plus d'un as-

---

[1]. *Voir supr.*, p. 76.

pect, que le développement de la législation du peuple conquis[1]. Or, tel est le cas des Israélites en Algérie.

C'était aussi le cas de leurs frères de France sous la Convention et sous l'Empire, et ni l'Empire ni la Convention n'eurent la pensée de les consulter par une enquête préalable.

On se recriera au nom de la liberté : on ne manquera pas de dire que naturaliser sans s'assurer de l'adhésion de ceux que l'on veut doter de la naturalisation, c'est faire du despotisme. Plût à Dieu qu'il n'en existât jamais de plus violent ni de plus dangereux? Mais que devient une pareille objection en présence de la faculté que nous proposons de laisser à chaque individu de refuser cette adhésion? Notre proposition ne concilie-t-elle pas, je ne dis point le droit, mais le devoir de l'autorité avec les droits de la liberté ?

Et, pour en finir sur ce point, qu'on ne prétende pas que notre naturalisation *collective* et immédiate sera d'un fâcheux exemple sur l'esprit des Musulmans habitués de longue main à ne voir dans les Israélites que des hommes méprisables et de beaucoup inférieurs à eux. Quand ils sauront que cette naturalisation est *libre*, quand ils réfléchiront sur les efforts et les progrès d'assimilation dont elle est la récompense, ils ne s'imputeront qu'à eux-mêmes le tort de ne pas leur ressembler, et, les plus glorieux d'entre eux, soyez en sûrs, s'efforceront de marcher sur leurs traces. En tout cas, que la naturalisation des Israélites soit un fait accompli, et ils l'accepteront en si-

---

1. *Voir Notes cit.*

lence, comme ils ont accepté d'autres faits bien autrement propres à froisser leurs intérêts, à blesser leur amour-propre, ou à contrarier leurs idées. La France poursuit sa course généreuse dans la voie de la civilisation et de l'avenir. Elle y appelle et y entraîne sur ses pas quiconque, individu ou nation, veut l'y suivre. Tant pis pour qui résiste à son appel et à son exemple !

XIV

Je crois avoir répondu aussi brièvement que possible aux trois importantes questions que je me suis posées au début de mon travail. Pour cela, j'ai, tantôt simultanément, tantôt successivement, interrogé l'Histoire, le Droit, la *Législation*, la Doctrine, la Jurisprudence, et surtout la Raison.

Si je ne me trompe, le lecteur peut maintenant, sans hésiter, apprécier sinon à fond, du moins en suffisante connaissance de cause, la situation juridique de l'Israélite en Algérie.

Mais il est un point sur lequel j'avais cru devoir glisser rapidement, me contentant d'affirmer là où il ne me paraissait pas nécessaire d'exposer ou de démontrer[1].

Ce point, c'est le côté administratif de mon sujet.

On me saura gré, j'espère, d'y insister quelques instants, avant de clore la première partie de cet ouvrage.

1. *Vid. supr.*, p. 23.

Aussi bien, arrivés à la seconde étape de notre route, est-il temps que mes lecteurs et moi fassions ici une courte, mais nécessaire halte. Nous en profiterons pour dire un mot du *Nouveau décret réorganisateur de l'Algérie*[1] *dans ses rapports avec l'Israélite algérien.*

A Dieu ne plaise que nous parlions des critiques amères que ce décret a excitées contre lui, non plus que des ardentes sympathies qu'il a soulevées en sa faveur! Il nous faudrait parler de politique, et, moins encore comme homme que comme magistrat, nous n'y consentirions à aucun prix [2].

D'ailleurs, rien d'étonnant dans ces critiques ni dans ces sympathies.

Toute institution, toute organisation nouvelle suscite ou déçoit bien des espérances, réalise ou heurte bien des prévisions, favorise ou froisse bien des intérêts, contrarie ou flatte bien des passions.

De là, dans l'opinion et dans la presse, de regrettables excès et des exagérations déplorables que ne sauraient trop regretter les vrais amis du progrès de l'Algérie.

Pour moi qui, quelles que soient d'ailleurs les suites de l'exécution de ce décret, ne doute pas qu'il n'ait été inspiré par le vif désir de pousser plus que jamais l'Algérie dans une voie de régénération et de progrès, « en apportant dans son administration les

1. Décret impérial du 7 juillet 1864.
2. Depuis le jour où, sans nous en douter, et croyant naïvement n'avoir affaire qu'à une question de droit politique, nous nous sommes heurté contre la politique elle-même, nous avons juré qu'on ne nous y prendrait plus.

améliorations que comportent l'état du pays et l'intérêt de ses populations[1] ; » pour moi qui ai appris, au Livre[2] de la Vérité et à l'Ecole de l'expérience, à ne « connaître un arbre qu'à ses fruits, » à Dieu ne plaise que je prenne la téméraire liberté d'en apprécier, dès à présent, l'ensemble et la portée ! Au temps seul de révéler ses imperfections comme ses qualités, ses inconvénients comme ses avantages !

Mais pourtant, ne fût-ce que parce que je ne dois rien négliger de ce qui se rapporte à mon sujet, on me pardonnera de toucher en passant, et comme à titre de digression administrative, à l'*unique* disposition de cet important document qui s'occupe des Israélites algériens.

D'autant mieux que, comme on s'en convaincra sans peine, cette disposition est loin d'être étrangère à leur situation politique et civile.

Je vais donc parler d'un texte qui me paraît à bon droit mériter l'honneur d'être un des premiers signalés à l'attention publique, quoique perdu et pour ainsi dire oublié à la fin d'un des derniers articles du décret, — l'article 27.

Ce texte, ajouté furtivement, ce semble, et comme après coup, à ses autres dispositions, est ainsi conçu :

« Les Israélites *pourront* y avoir un membre. » (dans le Conseil général.)

Et voici, en substance, les dispositions qui le précèdent[3] :

---

1. Prologue du décret du 7 juillet 1864.
2. L'Évangile.
3. Article 27. — Les Conseils généraux sont maintenus ; les généraux commandant les provinces exercent vis-à-vis de ces conseils

« Les Conseils généraux sont maintenus... L'élément *indigène devra* désormais entrer, pour un quart au moins, dans la composition de chaque Conseil général. »

Comprenons bien l'économie de notre article :

« Les Conseils généraux sont maintenus. »

Qu'est-ce à dire?

— Maintenus dans leur nombre? — Sans doute! mais aussi dans leur organisation et dans leurs attributions, — tels qu'ils furent créés et organisés par ou en vertu des décrets des 27 octobre et 14 novembre 1858! — maintenus en toutes choses, deux exceptées, objets, l'une et l'autre, de graves dérogations à la législation antérieure :

1° Les généraux commandant les provinces seront, depuis le décret réorganisateur, vis-à-vis des Conseils généraux, ce qu'étaient les préfets avant ce décret;

2° L'élément indigène entrera désormais pour un quart, au moins, dans le personnel de chaque Conseil général.

Jusque-là, rien de plus clair, rien de plus intelligible pour tous! Mais pour moi, je dois l'avouer, comme pour beaucoup d'autres, la phrase finale de notre article est certes loin, bien loin d'être aussi facile à entendre.

« Les Israélites *pourront* y avoir un membre. »

---

les attributions qui sont dévolues aux Préfets par la législation en vigueur. Ils pourront toujours déléguer aux Préfets tout ou partie de ces attributions.

L'élément indigène devra désormais entrer pour un quart au moins dans la composition de chaque conseil général. Les Israélites POURRONT *y avoir un membre.*

Donc aussi, ils pourront ne pas y en avoir!

— L'argument *à contrario*, si dangereux, si peu concluant d'ordinaire, paraît ici irréfutable, surtout si on considère que le législateur, qui se sert du mot *devra* dans la première partie de l'alinéa final de l'article 27, a remplacé le mot *pourront* dans la seconde.

Et cela est si vrai que, convaincus par cet argument et cette considération, et entraînés par le sens grammatical de cette phrase, de bons et sérieux esprits se sont gravement demandé si, aux deux exceptions que je viens de mentionner, il ne fallait pas en ajouter une troisième, — la transformation, ou mieux la dégénérescence en une *faculté* pour le gouvernement, en une *faveur* de la part du pouvoir, du *droit* antérieurement accordé aux Israélites par le décret du 14 novembre 1858, de voir l'un d'eux siéger au sein des Conseils généraux.

Est-il vrai, s'est-on dit avec une certaine anxiété, que l'élément israélite ne *devra* plus, comme par le passé, mais *pourra* seulement entrer dans la composition de ces conseils?

Est-il vrai que le législateur de 1864 a ainsi voulu défaire l'œuvre si rationnelle et si bien raisonnée du législateur de 1852[1]?

Eh quoi! est-ce qu'à six ans d'intervalle la population juive algérienne aurait cessé d'être « très-considérable[2]? »

---

1. Voir, dans le *Dictionnaire de la Législation algérienne* de M. de Ménerville, 2ᵉ édition, p. 41, le rapport en tête du décret du 14 novembre 1858.

2. « La population juive indigène est très-considérable en Algérie, et se montrera très-reconnaissante de cette marque de confiance et d'intérêt. Cette mesure (l'entrée de l'élément israélite dans les

Est-ce que la France ne professerait plus de nos jours « ces principes de tolérance religieuse, l'une des plus grandes et des plus durables conquêtes » de notre droit public moderne?

Est-ce qu'à l'heure qu'il est, de même qu'en 1858, « en présence de la diversité des cultes pratiqués en Algérie, il ne serait pas en même temps utile et opportun de manifester par un acte gouvernemental l'égalité des croyances devant nos lois? »

Est-ce que, contrairement aux prévisions du prince Napoléon, alors chargé du ministère de l'Algérie et des Colonies, les Israélites algériens ne se seraient pas « montrés reconnaissants de la marque de confiance et d'intérêt que leur donna la France en leur ouvrant l'accès des Conseils généraux? »

Est-ce que leur participation à la représentation administrative de nos provinces ne serait plus réclamée « par les besoins » de la population judéo-algérienne?

Est-ce enfin que l'expérience aurait prouvé qu'ils ne sont ni capables ni dignes des fonctions des membres d'un Conseil général?

Voilà, nous l'affirmons, parce que nous l'avons entendu, entendu de nos propres oreilles, voilà ce qu'on s'est demandé, voilà ce qu'on s'est dit en haut lieu, et franchement, ce n'est pas sans raison!

Si on compare la fin de l'article 27 de notre décret

Conseils généraux) est conforme à nos principes de tolérance religieuse, et, en présence de la diversité des cultes protégés en Algérie, il est utile et opportun de manifester, par un acte de votre gouvernement, que l'égalité des croyances est absolue et complète devant la loi. » (Rapport du prince Napoléon.)

avec le décret du 14 novembre 1858, — si même on s'en tient au sens littéral et vulgaire de cette phrase : « Les Israélites, etc., » on arrivera naturellement et logiquement à cette conséquence désolante pour les Israélites d'hier, que le législateur a voulu enlever aux Israélites d'aujourd'hui leur *droit* de faire partie des Conseils généraux, et substituer à ce droit, jusqu'à ce jour incontesté, et que, pendant six ans, ils ont tranquillement exercé, la *faculté*, pour le gouvernement, de les admettre dans le sein de ces assemblées, ou de les en éloigner à son gré.

Ainsi comprise, la disposition que j'examine aurait véritablement quelque chose d'effrayant pour les Israélites, et si mes informations sont exactes, je conçois à merveille qu'ils s'en soient profondément émus.

C'est qu'à tout prendre, et en l'étudiant d'un point de vue élevé et juridique, ce texte est peu rassurant pour eux, car, à certains égards, la question qu'il suscite est une question de vie et de mort !

Acceptez, en effet, comme vrai, le sens qu'il semble présenter ? Le nouveau décret leur crée une position administrativement inférieure, non-seulement à celle des Français, cela va de soi, mais encore à celle des Etrangers et des Musulmans indigènes ! Et cette position est d'autant plus humiliante qu'elle vient, sans transition aucune, après un état de choses qui, sous ce rapport, les plaçait sur le même pied que tous les éléments de la population algérienne.

Et à quel moment, je vous prie, la leur créerait-on cette position ?

Au moment solennel entre tous, dans la vie sociale

d'un peuple, d'une agrégation d'individus de même race et de même religion, où, de par la jurisprudence large et progressiste de plusieurs tribunaux d'Algérie, de la Cour d'Alger et de la Cour de Cassation, — jurisprudence qui, par excès d'assimilation civilisatrice, a violé peut-être les vrais et rigoureux principes de notre droit civil privé [1], — les Juifs de l'ancienne Régence ont été reconnus, déclarés, proclamés *Français*, et par là élevés à la dignité d'hommes libres, d'associés de la France, — j'allais dire de citoyens français!!

Mais cela est-il possible?

Est-il possible qu'après la possession publique, paisible, continue, incontestée, pendant six ans, d'un droit de représentation provinciale accordé par un décret particulier et pour des raisons qui, de nos jours, ont plus de force encore que le jour de sa publication; est-il possible que, d'un trait de plume, le législateur ait effacé la ligne d'assimilation progressive avec la France dont l'Israélite algérien allait atteindre l'extrémité suprême?

Est-il possible qu'ainsi parvenu, grâce à une naturalisation tacite, aux portes d'une sorte de grande naturalisation, et à la veille de se reposer côte à côte avec les Français d'origine et ses coreligionnaires d'outre-mer, sur le cœur maternel de la France, celle-ci, marâtre impitoyable, l'en ait rejeté comme un usurpateur et un intrus?

Non, mille fois non!

La France, nul ne l'ignore, n'aime pas à détruire

---

1. Voir *supr.*, page 31 et suivantes.

d'une main l'édifice de civilisation qu'elle a construit de l'autre, et l'univers entier sait et atteste que là où elle a planté l'oriflamme du progrès, elle ne permet à personne, et à elle-même moins qu'à qui que ce soit, — de la reculer, de la renverser ou de l'enlever.

Donc, que les Israélites se rassurent! Ce qu'ils étaient avant, ils le seront depuis le décret! Si, plus heureux, les Musulmans y ont beaucoup gagné, eux, tout au moins, n'y ont rien perdu, et il est si vrai qu'ils n'ont pas fait un pas en arrière, qu'implicitement, sinon explicitement, ils ont, tout au contraire, fait un pas en avant.

C'est ce que je vais démontrer.

De trois choses l'une :

Ou l'Israélite est indigène;

Ou il est étranger;

Ou il est Français.

Impossible de sortir de là!

Or, dans ces trois hypothèses, je dis que, sous l'empire du décret du 16 juillet 1864, son *droit* de nomination au Conseil général est le même que sous celui du décret du 14 novembre 1858.

Je dis le *droit*, car je ne compterais pour rien, ou presque rien, la simple *possibilité*, *l'éventualité* pour lui de devenir membre du Conseil général à la volonté, *ad arbitrium* de l'Administration, si juste, si bienveillante qu'elle soit d'ailleurs, et je suis convaincu qu'elle le sera autant qu'elle peut l'être.

Une faveur n'est pas un droit, une faculté n'est pas un devoir. Le droit et le devoir sont et doivent être fixes et obligatoires comme la loi, tandis qu'une faveur ou une faculté est ou peut être inconstante et arbitraire comme la volonté de l'homme.

§ I*er*. — Et tout d'abord, veut-on que l'Israélite algérien soit indigène, *indè genitus* [1], comme le veut la vérité géographique et historique, — comme le veulent la plupart des textes de la législation algérienne, surtout depuis 1834 jusqu'en 1860 [2], — comme l'a plusieurs fois jugé la Cour d'Alger, ajoutons même, — comme paraît l'indiquer la combinaison des deux dernières dispositions de l'article 27 de notre décret? Eh bien ! soit, et quoique nous puissions facilement, irréfragablement, prouver le contraire, ainsi qu'on le verra bientôt, posons, puisque vous le voulez, comme certain et indubitable un point de discussion qui est au moins problématique.

Oui, l'Israélite est indigène ! Mais alors, j'en appelle à la bonne foi de tout lecteur attentif, si le législateur n'a pas voulu accorder aux Israélites les mêmes droits qu'aux Musulmans, si son intention a été de ne pas élargir, en leur faveur, le cercle étroit tracé autour d'eux par le décret de 1858, — que devait-il faire, après avoir dit en termes formels et précis, trop précis, suivant moi, que l'élément indigène *devra* désormais entrer pour un quart au moins dans la composition de chaque Conseil général?

[1]. Par opposition à *advenœ* (venus d'ailleurs), les deux mots se trouvent avec la signification juridique qu'elles ont en droit romain dans le texte d'Ézéchiel : *Advenœ qui accesserunt ad vos et genuerunt filios in medio vestrum erunt vobis sicut Indigenœ.* (Vulgate.)

[2]. *Voir* spécialement les articles 37 de l'ordonnance du 26 septembre 1842; — 31 de l'ordonnance du 10 août 1834; — Décret du 29 avril 1854; — Circulaire du gouverneur général du 2 avril 1856; — Décret du 15 décembre 1858, article 3.

Ce qu'il devait faire ? — Eh ! mon Dieu, ce qu'il a fait !

Comme, dans le cas où il n'eût rien dit, on eût pu se demander si les Israélites, étant indigènes, eux aussi, de même que les Indigènes proprement dits ou les Musulmans, seraient admis au Conseil général, dans une proportion égale, ou inférieure à celle des Musulmans, ou, en toute hypothèse, dans une proportion supérieure au nombre *un*, déterminé dans le décret précité, il s'empressera d'expliquer sa pensée de manière à prévenir toute équivoque, à couper court à toute interprétation, à rendre tout doute impossible, et il dira, en effet, en faisant allusion à ce décret : « Les Israélites pourront y avoir un membre. »

Disposition nécessaire, et sans laquelle on eût été fondé à penser que les nouveaux Conseils généraux de l'Algérie pourraient certainement compter — en *droit*, un nombre égal, — *en fait*, à cause principalement de l'infériorité numérique des Israélites vis-à-vis des Musulmans, un nombre inégal de Musulmans et d'Israélites, — double résultat que l'auteur du décret n'a pas voulu, pour des raisons de haute et sage administration que tout le monde comprend et approuve, et qui se déduisent en même temps de la situation numérique et du passé politique, administratif et social des Israélites en face des Musulmans, dans la Régence d'Alger et dans l'Algérie !

Disposition d'autant plus nécessaire que, rapproché de ces termes, « l'élément indigène » le mot *israélite*, dans l'article 27, ne peut s'entendre que d'une fraction de la population née, dans l'origine, sur le sol algérien, d'une fraction des habitants aborigènes, et pour ainsi dire autochtones de l'Algérie, — si bien que, sous peine d'induire dans une grave erreur, et de donner naissance à des interprétations diverses et à des contestations nombreuses, il était nécessaire que le législateur traçât lui-même la ligne de démarcation qui devait séparer, au point de vue administratif, le Musulman de l'Israélite, et servir de limite au droit, en quelque manière illimité, dont, sans elle, l'Israélite aurait pu, non sans apparence de raison, prétendre être légalement en possession.

Je dis *non sans apparence de raison*. Et, en effet, n'est-il pas de principe qu'une loi nouvelle ne déroge à une loi ancienne qu'autant que ces deux lois sont inconciliables entre elles, ou qu'il est dérogé expressément, textuellement, à l'ancienne par la nouvelle? Or, ce principe, incontestablement applicable, en droit, dans la circonstance actuelle, n'est-il pas tout aussi incontestablement applicable en fait ? Qu'on me cite un seul motif du décret du 24 novembre 1858 (lequel a appelé les Israélites indigène à l'honneur d'occuper un siége dans les Conseils généraux) qui ne puisse, *à fortiori*, être encore invoqué aujourd'hui !

Serait-ce le nombre des Israélites? — Mais, de l'aveu de tous, il est plus considérable[1].

Serait-ce notre tolérance religieuse ? — Mais je ne sache pas que la France se soit en rien départie de ses règles de tolérance ?

— La nécessité de leur donner un représentant de

1. Il y a cinq ans, on portait à 30,000 le nombre des israélites algériens ; aujourd'hui, on pense assez généralement qu'il approche de 40,000.

leurs besoins et de leurs intérêts parmi les Conseils généraux? — Mais cette nécessité, en raison directe du développement numérique et civilisateur de la population israélite, n'est-elle pas plus impérieuse qu'elle ne le fut jamais [1]?

— La reconnaissance de cette population pour les bienfaits de la France, son incapacité ou son indignité d'en jouir? — Qu'on indique un seul acte d'ingratitude, de défiance, d'indocilité ou de résistance de sa part à nos efforts assimilateurs!

Nul doute donc que, d'une part, l'absence de tout motif juridique et de tout fait matériel ou moral qui exigeât ou provoquât l'abrogation du décret du 24 novembre, et, d'autre part, qu'en présence de l'article 29 « toutes dispositions contraires au présent décret sont et demeurent rapportées, » le décret ne fût resté debout, sans que le législateur de 1864 eût besoin de le dire.

§ II. — Jusqu'à présent, j'ai raisonné comme si l'Israélite algérien était indigène. — Mais je soutiens qu'il ne l'est pas, en ce sens que, sous cette dénomination, le décret n'a pas compris indistinctement l'Israélite et le Musulman.

C'est ce qui résultait déjà du décret du 14 novembre 1858, et l'article 17 du décret du 27 octobre de la même année avait dit que les membres des Conseils généraux seraient choisis par les notables Eu-

---

1. En 1858, le Conseil général de Constantine, en émettant le vœu d'une naturalisation collective et immédiate des Israélites, déclarait que ce vœu était provoqué par un grand nombre d'Israélites haut placés dans le département. Il est utile de mettre en face de cette déclaration la pétition des Israélites au Sénat en 1864. (*Voir* aux *Notes.*)

ropéens et *indigènes* ¹. Et *indigènes !* Et cependant, preuve certaine que par ce mot le décret ne comprenait pas les Israélites, quinze jours plus tard, un autre décret était rendu, pour déclarer que les Israélites, eux aussi, feraient partie de ces conseils !

C'est ce qui résulte encore, et avec évidence, d'abord du rapport qui précède le décret du 7 juillet dernier. Ce rapport, pensé avec une hauteur de vues et écrit avec une fermeté de style remarquables, ne dit rien des Israélites, ni même, chose singulière ! de la disposition les concernant, qui fait l'objet de ce travail, bien qu'il ait pour but d'en révéler l'esprit et d'en expliquer la lettre.

Au contraire, il parle, à plusieurs reprises, d'indigènes soulevés par le fanatisme, d'indigènes à peine représentés dans les Conseils généraux, soumis, en territoire militaire, à un régime différent de celui qui est appliqué aux indigènes du département; d'indigènes retrouvant, dans l'autorité militaire, une administration armée de la force qu'il faut opposer à une population guerrière; de populations indigènes, habitant en territoire militaire, administrées par l'intertermédiaire spécial des bureaux arabes, placées sous le commandement du général, — autant d'expressions et de phrases se résumant dans les deux mots : « l'élément indigène, » que nous lisons dans l'article 27.

Est-ce tout ? Non certes ! Il résulte même de ce

---

1. Article 17. — Les membres des Conseils généraux sont nommés par l'Empereur, sur la proposition du ministre de l'Algérie et des colonies : ils sont choisis par les notables *Européens* ou *Indigènes* résidant dans la province ou y étant propriétaires.

rapport que le législateur de 1864, au lieu de rétablir l'ancienne division d'habitants de l'Algérie, — en Français, Etrangers, Musulmans et Juifs, ne s'est préoccupé que de deux éléments plus généraux et plus tranchés de la population algérienne : les Indigènes ou Arabes, et les Européens.

Or, Européens veut dire ici Français ou assimilés aux Français, et Etrangers ; et comme dans cette classification bi-partite il n'y a pas place pour les Israélites, et que les Israélites ne sont ni indigènes, ni étrangers, il suit de là qu'ils sont Français.

Venons maintenant au texte même du décret.

Et, avant tout, qu'on me permette ici une observation préliminaire :

Le rapport, ou si vous aimez mieux, l'exposé des motifs d'un acte législatif, en est, en quelque sorte, l'œil. Par lui, on en voit, on en apprécie l'ensemble. Mais si utile qu'il soit, il ne peut pourtant pas remplacer cet acte lui-même. C'est cet acte, c'est son texte surtout qu'il faut interroger. S'il ne peut donner moins que ne *montre* le rapport, à coup sûr il peut quelquefois donner davantage.

Interrogeons-le donc pour savoir ce que sont, d'après lui, les Israélites d'Algérie.

Son préambule parle de « populations algériennes. » Le corps même de son texte nous dira sans doute quelles sont ces populations.

Lisons ses articles 11, 12, 24 et 28 ! Il y est question de Français, d'Etrangers et d'Indigènes, ces derniers régis, les uns par des institutions civiles, les autres soumis à l'autorité militaire et gouvernés par l'intermédiaire des bureaux arabes ! — Mais des Israélites, pas un mot, un seul mot! Leur nom n'est pas même inscrit dans ses différents articles. Qu'en conclure? Le législateur, qui, en même temps qu'il a établi cette triple catégorie de Français, d'Etrangers et d'Indigènes, a divisé les habitants de l'Algérie en deux grandes fractions, les Européens ou colons, et les Indigènes ou Arabes, — le législateur, dis-je, n'ignorait pourtant pas que les Israélites formaient, au milieu d'eux, une population de plus de trente mille âmes, répartie sur toute la surface de l'Algérie, — assimilée, dès le début de la conquête, aux Musulmans, compris, comme eux, malgré leur différence de religion, sous une seule et même dénomination ethnographique, celle d'*Indigènes*—ayant rang, comme les Musulmans, dans les Conseils municipaux, — ne se distinguant plus, ou presque plus, depuis plusieurs années, des autres populations algériennes que par leur religion et leur culte; il n'ignorait rien de tout cela! Et cependant il n'a parlé des Israélites que pour dire : Ils pourront avoir, comme ils l'avaient déjà depuis 1848, un de leurs coreligionnaires dans les nouveaux Conseils généraux! Pourquoi son silence à leur égard n'a-t-il été rompu que dans l'article 27? Je l'ai déjà dit : Parce qu'ils ne sont ni indigènes, ni considérés comme tels.

§ III. — J'arrive maintenant à la deuxième branche de notre dilemme.

Si les Israélites ne sont ni Indigènes, ni assimilés aux Indigènes, que sont-ils donc?

Sont-ils Français?

Sont-ils Etrangers?

Etrangers! Mais, malgré les systèmes divers émis

sur la qualification des Israélites algériens sous le rapport de la nationalité, personne ne s'est encore avisé de soutenir qu'ils le sont!

Et pourquoi le seraient-ils? L'Etranger, *extraneus*, n'est-il pas celui qui a son berceau, sa famille, la tombe de ses aïeux sur une terre autre que celle qu'il habite à un moment donné? l'Etranger, n'est-ce pas l'homme régi, sinon par une loi personnelle, du moins soumis à une souveraineté politique autre que la loi qui le régit et la souveraineté politique autre qui le gouverne dans sa terre natale, dans sa patrie? Assurément, d'après nous [1], l'Israélite a, il est vrai, un statut personnel qui n'est pas le statut personnel français. Mais, sauf cette exception aux principes généraux en matière de nationalité, exception qui tient à des circonstances particulières et provisoires, il ne connaît pas d'autre souveraineté que celle de la France, il fait partie de l'unité nationale de la France. Israélite de religion, il n'en est pas moins Français d'adoption.

Il n'est donc pas étranger. Au reste, le fût-il, le législateur n'aurait pas moins eu besoin de limiter le nombre de ses représentants dans les Conseils généraux, les Etrangers, de même que les Français et les Indigènes, pouvant y entrer pour un nombre indéterminé.

Ni Indigène, ni Etranger, qu'est-il donc?

Car, enfin, il est quelque chose, puisque le décret prévoit et déclare qu'il pourra avoir un des siens au Conseil général.

---

1. V. notre *Mariage de l'Israélite algérien*.

Or, s'il est vrai qu'il ne soit ni indigène, ni étranger, s'il est tout aussi certain qu'il n'est ni colon, ni arabe, n'est-il pas légitime, logique, nécessaire de conclure que, civilement et administrativement parlant, il est, et il ne peut être que Français ou assimilé aux Français, qu'Européen ou assimilé à l'Européen?

Cette conclusion, le rapport du décret, le décret lui-même, la proclame. Une jurisprudence toute récente la consacre, et l'article 27, dans sa partie finale, la contient [1].

§ IV. — Or, qu'on le remarque bien! ce que j'ai dit plus haut dans l'hypothèse de l'*indigénat* et de l'*extranéité* de l'Israélite, je puis le répéter dans l'hypothèse de sa naturalisation française, ou de sa *francisation*.

Ici encore, le législateur, pour préserver de toute erreur, et en se fondant sur les motifs de haute administration, devait faire la même déclaration, c'est-à-dire limiter d'avance le nombre de Français Israélites pouvant être membres d'un Conseil général.

Et, en effet, que cette déclaration n'eût pas été faite, on n'eût pas manqué de se dire : — Puisque l'Israélite est Français, qu'est-ce qui empêcherait l'entrée, dans la composition du Conseil général, d'autant de Français israélites que de Français chrétiens ? L'Israélite est Français, cela suffit. Français israélite, de même que le Français catholique ou protestant, il peut indistinctement en faire partie.

---

[1]. En raisonnant ainsi, nous laissons sciemment à l'écart l'argumentation toute juridique que nous avons ébauchée plus haut, p. 32 et suivantes, et que nous aurons plus tard occasion de compléter dans le cours de cet ouvrage.

Comment échapper à cette conséquence? faut-il le redire? Par une limitation contraire à la logique, mais conforme aux intérêts administratifs de l'Algérie, ôtant tout prétexte à interprétation par ces simples mots : « Les Israélites pourront avoir un membre dans le Conseil général. »

Voilà le vrai motif de cette disposition !

N'en cherchez pas d'autres! Par elle, le législateur n'a pas voulu porter atteinte aux bases fondamentales d'une institution qu'il déclarait maintenir; il n'a pas voulu davantage créer un droit nouveau. S'il en avait été ainsi, il l'eût dit en termes formels. Il n'a donc voulu qu'une chose : restreindre, limiter la portée d'un principe qui, en présence de l'une des deux dérogations faites au droit antérieur, eût infailliblement amené une conséquence logiquement vraie, mais administrativement erronée. Il s'est expliqué sur une question de nombre et non sur une question de fond, sur le nombre de personnes appelées à exercer un droit, et non sur l'existence de ce droit lui-même. Il a purement et simplement confirmé son œuvre.

Prétendrait-on le contraire? dirait-on, ce qui est précisément en question, que notre disposition était nécessaire pour changer en une faveur révocable, au gré de l'administration, ce qui, auparavant, était un droit absolu ?

Mais, alors, pourquoi des expressions, des tournures de phrases obscures, susceptibles de sens opposés? Pourquoi, oubliant des formes de langage qui lui sont familières, n'a-t-il pas, comme dans une multitude de textes de nos codes et de la législation algérienne, ajouté ces restrictions bien connues : « s'il y a lieu, s'il y échet, suivant les circonstances, » ou toutes autres de ce genre, de nature à n'autoriser aucun doute sur sa véritable pensée? — Quoi donc! suivant vous, armé du décret actuel, — de l'Israélite algérien qui était quelque chose hier, vous pouvez faire un zéro demain? Et ce droit nouveau, il ne serait pas clairement, nettement formulé!

Certes, nous en avons pour garant les études préalables qui l'ont préparé, le décret du 7 juillet n'est pas une œuvre de précipitation. Il est le résumé, le résultat de nombreux travaux sur toutes les questions d'administration algérienne, et l'accuser d'inattention ou de légèreté, ce serait le calomnier.

Assurément, le rédacteur de la fin de l'article 27 pouvait être plus clair et plus net. Il pouvait dire : « les Israélites continueront d'avoir un membre, » ou — plus expressément encore, —« de n'avoir qu'un membre dans le Conseil général, » et, pour ma part, cette rédaction m'eût paru de beaucoup préférable. Mais, cependant, je ne crains pas de l'affirmer, telle qu'elle est, je la trouve assez précise pour ne pas être taxée de confusion, assez évidente pour permettre d'en voir toute la portée.

Mais peut-être en doutez-vous! — Soit! Mais n'est-ce pas ici le cas d'appliquer cette philosophique règle de droit romain : *Semper in ambiguis quod benignius est sequimur!* Oui, dans le doute, il faut, la raison, la vérité et le droit l'ordonnent, il faut opter pour l'interprétation la plus humaine, la plus favorable, la plus bienveillante!

Or, cette interprétation, savez-vous la solution

qu'elle réclame? La solution que nous croyons la plus conforme et au droit et à la raison, et qui veut que la situation juridique des Israélites algériens vis-à-vis des Conseils généraux n'ait reçu aucune atteinte du nouveau décret. — Eh! où en seraient-ils, grand Dieu! si la solution contraire pouvait prévaloir? Pendant six ans, ils auraient exercé un droit important par sa nature, mais plus important encore par ses conséquences, parce que, dans l'ordre des choses administratives, il les élevait au même niveau que les Musulmans, que les Étrangers, que les Français. Et aujourd'hui que les Musulmans voient leur droit (le même droit) étendu, augmenté, quintuplé, qui sait? décuplé peut-être; aujourd'hui, qu'au lieu de deux membres des Conseils généraux, ils peuvent en avoir quatre, huit, seize, vous feriez dépendre de la seule volonté du Pouvoir, *leur be or not to be* administratif! vous les feriez rétrograder jusqu'aux premières années de la conquête! vous leur infligeriez une espèce d'ostracisme!

Non! telle n'a pas été, telle n'a pas pu être la volonté du législateur de 1864. Ce qui était debout avant lui, il n'a pas voulu le démolir. S'il l'avait voulu, il eût dit franchement pourquoi dans son rapport, il l'eût déclaré formellement dans son décret. Son silence dans l'un, l'obscurité de son langage dans l'autre, je ne veux rien de plus pour le triomphe de ma thèse.

§ V. — Résumons-nous et concluons.

A quelque point de vue que l'on se place, qu'on voie dans les Israélites algériens des Européens, des Indigènes, des Etrangers ou des Français, ils conservent, sous le décret de 1864, le droit de représentation provinciale qui leur avait été accordé par le décret de 1858.

Indigènes, ce droit leur appartient incontestablement. Comment, sans eux, l'élément indigène serait-il pleinement représenté dans les Conseils généraux ? Pourquoi ne jouiraient-ils pas du droit commun, dans une certaine mesure ?

Etrangers, où est le texte de loi qui les exclut de la participation à ce droit ?—Ce texte n'existe nulle part, et en matière d'exclusion, pas plus qu'en matière pénale, un texte ne peut se suppléer.

Français ou assimilés aux Français, on pouvait limiter le nombre de leurs représentants, mais non les supprimer. En tout cas, pareille suppression serait au moins douteuse, et le doute, en pareille occurence, doit être interprété en faveur des possesseurs du droit qui en est l'objet. Où est d'ailleurs, je ne dis pas le texte, mais le fait, mais le motif, moins que cela, la simple considération qui aurait dû ou pu amener ou provoquer l'abrogation de ce droit ?

Et qu'on ne dise pas qu'après tout, si les Israélites sont Français, la reconnaissance de cette qualité, toute civile, par la jurisprudence, doit leur suffire, parce qu'elle rachète largement la qualité, tout administrative, de membre d'un Conseil général! D'abord, si précieuse qu'elle soit, c'est la jurisprudence, ce n'est pas la loi qui les en revêt aujourd'hui, — de sorte qu'une jurisprudence contraire pourrait les en dépouiller demain, sans qu'ils eussent le droit de se plaindre.—Et puis, à être privé d'un droit lentement et laborieusement acquis, justement sanctionné sans équivoque et sans incertitude, par un acte législatif, — encore faut-il ne l'être que par un autre acte législatif qui ne soit ni ambigu, ni obscur ! — Même restreint, même limité, même réduit à son expression la plus simple, le droit commun est chose trop précieuse pour qu'on consente, sans sourciller, à en subir la privation ! Oh ! sans doute, il n'est pas de principe rigoureusement absolu en ce monde ! Comme tout principe, le droit doit quelquefois fléchir et plier devant le fait, et alors c'est sagesse de l'accepter dans son imperfection ! Mais fléchir n'est pas tomber, plier n'est pas rompre, et le moins que puisse faire l'homme menacé de perdre un droit, jusque-là circonscrit par des circonstances impérieuses, c'est d'élever la voix vers le législateur, et de lui demander respectueusement le *fiat lux* de sa pensée.

Rassurez-vous donc, dirai-je de nouveau aux fils de Jacob qui habitent sur le sol algérien, rassurez-vous ! Pas de vaines alarmes ! Ne croyez pas prématurément, le dirai-je ? à l'*incendie* de votre siège aux Conseils généraux, quand rien ne prouve encore qu'il ait été atteint par la plus légère étincelle ! — N'en doutez pas ! Ce que vous étiez, vous ne cesserez pas de l'être, et loin de reculer vers un humiliant passé, vous avancerez à grands pas vers un glorieux avenir Courage donc et patience, ô descendants de celui qui lutta contre Dieu lui-même. Israël, *fort contre Dieu,* votre décret de 1807 approche ! Devant lui, disparaîtront, comme les pâles clartés de la lune devant les splendides rayons du soleil, les mille obstacles semés sur le chemin de « votre pèlerinage ! »

Oui! cet espoir repose dans mon sein[1]. — Oui! grâce au génie assimilateur de la France, à votre aptitude et à vos efforts d'incorporation et de fusion avec elle; — grâce à une jurisprudence en quelque sorte *législatrice*, digne interprète de ses généreuses pensées; — grâce enfin à la force des choses, je vois déjà poindre l'aurore du jour où, au droit exceptionnel qui trop longtemps vous a régis, succédera le droit commun, et à l'anomalie née du fait accidentel et transitoire, la règle dérivant du *droit* nécessaire et permanent.

Que vous manquera-t-il alors? Lycée[2], Prétoire, Barreau[3], Milice, Edilité, *Forum* provincial, déjà tout vous est ouvert, tout vous est accessible. — Enfants de la France, votre mère ne peut ni ne veut rien vous refuser,—non! rien... pas même son *Forum national*, — si, un jour, elle croit pouvoir en doter l'Algérie[4]!

Mais c'est assez de digression et de halte. Reprenons notre droit chemin et poursuivons notre course.

Pour mieux faire comprendre encore combien il importe que le législateur de l'Algérie s'empresse de

---

1. Job., *Requieta est hæc spes in sinu meo.*
2. Deux Israélites du collége d'Alger viennent de remporter le premier prix, l'un de *discours latin*, l'autre de *discours français*.
3. M⁰ Énos, tout récemment nommé défenseur à Sétif.
4. Déjà, en 1860, devant la Cour d'assises d'Oran, M⁰ Crémieux, répondant au reproche d'immobilitisme qu'alors, comme aujourd'hui, quelques esprits légers adressaient aux Israélites, s'écriait : « Ils n'ont fait aucun progrès! mais voyez dans les écoles leurs enfants se signaler par leurs jeunes victoires. Quand le préfet d'Oran distribuait cette année les couronnes aux vainqueurs de votre principal collége, qui donc couronnait-il le premier de tous aux acclamations de tous, pour le prix d'honneur de rhétorique, pour les plus beaux prix de cette classe? le jeune Isaac Benichou! A côté de lui, le fils du grand rabbin brillait au premier rang. »

placer les Israélites sous l'empire du Droit commun, et de mettre ainsi un terme aux dissidences de doctrine et aux divergences de jurisprudence qu'elles ont fait naître, je me livrerai désormais à des discussions de droit pur, prenant leur point de départ dans les textes de la législation algérienne, et à la lueur de ces textes, j'examinerai, non ce qui doit être, mais ce qui est, non ce que devrait statuer la législation, mais ce que décide la loi.

Plus d'une fois, il m'arrivera de donner ou de proposer des solutions en apparence ou réellement anti-progressistes, et de me mettre, ce semble, en contradiction avec mon mobile et mon but. Mais on voudra bien se souvenir qu'alors même je ne serai pas moins le sincère champion de thèses progressistes et en pleine harmonie avec ce mobile et ce but; constater le mal vaut mieux que le nier, et j'estime que le meilleur moyen pour l'Algérie juridique de devenir ce qu'elle doit être, c'est de se reconnaître et de s'affirmer telle qu'elle est.

Que sert à des pieds entravés de s'agiter pour franchir une infranchissable distance?

Lequel vaut mieux de dire à un législateur paralytique, étendu immobile sur un lit de douleur : « Marchez, » ou de lui donner d'abord la force de se mouvoir, et de lui dire ensuite : « Levez-vous? »

Il en est des vérités morales, et partant juridiques, comme des vérités mathématiques et exactes. Elles se démontrent de deux manières : par la raison et par l'absurde.

Par la *raison*, quand d'un principe absolument vrai, vous induisez des conséquences absolument vraies;

Par *l'absurde*, quand d'un principe relativement vrai, mais poussé à l'extrême, vous déduisez logiquement des conséquences logiquement vraies, mais pratiquement inadmissibles.

Toute vérité, ainsi démontrée, se révèle, pour ainsi dire, aux yeux de l'intelligence, et par la lumière et par les ténèbres.

Ainsi en sera-t-il des thèses juridiques que nous essaierons d'établir dans cette partie.

Je n'aurai garde de tomber dans les ennuyeuses longueurs et les détails par trop techniques d'une dissertation d'école. M'attachant à indiquer plutôt qu'à décrire les bases et les sommets de mes thèses, je viserai principalement à réunir et non à développer les éléments de leursolution.

Après avoir traité de l'histoire et de la naturalisation des Israélites algériens, et, chemin faisant, touché à la surface de quelques-unes des questions de droit qui se rattachent à leur solution politique et administrative, il est logique et convenable d'approfondir celles de ces questions qui ont pour objet leur *statut personnel* ou leur *mariage*, leur *statut réel* ou leurs *successions*, leur *statut mixte* ou l'*hypothèque*, d'après le droit mosaïque et d'après le droit français.

XV

La première de ces questions est une question de Droit algérien, et ce n'est guère que le flambeau de la législation algérienne à la main qu'il nous sera permis d'en chercher et d'en trouver la solution.

La voici dans sa plus simple et plus large formule :

La célébration en Algérie, devant l'officier de l'état civil français, d'un mariage entre Israélites algériens entraîne-t-elle, oui ou non, de plein droit, quant aux époux les conséquences civiles du mariage entre Français célébré devant l'officier de l'état civil français ?

Ou bien encore ce mariage a-t-il été contracté sous l'empire de la loi israélite ou de la loi française ?

C'est demander, en d'autres termes, si un pareil mariage entraîne ou non, *ipso facto*, de la part de chacun des époux, renonciation à leur statut personnel.

Résolue jusqu'ici en sens divers par la Cour impériale d'Alger et par les Tribunaux de l'Algérie, cette question vient d'être décidée affirmativement par la Cour suprême et par la Cour impériale d'Aix.

Mais, hâtons-nous de le dire, cette décision, quel que soit notre respect pour les arrêts qui la consacrent, nous ne croyons pas pouvoir l'adopter.

Nous ne le croyons pas ! Car nous pensons qu'elle est contraire aux vrais principes de la matière : contraire à l'esprit de la législation algérienne, contraire aux textes du droit algérien, contraire, enfin, à l'intention présumée des parties contractantes.

Nous pardonnera-t-on cet excès de franchise ? A nos yeux, décider notre question comme la Cour de cassation [1], c'est moins interpréter la loi que la faire, — c'est moins juger que *légiférer*.

Or, pour elle comme pour nous, il s'agissait de ce

---

[1]. Ce que nous disons de l'arrêt de la Cour de cassation s'applique aussi à l'arrêt de la Cour d'Aix.

qui est, et non de ce qui pourrait ou devrait être; il s'agissait de droit et non de législation.

C'est ce qu'ont bien compris les jurisconsultes algériens qui, dans des écrits au mérite desquels nous sommes heureux de rendre publiquement hommage, ont directement ou indirectement traité notre question [1].

Nous pouvons donc, sans plus de préambule, nous jeter dans le cœur même de notre sujet, *medias in res*. Nous nous contenterons de résumer rapidement ces autorités, et nous aborderons d'emblée les arguments nouveaux que nous révéleront, d'une part, l'étude analytique et approfondie de l'histoire du droit israélite en Algérie, et, d'autre part, l'interprétation patiente et consciencieuse des documents de la législation algérienne relatives à ce droit.

Ce n'est pas que nous dédaignions les points d'appui que peuvent nous prêter soit le droit français et la Législation française, soit le Droit romain, soit, enfin, le Droit étranger ou international, soit la théorie généralement admise du Statut personnel.

Mais nous dirons, et ceci est de la plus haute importance, que notre question, envisagée sous son vrai, mais multiple point de vue, n'est ni une question de pur *statut*, ni une question de pur *droit international*, ni une question de pur *droit étranger*, ni

---

[1]. MM. Robe, *Journal de la Jurisprudence de la Cour impériale d'Alger*; Poivre, *les Indigènes algériens, leur état civil et leur condition juridique*; Darbon, *Situation des Israélites indigènes quant à leur état civil*; Gillote, *Traité de droit musulman*; de Ménerville, *Dictionnaire de législation algérienne*; J. Cohen, *Annales israélites*; Dareste, *Commentaire de la loi de* 1851. (Constitution de la propriété en Algérie.)

une question de pur *droit français*, ni une question de pur *droit mosaïque*.

Elle n'est pas que cela, mais elle est un peu de tout cela.

Elle n'est pas une question de pur statut, — car le statut proprement dit suppose deux ou trois législations rivales, en présence l'une de l'autre, deux forces antagonistes capables de lutter, au besoin, avec des armes égales.

Et pourtant, il y a du statut dans cette partie de la loi personnelle de l'Israélite algérien, que le législateur français s'est engagé à respecter le jour où il lui a dit avec la Capitulation et avec les ordonnances ou décrets algériens : « Tout ce qui touche à ta religion, à ta loi, à ta personne, dans tes rapports avec tes coreligionnaires, je le veux laisser et je le laisse debout ! Je pourrai bien, si je le veux, être l'organe de ton droit, mais je n'en serai pas le destructeur. »

Elle n'est pas une question de pur droit international, — car, depuis que le sceptre est tombé des mains de Juda, Israël a perdu son drapeau, les enfants de Jacob ont cessé d'être un peuple, pour n'être plus qu'une simple agrégation d'individus, sans souveraineté et sans chef, et la Judée, tout comme le royaume d'Israël, a été rayée du nombre des nations.

Et cependant, désireux, suivant son habitude, de ne porter aucune atteinte aux habitudes, aux coutumes, aux lois qui, avant la conquête, régissaient plus de trente mille Juifs çà et là répandus sur divers points de la Régence, la France n'a pas laissé que de reconnaître leur autonomie religieuse, et, comme chez eux, de même que chez les Musulmans, le livre de la loi civile est aussi le livre de la religion ou de la loi religieuse, il n'est pas douteux qu'à l'égard de cette loi, les Israélites algériens composent une sorte [1] de nation ou de peuple.

Elle n'est pas non plus une question de pur droit étranger,—car si l'Israélite, simple sujet de la France, non naturalisé, et, si je puis ainsi parler, non encore dénationalisé, n'est pas encore Français, il n'est pas non plus étranger : il tient le milieu entre l'étranger et le Français, mais il n'est pleinement ni l'un ni l'autre.

Est-elle une question de pur droit français? Non ! —car les difficultés qu'elle soulève naissent plutôt de l'interprétation de textes algériens que de textes français, de la loi coloniale que de la loi métropolitaine.

Est-elle, tout au moins, une question de droit mosaïque? Pas davantage ! — car il est impossible de la trancher juridiquement sans consulter, pour les conférer ensemble, toutes les prescriptions du droit de Moïse, certaines dispositions du Code Napoléon et des ordonnances régissant l'Algérie.

Qu'est-elle donc?

Nous l'avons déjà dit : elle n'est pas cela, mais elle est un peu tout cela, et d'un mot nous pouvons la caractériser : Elle est une question de *droit algérien*.

Qu'est-ce à dire?

---

1. M. Robe, *loc. cit.*, dit : « Dans tous les pays où le peuple hébreu s'est arrêté après sa dispersion, il y a toujours formé une nation à part, avec ses mœurs, ses lois civiles et religieuses, et même ses chefs. » Cette affirmation ne serait-elle pas trop absolue?

Cela signifie que, d'une nature mixte et *composite*, elle participe de la loi de la métropole et des ordonnances de l'Algérie; que la législation spéciale de l'Algérie et la législation commune de la France forment, à la vérité, ses deux principaux éléments, mais que ces éléments reflètent, à certains égards, la couleur, portent l'empreinte et du droit national, et du droit étranger, et des principes du statut personnel.

Or, réunis, combinés, confondus, amalgamés ensemble, ces éléments, ces *empreintes* [1] forment, caractérisent un droit spécial, *sui generis*, que nous nommons le *Droit algérien* [2].

S'il en est ainsi, et le nier, ce serait nier l'évidence, il est manifeste que notre question, précisément parce qu'elle est une question de droit algérien, ne peut être logiquement résolue qu'à l'aide de principes et de textes tirés de la législation algérienne.

Il faudra donc étudier et analyser ces principes, décomposer ces textes.

Parlons d'abord des *principes;* le tour des textes viendra plus tard.

---

1. Expressions du tribun Siméon.
2. Voir notre *Droit algérien*, où nous le définissons ainsi : Un droit spécialement applicable à l'Algérie, s'inspirant du droit de la France, mais subissant le joug des nécessités et des circonstances locales, ressemblant, il est vrai, au droit métropolitain, mais de la même façon qu'une loi exceptionnelle et dérogatoire ressemble à une loi générale et commune, droit qui, considéré *in abstracto* et à un point de vue absolu, est de beaucoup inférieur au droit français de la mère-patrie, mais qui porte en soi un germe si fécond et si puissant d'assimilation, de progrès et de perfectionnement, qu'il tend sans cesse à s'unir et à s'identifier avec ce dernier, afin que l'Algérie puisse dire bientôt d'elle-même ce que la France ne put dire que sous Louis XI : « *Un roy, un droict, une loy.* »

Principe de droit commun français : — la célébration de l'acte de mariage devant l'officier de l'état civil français ;

Principe de droit statutaire : — la personne de l'Israélite algérien, quant à son état civil, est gouvernée par la loi, par le statut mosaïque ;

Principe de droit international : — comme conséquence de son statut personnel, l'Israélite, sous plus d'un rapport, est resté à l'état d'Etranger en face du Français ;

Principe de droit étranger : — dans la sphère de leurs intérêts privés, les Israélites sont entre eux des Etrangers pour la France, et vis-à-vis des Etrangers, ils sont ou du moins peuvent être régis par leur propre loi, qui est en quelque manière pour le Français ce qu'est la loi de l'Etranger lui-même ;

Principe de droit mosaïque : la loi religieuse règle l'état civil de l'Israélite algérien.

Eh! bien, ces éléments multiples et divers, permettez-moi ces termes de chimie, mêlez-les, fondez-les ensemble dans le même creuset, — qu'en sortira-t-il? Une disposition singulière, une disposition à part, une disposition spéciale, une disposition de droit algérien.

On le voit, nous avons beau tourner et retourner notre question dans tous les sens, c'est le droit algérien, le droit algérien qui en contient les principes, qui en renferme les éléments ; d'où la conséquence que c'est le droit algérien qui doit nous en donner la solution.

Mais passons sur ces notions générales. Et maintenant que nous connaissons le véritable état de la question, quels en sont les véritables termes, comment nous devons la résoudre, où nous pouvons trouver sa solution, prenons-nous corps à corps avec elle, mais après nous être abrité sous l'égide pour deux observations préliminaires.

Il est des questions qui veulent être examinées sous un double aspect, l'aspect théorique et l'aspect pratique.

Et cela doit être.

La raison voit la vérité, la conçoit, et dirige l'intelligence : c'est la théorie.

L'expérience réalise, réduit en faits les perceptions de la raison et les combinaisons de l'intelligence : c'est la pratique.

L'une est le droit, l'autre est le fait — le droit qui éclaire, domine et régit le fait, — le fait qui détermine, limite et, pour ainsi parler, incarne le droit.

Sans la théorie, la pratique n'est qu'un métier; sans la pratique, la théorie n'est qu'une abstraction.

Royer-Collard disait : Les hommes qui s'enferment dans la pratique, sans remonter à la théorie, marchent sans savoir ni d'où ils viennent ni où ils vont.

Nous disons, nous, que ceux qui se parquent dans la théorie, sans descendre à la pratique, savent, à la vérité, où ils doivent aller, mais, à coup sûr, ne peuvent y arriver.

Donc, la véritable méthode et, par suite, la véritable doctrine juridique s'appuie et sur la théorie et sur la pratique.

Et la raison en est bien simple : le Droit est une science d'application.

C'est de cette doctrine que Portalis l'Ancien affirmait qu'elle consiste non-seulement à saisir le vrai sens des lois, mais encore à les appliquer au cas qu'elles n'ont pas été réglées [1].

C'est elle qui nous guidera dans l'examen de notre problème.

Par elle, nous en saisirons le sens et la portée, tant théorique que pratique; par elle aussi, il nous sera donné, suivant l'énergique apophthegme de Dumoulin, d'en prendre pleinement possession. *Leges deglutiuntur..... digeruntur.*

Arrivons à notre seconde observation.

Toutes les questions que suscitent les sciences morales, et les questions de droit plus que toutes les autres peut-être, sont dominées par un principe supérieur, par une sorte d'idée générale vers laquelle convergent, à laquelle se rattachent, dans laquelle se concentrent toutes les difficultés de la théorie, tous les embarras de la pratique, tous les moyens de solution.

Bien saisis, bien compris, bien médités, ce principe, cette idée, ce *quid inconcussum*, que l'homme est forcé d'accepter sous peine de nier sa raison, c'est (je me sers à dessein d'une image trop poétique sans doute, mais qui n'en est pas moins exacte), c'est, pour l'intelligence qui cherche la vérité, ce qu'est pour l'aigle planant dans les hauteurs du ciel ce regard dont il mesure la terre et en contemple également les masses et les détails, les monts et les vallées.

Or, ce principe, en matière d'état civil, savez-vous

---

[1]. *Discours préliminaire sur le Code civil.*

ce qu'il est? C'est qu'on ne peut renoncer à son statut personnel.

Ce principe est le plus solide fondement de notre thèse, et j'en trouve la preuve dans les efforts de nos adversaires, sinon pour en nier la vérité, tout au moins pour en repousser l'application.

Ce n'est pas que, ce principe admis, ils en rejettent les conséquences. Plus forte que leur opposition, la logique les contraint de ne pas reculer devant elles.

— Ils nous concéderont donc volontiers que les suites *juridiques* personnelles, les effets personnels d'une célébration de mariage, tiennent au statut personnel et en émanent. Mais ils ne manqueront pas de prétendre que si, en général, on ne peut renoncer à ce statut, et, par voie de déduction, à tout ce qui en dépend, il est permis d'y renoncer soit expressément, soit tacitement, lorsque la renonciation porte, non pas sur la personne juridique considérée en elle-même, *in abstracto*, mais seulement sur un des droits purement positifs attachés à cette personne ainsi considérée. — Puis, sortant de la sphère du droit pour entrer dans celle du fait, ils ajouteront que l'Israélite qui se présente avec sa fiancée devant l'officier de l'état civil français, afin d'y contracter mariage, témoigne implicitement, par la force même des choses, de son intention de renoncer, lui et sa future, aux choses de statut personnel inhérentes à la célébration du mariage rabbinique.

Or, si cela était, si le statut personnel pouvait jamais être l'objet d'une renonciation quelconque, si le seul fait de la célébration du mariage de l'Israélite algérien devant l'officier de l'état civil français, ou, comme on dit vulgairement, à la *Mairie*, faisait présumer pareille renonciation, nul doute, il faut bien l'avouer, que la raison et le droit ne fussent dans le camp de nos adversaires.

Mais, par bonheur, il n'en est pas ainsi, et nous verrons bientôt que le statut personnel, dans sa notion la plus absolue, est, en thèse générale, aussi inaliénable, aussi inamissible que la personne qui en est en même temps le sujet et l'objet.

Pour le moment, et afin d'élaguer de la discussion tout ce qui peut en être écarté sans inconvénient, demandons-nous si, en supposant que la renonciation au statut personnel fût juridiquement possible, le fait de la célébration du mariage, telle qu'elle se pratique devant notre officier de l'état civil, serait de nature à emporter, directement ou indirectement, une semblable renonciation.

Je ne m'inquiète pas de savoir si oui ou non elle doit être explicite et formelle. — Est-elle ou n'est-elle pas indubitable, certaine? Voilà tout.

Certes, remarquons-le, ne s'agît-il que d'une renonciation ordinaire, de la renonciation à une *chose*, à une chose dans le commerce, j'aurais rigoureusement le droit d'exiger qu'elle le fût : car c'est une vérité incontestable, un dogme juridique que les renonciations ne se présument pas.

Mais il s'agit d'une renonciation bien autrement importante! — Renoncer au statut personnel, c'est, pour ainsi dire, renoncer à sa *personne*; renoncer à sa vie civile, c'est, en un certain sens, se suicider!

Ce ne sera donc pas trop demander de cette renonciation, que j'appellerais volontiers *personnelle*, que de vouloir qu'elle soit tout au moins soumise aux mêmes conditions que les renonciations purement *réelles.*

Or, toute renonciation qui n'est pas *certaine*, ou, en d'autres termes, toute renonciation qui n'est que *présumée*, ou sur l'existence de laquelle peut s'élever un doute, entendons bien ceci, un doute si léger, si faible soit-il, sera non avenue aux yeux de la loi, sera pour la justice comme si elle n'était pas.

Pourquoi cela? Parce que, disait la loi romaine, copiée sur ce point par la loi française, parce que nul n'est censé renoncer à son droit, et que toute renonciation à un droit acquis et fondé, comme le statut personnel de l'Israélite, sur un texte formel de loi, ne peut résulter de simples inductions.

Cela posé, voyons si, d'une façon quelconque, l'Israélite qui se marie, *more gallico*, en Algérie, abdique le statut personnel de la loi mosaïque dans ses rapports avec les conséquences civiles et personnelles du mariage.

L'abdique-t-il explicitement? Non! car il ne dit, il n'écrit, il ne fait rien, absolument rien, qui prouve cette abdication.

— Mais, dit-on, rien ne force cet Israélite à se marier ailleurs que devant son rabbin. — Si donc il se marie devant le magistrat français, c'est qu'il veut, c'est qu'il entend, c'est qu'il déclare implicitement se marier autrement que devant le rabbin ; — c'est qu'au lieu de se marier à la *juive*, il se marie à la *française.*

Oui, cela est vrai, notre Israélite se marie autrement que devant le rabbin, — oui! il se marie à la française! — Mais que conclure de là? Que son mariage ainsi célébré sera soumis à d'autres conséquences que le mariage rabbinique? Raisonner de la sorte, c'est sacrifier le fond à la forme, la réalité aux apparences. Eh! depuis quand un changement de mode de célébration ou de constatation du mariage, — ce contrat de droit naturel ou des gens, qui n'a besoin pour exister que du consentement de l'homme et de la femme formellement déclaré et régulièrement justifié, — depuis quand entraîne-t-il, même virtuellement, le changement de l'état des personnes, un changement de statut personnel? — Quoi! parce qu'étranger, je me marie avec une étrangère en France, suivant les formes du mariage français, je perdrai mon statut personnel, ou bien encore, je deviendrai Français!

Mais n'anticipons pas.

Qu'objecte-t-on encore pour prouver la renonciation implicite au statut personnel? Qu'elle résulte de la lecture, faite aux futurs époux par l'officier de l'état civil, du chapitre du Code Napoléon, sur les droits et devoirs respectifs des époux.

Eh bien! un mot suffit pour détruire cette objection. — Quel est le grand intérêt, l'intérêt pratique de notre question? — C'est de permettre ou de défendre à l'Israélite marié *more gallico*, de jouir des droits ou de remplir les devoirs dérivant pour chacun des époux du droit mosaïque; c'est de savoir, entre autres choses, si l'un des époux pourra, conformément à ce droit et contrairement au droit français, divorcer d'avec l'autre époux.

Or, ceci est à noter, le chapitre précité du Code Napoléon est contemporain du chapitre sur le divorce, et, bien que le divorce soit aujourd'hui aboli, la lecture du premier de ces chapitres n'en reste pas moins prescrite, n'en est pas moins pratiquée! — Preuve certaine qu'à supposer que la lecture *des Droits et Devoirs* des époux français entraînât acceptation par des époux israélites de ces droits et de ces devoirs, ces mêmes époux ne renonceraient pas pour cela aux droits et devoirs résultant de leur loi personnelle, en tant du moins que ces droits et devoirs n'ont rien d'incompatible avec ceux de la loi française, tels qu'ils résultent de cette lecture.

Mais à quoi bon parler de volonté présumée, de changement volontaire d'état, de *capitis deminutio* aux yeux de la loi mosaïque, de *capitis auctio* aux yeux de la loi française? Qui, mieux que les Juifs algériens, peut apprécier l'intention des Juifs d'Algérie qui se marient devant l'officier public français ?

Interrogeons-les! — Que veulent-ils faire ? Que font-ils, quand ils se présentent devant lui?

Ce qu'ils veulent faire? ce qu'ils font? ne vous répondent-ils pas des quatre coins de l'Algérie, d'une voix partout unanime, depuis le plus bas échelon jusqu'au sommet de leur société :

« Pour nous, nul mariage valable, nul mariage obligatoire, hormis le mariage conforme aux rites de notre loi. Si nous allons à la mairie, si nous nous marions à la française, c'est qu'on nous y engage, c'est qu'on nous y invite[1], et que d'ailleurs nous avons pour

---

1. « Ils ont été (les Israélites) *invités*, mais *non contraints* à faire célébrer leurs mariages devant l'officier de l'état civil français, et cet usage a été peu à peu généralement accepté par eux. De Menerville, *Dictionnaire de la législation algérienne*, p. 380, v. *Israélites*.

règle de ne jamais désobéir à la loi du pays, à la loi française, en tout ce qui ne touche pas aux préceptes de notre loi religeuse. — Ce qui le prouve, c'est qu'une fois sortis de la mairie, nous accourons devant notre rabbin. — A lui, à lui seul de nous marier comme nous l'entendons, selon la loi de Moïse. Nous pécherions contre elle, si, jusque-là, nous nous croyions légalement mariés ! »

Il y a plus ! Bien que l'opinion israélite sur le mariage franco-israélite pût rigoureusement nous suffire, nous avons consulté les plus notables personnes de la *nation juive* à Alger, et voici ce qu'elles nous ont dit, avec une amertume et une douleur de langage qui, malgré nous, nous a rappelé le *Super flumina Babylonis !*

« Hélas ! c'en est donc fait de la capitulation de 1830 ! c'en est donc fait de notre loi ! — La Cour de cassation l'ignore[1] ; c'est pourquoi elle s'est trompée. — Comment la célébration de notre mariage à la française supprimerait-elle les règles et les conséquences de notre mariage à nous, puisque notre loi, non-seulement déroge, en certains points, aux droits et devoirs des époux français, mais encore nous oblige souvent, sous peine de péché, d'exercer, à titre de

---

Voir aussi dans la *Jurisprudence de la Cour impériale d'Alger*, du même auteur, p. 458, l'extrait d'une lettre du comte Guyot, alors directeur de l'intérieur, au maire d'Alger (5 juillet 1844) : « Je crois fermement que les ordres dont vous me parlez n'ont été tout au plus qu'une *invitation*, à laquelle on a donné après coup une portée qu'elle n'avait pas, qu'elle ne pouvait avoir... » Cette interprétation est seule conciliable avec les ordonnances d'août 1834, février 1841, septembre 1842. »

1. Allusion à l'arrêt dont il sera parlé plus bas.

devoirs, certains droits contraires à la loi française actuelle, — tels que la répudiation, le divorce, l'impuissance naturelle, etc.?

Aussi, nous soucions-nous fort peu de l'inscription de notre mariage sur vos registres, convaincus que cette inscription n'engendre pas plus renonciation de notre part aux conséquences du mariage rabbinique, que celle de la naissance de nos enfants l'abdication ou l'abandon de leur qualité d'Israélite. »

Répétons-le donc bien haut! l'Israélite, par le seul fait de son mariage devant l'autorité française, ne renonce ni explicitement ni implicitement à son statut personnel.

Ah! sans doute, si, à l'endroit de cette renonciation, il était catégoriquement interpellé, comme le Français l'est à l'endroit de la rédaction préalable d'un contrat de mariage [1], je concevrais que l'on me dît : —« *Habemus confitentem !* vous l'entendez! l'israélite a déclaré formellement et dans la plénitude de sa liberté qu'il renonçait à son statut! Que vous faut-il de plus? » Dans ce cas, qui n'est qu'une hypothèse, et dont, pour notre part, nous souhaitons la plus prochaine realisation, nous n'aurions plus qu'à nous demander si cette renonciation, incontestable en fait, est peut-être valable en droit, abstraction faite de tout texte qui en proclamerait solennellement la validité !

Or, nous lisons au frontispice de notre Code civil : « On ne peut déroger, par des conventions particulières, aux lois qui intéressent l'ordre public. » Et la

---

[1]. *Voir* l'article 1ᵉʳ de la loi des 10-18 juillet 1560.

législation algérienne place sous l'égide de la religion, qui est, au premier chef, d'ordre public, tout ce qui, entre Indigènes et, conséquemment, entre Israélites, se rapporte à leur état civil et par suite au mariage, au divorce, etc., etc.

C'est aussi ce que nous apprend, en cent textes divers, le recueil des lois romaines.

A cet égard, unanimité dans les textes, unanimité dans la doctrine, unanimité dans la jurisprudence.

Et il y a cela de remarquable dans notre Code civil, que toutes les fois que l'occasion s'est présentée d'expliquer ou de confirmer, par des textes dont, après tout, il pouvait se dispenser, la disposition de son article 6, en tant que relative aux questions de statut personnel, il s'est empressé de le faire[1].

Quant aux auteurs, nul n'a plus nettement posé et expliqué ce principe que Voët, l'un des meilleurs et, à coup sûr, des plus pratiques interprètes du droit romain et du droit statutaire[2].

Ecoutons-le : « Il n'est pas permis aux particuliers de renoncer, par des pactes ou des conventions, aux dispositions de statuts qui ont trait à l'utilité ou à l'honnêteté publiques ; » — et c'est ce qu'exprime la règle de droit : *Jus publicum privatorum pactis immutari nequit.*

Il y a mieux ! Que le statut personnel appartienne tout à la fois à l'ordre public et au droit public intérieur, c'est ce qui n'est nullement douteux : tel est

---

1. Voir, entre autres, les articles 1388 et 1389. — Voir aussi les articles 1003 et 1004 du Code de procédure civile.

2. Jurisconsulte hollandais, auteur d'excellents Commentaires sur les *Pandectes*. Merlin en faisait le plus grand cas.

l'enseignement de tous les auteurs, tel est, en particulier, celui de Merlin[1]. C'est que, encore un coup, le statut personnel, c'est la *personne*, et abdiquer ce statut, en tout ou en partie, c'est la tuer, c'est la mutiler !

J'ai prononcé le mot de *personne* ; je veux parler de la personne *juridique*. — Ainsi entendue, la personne est un être moral, une création de la loi, une sorte de conception abstraite, qui a pour base un ensemble de droits, de capacités, de qualités, d'attributs, — créés, reconnus, réglés par la loi.

La personne n'est pas simplement l'individualité.

Tout être humain a une triple individualité :

Une individualité *matérielle* : il revêt un corps qui détermine sa personnalité physique.

Une individualité *civile* : membre de la société humaine, il remplit des devoirs, il exerce des droits afférents à la place qu'il y occupe.

Mais, au-dessus de son *moi matériel* et *civil*, physique et moral, il y a encore le *moi religieux*.

La religion *personnalise* plus ou moins l'homme, suivant qu'elle le pénètre plus ou moins profondément. « La religion, a dit madame de Staël, est tout ou rien. » Et l'homme oriental, l'Israélite en est un, est, avant tout, l'homme religieux. — Chez lui, la religion pénètre l'individu, absorbe le citoyen.

---

[1]. L'ordre public, dit Merlin, est intéressé à ce que tous les individus dont se compose le corps social y soient classés non-seulement chacun à son rang politique, mais encore chacun à son rang civil ; à ce que les étrangers n'y usurpent pas les droits des régnicoles... à ce que nul ne puisse changer, d'un jour à l'autre, ses rapports avec ceux avec qui il a des intérêts à démêler. — *Répert.* v°. *Dérogation.*

Or, l'individualité civile et religieuse, c'est le statut personnel.

Point de milieu : — elle est, ou elle n'est pas.

Elle est indivisible, elle est inviolable, elle est sacrée, — je dirais presque, au regard de l'Israélite, elle est divine, car c'est Dieu même qui l'a créée, et s'attaquer à elle, c'est, en quelque sorte, s'attaquer à Dieu.

Et c'est à cette personnalité, à cette existence civile et religieuse, et plus religieuse encore que civile, à ce statut personnel, qu'il serait facultatif de renoncer explicitement, que dis-je? implicitement!

Cela ne serait ni rationnel ni juridique!

Donc, à ce statut, aucune dérogation n'est ni directement ni indirectement possible; il est au-dessus des atteintes de l'homme. Nous pourrions dire de lui ce que Cicéron dit dans sa *République* de la loi naturelle : *Neque derogari ex hoc aliquid dicet*[1]. — La loi seule pourrait y toucher.

Dès lors, peu importe que le fait de votre renonciation à ce statut soit simplement présumé ou certain. Légalement parlant, ce fait n'existe pas. Ici le droit renie le fait. — Vous dites : J'ai renoncé. Et la loi vous répond : Non, vous n'avez pas renoncé, — vous ne le pouviez pas!

Et qu'on ne prétende pas que, bon pour le statut personnel du chrétien, de l'Européen, ce principe ne saurait l'être pour le Juif, pour l'Indigène algérien. Assurément, et ce n'est pas nous qui le nierons, assurément, il peut y avoir, et il y a, en effet, dans le

---

[1]. Cicer., *de Repub.*

statut personnel d'un Israélite, d'un Musulman algérien, des tolérances, des préceptes, des interdictions contraires à nos idées, à nos institutions, à nos lois, je vais plus loin, à notre ordre public[1]

Mais peut-on ignorer que ce sont là autant de dérogations nécessaires, mais, croyons-nous, transitoires, passagères, que la force des choses, *vis divina*, nous imposait au début de la conquête, et, sous plus d'un rapport, nous impose encore aujourd'hui ?

La France a beau être généreuse envers les peuples qu'elle conquiert par ses armes et qu'elle veut s'assimiler par sa civilisation, la raison publique met forcément des bornes à sa générosité. Tout peuple conquis devient un peuple *sujet*, mais n'est pas pour cela un peuple *civilisé*, tout à la fois digne et capable d'être incorporé et identifié au peuple conquérant. Le titre de Français présuppose un apprentissage de de la vie civile et politique; il est en même temps un honneur et une récompense. — Que si le peuple conquis n'est pas prêt à recevoir immédiatement, dans sa plénitude, la civilisation du peuple conquérant, ce n'est qu'avec le temps et grâce à des progrès lents et successifs, qu'il pourra devenir le *semblable* d'abord, puis l'*égal* de ce dernier [2].

Ceci nous explique pourquoi la capitulation de 1830 maintint la religion, et avec la religion, la légis-

---

1. Ne fût-ce que la polygamie, sur laquelle nous nous expliquerons plus tard.
2. Ce n'est que dans un sens métaphorique, et politiquement plutôt que civilement parlant, que Montesquieu, dans sa *Grandeur et Décadence*, etc., a dit de l'Empire romain : « C'était une circulation d'hommes de tout l'univers; Rome les recevait *esclaves* et les renvoyait *Romains*.

lation des habitants de toutes les classes, et conséquemment, ainsi que l'ont surabondamment démontré les documents postérieurs de la législation algérienne, la religion mosaïque. Si plus tard, toute juridiction a été insensiblement enlevée aux rabbins, le statut personnel du Droit israélite n'en a pas moins été conservé, et, quoi qu'en disent certains tribunaux, deux choses sont certaines à l'endroit de ce statut : c'est que la capitulation de 1830 l'a proclamé, et qu'il a été consacré par l'ordonnance de 1842.

— Soit! nous dira-t-on. Mais ne voyez-vous pas se dresser devant vous une objection d'autant plus redoutable, que c'est la Cour de cassation elle-même qui l'a nettement formulée dans son arrêt solennel du 16 avril dernier?

Selon elle, il n'est pas défendu à l'Israélite algérien de renoncer, même implicitement, à une loi spéciale qui n'est faite que pour lui, et de réclamer le bénéfice de la loi générale du pays. — Il a la faculté d'opter entre ces deux lois, et le principe de cette option est dans l'article 37 de l'ordonnance du 26 avril 1842. — La comparution des futurs époux devant l'officier de l'état civil français, et leurs réquisitions à cet officier de les unir en mariage en sont la réalisation, — et ni cette comparution, ni ces réquisitions ne blessent aucun principe d'ordre public.

— Il est permis à l'Israélite algérien de renoncer à sa loi spéciale, et cela résulte de l'article 37 dont je viens de parler!

Lisons ensemble cet article. En voici la première disposition : « La loi française régit les *conventions* et contestations entre Français et étrangers. » Assurément, là n'est pas notre prétendue faculté d'option.

Poursuivons : « Les Indigènes sont présumés avoir *contracté* entre eux, selon la loi du pays, à moins qu'il y ait *convention* contraire. »

J'avoue qu'il y a une faculté d'option; mais dans quel cas? Dans le cas de *contrats*. Qu'est-ce à dire? De quels contrats? De contrats autres que les contrats ordinaires et réels, ce que le Code civil appelle *contrats ou obligations conventionnelles*, et qui n'ont rien ou presque rien de commun avec ce contrat, ou plutôt cet acte extraordinaire et *personnel*, qui a nom mariage? Assurément non! car ces contrats ou ces actes, s'ils font naître quelques contestations, ce n'est pas au gré des parties, la loi du pays, musulmane ou israélite, *ou* la loi française, mais bien la *seule* loi du pays, la loi *religieuse*, qui régira ces actes ou jugera ces contestations, et c'est notre article 37 qui le déclare lui-même : « Les contestations entre indigènes relatives à l'état civil, ou, ce qui est la même chose, au statut personnel, qu'il s'agisse de mariage ou de divorce, seront jugées conformément à la *loi religieuse* des parties. »

Certes, on en conviendra, rien en cela qui ressemble à une dérogation au statut personnel musulman ou israélite; tout, au contraire, y consacre ce même statut.

Continuons : « Dans les contestations (ordinaires) entre Français ou étrangers et indigènes (tant Israélites que Musulmans), la loi française *ou* celle du pays est appliquée, suivant la nature de l'objet en litige, la teneur de la convention, et, à défaut de convention, selon les circonstances ou l'intention présumée des parties. » Dans cette hypothèse, pas d'option proprement dite pour les parties, — une alternative laissée aux tribunaux. Rien de plus, rien de moins! mais, ne l'oublions pas, alors qu'il s'agit seulement de contestations ou actes ordinaires... *entre Indigènes?* Non, certes! mais entre Indigènes et Français ou étrangers!

Et puis, remarquez deux choses dans cet art. 37 :
S'il n'est question que de contrats ou contestations sans rapport avec l'*état civil,* la législation établit une présomption *juris tantum,* qui ne le cède qu'à la preuve contraire : — c'est que les indigènes seront régis par la loi du pays. — Si, au contraire, il s'agit d'état civil, pas de *présomption! certitude* que les parties ont contracté sous l'empire de leur *loi religieuse,* et que cette loi religieuse doit seule les juger. Et c'est ce qui résulte encore, au besoin, pour les Musulmans, de la combinaison des articles 1 et 17 du décret du 31 décembre 1859, qui réservent aux tribunaux musulmans et à la seule Cour d'appel, les litiges concernant les *questions d'État.*

Et notons en passant que notre article 37 a été rédigé par des hommes habitués au langage juridique et qui n'ignoraient certes pas qu'autre chose est une convention ayant pour objet un intérêt matériel susceptible de transaction, et un contrat, un acte de l'état civil portant sur la personne juridique elle-même, et ne pouvant servir d'enjeu à aucune obligation conventionnelle [1].

---

1. *Voir* aux *Notes,* etc., nos observations sur cet article.

Or, nulle part, la disposition de l'article 37 n'a été abrogée, et, comme cette disposition regarde les Indigènes en général, il faudrait dire que, de même que les Israélites, les Musulmans n'ont pas de statut personnel [1].

Je le répète donc, — et de ce fait légal, l'article 49 de la même ordonnance, qui exige, dans toutes contestations sur l'état civil, entre Israélites, un avis préalable de deux rabbins, me fournit une nouvelle preuve : l'Israélite algérien a un statut personnel, et ce statut personnel, c'est sa loi spéciale, c'est la loi de Moïse.

Or, bien évidemment, d'après la loi française, il ne pourrait, sauf le cas de naturalisation, renoncer à ce statut. En est-il autrement d'après la loi mosaïque? Non, certes! et, hors ce cas, ou celui encore où le Sanhédrin l'affranchirait de toute prescription de sa loi contraire à la loi française, — nous dirions volontiers que, moins encore que le Français, il ne saurait, lui, membre du peuple élu, du peuple de Dieu, renoncer à son état juridique, à son statut personnel.

Pourquoi donc la Cour régulatrice fonde-t-elle la légitimité de la renonciation à ce statut, sur la loi spéciale de l'Israélite? — *Quid hoc ad edictum prætoris?* — Spéciale, tant que vous voudrez! mais cette loi en est-elle moins générale — et commune à toutes les corporations israélites?

---

1. « Les rabbins désignés... sont appelés à donner leur avis écrit sur les contestations relatives à l'état civil, aux mariages et répudiations entre Israélites. Cet avis demeure annexé à la minute du jugement. »

— Mais, ajoute-t-elle, — l'Israélite peut réclamer le bénéfice de la loi générale du pays. — Oui, et c'est ce qui a lieu. Ce bénéfice, il peut le réclamer pour tout ce qui n'est pas de statut personnel, s'il n'est pas naturalisé français. Mais, prenez garde! Si le mariage n'est ni un mode de naturalisation, ni un moyen reconnu, *légalisé*, de substituer le statut personnel français au statut personnel israélite, comment le simple fait de la célébration du mariage à la française porterait-il atteinte à ce statut? — Le mariage n'est qu'un incident de la vie civile. Comment un tel incident aurait-il la vertu d'en altérer la nature?

— Eh! pourquoi pas? dit encore la Cour suprême. Est-ce que les futurs époux, en comparaissant devant le magistrat qu'ils requièrent de les marier, blessent, en quoi que ce soit, un principe d'ordre public?

— Pas d'équivoque! Sans doute, le mariage à la française n'est point interdit à l'Israélite algérien. — Dans ce cas, l'*acte* de mariage sera régi par les formes françaises : — mais là n'est pas notre question. — Cette question, la voici : l'*acte* de mariage, étant soumis aux formes du Code Napoléon, la *personne* des mariés continuera-t-elle, oui ou non, à être régie par la loi de Moïse? Or, à cet égard, quelle différence y a-t-il entre les étrangers qui se marient en France, et les Israélites qui se marient en Algérie [1]?

1. « Jusqu'à cette époque donc (1841), et sauf les mesures générales d'ordre et de police administrative auxquelles les Israélites ont été soumis, leurs lois et leur état civil antérieurs ont été conservés intacts, et il ne faut pas oublier que la loi de Moïse est es-

— Quelle différence? nous répondra-t-on. C'est qu'en France, les Étrangers ne peuvent pas se marier devant un officier de l'état civil étranger, tandis qu'en Algérie, les Israélites peuvent se marier, à leur choix, devant leur rabbin ou devant le magistrat français.

Je ne conteste pas cette différence; mais je n'admets pas les conséquences qu'on en tire. Sans doute, l'Israélite n'est pas forcé de se marier à la française, et s'il se marie de cette façon, c'est qu'il le veut bien. —Mais, savez-vous pourquoi il le veut?—Parce qu'on l'y a invité, parce que diverses circulaires l'y engagent, parce que c'est pour lui affaire de convenance, de bon goût, j'allais dire de *fantasia;* parce qu'enfin, se marier ainsi, c'est prouver qu'on est un peu plus avancé dans les voies de la civilisation française que ceux qui se marient autrement.

Mais, franchement, se doute-t-il le moins du monde que le mariage français le *francise*, en quelque sorte, ou l'assimile pleinement à ses coreligionnaires de France?—Ce serait bien peu connaître les habitudes, les mœurs, les préjugés des Israélites algériens, et leur attachement à la loi de leurs pères, que de le supposer : — témoin, entre mille autres, cet Israélite d'Alger qui, plutôt que de continuer de vivre avec une femme stérile que, d'après la loi de Moïse, il

---

sentiellement religieuse, et que les constitutions civiles y font partie des croyances et se confondent avec elles. Pour que cette situation fût modifiée, il faudrait trouver dans les actes législatifs postérieurs une abrogation formelle des ordonnances qui précèdent, ou tout au moins une disposition inconciliable avec leurs prescriptions, et il n'en est aucune d'où l'on puisse tirer une pareille conséquence. » De Menerville (*Loc. cit.*).

pouvait et devait répudier, et que le tribunal d'Alger condamna à garder malgré lui, préféra quitter l'Algérie pour le Maroc, — pays, disait-il, où, du moins, la loi civile ne violente pas la loi religieuse [1].

Dira-t-on, en outre, avec la Cour de Cassation, que les Israélites algériens sont sujets français? — Je l'admets. — Mais ne peut-on pas être sujet français sans être Français ou citoyen français?

Consultons l'histoire romaine, et, si vous préférez ne pas remonter si haut, consultons l'histoire du moyen âge, ou même l'histoire pour ainsi dire contemporaine.

Croyez-vous que les Romains, nos maîtres dans l'art de conquérir et de civiliser, ouvrissent *hic et hunc* à deux battants la porte de la Cité romaine aux peuples subjugués par leur épée? Non, certes! N'était pas citoyen qui voulait, et, chez eux comme chez nous, le bénéfice de la cité n'était accordé qu'aux sujets qui avaient mérité d'être assimilés à leurs vainqueurs [2].

Et, ce que nous montre l'Antiquité [3], ne le trouvons-nous pas également dans le moyen âge, sous le Saint-Empire romain, et sous le premier Empire français, chez certains peuples, tels que les Illyriens [4], etc.? —

---

1. Mardochée Tingé, contre qui a été rendu le jugement du Tribunal d'Alger du 29 juin 1861, dont il sera parlé plus bas.

2. Ce n'est qu'au Vᵉ siècle de l'ère chrétienne que Rutilius Numatianus a pu écrire ces vers:

> *Fecisti patriam diversis gentibus unam,*
> *Urbem fecisti quod prius orbis erat.*

3. *Voir* Platon, *Des Lois*.

4. Dont on a dit avec raison qu'ils n'étaient ni Français ni étrangers, mais simplement incorporés.

A ces diverses époques de l'histoire de la civilisation, tant païenne que chrétienne, ne voyons-nous pas se réaliser un fait à peu près le même chez toutes les nations et dans tous les temps? — la civilisation des vainqueurs s'implantant progressivement au sein du peuple vaincu, ici par la force, là par la persuasion, ailleurs par l'influence des mœurs, l'ascendant des lois, le mélange des races et la fusion des intérêts!

Ce que la France a fait en Algérie, soit par la Capitulation, soit par cette foule d'actes législatifs qui en sont le développement et le commentaire, elle pouvait le faire. Bien plus, la nature des choses, l'intérêt politique, la nécessité pour elle de compter avec la religion, les mœurs, la demi-civilisation de près de trois millions de Musulmans et de plus de trente mille Israélites, tout lui en imposait le devoir, et certes, en agissant ainsi, elle prenait la seule voie qui pouvait la conduire, un peu plus tôt, un peu plus tard, mais sûrement, mais infailliblement, à la conquête morale de l'ancienne Régence.

Dois-je maintenant parler d'une difficulté qu'on a timidement essayé de soulever? Pour échapper aux principes du droit civil en notre matière, on a transporté la question dans la sphère du droit des gens, et on a dit : Le mariage est du droit des gens; rien n'empêche donc de se marier comme on l'entend; le droit civil n'a rien à y voir.

—Eh! mon Dieu! oui, le mariage, abstractivement considéré, en tant que *maris atque feminæ conjunctio*, est de droit des gens ou, comme dit Portalis [1], une

---

1. *Discours préliminaire sur le Code civil.*

institution de la nature. Mais, si dans ses effets ou conséquences, il est modifié, réglé par le droit civil, alors, c'est plutôt le droit civil que le droit naturel qui le régit, et au lieu de se contracter par le seul *consensus*, son élément nécessaire et primordial, il sera assujetti à des formalités et soumis à des conditions exigées par le climat, la religion, les mœurs et cet ensemble de choses « qui gouvernent les hommes[1]. »

Ainsi donc, laissons là une difficulté qui n'en est pas une, et de ce que le mariage est en soi du droit des gens, ne concluons qu'une chose : c'est que sa forme ou sa célébration n'emporte nullement abdication de la part de ceux qui le contractent, ni de leurs droits de nationalité, ni de leurs autres droits, civils et religieux, réservés par des lois spéciales ou par des traités spéciaux.

Mais, puisque nous parlons des conséquences légales du mariage Israélite, disons un mot de celles qui se déduisent naturellement de la doctrine que nous combattons.

D'après elle, le mariage israélite célébré *more gallico* entraîne la ruine du statut personnel des époux. — Fort bien! mais alors que reste-t-il de cet état juridique exceptionnel que la législation algérienne a faite à l'Israélite algérien?

Judiciairement, il est Français, en ce sens que pour toutes ses contestations soit entre Israélites, soit avec des Européens, il est soumis à la juridiction française.

1. Montesquieu.

Légalement, il le sera aussi, par l'effet de sa renonciation à sa loi particulière. Mais si, dans ce cas, il est judiciairement et légalement Français, autant vaut dire qu'il est entièrement Français, et alors ne voit-on pas qu'on crée arbitrairement un nouveau mode de naturalisation, et que du même coup on renverse les notions les plus élémentaires de notre droit privé, et les règles les plus constantes de notre droit public?

Et ceci n'est pas une de ces exagérations factices que commande quelquefois le besoin d'une thèse insolite. Un Français, qu'est-ce donc? C'est un homme régi par toutes les lois civiles[1] de la France. Et c'est précisément ce que sera notre Israélite en vertu de son mariage, ou, en d'autres termes, par suite d'un acte de la vie civile qui jusqu'à présent l'avait distingué du national ou naturel Français.

Il faut même aller plus loin. Une doctrine enseignée et partagée par plus d'un jurisconsulte fait citoyen français tout Français arrivé à sa majorité[2]! Voilà donc notre Israélite, ordinairement majeur quand il se marie, devenu citoyen français par le seul fait de son mariage!

Si vous ajoutez à cela que, suivant une opinion que nous aurons plus tard occasion de réfuter, l'Israélite algérien n'a ni statut personnel ni statut réel autre

---

1. *Eos cives esse qui leges, jura judicia... et consuetudines communes habent.* (*Cic. De offic.*, lib. Ier.)

2. Voir l'article 26 du décret du 2 février 1852, et 8 de la loi du 5 mai 1855. — (sic) Demolombe, t. Ier, p. 160. — Valette, *Explication sommaire du livre Ier du Code Napoléon*. — Voir aussi la constitution du 14 janvier 1852, et le décret organique du 2 février de la même année.

que celui du Français,—je vous le demande, en quoi l'Israélite différera-t-il du Français et du citoyen français ?

Non ! tel ne peut être l'effet magique d'une simple comparution de fiancés israélites devant l'écharpe d'un officier municipal français !

Nos adversaires répudieront ces conséquences ; soit ! mais alors que ne répudient-ils leur principe !

On insiste : — « L'union en mariage » de vos Israélites est prononcée au nom de la loi française ; donc cette union est française, et ce n'est que conformément à cette loi qu'elle peut être dissoute.

Objection déjà présentée sous une autre forme et déjà repoussée ! — Si elle était aussi solide que spécieuse, l'étranger marié en France serait régi par le statut personnel du Français. L'article 3 du Code Napoléon ne serait qu'une lettre morte, les lois du statut personnel qu'un vain mot, les nationalités qu'un mythe. — Il n'y aurait plus qu'à proclamer la promiscuité des peuples, le syncrétisme des nationalités !

Eh ! qu'importe que l'officier de l'état civil français prononce l'union de nos fiancés au nom de la loi française ? Pour que cette union soit française, il faut que la loi française soit, non-seulement en la forme, mais encore au fond, applicable aux parties contractantes.—Si elle ne l'est pas, si, par exemple, en vertu de leur loi personnelle, les futurs époux ne peuvent pas s'unir en mariage, la parole de ce magistrat ne sera qu'une parole, et rien de plus.

C'est que, moins encore que tout autre contrat, le mariage n'est simplement une affaire de forme ; il est un contrat sérieux, important, solennel, et il n'est permis à personne, pas plus à l'Israélite qu'à tout autre, de s'en jouer en invoquant une loi qui ne serait pas celle sous l'empire de laquelle les parties l'avaient contracté.

Mais, ne le perdons pas de vue, cet ensemble de faits et de considérations qui se sont traduits en textes de lois particulières aux Indigènes de l'Algérie, devenus sujets de la France, et dont le résultat nécessaire a été de les mêler et de les assimiler aux Français, sans les incorporer et les identifier d'un seul coup avec eux, c'est pour le Musulman, tout comme pour l'Israélite, au regard de la France, ce qu'est, au regard de l'Angleterre, le statut municipal du Maltais [1], — la loi spéciale et actuelle du vaincu ou du sujet, en face de la législation du vainqueur ou du souverain.

Sans doute, et c'est ce que j'ai déjà donné à entendre, sans doute ce statut que, bon gré mal gré, il faut bien appeler *personnel*, ne sera pas un statut personnel dans le sens complet et ordinaire de ce mot. De l'Indigène algérien au Français, il n'est ni aussi fortement caractérisé, ni aussi nettement dessiné que de l'étranger proprement dit au national ou régnicole. Entre ces derniers, la différence des frontières matérielles établira, sous ce rapport, une ligne de démarcation plus tranchée, et, par conséquent, plus sensible. Mais, après tout, cela importe peu. Qu'il s'agisse de *penitus Extranei*, comme disent nos vieux auteurs, ou de *quasi Extranei*, — par cela seul que, dans

---

[1]. Voir *Concordance du Code civil*, etc., par Anthoine de Saint-Joseph.

des cas spécifiés et déterminés par la loi, il ne sera pas possible de confondre, au point de vue du droit civil, le national, le Français, avec l'Etranger qui ne l'est *nullement*, ou l'Israélite et le Musulman qui ne le sont pas *pleinement* encore, la ligne toute juridique qui sépare le droit de l'un du droit des autres ne suffira pas moins pour les distinguer entre eux. Or, cette ligne, je ne saurais trop le redire, c'est le statut personnel, s'il s'agit d'exceptions à la loi générale concernant les *personnes*, et le statut réel, s'il s'agit d'exceptions relatives aux *biens*.

C'est là ce que dit le sens commun et ce qu'enseigne la raison par la bouche de Pothier, dans son *Traité* des personnes, et par celle de Merlin, quand ce prince des jurisconsultes modernes nous parle quelque part de Français *commencés* et de Français *achevés*[1].

Or, je vous le demande, si cela est, et nous croyons l'avoir surabondamment prouvé, comment oserait-on prétendre que, par cet unique motif qu'il est sujet français, l'Israélite algérien ne peut exciper comme l'étranger d'un statut personnel qui *suivrait* ce dernier sur la terre française, et auquel, on le confesse, il ne pourrait se soutraire?

Ne jouons pas sur les mots! Evidemment, et qui en doute? l'Israélite algérien n'étant pas étranger, dans le sens propre de cette expression, *penitus extraneus*, son statut personnel ne le suivra pas, ne pourra pas

---

[1]. V. Merlin, *Répert.*, v° *légitimité*. Delvincourt parle quelque part d'*étrangers proprement dits* et d'*individus tout à fait* français, et Marcadé enseigne qu'on est *totalement* français, ou qu'on ne l'est *nullement*.

le *suivre* sur la terre française proprement dite. Mais, sur cette terre d'Algérie, déjà française, entièrement française pour d'autres que pour lui, ce statut, à la fois *status civitatis* et *status familiæ*, s'attachera, adhérera, *sicut lepra cuti*, à son individualité civile et religieuse. Voilà la vérité, la vérité telle qu'elle découle à pleins bords et de l'histoire du droit algérien, et de la jurisprudence générale de l'Algérie. Le niez-vous? Alors, sans plus de façon, niez aussi les splendeurs de l'évidence, et supprimez, entre autres textes clairs, nets, précis, insusceptibles d'aucun doute et d'aucune incertitude, supprimez les articles 37 et 49 de l'ordonnance de 1842.

Voulez-vous dire que, pour l'Israélite, ce statut ne sera pas aussi *entier*, aussi intact, aussi absolu que pour le Musulman? que, par exemple, l'Israélite, lui, est depuis longtemps pour toutes contestations, même les contestations purement civiles, soumis à la juridiction française, tandis que le Musulman, aujourd'hui encore, mais bien moins qu'autrefois, ne connaît que ses propres tribunaux?

Eh! prétendons-nous autre chose? Mais en bonne logique,—de ce que, sous le rapport de la juridiction, rapport tout extrinsèque et qui ne touche pas au fond même du statut, le statut personnel de l'Israélite a été, si je puis ainsi parler, *entamé*, suit-il qu'envisagé dans son essence intime et intrinsèque, ce statut ait cessé d'exister? Assurément, et nous en félicitons l'Algérie en même temps que la France, le statut personnel israélite a reçu de nombreuses atteintes; mais de nos jours et quant au mariage, il est encore debout sur l'article 37, et un texte contraire, texte formel, comme tout texte qui abroge une règle ou supprime un principe, pourrait seul le renverser ou le supprimer.

Nouvelle objection. — On nous concède le statut personnel des Israélites, tel que nous venons de le décrire; mais on nous le refuse pour l'hypothèse, qui est la nôtre, d'un mariage israélite à la française. L'article 49 que vous invoquez, nous dit-on, exige l'avis préalable des Rabbins en cas de mariage ou répudiation entre Israélites; mais il ne s'applique qu'à des mariages contractés entre eux, sous l'empire de la loi mosaïque.

Mais d'abord, répondrai-je aux partisans de l'opinion adverse, de quel droit distinguez-vous là, où la loi ne distingue pas? Je leur demanderai ensuite si, plus qu'à un étranger, il est permis à un Israélite que nous pouvons, nous aussi, appeler Français non encore achevé, si l'on veut, mais qui, à coup sûr, n'est pas encore un Français *consommé*, et, dès lors, peut, à certains égards, être considéré comme étranger, — je leur demanderai s'il lui est facultatif de subordonner, de son autorité privée, au mode de célébration de son mariage, la nature, la nationalité de son statut personnel; si, en d'autres termes, il peut, à son gré, abandonner son statut d'Israélite pour se donner le statut d'un Français, et se décerner ainsi à lui-même un brevet de naturalisation.

On ne se tient pas pour battu. — Que nous parlez-vous toujours de renonciation au statut personnel? Oui ou non, la préférence accordée par l'Israélite algérien au mariage français sur le mariage rabbinique, signifie-t-elle quelque chose? A-t-elle quelque portée? Si oui, avouez enfin que sa signification, sa portée naturelle, c'est que l'Israélite, quant au mariage du moins, ne déserte sa loi personnelle ou mosaïque, que pour embrasser la loi française ! Or, de grâce, soyons de bonne foi ! N'y aurait-il pas pour nous, peuple français, peuple éminemment initiateur, peuple civilisateur par excellence, *populum late regem* du progrès et de l'avenir, une espèce d'extravagance, de déraison, de folie, à priver du bénéfice du mariage français l'Israélite qui le sollicite, qui fait même, en l'absence de tout droit législativement consacré sur ce point, tout ce qui est en lui pour participer au bienfait de la cité ou de la civilisation française, et ne craint pas, dans ce but, de déclarer qu'il renonce à sa propre loi, dont il reconnaît l'infériorité en face de la nôtre? Il est, en droit, des choses qui, pour être permises, n'ont pas besoin d'un texte de loi. Elles le sont par cela seul que la loi ne les prohibe pas, et de ce nombre est le mariage contracté par l'Israélite devant l'officier de l'état civil français. Comment la loi française y mettrait-elle obstacle, elle qui ne désire rien tant que d'attirer tous ses sujets, sans exception, sur son sein maternel, et de les appeler ses enfants?

— Oui, vous avez raison, la sincérité, la sincérité avant tout! De toutes les objections qu'on nous oppose, voilà certainement la plus spécieuse et la plus puissante. Eh bien! ne craignons pas de la renforcer, si c'est possible!

On pourra donc ajouter que, conséquente avec ses intérêts et sa mission de peuple civilisateur, la France, pas plus en Algérie que dans ses possessions de Pondichéry, n'a ni pu ni voulu, à l'aide de l'article 37, § 3, de l'ordonnance de 1842 ou de l'article 3 de l'arrêté du 6 janvier 1819, élever une barrière infranchissable entre elle et les Indigènes algériens ou les Indigènes indiens; que ces derniers, tout comme les premiers, doivent, aux termes de cet article 3, être jugés, eux aussi, suivant les lois et coutumes de leurs castes, et que cependant la Cour suprême a jugé [1] que, dictée par un sage esprit de tolérance, cette disposition est purement facultative, et n'interdit point aux sujets indiens le droit de se soumettre librement et volontairement à l'empire des lois françaises, et d'en recueillir les avantages, s'ils en observent les commandements. Pourquoi n'en serait-il pas de même en Algérie? Et pourquoi, frappés de la sagesse de notre Droit, les Musulmans ou Israélites algériens qui voudraient profiter de ses bienfaits, ne pourraient-ils pas voir toute barrière s'abaisser devant eux, et placer leurs biens et leurs contrats sous l'égide de notre loi?

Voilà l'objection! Voici notre réponse:

En tout et pour tout, nos adversaires voudraient pour le Français et le Juif algériens unité de droit et de législation, et que là où elle n'existe pas, cette unité dépendît, dans une certaine mesure, de la volonté de l'homme. — Et nous aussi, nous voudrions pour notre Algérie cette unité juridique et législative! — Mais cette double unité n'existe pas encore. Au législateur seul de la créer! Sans doute, il paraît bizarre et étrange que l'Israélite ne puisse pas renoncer à un

---

1. Arrêt du 16 juin 1852.

droit imparfait pour un droit plus parfait, pour un droit meilleur. — Mais, en ce qui concerne les Israélites métropolitains, cette bizarrerie, cette étrangeté, la France l'a connue, la France l'a subie jusqu'au décret impérial de 1807. Et d'ailleurs, qu'y a-t-il de si étrange et de si bizarre à ce que, dans le sein du même pays, des chrétiens, des musulmans, des israélites, soient régis par les lois chrétiennes, musulmanes, israélites?

Désirons, recherchons l'unité, je le veux bien! mais sachons accepter une variété provisoirement nécessaire. L'unité est le fruit d'un long et fréquent contact des peuples entre eux [1] et de leurs respectives législations. Comme toutes choses humaines, elle a son jour et son heure, et malheur à qui oserait la devancer! « C'est la folie des conquérants, dit Montesquieu, de vouloir donner à tous les peuples (conquis) leurs lois et leurs coutumes. » Les Romains et les Francs surent l'éviter ; soyons donc aussi sages que les Romains, que les Francs [2] et les Musulmans [3].

Quant à l'argument tiré de l'arrêt de la Cour de cassation, il me touche peu, et cela pour deux raisons :
— En droit, rien ne me prouve que l'article 3 de l'arrêté de 1819 fût, en effet, purement facultatif. C'est

---

1. Montaigne parle quelque part de « peuples qui ont besoin d'être *embesognés d'une autre semence.*
2. *Omnes populi ibidem commanentes, tam Franci, Romani, Burgundiones, secundum leges et consuetudinem eorum reges. Marealph. formulæ I°.*
3. *Vid. Koran*, chap. v, vers. 46, 48, 49, 51, 52, 54, 55. Aujourd'hui encore, au Maroc et en Tunisie, comme dans la Régence avant la conquête de 1830, les Israélites entiers sont régis et jugés selon leur loi.

là, pour moi, une affirmation sans preuve, et peut-être pourrais-je ajouter, la question par la question; — car où la Cour de Pondichéry avait dit non, la Cour de cassation a dit oui, et, franchement, il me semble qu'à tout prendre, l'interprétation, sur place, de l'une, vaut bien l'interprétation, à distance, de l'autre. — En fait, il ne s'agissait pas de savoir si deux Indiens avaient, ou non, la faculté de se soumettre aux règles et conditions du mariage français, mais, ce qui est bien différent, si un Indien ayant vécu dans des relations intimes avec une affranchie non indienne, régie par un statut personnel français, et dont il avait eu *neuf* enfants qu'il avait déclaré, dans son acte de mariage devant l'officier de l'état civil français, reconnaître et légitimer suivant la loi française, — si cet Indien, dis-je, se mariant devant l'officier de l'état civil français, avait pu renoncer à sa loi personnelle. — Cette hypothèse diffère de la nôtre, et c'est bien ici le cas de dire, avec le jurisconsulte romain : *modica facti differentia magnam inducit juris varietatem.*

Appelé à juger la cause des enfants de Ramastrapoullé, peut-être l'aurions-nous jugée comme la Cour suprême, entraîné que nous eussions été, par la force du fait, à faire fléchir la rigueur du droit devant lui, et à reconnaître que leur cause était infiniment favorable, et que d'ailleurs leur père s'était *librement* et *volontairement* soumis à l'empire des lois françaises.

Je réponds enfin qu'en Algérie cette *libre* et *volontaire* soumission aux lois de la France ne doit pas seulement résulter, comme dans nos établissements indiens, de présomptions plus ou moins graves, mais, comme nous l'avons déjà dit, être *certaine*, et, qui plus est, émaner d'une convention ou d'une déclaration constatée par un acte. C'est ce que veut le § 2 de notre article 37; c'est ce qu'exige le second alinéa de l'article 1ᵉʳ du décret du 31 décembre 1859, sur la justice musulmane [1].

La première de ces dispositions régit textuellement le Musulman et l'Israélite; la seconde, pour ne s'appliquer littéralement qu'au Musulman, ne gouverne pas moins, par analogie, les Israélites entre eux.

Mais que suit-il de ces dispositions? Le législateur nous l'explique : — que la loi du pays régit toutes les conventions et toutes les contestations civiles et commerciales entre *Indigènes*, et qu'en outre ces *Indigènes* sont libres de contracter sous l'empire de la loi française. — Mais à quelle condition? A la condition d'exprimer, de déclarer leur volonté à cet égard, c'est-à-dire dans le contrat. — « Ce n'est là, sans doute, qu'une faculté : ils conservent leurs lois, leurs coutumes; mais, tout en conservant leurs croyances religieuses, ils peuvent venir placer leurs *biens* et leurs *contrats* sous l'égide de notre loi. »

C'est à dessein que je reproduis ce passage du rapport annexé au décret. — Aux termes de ce décret et de ce rapport, si l'Indigène musulman, et il en est de même de l'Indigène israélite, contracte avec un co-

---

1. « La loi musulmane régit toutes les conventions et toutes les contestations civiles et commerciales entre Indigènes musulmans, ainsi que les questions d'Etat. Toutefois la déclaration faite, dans un acte par les musulmans, qu'ils entendent contracter sous l'empire de la loi française, entraîne l'application de cette loi et la compétence des tribunaux français. »

religionnaire, la faculté de renoncer à sa propre loi est subordonnée à une déclaration expresse, formelle, écrite. Sans cela, pas de renonciation valable à sa loi, et c'est cette loi qui le régit.

De là, tout au moins, cette conséquence que cette renonciation, ainsi que nous le disions tout à l'heure, doit être absolument indubitable, absolument certaine.

Mais ce n'est pas tout. Je viens de raisonner dans l'hypothèse d'une renonciation *contractuelle* à toutes dispositions de droit civil et commercial, sans exception. Or, cette hypothèse, purement gratuite, n'est pas possible en présence des principes du droit d'une part, et de l'autre, du texte et de l'esprit du décret de 1859, qui, à l'endroit des *questions d'état*, établit une exception à la validité de cette renonciation, — qu'elle porte sur la loi elle-même, ou sur la juridiction qui doit être saisie de leur appréciation. Dans ce cas, nulle renonciation ne vaut. — Il s'agit de questions d'état, de *personnes*, et non pas simplement de *biens* et de *contrats :* — Musulmans, vous serez jugés par le Code, d'après la loi musulmane; Israélites, à la vérité, les tribunaux français jugeront entre vous, mais ce sera suivant la loi de Moïse, et après consultation préalable de vos rabbins.

Ici on nous arrête. — Nous vous accordons cela, nous dit-on, mais en tant que vous nous parlez d'un mariage célébré *more judaico*. — S'il s'agit d'un mariage *more gallico*, que nous font et votre avis de rabbin et votre loi mosaïque?

— On oublie qu'il ne s'agit pas d'une question de *forme d'acte* de mariage, d'une de ces questions que le droit, de concert avec les nécessités sociales, résout, en vertu de la règle *locus regit actum,* — et on n'observe pas assez que celle que nous examinons est une question de *fond* qui touche à l'essence !du mariage lui-même.

Vous dites : — Le mariage dont vous vous occupez est un mariage français! — Quant à la forme, oui, assurément! mais quant au *fond,* aux conditions requises pour sa célébration, aux obligations actives et passives qu'il crée, aux droits et devoirs des époux, à sa validité intrinsèque, je le nie tant que vous ne me démontrerez pas que le mariage à la française est, pour chacun des époux, un moyen de renoncer à sa nationalité, à sa loi personnelle, un mode d'acquisition de la qualité de français ou de citoyen français, une sorte de naturalisation.

Du reste, supprimez, si vous le voulez, l'avis du rabbin dans notre hypothèse! Je n'y tiens pas. — Ce n'est pas lui qui crée la nationalité, le statut personnel, l'état *sui generis* de l'Israélite algérien. — Tout cela, au contraire, le suppose créé, reconnu, proclamé, si bien que notre Israélite, qui n'est ni Français ni étranger, n'en sera pas moins dans la position de cet étranger de Merlin qui soumit à la juridiction française une action en désaveu, laquelle devait être et fut jugée, non d'après la loi française, mais d'après la loi étrangère!

Que s'il s'agit d'un mariage entre étrangers, querellé de nullité en France, d'après quelle loi le procès sera-t-il vidé? Evidemment par la loi étrangère!

Ainsi en sera-t-il, ainsi en est-il du mariage entre Israélites. La loi israélite lui est seule applicable.

Et vainement se récrierait-on contre l'immoralité, aux yeux de la loi française, des conséquences du mariage israélite, telles que la polygamie, le divorce, etc.

Mais d'abord, ces conséquences, la loi algérienne les a-t-elle admises et pour l'Israélite et pour le Musulman ? Si oui (et comment répondrait-on négativement ?) faites donc le procès à la loi ! *Dura lex, sed lex !*

Et puis, pour qui ne se place pas sur le terrain de l'Evangile, ce sont là autant de choses dont la légitimité ou l'illégitimité *naturelle* peut être contestée. Il serait difficile, peut-être même impossible, de prouver qu'elles sont opposées au droit naturel; et c'est assez pour qu'elles puissent être tolérées, subies par le droit civil d'un peuple chrétien.

Autre serait notre réponse s'il était question de ces choses repoussées par le droit naturel ou des gens *primaire,* qui constituent, en tous temps et en tous lieux, le droit divin de l'humanité. Pour ces choses, je comprendrais que le législateur français eût fait en Algérie ce qu'il a fait pour le droit pénal en général.
— En les prohibant, il eût, pour emprunter le langage de l'auteur de l'*Esprit des lois,* stipulé pour le genre humain; et nul ne contesterait la sainteté d'une pareille stipulation.

Maintenant, avant de reprendre notre marche, jetons un regard en arrière.

Je crois n'avoir rien omis d'essentiel à la solution de notre problème.

Si je ne me trompe, j'ai successivement et solidement établi :

Que toute renonciation à un droit, et principalement au statut personnel, doit être expresse, formelle, certaine ;

Que le seul fait de la célébration du mariage de l'Israélite devant l'officier de l'état civil français n'implique, ni expressément ni virtuellement, une pareille renonciation [1] ;

Que la législation algérienne ne déroge nulle part à ces règles, et qu'au contraire, plusieurs de ses textes les reconnaissent et les confirment ;

Que la thèse adverse repose sur cette double erreur de droit et de fait : que l'Israélite algérien est Français ou citoyen français, — ou que la célébration de son mariage à la française le rend tel ;

Enfin, que les principales objections dirigées contre ces règles s'évanouissent devant cette double vérité de droit et de fait : l'Israélite a un statut personnel, et, à supposer qu'il pût y renoncer, rien ne prouve que, par cela seul qu'il s'est marié devant le magistrat français, il y ait renoncé.

Il nous eût été facile de démontrer plus longuement quelques-unes de ces propositions, et peut-être eussions-nous dû insister davantage sur le statut personnel.

C'est ainsi que, les travaux de la Commission d'Afrique en main, j'aurais pu prouver, jusqu'à la dernière évidence, que la Capitulation de 1830, répétée et confirmée sept ans plus tard par celle de Constantine, embrasse *toutes les classes* des habitants de l'ancienne régence d'Alger.

---

1. *Répert. de Jurisp.*, v° *Loi*.

C'est ainsi encore que, par la nature des choses, par l'histoire du Droit en général, et par celle du droit algérien en particulier, il ne tenait qu'à moi d'établir d'une manière invircible que, conformément à l'opinion de Merlin, et contrairement à celle de plusieurs de nos auteurs contemporains, la conquête ne rend pas Français *ipso facto* le peuple conquis, surtout quand ce peuple, barbare ou demi-barbare, a, bien autrement que des peuples civilisés tels que les Belges et les Liégeois [1], besoin de *devenir* Français [2], de naître à une vie nouvelle, et n'a pas encore acquis le droit de réclamer au peuple conquérant l'acquittement de cette dette immense de civilisation et de naturalisation que crée toute conquête en faveur du peuple conquis [3].

C'est ainsi enfin que, ne soupçonnant même pas qu'on pût concevoir le moindre doute sur l'existence d'un statut personnel spécial aux Israélites d'Algérie, j'ai cru pouvoir, dès le début de cette leçon, entraîner avec moi mes lecteurs au centre d'une discussion qui en présupposait l'existence.

Mais à quoi bon ces développements? A la rigueur, nous n'en avions pas besoin. Et en effet, ni la Capitulation, entendue dans son sens le plus général, — ni l'état d'Indigène non Français, ou Français à peine ébauché, état qu'il est impossible de contester

---

1. Rapport de Merlin sur le décret du 11 vendémiaire an IV, de la réunion de la Belgique à la France.

2. Le 26 septembre 1834, le général d'Erlon, gouverneur général de l'Algérie, disait dans une proclamation : « Qu'une ère nouvelle commence pour les peuples de ces contrées : qu'*ils deviennent Français!* »

3. *Esprit des lois.*

à l'Israélite algérien et qui ne reçoit aucune atteinte d'une situation mixte et provisoire, résultant pour lui de la concession de certains droits[1] civils ou administratifs, ordinaire apanage du Français ou du citoyen français, — ni cette capitulation, disons-nous, ni cet état ne pouvaient jeter dans la balance un poids égal à celui des textes et d'une jurisprudence supérieure et locale. Et alors même que le bénéfice de cette capitulation ne s'étendrait pas aux Israélites, alors même que, par le fait de la conquête, les Israélites seraient devenus Français, en faudrait-il davantage pour démontrer que, semblables à leurs coreligionnaires de France avant la Révolution française — ou d'une partie de l'Allemagne, de la Russie et de la Suisse à l'heure qu'il est, — ils sont, sous le rapport de l'état civil et partant du mariage, dans une situation spéciale d'autonomie légale qui n'est pas celle de l'Etranger, c'est vrai, mais qui certainement n'est pas non plus celle du Français, et moins encore du citoyen français ? Or, cela étant, et nos plus ardents contradicteurs sont forcés de l'admettre, qu'avions-nous à faire du statut personnel proprement dit ? — Pourquoi donc tant s'attacher au mot, quand on possède la chose ?

---

1. *Voir* l'arrêt de la Cour de cassation du 20 mai 1862. Le motif suivant de cet arrêt s'applique aussi bien aux étrangers proprement dits qu'aux Israélites : « Attendu que si un certain nombre de droits civils réservés aux seuls citoyens français par le droit commun de la France ont été, en considération de la situation particulière de l'Algérie, étendus aux étrangers y résidant, il n'est pas possible de conclure de ces concessions partielles, dont chacune renferme dans son objet spécial que les étrangers résidant en Algérie y jouissent de ceux des droits civils que ces concessions ne comprennent pas. »

Nous pouvons maintenant marcher d'un pas plus ferme et plus assuré vers la solution de notre problème.

Nous avons, pour ainsi dire, enlevé la *Kasbah* de l'ennemi. Il ne nous reste plus, pour compléter notre victoire, qu'à attaquer ses forts et emporter ses postes détachés.

J'entends par là certains arguments qui, quoique moins spécieux que ceux que nous avons réfutés jusqu'ici, ne seraient pourtant pas sans influence sur des esprits plus habitués à saisir les détails que les généralités d'une question controversée.

A ces esprits, il faut autre chose que des déductions fondées sur un ensemble de textes ou de documents législatifs. Ce qu'il leur faut, sous peine de leur voir fermer les yeux au soleil de l'évidence, c'est une argumentation détaillée et méticuleuse.

Argumentons donc à leur façon, puisque c'est nécessaire.

Que disent-ils? Incontestablement l'article 37 de l'ordonnance de 1842 reconnaît aux Israélites algériens, en matière d'état, un droit distinct du droit français, un droit religieux, la loi de Moïse, — ce que vous appelez, non sans raison, un statut personnel. — Mais c'est à tort que vous soutenez que cet article n'a pas été abrogé. Il l'a été par l'ordonnance du 25 mai 1844, qui prescrit de célébrer tout mariage entre Israélites devant l'officier de l'état civil français, avant d'aller devant le rabbin.

—Je sais cela! Mais ce que je sais encore, c'est que cette ordonnance n'a jamais été exécutoire en Algérie, puisqu'elle n'a jamais été promulguée, et qu'il est de principe, qu'en thèse générale[1], nulle ordonnance, nulle loi n'y est exécutoire qu'après promulgation préalable; c'est encore que, d'après ce que j'ai dit sur la nature du statut personnel et le caractère de l'acte de mariage, cette ordonnance, eût-elle été promulguée, n'impliquerait, de la part de l'Israélite, ni abdication du statut personnel, ni soumission à la loi française.

On ne m'opposerait pas avec plus de bonheur l'ordonnance du 9 décembre 1845[2], qui, parmi les fonctions des rabbins algériens, place la célébration du mariage religieux. — Exige-t-elle que la célébration du mariage civil soit exclusivement confiée à l'officier de l'état civil français? — Elle ne prescrit rien de semblable. Et ce n'est que par un argument *a contrario*, argument dangereux, s'il en fut, et peu concluant, qu'on arriverait à une innovation aussi importante au regard de la loi et de la civilisation française! Ce n'est pas ainsi qu'on innove. Et d'ailleurs, telle eût été la volonté du législateur, que vous seriez encore mal venus à en induire la suppression du statut personnel des Israélites! Autre chose est se marier en la forme française, autre chose renoncer à une loi qui régit la capacité des époux et les conséquences civiles de leur union. En troisième lieu, et

---

1. Nous croyons avec la Cour d'Alger et avec la Cour de cassation qu'en matière d'ordre et d'intérêt public, le principe doit subir plus d'une exception. C'est qu'il y a, dans certains cas, une promulgation tacite, comme il y a une promulgation expresse. (*Voir* notre note sur un jugement du Tribunal civil d'Alger; *Recueil de Jurisp.* de M. Robe, année 1861, pages 215 et suivantes.

2. Article 10 : « Les fonctions du grand rabbin et des rabbins sont : ..... 3° De célébrer les mariages religieux.

surabondamment, cette ordonnance s'occupe de culte et non de droit civil! Elle est dès lors étrangère à notre question.

On tente encore d'argumenter d'un décret du 5 septembre 1851 [1].— Ce décret dispense les Israélites d'Algérie du timbre des actes de notoriété à produire devant l'officier de l'état civil pour cause de mariage. Et là-dessus nos adversaires de triompher.— « Vous le voyez, s'écrient-ils, voilà bien la preuve que les Israélites doivent se marier devant l'officier français, et comme les Français? » — Encore un coup, cela fût-il, notre thèse n'en serait pas même ébranlée. Mais cela n'est pas. — Le décret statue sur le cas du mariage français de l'Israélite; mais il ne lui en impose pas l'obligation. L'Israélite *peut*, mais il ne *doit* pas contracter mariage devant l'officier de l'état civil français, et cela est si vrai que tous les jours, partout, et surtout dans les campagnes, des Israélites ne se marient que devant le rabbin, et que jamais, à notre connaissance du moins, tribunal français ne douta de la validité de pareils mariages.

Nous sera-t-il permis maintenant de franchir un instant le cercle du jurisconsulte pour nous élever jusqu'à la sphère du publiciste et du législateur? J'entends reprocher à notre doctrine d'être anti progressiste, et de maintenir envers et contre tous un

---

1. Décret présidentiel, article 1er : « Les actes de notoriété qui, aux termes de l'article 70 du Code Napoléon, doivent suppléer l'acte de naissance exigé pour contracter mariage, seront affranchis, en faveur des Israélites indigènes de l'Algérie, des droits de timbre et d'enregistrement, lorsque lesdits Israélites justifieront qu'à l'époque où ils sont nés, la loi française relative à l'état civil n'était pas encore en vigueur et appliquée dans le lieu de leur naissance. »

statu quo contraire aux vrais intérêts de l'Algérie et de la France.

Sophisme et rien de plus! Comment! parce que nous constatons un fait, un fait regrettable, je l'avoue, mais enfin un fait juridique et constant, parce qu'en d'autres termes, nous sommes les amis de la vérité, nous serions les ennemis du progrès! Signaler un mal, est-ce donc en repousser le remède?

Nous avons dit ce qui *est*. Nous avons résolu notre question par le *Droit algérien*. Mais nous ne nions pas pour cela ce qui *doit être*, ce que veut le besoin de l'unité législative en Algérie, ce qu'au nom de la clarté de la *Législation algérienne*[1], — de la fixité de notre jurisprudence — et de l'assimilation légale de l'Israélite algérien avec le Français et le citoyen français, nous avons souvent demandé.

Et, en effet, cette discussion n'est-elle pas une démonstration, pour un cas particulier, de la nécessité de mettre, dans tous les cas, un terme aux incertitudes de cette législation, — et d'en combler les lacunes par des textes complets?

Il ne faut pas nous le dissimuler, si formelle qu'elle nous paraisse à l'endroit de notre question, cette législation est cependant douteuse pour de bons et éminents esprits. — Ce que nous en dit le tribunal d'Oran est contredit par le tribunal de Constantine, et ce que notre Cour souveraine en affirme, la Cour suprême n'hésite pas à le nier. — Singulière situation que celle de l'Israélite algérien! — Sa loi est incertaine, son droit mal défini, et Bacon qui ré-

---

[1]. Voir notre *Étude sur la codification de cette législation*.

clamait si justement la certitude pour la loi, la précision pour le droit, la clarté pour l'une et pour l'autre, Bacon, en présence des variations de notre jurisprudence, pourrait, avec non moins de raison, comparer sa législation à un navire sans ancre [1].

Il est temps que cela finisse! A la différence de l'Arabe, qui touche à peine à cette phase de *civilisation*, qui est le précurseur né de l'assimilation législative, l'Israélite, déjà *judiciairement* assimilé au Français, n'a plus qu'un pas à faire pour l'être *légalement*.

Or, cette assimilation judiciaire et légale, qu'est-elle autre chose que l'adoption civile et civique (*in universum jus*) du conquis par le conquérant? — Assurément, et en dépit d'une logique judiciaire poussée à un excès condamné par la raison et par l'intérêt de la France, l'Israélite qui « déclarerait formellement accepter toutes les conséquences du mariage français, » devrait les subir tout entières. — Et encore se trouverait-il peut-être des tribunaux qui préféreraient aux tempéraments de l'équité les sévérités du droit rigoureux [2]! Que la France apprenne donc à l'Israélite algérien que désormais son mariage suivant

---

[1]. *Judicia legum anchoræ.*
[2]. *Voir* Fœlix, *Droit international privé*. D'après Marcadé, l'étranger, même dans le cas de l'article 13 du Code Napoléon, ne jouit pas des droits civils qui constituent la *capacité* de l'individu, tels que le droit de se marier à tel âge, *et autres semblables*. Quant à ces droits, l'étranger reste soumis aux lois personnelles de son pays. — *Sic.* Demolombe, *Traité du Mariage*, n° 234. L'étranger est régi, quant à son état et à sa capacité, par la loi de son pays, alors même qu'il se serait *expressément* soumis à la loi française, arg. de l'article 6 du Code Napoléon. — *Voir* aussi Zachariæ, trad. Vergé et Massé.

les formes de la loi française sera pour lui, homme, ce qu'est pour la femme étrangère son mariage avec un Français : — un mode tacite, *ipso jure*, denaturalisation, et que, pour qu'il en soit ainsi, il n'aura qu'à ne pas faire une déclaration contraire.

XVI

Après les personnes, les biens; après le mariage, la succession; après le fait volontaire et libre qui, créant la société conjugale et la famille, en réunit et en concentre les biens dans les mains de son chef, le fait involontaire et fatal qui les divise et les partage entre les mains de chacun de ses membres; après le statut personnel ou matrimonial, le statut réel ou successoral.

En face de la législation algérienne, la succession, de même que le mariage israélite, a été et peut être encore le sujet de graves débats judiciaires.

Elle a fait naître une importante question [1], dont voici la plus simple et la plus concise formule :

La succession *ab intestat* d'un Israélite algérien est-elle régie, entre Israélites, par le Droit mosaïque ou par le Droit français ?

1. Ce n'est pas ici le lieu de faire connaître le système des successions israélites. Qu'il nous suffise de dire, avec Aaron Moati, chef de la nation juive à Alger, en 1833, que d'après la loi de Moïse, les filles n'héritent de leur père que lorsqu'elles n'ont pas de frères, et que les enfants mâles recueillent toute la succession, à la charge de nourrir, entretenir et doter leurs sœurs, selon l'importance de l'héritage. *Procès-verbaux de la Commission d'Afrique*, t. Ier, p. 177.

Hâtons-nous de le dire, cette question n'est clairement et explicitement résolue par aucun texte de législation algérienne; car je ne puis regarder comme tel ni l'article 37 de l'ordonnance du 22 septembre 1842 sur l'organisation de la justice en Algérie, ni l'article 16 de la loi du 16 juin 1851 [1] sur la nouvelle constitution de la propriété; deux textes qui, loin de trancher notre problème, fournissent au contraire des arguments de solutions opposées, parce qu'ils présentent plus d'un point obscur et offrent plus d'un aspect douteux.

Or, pour éclaircir les uns et préciser les autres et n'en restreindre ni en étendre arbitrairement la portée, ce n'est pas trop d'en rechercher l'esprit, d'en consulter le texte, d'en interroger l'histoire, d'en sonder l'esprit, d'en comparer les dispositions entre elles pour les expliquer, à l'aide des principes du droit, des tendances de la législation, des enseignements de la doctrine, des décisions de la jurisprudence, des inductions de la logique et des arguments de la raison. Il est nécessaire d'invoquer toutes les règles et de suivre toutes les voies d'interprétation judiciaire, et c'est d'ailleurs ce que commandent impérieusement et la nature et la gravité de la question, et la divergence d'opinions, et la contrariété de jurisprudence qu'elle a jusqu'ici soulevées.

Ecartons d'abord tout ce qui ne serait ni absolument indispensable, ni relativement utile à sa solution, et, conséquemment, l'arrêt de la Cour de cassa-

---

1. « Les transmissions de biens de musulman à musulman continueront à être régies par la loi musulmane. Entre toutes autres personnes, elles seront régies par le Code Napoléon. »

tion du 15 avril 1862, et la Capitulation du 5 juillet 1830, et, à l'exemple du prince des jurisconsultes modernes (Merlin), renfermons-nous avec déférence dans l'horizon de la loi, prenant son texte pour point de départ, son esprit pour philosophie, sa volonté pour notre justice [1].

Peu importe que, ainsi que l'a décidé cet arrêt, par le seul fait de la conquête de l'Algérie, les Israélites indigènes soient devenus sujets français; que, par suite, ils ne puissent exciper, comme peuvent le faire des étrangers, d'un statut personnel qui les suivrait partout,—et qu'enfin leur état doive être réglé, eu égard aux lois spéciales édictées par la France en vertu de sa souveraineté.

La qualification de SUJET français donnée par cet arrêt à l'Israélite algérien, qualification qui ne lui a jamais été et n'a jamais pu lui être sérieusement contestée, n'a rien à voir avec une question qui n'est ni une question de nationalité ni une question de naturalisation, mais bien une question de succession ou de statut successoral.

Peu importe encore qu'elle ait plus d'un rapport avec celle-ci. Elle ne lui est pas subordonnée, et même, dans la plupart des cas, elle en est pleinement distincte, régie qu'elle est par des règles particulières. Et ce qui le prouve, c'est, entre autres choses, que, de l'aveu de tous, l'Indigène musulman est, lui aussi, sujet français, sans être néanmoins soumis, quant aux successions, aux prescriptions des lois françaises.

---

1. Mignet, *Notice sur le comte Merlin*.

Peu importerait, enfin, qu'à la rigueur, l'Israélite indigène ne pût se prévaloir, comme l'Etranger lui-même, d'un statut inséparable de sa personne. Il résulte de l'arrêt précité qu'il est des cas où il a le droit d'exciper de son statut personnel, comme l'étranger proprement dit, celui, par exemple, d'un mariage par lui contracté sous l'empire de la loi mosaïque. Au surplus, bien que se rattachant par plus d'un lien au statut personnel, la loi successorale, considérée directement et *in abstracto*, constitue plutôt un statut réel qu'un statut personnel. Ne tombe-t-il pas, en effet, sous les sens que les prescriptions concernant les *biens* diffèrent essentiellement de celles qui concernent les *personnes*? Et n'est-il pas de toute évidence que, quel que soit le statut personnel d'un individu, sa succession *ab intestat* peut être gouvernée par des lois spéciales, qui ne peuvent se confondre avec les principes généralement admis en matière statutaire, et que, si respectable que soit l'autorité d'un arrêt de la Cour suprême, plus respectable encore est celle de la loi, quand, surtout, comme je le démontrerai bientôt, il n'est ni téméraire de soutenir ni impossible de prouver que si l'Israélite algérien n'est pas un étranger dans le sens propre et ordinaire de ce mot, il n'est cependant pas Français, et que son statut personnel, c'est la loi de Moïse, et non la loi française?

Ce n'est pas tout! D'un côté, une loi de succession, qu'elle soit de statut réel ou de statut personnel, est une loi *sui generis*, se gouvernant d'après des règles particulières, selon les circonstances conformes ou contraires à celles de l'un ou de l'autre de ces statuts.

D'un autre côté, s'il est vrai que la distinction des statuts en statuts réels ou personnels, distinction doctrinale, plus théorique que pratique, sous l'empire de laquelle, il est vrai, ont été édictés les articles 2 et 3 du Code Napoléon, et qui sert à déterminer quelles lois régissent les nationaux et les étrangers, avait sa raison d'être en France, dans un pays où, pour plusieurs motifs historiques et politiques, le législateur devait principalement et presque uniquement s'occuper des nationaux et ne parler que très-incidemment des étrangers, à l'occasion de leurs rares rapports de droit civil avec les nationaux, — il n'est pas moins vrai qu'il n'en saurait être de même dans un pays comme l'Algérie, — pays neuf encore, également ouvert aux nationaux et aux étrangers, également peuplé par les uns et par les autres, — et c'est sans doute pour cela, et aussi pour ne pas forcer les magistrats français à s'engager et à se perdre dans l'inextricable labyrinthe[1] de la matière des statuts et des questions de droit international privé, que l'article 6 de l'arrêté du 22 octobre 1830 autorisa la Cour de justice, jugeant entre Français et étrangers ou indigènes, à appliquer les lois françaises ou celles du royaume d'Alger, de même que les usages et coutumes

1. *Voir* Demolombe, t. Ier, et Merlin, *Répert.*, v° Loi. La doctrine des statuts, très-importante quand elle s'appliquait aux conflits naissant de coutumes diverses entre habitants de diverses provinces, mais sujets d'un seul et même État, ne peut plus avoir aujourd'hui d'application qu'entre membres d'États différents. — Un jurisconsulte du siècle dernier, Froland, qui a composé tout un volume de *Mémoires* sur les statuts, est forcé d'avouer que ces questions sont si différentes, qu'il ne sait à quel autel se vouer pour parler juste sur cette matière.

de l'un et l'autre pays, suivant qu'elle le croirait convenable.

Mais voici qui est plus explicite et plus logique encore! L'ordonnance sur la justice du 10 août 1834 déclare, article 31, que la loi française régit les conventions et contestations entre Français et étrangers. Or, cette disposition, rappelée et confirmée par les articles 37 des ordonnances de 1841 et 1842, mérite d'autant plus d'être remarquée que, dans chacuue d'elles, elle est presque immédiatement suivie d'une disposition relative aux contestations entre Français et étrangers ou indigènes, lesquelles contestations sont jugées, selon les cas, ou d'après la loi française, ou d'après la loi du pays, — jamais d'après la loi étrangère.

Ce que je viens de dire s'applique indistinctement à tous les indigènes. Mais, en ce qui touche spécialement les Israélites, le rapprochement et la combinaison de ces ordonnances montrent clairement qu'à leur égard aussi, le législateur algérien s'est peu inquiété du caractère personnel[1] ou réel des contestations qui pourraient s'élever entre eux. Toute son attention s'est portée d'abord sur leur qualité d'indigènes, et ensuite sur la nature civile ou purement religieuse de ces contestations, et, dans sa pensée, quelle qu'en soit la nature, par cela seul qu'ils sont *indigènes*, et qu'il s'agit de contestations *entre eux*, c'est leur loi, la loi civile du pays ou la loi reli-

---

1. Peut-être pourrait-on soutenir que l'article 37 de l'ordonnance de 1842, — abstraction faite de toute règle statutaire, — a soumis, dans tous les cas, les étrangers au même droit que les Français en Algérie. (*V.* Demolombe, *loc. cit.*)

gieuse qui les régit, et jamais la loi française, en tant que loi civile appliquée au fond du droit, et non pas seulement à la forme de la procédure.

Que suit-il de là ? Evidemment que ces contestations doivent être jugées, non d'après les principes exceptionnels et problématiques des statuts, mais d'après les préceptes généraux et certains de la loi israélite ; que, pour qu'il en fût autrement, il faudrait supposer, ce qui est inadmissible, que la distinction des statuts est consacrée par cette loi, ou, ce qui ne l'est pas moins, que les juges français peuvent, *ad libitum*, la plier aux exigences d'une doctrine sans aucuns vestiges ni dans un texte de loi quelconque, ni dans les us et coutumes juridiques d'Israël, ni dans la jurisprudence rabbinique.

Prétendrait-on que l'état de l'Israélite algérien a été réglé par des lois spéciales ? Mais c'est précisément à cause de ces lois que sa succession est encore et doit rester soumise à l'empire de la loi de Moïse, et c'est dans ces lois elles-mêmes, et nulle part ailleurs, que je puise les éléments de la solution de notre problème !

Invoquerait-on avec plus de succès, comme argument plus ou moins décisif, la capitulation du 5 juillet 1830 ?

Mais, en supposant, ce qui n'est pas, que cette capitulation ne concernât que les seuls Musulmans, il ne s'ensuivrait pas nécessairement qu'en dehors d'elle aucune loi spéciale aux Israélites algériens et postérieure à cette capitulation ne leur eût conféré les mêmes droits, les mêmes priviléges concernant leur législation que cette capitulation aux Musulmans.

Je pourrais m'en tenir là ; mais, en présence des difficultés et des doutes nés du rapprochement et de la combinaison des dispositions de la législation algérienne touchant les Israélites, il est bon, ici encore, d'éliminer de la cause tout ce qui serait de nature à laisser planer quelques nuages ou subsister quelque incertitude.

Quel est le sens de la capitulation de 1830 ?

Un mot seulement sur ce point, sauf à le développer plus tard.

Examinée dans son texte, la capitulation de 1830 s'applique aux Israélites tout comme aux Musulmans. En disant que la « liberté des habitants de toutes les classes et leur religion » ne recevront aucune atteinte, et cela après avoir dit que l'exercice de la religion mahométane resterait libre, il est certain [1] qu'elle a entendu parler d'une autre religion que la religion mahométane, et par suite de la religion judaïque. Car, et ceci est incontesté, la loi civile mosaïque, de même que la loi civile musulmane, n'étant autre chose que la loi religieuse ou la religion [2], il n'est pas douteux que le vainqueur d'Alger a voulu respecter la loi des Israélites aussi bien que celle des Musulmans.

Je sais bien qu'on oppose à cette raison, toute de

---

1. C'est ce que plusieurs fois, et tout récemment encore, la Cour d'Alger a décidé ; c'est ce qui résulte, en outre, de la capitulation de Constantine.

2. *V.* articles 1, 2, 3, 5 et 6 de l'arrêté du gouverneur général du 22 octobre 1830. Pour l'Israélite, la loi religieuse c'est la loi de Moïse. — Cette loi régissait et régit encore, *au fond*, les Israélites algériens. Outre la loi de Moïse, il y a encore pour eux la *loi du pays* ou la loi musulmane.

texte juridique, une raison toute d'histoire; qu'on argumente de l'état de misère, d'oppression, de mise hors la loi et d'ilotisme politique, des Israélites de la Régence d'Alger avant la conquête, pour en conclure que, tolérés et non reconnus par l'autorité publique, ils ne pouvaient trouver dans la capitulation le maintien d'un droit ou d'une loi qui n'existait pas[1]. Mais, ce que je sais aussi, c'est que, pour que cette objection fût fondée, il faudrait admettre que par ces mots : *habitants de toutes les classes,* la capitulation n'a pas parlé des habitants de toutes les religions, mais seulement des Musulmans, riches et pauvres, habitants des villes et habitants de la campagne, — interprétation tout à la fois contraire à sa lettre et à son esprit, et qui ne tendrait à rien moins qu'à exclure les Israélites du bénéfice de cette capitulation, tant à l'égard de la religion qu'à celui de la liberté, de leurs propriétés, de leur commerce, de leur industrie et du respect de leurs femmes.

Pour trop prouver, on ne prouverait rien !

D'ailleurs, l'interprétation opposée a prévalu dès l'origine, et n'a jamais cessé de prévaloir, ainsi que le démontrent péremptoirement de nombreux actes et documents administratifs ou législatifs confirmés par des pièces historiques et des renseignements officiels puisés aux sources les plus authentiques. Il est notoire, en effet, que depuis le xviiie siècle, les

---

1. « L'ancien gouvernement leur avait conservé le libre exercice de leur religion. Notre esprit de justice nous interdisait de faire moins pour eux que pour les Maures, et aux uns et aux autres nous devions assurer une égale liberté. » (Genty de Bussi, *De l'établissement des Français dans la Régence d'Alger*, 1835.)

Israélites de la Régence étaient régis par les statuts du rabbin ben Durand, et qu'au moment de la conquête, ils étaient régis par leurs lois et jugés par leurs tribunaux conformément à ce verset du Koran : « Nous avons donné à chacun de vous des lois pour se conduire. Juge entre les Juifs et les Chrétiens selon les commandements de Dieu[1] ».

Aussi l'autorité musulmane les avait-elle laissés s'organiser à leur gré dans leur servitude, et qui plus est, l'autorité française crut devoir suivre ses errements. C'est ainsi que, dès le 9 novembre 1830, était institué à Alger un tribunal provisoire composé de juges musulmans et israélites; que le 22 octobre suivant était créé un tribunal rabbinique exclusivement composé de juges israélites; que le 10 novembre même année, Joseph Bacri succédait à l'ancien roi des Juifs, sous le nom de *chef de la nation juive*, et que le 21 juin 1831, un conseil hébraïque était nommé pour contrôler le maniement par ce chef de la nation des affaires de cette nation. A peu de choses près, les choses restèrent dans cet état jusqu'à l'ordonnance précitée de 1834, et on ne comprendrait pas que, répandus au nombre de 30,000 dans la Régence, où ils formaient environ le cinquième de la population, les Israélites n'eussent pas joui, sous le rapport de la loi et de la justice, des mêmes droits que cette poignée d'Européens ou autres étrangers qui, à l'ombre de leurs consulats respectifs, conservaient entre eux dans

---

[1]. Le cadi Maleki, d'Alger, consulté par l'autorité française en 1834, répondit : « Si les contestations étaient entre eux (Israélites), ils les soumettaient à leurs magistrats et autorités, et nous ne les inquiétions pas pour cela. » (*Ibid.*, t. II.)

la Régence, comme dans tous autres Etats musulmans, les lois et la justice de leur pays. Cela serait d'autant plus surprenant et étrange que, pendant un certain temps, et tant que l'autorité civile française n'eut pas acquis tous les développements nécessaires à cet effet, les Consuls des diverses puissances européennes et autres en Algérie continuèrent d'y juger leurs nationaux, faisant ainsi pour le gouvernement français ce que les rabbins juifs avaient fait sous le gouvernement turc, et sous la domination romaine et espagnole.

Mais il est une chose qu'on comprendrait moins encore! ce serait qu'au XIX° siècle, sous l'empire des idées de tolérance et de liberté, inaugurées en 1789 et consacrées par la Charte de 1830 et nos plus récentes Constitutions, les Juifs d'Algérie n'eussent pas été mis en possession des mêmes droits et des mêmes avantages, sous le rapport de leur autonomie religieuse et civile, que les Juifs de France depuis Henri II jusqu'à Louis XVI. Pourquoi le conquérant de la Régence n'aurait-il pas accordé aux Israélites, tout comme aux Musulmans eux-mêmes, cette liberté de vivre selon leurs usages, leurs mœurs et leurs lois, « avec défense de les y troubler, *tant en jugements que dehors,* » qui, pendant tout ce laps de temps, fut concédée à leurs coreligionnaires de France par des ordonnances renouvelées de règne en règne, sans interruption, et leur fut solennellement et judiciairement reconnue par plusieurs arrêts du Grand-Châtelet de Paris et du Parlement de Bordeaux?

Mais est-il bien vrai qu'en 1830 les Israélites algériens n'étaient soumis entre eux qu'à leurs tribunaux et à leurs lois? Eh! comment en douter, puisque ce fait a été formellement constaté, en 1833, par la Commission d'Afrique chargée de recueillir sur place tous les faits propres à éclairer le gouvernement sur l'état général de la Régence et les mesures de toutes sortes réclamées pour son avenir? N'a-t-il pas été hautement attesté devant cette Commission, par Aaron Moati, alors chef de la nation juive, et le 10 mai 1834, par le cadi Meleki de la ville d'Alger [1]?

On alléguerait vainement qu'en eût-il été ainsi, en 1830, avant la conquête, il n'y aurait rien à en conclure, en faveur de notre thèse, depuis cette époque; qu'on ne saurait voir la confirmation du passé ni dans la création du tribunal rabbinique, ni dans celle d'un chef de la nation juive, etc.; que ce sont là autant de mesures provisoires et passagères qui, inspirées par les nécessités publiques ou dictées par les embarras d'une situation neuve et anormale, ne peuvent tirer à conséquence, et qu'on se hâte d'écarter dès que les circonstances le permettent, témoins les articles 43 de l'ordonnance du 10 août 1834, et 32 des ordonnances des 28 février 1841 et 27 septembre 1842. Vainement ajouterait-on qu'il n'y a rien là qui prouve ce qui est en question, et que tout ce qu'on peut en induire, c'est qu'à la différence des Musulmans, dont la juridiction est, pour ainsi dire, aujourd'hui ce qu'elle fut en 1830, — celle des Israélites a été absorbée, remplacée par la juridiction française.

1. *V. supr. Notes.*

Il est facile de répondre à ces allégations, car alors même que la Capitulation n'aurait rien promis ni pu promettre aux Israélites, il serait peu logique, de la part de nos adversaires, de se prévaloir des restrictions apportées par le législateur algérien aux droits primitivement accordés aux Israélites.

Effectivement, loin de prouver qu'ils n'aient pas été dotés des bienfaits de cette capitulation, et qu'elle ne s'est point occupée d'eux, ces restrictions ou acheminements vers le droit commun de la France prouveraient bien plutôt chez les Israélites le fait incontestable et incontesté d'une aptitude naturelle et d'une capacité progressive d'assimilation avec la France, que nul ne songe à mettre en doute, et qui fait un devoir à la France de rapprocher successivement d'elle toutes les parties du peuple conquis qui lui paraissent dignes de cette faveur.

De plus, entre ces restrictions et l'inapplicabilité originaire de la capitulation aux Israélites, il n'y a rien ou presque rien de commun; car admettons, par impossible, qu'il en soit autrement! voilà donc que cette capitulation n'était pas originairement applicable aux Musulmans eux-mêmes, et que sur bien des points restrictifs de ses stipulations dans l'intérêt de la civilisation et du progrès, la France les a violées; — ou bien encore, que la capitulation a pu supposer, et même a constaté de la part du Gouvernement français l'aliénation absolue et pour toujours, de son droit de justice et de protection — ou de sa souveraineté! Or, qui ne voit que, dans aucune de ces hypothèses, il n'est légitime de rien conclure, en droit, d'un traité politique passé en 1830, contre ce qui a pu se faire et s'est réellement fait en vertu des lois civiles postérieures à ce traité ?

Mais il est constant que, dès le 9 septembre 1830, les Israélites furent, au point de vue de la juridiction et de l'application de leur loi, pleinement assimilés aux Musulmans. La preuve est — dans l'arrêté, à cette date, du Gouverneur de la Régence, — dans les articles 2 et 11 de l'arrêté du 22 octobre 1830[1], l'article 10 de l'arrêté du 28 mai 1832, les articles 6 et 7 de l'arrêté du 7 août 1832 et l'article 1 de celui du 8 octobre même année, — arrêtés qui, tous, contiennent des dispositions spéciales et distinctes pour les Musulmans, pour les Israélites et pour les Etrangers.

Et quand même les Israélites de la Régence n'auraient pas formé une nation proprement dite, mais une simple agrégation d'individus liés entre eux par la seule loi religieuse, et non par la loi politique et civile, serait-il moins vrai qu'alors qu'il en était ostensiblement ainsi, alors que fut écrit le verset précité du Koran, ni Mahomet, ni ses successeurs, d'accord en cela avec la politique de l'ancienne Rome et la conduite des peuples modernes, et notamment de la France[2] et la plupart des publicistes contemporains, ne cessèrent de respecter et de maintenir leurs usages, leurs lois, leur religion ?

Prétendrait-on avec plus de raison que partager, en Algérie, une succession israélite, autrement que d'a-

---

1. Toutes les causes entre Israélites, tant au civil qu'au criminel, seront portées par devant un tribunal composé de trois rabbins, qui prononcent souverainement et sans appel d'après le *teneos* et suivant les lois israélites.

2. Dès le règne du roi Jean (xvie siècle).

près la loi française, ce serait violer le droit public de la France?—Considération législative et rien de plus, qui tombe devant la volonté contraire de la loi, formellement manifestée dans les textes de loi déjà cités et d'autres que je citerai tout à l'heure. La preuve s'en tire encore du retranchement significatif, dans l'article 31 de l'ordonnance de 1834, d'une disposition qui figurait dans l'article 25 du projet de cette ordonnance, et qui était ainsi conçue : « Il ne peut être dérogé à la loi française en tout ce qui intéresse l'ordre public. » Ce retranchement n'est que la conséquence forcée du maintien jusqu'à nouvel ordre et entre Israélites, aussi bien qu'entre Musulmans, de pactes, conventions et autres actes de la vie civile, qui ne seraient pas pleinement conformes, ou seraient même diamétralement contraires à la loi française et à l'ordre public français [1]. En tous cas, impossible d'en conclure que, par le seul fait de la capitulation, la France a renoncé au droit inaliénable et souverain, et même au devoir et à la mission de tout conquérant civilisateur, de changer, de modifier, de réformer, ou même de supprimer les institutions et les lois du peuple conquis !

Je puis maintenant circonscrire l'examen de notre question dans les seules limites des lois ou ordonnances survenues entre Israélites depuis la capitula-

---

[1]. C'est ainsi qu'on lit dans les *Procès-verbaux* de la Commission d'Afrique qu'il est admis à Alger qu'un juif portugais qui, ayant un établissement en Italie, voudrait se fixer dans la Régence, pourrait avoir laissé une femme à Lisbonne, une seconde à Livourne, et en épouser valablement une troisième à Alger du vivant des deux autres. — C'est ainsi encore que nous admettons la polygamie des Musulmans, etc., etc.

tion, plus particulièrement de l'ordonnance de 1842, et plus particulièrement encore de la loi du 16 juin 1851, puisque, de l'avis, tant des partisans que des adversaires du statut successoral de l'Israélite algérien, le siége de ce statut, si statut il y a, se trouve tout entier dans ces documents.

Rappelons-nous d'abord quelques principes à l'abri de toute contestation.

L'ordonnance de 1842, article 37, dispose, d'une part, que les contestations entre Indigènes relatives à l'état civil doivent être jugées conformément à la loi religieuse, et qu'en pareil cas, s'il s'agit d'Israélites (art. 49), leurs rabbins sont appelés à donner leur avis par écrit; que ces mêmes indigènes sont présumés avoir contracté entre eux selon la loi du pays, sauf convention contraire; que ce mot *indigène*[1], comme l'a plusieurs fois jugé la Cour impériale d'Alger, comprend ordinairement les Musulmans et les Israélites, et que, de même que les premiers sont régis dans leurs rapports avec d'autres musulmans en toute matière, même en matière de succession, par la loi du pays, ainsi les seconds, dans leurs rapports avec les Israélites, sont également régis et en toute matière, par la même loi.

Autant de vérités qui éclatent aux yeux de tous, par la comparaison de ces dispositions avec celles qui commencent et finissent ce même article 37.

En effet, la loi française, régissant toujours les conventions et contestations entre Français et Etran-

---

1. *Vid.* notamment les arrêts des 4 octobre 1852 (Bernard C. Cohensolal), et 16 novembre 1858 (Mardochée de Moïse Amore, David Valensy et autres).

gers, et quelquefois seulement les contestations entre Français et Etrangers ou Indigènes, il est nécessaire d'en inférer cette conséquence que, hors les cas prévus par ces dernières dispositions, c'est la loi du pays, c'est-à-dire suivant les cas, la loi musulmane ou la loi israélite, en tant que ne statuant pas sur des matières purement et essentiellement religieuses, qui doit être appliquée entre les Indigènes musulmans ou israélites. Interpréter autrement l'ensemble de l'article 37, ce serait de deux choses l'une : — ou nier, ce qui est impossible, que les successions israélites puissent être l'objet de contestations du genre de celles dont parle l'article 37 dans ses premier et troisième alinéas, — ou affirmer que ces successions sont soumises à la loi du pays ou au statut mosaïque; ce qui revient à dire que, dans sa formule, l'article 37 renferme toutes contestations possibles entre Indigènes, — et les contestations concernant les conventions et contrats, et celles concernant l'état civil et les successions, — et qu'entre Indigènes les contestations sur les successions ne sont pas régies par la loi française.

Or, ces dispositions sont générales et absolues; elles ne comportent aucune distinction; elles s'appliquent au passé et à l'avenir, aussi bien aux successions mobilières qu'aux successions immobilières.

Franchement, après des dispositions aussi claires et aussi formelles, comment oser soutenir que la succession israélite était soumise à la loi française?

Pareille prétention ne reposerait sur aucune base juridique. S'appuierait-elle sur l'alinéa 2 de l'article 3 du Code Napoléon? Non, certes! Si, en effet, l'Algérie est une terre française, les indigènes de cette terre, Musulmans ou Israélites, simples sujets de la France, et passivement plutôt qu'activement incorporés à elle, ne sont ni Français ni citoyens français, et sous une foule de rapports civils, judiciaires, administratifs, politiques, diffèrent des Français ou citoyens français proprement dits. A supposer même, ce qui est très-contestable, qu'ils soient Français par le seul fait de la conquête ou de l'annexion de l'Algérie à la France, il ne serait ni historiquement ni juridiquement exact de croire que leurs successions sont réglées par la loi française. Il en serait d'eux pour l'Algérie comme des Juifs d'Alsace, par exemple, pour la France, avant le décret du 28 janvier 1790 qui les déclara citoyens français : ils seraient soumis à une législation exceptionnelle, comme le furent pendant longtemps et le sont aujourd'hui encore, dans plusieurs contrée d'Allemagne, leurs coreligionnaires, et voilà tout!

Mais soyons aussi généreux que possible envers nos adversaires. Accordons-leur que l'article 37 ne peut pas être, d'après sa lettre, interprété comme il vient d'être dit! N'est-ce pas ainsi qu'il devrait infailliblement l'être d'après son esprit? Ne suffit-il pas de jeter un rapide coup d'œil sur l'ensemble et l'économie générale de la législation algérienne quant aux Israélites, pour être convaincu que, jugés au début de la conquête par leurs tribunaux et suivant leurs lois, — plus tard, à partir de 1834 et surtout de 1842, le législateur a supprimé ces tribunaux, tout en conservant la loi qu'ils étaient chargés d'appliquer; de sorte que rien n'est changé *légalement* pour eux,

bien que tout, ou presque tout, le soit *judiciairement*
— le magistrat français n'étant guère vis-à-vis d'eux
qu'un organe et un applicateur de cette même loi,
substituée à ces tribunaux, ce qu'était, — vis-à-vis
des étrangers, le *prætor peregrinus* de Rome.

C'est ce que prouvent sans réplique les articles 2 et
3 de l'arrêté du 22 octobre 1830, les articles 6 et 7 de
l'arrêté du 16 août 1832, l'article 43 de l'ordonnance
du 10 août 1834, les articles 37 des ordonnances des
28 février 1841 et 20 septembre 1842, et l'article 49
de cette dernière. On y voit, notamment, qu'appelés dès les premiers jours de la conquête à juger
toutes les causes entre Israélites, les rabbins ne le
sont plus aujourd'hui qu'à émettre leur avis sur les
contestations d'état civil ou à prononcer sur certains
cas d'infractions religieuses ; que conséquemment la
juridiction française a été subrogée à la juridiction
rabbinique, et que, de même que cette dernière, elle
prononce sur *toutes les causes* entre Israélites, tant au
civil qu'au criminel, et cela, sinon suivant les formes
des lois israélites forcément abolies avec la juridiction
israélite elle-même, du moins d'après la teneur de ces
lois. Car aucun texte n'autorise, même indirectement, à penser que ces divers articles ont substitué
le droit français au droit israélite.

Donc l'ordonnance de 1842 consacre et maintient
le statut successoral de l'Israélite algérien.

Il reste à rechercher si la loi de 1851 l'a ou non
modifié. Cette recherche est d'autant plus nécessaire
que c'est sur le terrain de cette loi que les adversaires
du statut personnel, désertant, en quelque sorte,
celui de l'ordonnance de 1842, ont soin de porter le

fort de la discussion. En effet, ils reconnaissent presque tous qu'aux termes de cette ordonnance, les contestations autres que celles relatives à l'état civil des Israélites sont purement et simplement jugées d'après la loi du pays, et qu'il en est de même de leurs conventions entre eux et avec les Musulmans. Ils admettraient volontiers, non-seulement que leur contestations en matière d'état civil doivent être jugées conformément à leur loi religieuse, mais encore que les questions successorales étant des questions qui touchent à l'état civil, devraient, suivant l'ordonnance, être résolues d'après les principes et les dispositions de leurs lois personnelles. Ils concèdent même que ni l'ordonnance, ni le texte, ni l'esprit ne comportent de distinction entre les successions mobilières et immobilières; qu'un droit particulier ayant été accordé par la France aux Israélites d'Algérie par l'ordonnance, il est indifférent qu'ils soient sujets français, et que ce droit ne saurait être amoindri par aucune considération, à moins que, par des dispositions législatives ultérieurement intervenues, il n'en eût été autrement ordonné.

Mais, malgré ces reconnaissances et ces concessions, ils opposent à la conséquence qui en émane tout naturellement l'article 16 de la loi du 16 juin 1861, qui crée, d'après eux, une dérogation formelle, incontestable, au paragraphe de l'article 37 de l'ordonnance de 1842, vont même jusqu'à prétendre qu'aux termes de cet article 16, les *transmissions* de biens entre toutes autres personnes que les Musulmans, et partant entre Israélites, sont régies par le Code Napoléon.

Or, nous prétendons, nous, que cet article, fait exclusivement pour régir les intérêts ou *transmissions* contractuelles des biens, — ne peut être appliqué en matière de successions. Notre prétention est-elle fondée? Examinons.

Et d'abord, remarquons que les expressions dont se sert le législateur, et surtout le législateur algérien, généralement peu habitué à l'exactitude et aux idiotismes du style législatif et juridique, doivent, sauf nécessité absolue du contraire, être prises dans leur acception naturelle et vulgaire; qu'à l'égard du mot *transmission* inséré dans l'article 16 de la loi de 1851, quelle qu'en soit la signification, il est nécessaire de l'accepter sans commentaires dans son sens le plus naturel, — alors surtout qu'il se trouve dans une disposition relative à un droit antérieur qui, bien que dérogeant au droit commun, n'en constitue pas moins le droit spécial d'une notable partie de la population algérienne, — alors encore qu'il s'agit d'une de ces dispositions de droit civil qui ont plus d'un trait avec le droit politique et public, et sont, en quelque manière, placées sous la tutelle de ce dernier.

Cela posé, quelle est l'idée que le mot *transmission* de biens présente, de prime abord à l'esprit? L'idée d'une transmission *entre-vifs*, et rien, dans le contexte général de cette loi, n'indique, même implicitement, qu'il puisse être pris dans le sens tout à la fois d'une transmission par contrat et d'une transmission par succession. Le contraire semblerait bien plutôt résulter de l'article qui le précède et de l'article qui le suit. En effet, dans le premier de ces deux articles il est question d'*aliénations* et *acquisitions* nulles entre parties *contractantes*; et dans le second, d'*actes translatifs de propriété* et de *transmissions de biens*. Or, ce dernier mot est incontestablement pris là dans le sens d'*acte translatif de propriété entre-vifs*. Du reste, le législateur algérien n'ayant, jusques-là, dans aucun arrêté, ordonnance, décret ou loi, parlé de *successions indigènes* autres que celles des Musulmans, il serait par trop singulier d'affirmer qu'il en a parlé dans notre article en termes exprès et formels? Non, mais à l'aide d'un seul mot, — jeté comme en passant, dans une loi sur la constitution de la propriété, — ordinairement employé dans une acception différente, — et, en tous cas, susceptible d'interprétations diverses. On en conviendra sans peine en l'absence d'un terme clair, précis, exclusif de toute interprétation, encore faudrait-il démontrer, par les motifs de la loi ou autrement, que ce mot n'a pas été mis par mégarde dans cette loi, pour modifier, notamment à l'égard des successions, le droit précédemment en vigueur. Sans cela, il serait par trop facile et par trop commode, au moyen d'une argumentation subtile, forcée, téméraire, nécessitée par le seul besoin d'une thèse neuve et hardie, de substituer l'application arbitraire de la pensée du juge à la pensée certaine du législateur, et de bouleverser de fond en comble l'ensemble d'une législation.

Non! ce n'est point ainsi que procède un législateur intelligent et éclairé! Lorsqu'il entend édicter un droit nouveau, il le fait habituellement par une disposition expresse qui témoigne, sans équivoque, de sa volonté à cet égard. Et si cela est vrai d'un texte édicté sur une matière neuve et imparfaitement réglée, à plus forte raison doit-il l'être d'un texte appartenant à une législation déjà ancienne, écrit dans une disposition sur le même objet et destiné à perfectionner une législation préexistante. Dans ce cas, le législateur s'attachera infailliblement à ne laisser subsister, ni par inadvertance, ni pour toute autre cause, aucun doute, aucune incertitude sur le sens de cette disposition.

Or, ces principes n'ont été méconnus ni oubliés par le législateur de 1851. Constituant à nouveau la propriété algérienne, il n'a rien négligé de ce qui se rapportait soit aux bases, soit aux développements normaux de la nouvelle constitution qu'il voulait lui donner. Ce n'est qu'accessoirement et dans le seul but d'écarter certaines formalités et d'établir une disposition nouvelle touchant la vente des immeubles habbous et le droit de cheffaâ, qu'il a parlé de transmission entre-vifs de ladite propriété. Il n'avait donc pas à s'occuper d'autres genres de transmissions, fidèle en cela, à la méthode suivie par les rédacteurs du Code Napoléon, qui ont consacré des livres spéciaux à la propriété, aux différentes modifications de la propriété et, en outre, aux différentes manières dont on l'acquiert.

Que faudrait-il de plus pour repousser l'argument qu'on veut tirer de l'article 16 contre l'existence du statut successoral israélite? argument consistant à dire que le mot *transmission* mis au pluriel dans l'article 16, embrasse nécessairement tous les modes à l'aide desquels la propriété est appelée à passer de la tête de l'un sur la tête de l'autre, que c'est pour cela qu'il ne s'est point servi de ceux de *vente, aliénation, transaction, convention,* qui ne pouvaient exprimer qu'un certain nombre d'idées restreintes, et que la preuve en est dans le rapprochement de ce mot avec les dispositions de l'article 711 du Code Napoléon, ainsi conçu : « La propriété des biens s'acquiert et se *transmet* par succession, par donation entre-vifs ou par testament et par l'effet des obligations ?

Cependant, pour combattre toutes les raisons spécieuses dont s'appuie cet argument, poussons plus loin encore la démonstration, et suivons pas à pas nos adversaires dans cette partie de leur argumentation.

Afin de prouver la volonté du législateur de comprendre sous la formule de l'article 16 toutes les transmissions quelconques, même celles par successions, et de créer un droit nouveau, ils se fondent sur les circonstances dans lesquelles est intervenue la loi de 1851. — Antérieurement à cette loi, disent-ils, les contrats de toutes sortes étaient déjà réglés, sans contestation, entre toutes personnes autres que les Musulmans, par les dispositions du Code Napoléon; le législateur de 1851, voulant rompre avec le passé pour les successions spécialement, a ramené par l'article 16 les droits de chacun à l'application des grands principes posés dans l'article 3 du Code Napoléon. D'ailleurs, il est de l'essence même des choses que les immeubles dont l'ensemble forme le territoire public d'un peuple soient exclusivement régis par les lois de ce peuple : enfin, c'est précisément pour éviter toute confusion ou toute fausse interprétation, et pour qu'il fût désormais bien entendu qu'à ses yeux il n'y avait plus que deux catégories d'habitants en Algérie, les Musulmans et les non-Musulmans, et partant les Israélites, que le législateur français n'a pas employé, dans l'article 16, le mot élastique d'*Indigènes*.

— Mais rien n'est plus aisé que de détruire par sa base cet habile échafaudage d'une argumentation aussi subtile et aussi spécieuse que fragile et hasardée. Il n'y a qu'à consulter les documents de la législation française et ceux surtout de la législation algérienne, pour être convaincu qu'en thèse générale le mot *transmission* n'y est pris que dans le sens de disposition par *contrat* ou *donation entre-vifs*.

En effet, que la loi du 22 frimaire an VII, dans un grand nombre de ses articles, l'emploie dans ce sens, — tantôt seul et isolé, tantôt accompagné des mots complémentaires *entre-vifs* ou *par décès*, toutes les fois qu'elle y attache la signification de *disposition à cause de mort*, elle s'en explique avec soin, tandis qu'elle s'en sert sans aucun complément ni addition quand elle entend parler d'une *transmission entre-vifs* quelconque, d'une *vente,* d'une *aliénation,* d'une *transaction*; et dans ce cas, *transmission* est synonyme d'*acte translatif de propriété,* — expressions qui supposent l'intervention de la volonté de l'homme, un *contrat* — ou une *convention* — incompatibles avec toute idée de succession *ab intestat*, ou d'application de l'adage : *Le mort saisit le vif.* C'est là ce que signifient, dans la loi précitée, les mots *transmissions de propriété ou d'usufruit.* Mais il y a plus! Ceux de *transmissions de biens*, reproduits dans le susdit article, se trouvent identiquement dans l'article 10 de la même loi, article dont l'entière teneur prouve invinciblement qu'il s'agit là de *transmissions* de biens par *contrats* et non autrement; Et ce qui prouve encore que tel en est, en France, le sens normal, c'est la loi du 23 juin 1857 sur les finances, dite loi de *transmissions,* où il n'est question que d'actes *translatifs de propriété* d'actions *entre-vifs* et à *titre onéreux.*

Telle est aussi et constamment l'acception de ce mot dans le langage de la législation algérienne. A partir du premier jour de la Conquête jusqu'en 1851, et même à une époque moins éloignée, ce mot y a toujours été employé pour exprimer les *translations contractuelles* de propriété; entre mille autres exemples de ce fait, on peut citer l'arrêté du 7 mai 1832, qui interdit toutes les *transmissions* d'immeubles de Musulmans à Chrétiens, — l'arrêté du 28 mai suivant, sur la conservation des hypothèques, qui range les *aliénations d'immeubles* sur la même ligne que les *transmissions* de ces immeubles, — l'arrêté du 4 juin, même année, qui réglemente les locations et baux d'immeubles domaniaux, — l'arrêté du 3 septembre 1833, qui interdit *toute transmission* d'immeubles entre Indigènes et Européens, — l'arrêté du 2 avril 1834, — l'arrêté du 28 octobre 1836, suspensif de toute *transmission d'immeubles* dans les provinces de Bône et de Constantine, lequel mêle et confond ensemble les mots *transmissions* et *transactions,* corrélatifs à celui d'*actes translatifs* de propriété ou usufruit, — l'arrêté du 14 mai 1841 sur la forme des ventes de biens domaniaux, dont l'article 3 parle de tous actes portant *transmission de biens* en propété ou usufruit,

— l'arrêté du 12 mars 1844, où les mots *transactions immobilières* et *transmissions* d'immeubles de propriété en propriété ou usufruit sont indifféremment employés, — et une foule d'autres rendus de 1844 à 1851 inclusivement, notamment celui du 16 juin de cette même année, qui dispose que le concessionnaire peut *transmettre* sa concession à titre onéreux ou à titre gratuit.

Mais ne peut-on pas objecter que de toutes ces lois, de tous ces arrêtés, il ne résulte, quant à la signification du mot *transmission*, entendu comme synonyme de *transaction contractuelle*, dans l'article 16 de la loi de 1851, qu'un simple préjugé? Ne peut-on pas dire que la preuve de cette signification se trouve dans le contexte même de cette loi ; qu'elle résulte des travaux préparatoires et de la discussion de cette loi, et cela avec toute la clarté et toute la certitude qu'on est en droit d'attendre d'une loi dérogatoire à une loi antérieure, laquelle n'est elle-même que la résultante de l'ensemble de la législation qui l'avait précédée ; qu'il doit d'autant mieux en être ainsi que, comme on le voit dans l'article final de cette loi, le législateur a voulu y abroger tous les actes législatifs antérieurs, analogues ou contraires à l'objet de cette loi?

Voici notre réponse : La pensée du législateur algérien apparaît toute entière dans les Rapports de la Commission nommée pour l'élaboration de cette loi, et qui en sont le meilleur commentaire. On y lit qu'en présence de la situation toute nouvelle qui avait ramené les choses à leur état normal, il ne fallait pas contrarier des habitudes fondées sur les lois les plus certainement acceptées, en imposant aux *Indigènes* entre eux l'emploi de formalités proposées par le Gouvernement, et qui n'étaient, en aucune manière, de l'essence des *contrats*. Sans toucher au fond du droit qui régissait la propriété en Algérie à l'égard des Musulmans, des Arabes, ou plus généralement des Indigènes entre eux, l'intention du législateur n'a été que de refuser de mettre à la place du spiritualisme du droit jusque-là pratiqué en matière de *transactions* et de *contrats*, le matérialisme de formes solennelles et particulières que le droit commun n'exigeait pas, d'affranchir par là de toutes formalités qui ne seraient pas prescrites par la loi de frimaire les *transactions* sur cette propriété de Musulmans à toutes autres personnes, Israélites, Français et Etrangers, et de laisser à la propriété possédée par d'autres que les Musulmans toute la liberté d'action quelle a en France. Ainsi donc, l'article 16 n'a eu pour but que de constater que, comme par le passé, contrairement au projet du Gouvernement, on admettrait désormais comme valables entre Musulmans, de même qu'entre toutes autres personnes, tous actes translatifs de propriété d'après le Droit Musulman, quand bien même ces actes n'auraient été ni faits dans la forme authentique, ni transmis sous peine d'amende au bureau des hypothèques, — toutes formalités que la Commission jugea plus convenable de laisser au libre choix de chacun.

De là plusieurs conséquences : Tout d'abord, notre article 16, loin d'avoir pour but d'introduire un droit nouveau à l'égard des Israélites entre eux, a formellement maintenu le droit antérieurement existant.

Et, ensuite, ni directement ni indirectement, il n'a entendu modifier ce droit, en tant que régissant leurs successions. C'est donc à tort que, pour repousser cette double conséquence, on allègue qu'avant la loi de 1851 les contrats de toutes sortes étaient déjà régis, entre toutes autres personnes que les Musulmans, par les dispositions du Code Napoléon et que, conséquemment, si les transactions dont il parle ne devaient pas s'étendre aux successions, il ne serait qu'un pléonasme inutile, une stérile redondance.

Mais peut-être reste-t-il encore l'ombre d'un doute sur le sens du mot *transmission* de biens dans l'article 16. Qu'on se rappelle alors les expressions employées par le législateur dans les rapports précités [1]. Là, en effet, de même que dans la loi qui les a suivis, pour ne pas répéter trop souvent ce mot, il en épuise tous les synonymes : *vente, aliénation, acquisition, acte translatif de propriété,* et il se sert, en outre, comme terme générique, du mot de *transaction* et de *contrat*, qui exclut toute idée d'une *transmission par succession*, dont on chercherait inutilement la trace, soit dans la lettre de la loi de 1851, soit dans les rapports, soit dans les travaux préparatoires, soit même dans l'ordonnance sur les successions vacantes.

Or, le silence du législateur à cet égard est significatif. Si, comme on l'a prétendu, il avait voulu le

---

[1]. *Adde* celui sur les *acquisitions* d'immeubles, du 17 mars 1834 (Commission d'Afrique), où on lit à chaque page et presque à chaque ligne les mots *transmissions d'immeubles par vente*, ou *transactions* relatives aux immeubles, *acquisitions* d'immeubles. — *V.* aussi Genty de Bussi, *op. cit.*, t. II, p. 315.

rompre dans l'article 16 de la loi, et surtout le rompre dans un sens contraire aux dispositions de l'article 37 de l'ordonnance de 1842, il n'eût pas manqué, pour prévenir tout doute et lever toute équievoque, d'édicter une disposition non moins claire et non moins formelle que celle, par exemple, de l'article 12 de l'arrêté du 24 avril 1834 sur le séquestre : « Tous actes translatifs de propriété ou d'usufruit *à titre onéreux* ou *gratuit entre-vifs* ou *à cause de mort*, concernant les biens meubles ou immeubles placés sous le séquestre, sont interdits ». C'était là une formule toute trouvée et la meilleure de toutes pour exprimer tous les modes de *transmission* de l'article 713 du Code Napoléon.

Du reste, s'emparer, comme le font nos adversaires, d'un mot à plusieurs sens et, à certains égards, équivoque, pour en faire jaillir toute une théorie en désaccord avec le droit et la jurisprudence antérieure, et sur un point aussi important et aussi pratique que le droit de succession, n'est-ce pas élever une vaste et lourde construction sur une base aussi étroite que fragile, que ne sauraient accepter ni la raison naturelle, cette loi tacite, ni la logique juridique? — ou bien encore n'est-ce pas fonder une décision juridique sur une pointe d'esprit[1] plutôt que sur l'autorité des lois?

Mais il y a plus! Cette interprétation, qui ne repose que sur des conjectures et des subtilités, est contredite et mise à néant par le législateur lui-même, dans

---

1. C'est bien ici le cas de dire avec Bacon : *Ubi non adest norma legis, omnia pro suspectis habenda sunt.*

un rapport sur le décret du 16 février 1859 [1], sur a liberté de certaines transactions immobilières, et dont l'article 2 porte que la *transmission* des biens est réglée conformément à l'article 16 de la loi du 16 juin 1851. Dans ce décret, le mot transmission, qui est l'équivalent de transaction ou de contrats immobiliers, a évidemment la même signification que dans l'article 16 de la loi à laquelle le législateur lui-même a soin de renvoyer, et il en est de même dans le décret du 30 octobre 1858, extensif de l'article 17 de cette loi, où il n'est question que de *transactions* et d'actes translatifs de propriété. Ce décret peut, doit être considéré comme le commentaire législatif de l'article 17 et de l'article 3 de l'ordonnance du 1er octobre 1844, — et traduit par les mots génériques *transactions*, *actes translatifs* de propriété, *transmissions*, employés dans cet article.

Or, cette interprétation législative, déjà si concluante par elle-même en faveur du maintien du statut successoral des Israélites, l'est bien davantage encore, si on songe que les auteurs de cette loi et de ces décrets avaient sous les yeux plusieurs actes antérieurs de la législation algérienne sur la même matière, où les mots *transactions* et *transmissions* ont le même sens, et auxquels ils se sont tout naturellement reportés.

Ainsi donc, à tout prendre, posée en face de l'article 16 de la loi de 1851, la question se réduit à savoir si ou non cette loi a abrogé l'article 37 de l'ordonnance de 1842.

---

1. *Magis valebunt acumina ingeniorum quam auctoritate legum.* Bac. Aph.

Or, au nom des principes d'une saine interprétation, la négative nous paraît certaine.

Il est universellement admis que, lorsqu'une loi est claire et précise, elle ne peut être considérée comme abrogée qu'autant qu'elle a été expressément révoquée par une autre loi également claire et précise. Ce n'est donc pas par de simples inductions qu'on peut fonder une dérogation à une loi formelle ; il faut un texte ! Mais, je l'ai dit, ce texte n'existe nulle part. D'ailleurs, il s'agit ici d'une loi générale qui dérogerait à une loi spéciale antérieure, et il est de principe que les lois générales ne dérogent aux lois spéciales que sauf dispositions contraires ou impossibilité de les concilier entre elles [1] ; ce qui, nous l'avons vu, n'a pas lieu dans l'*espèce*.

Et puis, aux termes de l'article 23 et dernier de la loi de 1851, n'est-il pas certain que l'article 37 tant de fois cité n'a subi aucune dérogation ; — En effet, cet article abroge très-explicitement, en tout ce qu'ils ont de contraire à cette même loi, les ordonnances, arrêtés et règlements antérieurs, relatifs au domaine national, au domaine départemental, au domaine communal, et à la propriété privée en Algérie, etc., c'est-à-dire correspondant aux principaux titres de cette loi. Et ce qui n'est pas moins certain, c'est qu'il respecte l'article 37. Or, cette abrogation, bien différente de celle prononcée par la plupart des arrêtés et même des ordonnances régissant l'Algérie, comprend nominativement tout ce qu'elle abroge ; et si l'article précédent maintient deux ordonnances sur la vé-

---

1. *Posteriores leges ad priores pertinent, nisi contrariæ sint.* (D., l. XXVIII, *De leg.*)

rification de titres de propriétés et sur le séquestre, il n'est pas possible d'en conclure à une abrogation tacite et par voie de simple prétérition de l'article 37[1]?

Et la raison ne nous enseigne-t-elle pas que la nature et la portée de la loi qui abroge ne peuvent mieux s'apprécier que par celles de la loi qui est abrogée; que rien ne sert à connaître l'esprit d'une loi générale et nouvelle qui maintient, provisoirement ou définitivement, certaines dispositions d'une loi ancienne et spéciale, comme le caractère de ces dispositions? Dès-lors, la lecture combinée des articles 21, 22 et 25 de la loi de 1851, ne prouve-t-elle pas incontestablement que cette loi n'a statué que sur la constitution de la propriété publique et privée, la disposition ou transmission de la propriété privée entre-vifs, et nullement sur les transmissions par voie de succession?

Combattons une dernière objection. En désespoir de cause, et transformant une question de droit en une question de législation, nos adversaires invoquent les vues fécondes et élevées du législateur de 1851, et lui prêtent gratuitement la pensée de soumettre les successions israélites à l'empire de l'article 3 du Code Napoléon. Mais si fécondes, si élevées que puissent et doivent être les vues d'un législateur appelé à fondre des peuples divers dans le moule de l'unité législative et civilisatrice, il n'en est pas moins nécessaire de prouver que telle ou telle de ses prescriptions en particulier a été inspirée par le désir de les réaliser.

---

1. *Decernendi contrà statutum* EXPRESSUM, *sub* ULLO *æquitatis* PRÆ-TEXTU... *jus ne esto, omnia ex arbitrio pendeant.* Bac. Aph.

Or, rien de semblable ne résulte, ni de près ni de loin, soit du texte, soit des rapports, soit de la discussion de la loi de 1851, et alors même qu'on pourrait argumenter à cet égard d'expressions isolées, ou même de certaines considérations générales, ces expressions ou considérations devraient fléchir et devant l'esprit et devant la lettre de l'article 37 de l'ordonnance de 1842.

— Mais des raisons économiques et politiques commanderaient et commandent effectivement, au point de vue du statut réel, comme sous le rapport du statut personnel, l'assimilation, ou mieux, l'identification de l'Israélite algérien avec l'Israélite français.

Sans doute, en bonne économie sociale et politique, les Israélites d'Algérie, préparés depuis longtemps au bienfait de la naturalisation politique et civile, sont pleinement dignes d'un décret, d'une loi qui le leur accorderait sans restrictions ni réserves, à l'instar du décret de 1807 qui le conféra à leurs coréligionnaires de France.

Mais ce décret a-t-il été rendu, et, sous peine de s'ériger en législateur et de juger la loi[1], et non selon la loi, le juge ne doit-il pas, bonne ou mauvaise, appliquer cette loi telle qu'elle est ? Oui, il est bon, désirable, opportun, juste qu'en 1864 la succession mosaïque fasse place à la succession française, plus qu'aucune autre fondée sur des principes d'égalité et de justice ! Mais il n'en eût pas moins été d'une mauvaise politique et d'une administration

1. Expressions de d'Argentré.

imprudente de substituer, dès 1830, 1834 et même 1842, la seconde à la première. Car tout dans l'histoire des populations algériennes se réunissait pour démontrer que c'eût été là une mesure prématurée, dangereuse, et peut-être même une source d'inconvénients, de confusion et de désordre.

Dira-t-on que décider notre question dans le sens de la succession israélite, c'est aller contre le but d'assimilation que la France poursuit en Algérie! soit; mais n'est-ce pas le devoir et l'honneur du juge d'appliquer, en tant que juge, la loi qu'il désapprouve[1] en tant que publiciste, ou dont il demande l'abrogation en tant que législateur, parce qu'avant tout, comme l'a dit un ancien ministre[2] de la justice il faut respecter la loi? Décider autrement, ce serait préférer à une solution tout à la fois historique et juridique, une solution marquée d'un caractère d'innovation que rien ne justifie et dont rien ne pourrait l'absoudre, ni l'insuffisance de la loi, ni même le progrès dont elle serait l'expression; et cette solution, si rationnelle et si légitime fût-elle en législation, ne pourrait être acceptée en droit sans faire violence au texte et à l'esprit de la loi.

Donc, et c'est là notre conclusion, donc, à quelque point de vue que l'on se place, à quelque moyen d'interprétation qu'on recoure, à quelque élément de conviction théorique ou pratique qu'on s'adresse, il faut absolument de deux choses l'une : ou sacrifier les règles fixes et certaines d'une saine application de

---

1. M. le sénateur Delangle, *Traité des Sociétés*.
2. Cour d'Alger.

la loi aux conceptions variables et douteuses d'une hardie, mais trop souvent téméraire spéculation, ou bien s'incliner humblement devant ces règles, et sans tenir compte d'un système d'interprétation progressiste, mais arbitraire, adopter avec regret, mais enfin adopter la seule solution à laquelle conduisent de concert et la lettre et l'esprit de la législation actuelle, et, dans ce cas, se résigner à attendre avec confiance, tout en la provoquant par des vœux incessants et de persévérants efforts, la victoire du droit commun sur le droit exceptionnel, le triomphe du droit français sur le droit israélite.

Or, cette preuve, les adversaires de notre thèse ne peuvent la trouver ni dans le texte ni dans l'esprit de la législation algérienne.

Comment trouver ce qui n'existe pas ?

Mais, poursuivons.

XVIII

J'ai parlé jusqu'ici du statut personnel et du statu réel israélite. Je me suis occupé du mariage et de la succession de l'Israélite algérien. Pour parcourir en entier le cercle des questions juridiques que je me suis posées, j'arrive maintenant au statut, partie personnel, partie réel, au statut *mixte*, à l'*hypothèque* de la femme israélite, et aux effets de cette hypothèque au regard des tiers non israélites.

Je dis *tiers non israélites,* et ce n'est pas sans raison; car s'il ne s'agissait que de savoir quels sont ces effets vis-à-vis des tiers israélites, nous n'aurions guère qu'à consulter la législation mosaïque.

Or, même réduite à ces termes, la question que nous allons examiner, n'en est pas moins une des plus difficiles et des plus graves du Droit algérien. De même que celle de savoir si la femme étrangère a une hypothèque légale sur les biens de son mari situés en France, a soulevé dans la jurisprudence métropolitaine de vives controverses, ainsi notre question a fait surgir au sein de la jurisprudence algérienne de profonds dissentiments et des décisions opposées [1].

Je ne devais donc pas hésiter à lui consacrer une étude spéciale.

J'avais à opter entre la dissertation proprement dite et la simple thèse. J'ai cru devoir recourir tour à tour à l'une et à l'autre, m'efforçant de mêler, dans une juste proportion, l'élégance et l'attrait de la forme à la correction et à la solidité du fond, et d'éviter avec soin tout ce qui tendrait à donner à cette partie de ma tâche un caractère et des développements trop techniques.

Posons d'abord notre question.

La voici dans sa plus grande simplicité :

La femme israélite d'un Israélite algérien a-t-elle vis-à-vis des tiers européens ou musulmans, sur les biens immeubles de son mari situés en Algérie, l'hypothèque légale accordée par la loi française à la femme française ?

En d'autres termes, et pour la préciser davantage :

---

[1]. Jugement du Tribunal supérieur d'Alger, Simpa, C. Rettoré, 20 mars 1841. — Arrêt de la Cour d'Alger, Cordoremer, C. Dayan, 25 mai 1852. — Saget, C. Karsenty, 3 avril 1853.

La femme israélite d'Algérie peut-elle exercer l'hypothèque légale de la femme française?

Question importante, question grave, parce qu'elle touche tout à la fois à la constitution et à la conservation de la famille, à la dignité et à la fortune de la femme, à la capacité juridique du mari, à la liberté des transactions, et, par suite, à l'intérêt particulier autant qu'à l'intérêt public!

Je me prononce hardiment pour la solution négative, et j'en déduis la preuve :

1° Des principes généraux de notre droit hypothécaire;

2° De la nature juridique de l'hypothèque en gégéral, et de l'hypothèque légale en particulier.

Dans le cours de ma démonstration, je rencontrerai plus d'une objection et plus d'une difficulté. De là la nécessité pour moi de m'engager dans d'apparentes digressions, forcé que je serai de suivre mes adversaires dans le cœur même de leurs systèmes. Peut-être même, pour mettre ma thèse à l'abri de toute attaque, serai-je quelquefois obligé de la défendre et de la protéger par des arguments accessoires, subsidiaires, sans lien, sans connexité sensible avec mes principaux arguments. Mais tout en cédant aux nécessités de la discussion, je n'aurai garde de me laisser entraîner par elles au delà des limites restreintes dans lesquelles je me propose de la renfermer.

Il m'arrivera souvent de dire de la femme israélite ce que je dirais de la femme étrangère. Qu'on n'en soit pas surpris. A l'égard de notre question, la femme étrangère est, à peu de chose près, dans la même situation juridique que la femme israélite, parce que celle-ci, je l'ai déjà prouvé et je le prouverai encore, quelle que soit d'ailleurs son assimilation avec la femme française, n'est pourtant pas française, ressemble conséquemment à la femme étrangère, et, sous certains rapports, peut être juridiquement réputée étrangère.

Avant tout, un mot sur le mariage israélite et sur le régime des biens des époux Israélites en Algérie.

Le mariage est la cause génératrice de l'hypothèque légale de la femme : pas de mariage, pas d'hypoque légale.

I. — Le mariage rabbinique ou religieux est le seul usité dans presque toutes les localités de l'intérieur. Ce n'est guère que dans les grandes villes, comme Alger, Oran, Constantine, et quelques autres rapprochées du littoral, que les Israélites se marient civilement, devant l'officier de l'état civil français.

Rien de simple, rien de patriarcal comme les formes du mariage israélite, si toutefois on peut appeler de ce nom la bénédiction nuptiale[1] — prononcée devant dix témoins adultes[2], y compris l'époux — suivant une formule consacrée qu'on trouve dans tous les livres de prières, — et par n'importe quelle personne; car, chose remarquable, il n'est pas nécessaire que le ministre de la religion intervienne. Il en est, sur ce point, des Israélites de l'Algérie comme

1. Calquée en quelque sorte sur celle de Raguel, mariant Sarah, sa fille, avec le fils de Tobie : « Que le Dieu d'Abraham, le Dieu d'Isaac et le Dieu de Jacob soit avec vous! que lui-même vous unisse, et qu'il accomplisse sa bénédiction en vous! » Tob., chap. vii, v. 15. Traduction de Lemaistre de Sacy.
2. Ruth, chap. iv.

des Israélites de l'ancienne Palestine : l'intervention du Rabbin, quoique admise, consacrée par l'usage, et même recommandée par les *Hakamims* ou Docteurs de la loi, n'est pas obligatoire, et de nos jours, de même que du temps de Tobie, la bénédiction paternelle peut, en général, tenir lieu de la bénédiction rabbinique.

Ce qui prouve encore combien, à la différence du mariage chrétien ou européen, le mariage israélite est ennemi de tout formalisme et de toutes solennités analogues à celles qui précèdent ou accompagnent le mariage français, c'est la cérémonie dite *kidouschim*, qui n'est pas, il est vrai, le mariage dans le sens ordinaire de ce mot, mais qui produit les mêmes effets que le mariage lui-même. Un homme donne à une femme, de son consentement et en présence de deux témoins, un objet quelconque, une bague, une pièce de monnaie de la plus minime valeur (*nummulus*), et toujours du consentement de la femme, prononce devant ces témoins la formule sacramentelle : « Par ceci, sois-moi consacrée, sois mon épouse! » *ex hoc nummulo sponsa sis* [1]; et voilà des fiançailles légalement valables, que dis-je, des fiançailles! voilà une union indissoluble, ayant force de mariage! voilà une femme enchaînée à un homme jusqu'à la mort, ou à un divorce, qui, seuls, peuvent briser le lien créé par cette formule!

Peu importe que le mariage israélite soit célébré en présence ou en l'absence des parents ou amis; la volonté des futurs époux, la bénédiction sacramen-

---

[1]. Selden, *Uxor hæbraica*, t. II, chap. I, p. 128. — *Voir* aussi la *Michna*.

telle, et, suivant les cas, dix ou deux témoins, — il ne faut rien de plus pour le constituer.

Dès lors, peu importera aussi le lieu de la célébration : il pourra être indifféremment la maison de l'un des époux, ou toute autre maison. Habituellement, en Algérie, le mariage est célébré dans la maison de l'époux ; mais il peut l'être en plein air. Quant à la synagogue, ce n'est que par exception qu'on y célèbre un mariage.

Ainsi se célébraient en Algérie les mariages israélites avant la Conquête ; tels ils se célèbrent encore aujourd'hui, et nous connaissons personnellement, dans la province de Constantine, des époux qui ne se sont pas mariés autrement que par le *kidouschim*.

Il résulte de ce que je viens de dire que les cérémonies religieuses qui entourent quelquefois le mariage israélite, loin d'être l'élément principal des *justes noces*, n'en sont, au contraire, que le simple accessoire. Il en résulte encore que le mariage a pour caractère principal et dominant d'être un contrat naturel plutôt qu'une institution sociale, l'œuvre de l'individu plutôt que l'œuvre de la société, un acte, en quelque manière, civil plutôt qu'un acte religieux.

Mais il n'en est pas de même de l'acte destiné à constater et à fixer les conditions du mariage. Dans la nécessité de cet acte pour constituer un mariage, nécessité qui en fait moins un contrat de mariage dans le sens de la loi française que la partie intégrante d'un acte religieux ou d'un sacrement, nous allons voir apparaître le caractère éminemment religieux, le cachet essentiellement théocratique de la loi mosaïque.

II. — Nous lisons dans le livre de Tobie que Raguel, après avoir béni le jeune Tobie et Sarah, sa fille, prit du papier et fit l'écrit du mariage[1]. Cet écrit ou *kéthoubah*, c'est la constatation des conditions du mariage, la constitution dotale, c'est le contrat de mariage israélite.

En Algérie, pas de mariage israélite, ou tout au moins d'*union régulière* sans kéthoubah, de sorte que la kéthoubah est non-seulement le contrat de mariage, mais encore l'acte de mariage[2].

Il est généralement, peut-être même pourrait-on dire toujours, rédigé et signé par le Rabbin de la communauté dans le sein de laquelle a lieu le mariage.

Ne fût-ce que ses hardes ou vêtements, la femme apporte toujours une dot (*nédunia*)[3] à son mari, et si, comme on le lit dans un ouvrage justement estimé[4], les dots étaient inconnues chez les Israélites, cela ne doit s'entendre que des temps patriarcaux, et même alors, d'après le même ouvrage, les filles riches avaient une sorte de dot consistant en quelques esclaves affidées qu'elles emmenaient avec elles de la maison paternelle, et dont elles conservaient le droit de disposer comme de leur bien propre.

C'est une erreur de croire qu'à l'instar de la femme lacédémonienne, germanique ou arabe, la femme

---

1. Tob., *loc. cit.*, v. 16.
2. Sans la *kéthoubah*, le mariage est considéré comme entaché de concubinat, ou tout au moins contraire à une prescription religieuse.
3. Ce mot n'indique donc pas seulement, comme le pensent quelques jurisconsultes, le *douaire* ou *augment* de dot.
4. Lettres de quelques Juifs portugais écrites à M. de Voltaire, par l'abbé Guénée, édit. de 1815, t. III, p. 265.

israélite n'apporte pas une dot à son mari, et qu'au contraire, c'est le mari qui apporte la dot à sa femme, et il n'est pas plus exact de penser avec certains publicistes, égarés par de faux renseignements ou de faux aperçus juridiques, que sauf de légères différences, l'association des époux israélites, quant aux biens, est soumise non au régime dotal, mais bien au régime exclusif de communauté, tel qu'il est consacré dans la section ix du titre v, liv. III du Code Napoléon.

Est-il vrai que la kéthoubah n'avait pas d'effet tant que la femme n'avait pas été conduite dans le lit conjugal[1], parce que jusque-là elle n'était que fiancée? C'est ce que nous n'oserions affirmer, bien que nous inclinions à penser que le *concubitus*, n'étant chez les Israélites qu'un des trois modes de fiançailles[2], le mariage, pour être autre chose, devait naturellement se consommer, après la bénédiction nuptiale, par un acte équivalent à la tradition de la femme entre les mains du mari, lequel en prenait ainsi possession, et à ce que les Romains nommaient *deductio in domum*. Alors seulement le mariage était contracté; alors la *kéthoubah*, de projet qu'il était, devenait une réalité.

III. — Quoi qu'il en soit, voyons quelle est sa portée juridique et quels droits il confère à la femme.

Il est un fait hors de tout doute, c'est que le régime des époux israélites est toujours et partout le régime dotal.

---

1. Dalloz, *Répert.*, v° *Mariage*.
2. Elles avaient lieu par convention écrite, *pactionis libello*, par la remise d'une pièce de monnaie, *nummuli datione*, et par l'acte conjugal, *concubitu, coitu*.

Pas plus que sous la loi romaine, le régime de la communauté n'a existé sous la loi hébraïque, et ni dans les livres canoniques de la Bible, ni dans les monuments de la Tradition, ni dans les Codes rabbiniques, vous ne trouveriez rien de semblable.

Chez les Israélites, comme chez les Romains, la femme n'avait ni ne devait avoir une part quelconque dans les biens apportés par son mari ou par lui acquis pendant leur union. Participait-elle en aucune façon à l'acquisition, à l'augmentation, à la conservation, à l'administration de ces biens? était-elle, à ce point de vue, l'aide, la collaboratrice, l'associée de son mari? Pour qui a quelques notions sur la vie et la destinée de la femme romaine et juive, impossible de ne pas répondre négativement. A Rome et à Jérusalem, si ce n'est dans de rares et exceptionnelles circonstances, la femme n'intervient ni de droit ni de fait dans le maniement et la gestion des intérêts de la famille. Sa place est fatalement marquée au coin du foyer, et sa tâche, fût-elle de race royale, toute intérieure et cachée, se borne aux humbles soins du ménage[1].

Tenons donc pour certain que le régime dotal analogue, sinon identique au régime dotal, romain ou français, est le seul régime matrimonial connu et pratiqué chez les Israélites de tous temps et de tous pays, et si, ce qui est, je crois, sans exemple, des époux israélites algériens s'étaient mariés sans kéthoubah, ou bien encore, s'ils étaient dans l'impossibilité absolue de la montrer, gardons-nous d'en conclure que, con-

---

1. Le Psalmiste a dit : *Omnis gloria filiæ regis* AB INTUS.

formément à la loi française, leur mariage serait régi, quant aux biens, par le principe de la communauté.

Encore moins serait-il légitime, du moins à l'égard des Israélites entre eux, de tirer pareille conclusion de ce fait que, depuis 1841 [1], la *kéthoubah* n'a de valeur ni comme acte authentique ou notarié, ni comme acte sous seing privé. Ce serait jeter une immense perturbation dans toutes les familles et dans toutes les classes de la population israélite; car, à cette heure, les contrats de mariage par devant les notaires français sont encore l'exception et la kéthoubah la règle. Et cela est si vrai que les mêmes Israélites algériens qui se marient devant l'officier de l'état civil, et avant de se marier, ont fait dresser leur contrat de mariage par un notaire français, ne se considéreraient pas comme bien et valablement mariés aux yeux de la loi de Moïse, s'ils ne recevaient la *kéthoubah* à titre de complément indispensable de leur mariage religieux.

Mais laissons là ces notions sur le mariage israélite; elles nous entraîneraient trop loin. C'est assez d'en avoir dit ce qui doit servir à l'intelligence de ce qui va suivre.

XIX

Oui ou non, pour garantir la conservation ou la restitution de sa dot, la femme israélite a-t-elle un

---

1. V. art. 49 de l'ordonn. du 28 février 1841.

droit quelconque sur les biens de son mari vis-à-vis des tiers israélites? Oui ou non, a-t-elle ce droit vis-à-vis des tiers non israélites? Quel est ce droit? Est-ce un droit de propriété, est-ce un droit de créance? Si c'est un droit de créance, est-ce un droit de créance privilégiée, ou un droit de créance hypothécaire? Quel qu'il soit, quelles sont les conditions, quelle est l'étendue de l'exercice de ce droit?

Autant de questions qui, indépendamment d'une foule d'autres que je ne dois pas même énoncer, ne peuvent pas être entièrement passées sous silence, parce qu'elles sont, celles-ci, l'introduction nécessaire, celles-là, la base fondamentale de la question qui va faire l'objet de notre examen.

La femme israélite jouit-elle, en vertu du droit mosaïque, d'une hypothèque légale proprement dite sur les biens de son mari? Sur ce point, nulle certitude absolue; des doutes, des présomptions, des conjectures, c'est tout ce qui résulte des livres rabbiniques les plus autorisés, des traditions les plus accréditées, et de la jurisprudence des tribunaux français en Algérie.

A entendre *Eben Hœser*, dans son *Traité des Contrats de mariage*, chap. 43 et 100, la femme israélite n'exerce aucun droit sur les biens de son mari, du vivant de celui-ci, pour sûreté de sa dot et de ses conventions matrimoniales. Selden, dans son *Uxor hœbraica*, se fondant sans doute sur un texte ainsi conçu de la loi rabbinique : « Si après la dissolution du mariage il existe un immeuble libre, la femme prélève sa dot sur cet immeuble, et même elle l'*arrache* à ceux qui sont devenus possesseurs de l'immeuble,

soit par vente, soit par donation émanant du mari, »
Selden, disons-nous, semble croire que la femme
hébraïque a un droit de suite sur les biens de son
mari, et en conclut qu'elle a une véritable hypothèque sur ces mêmes biens. Sa conclusion ne nous paraît pas rigoureusement exacte. La femme grecque,
et surtout la femme athénienne, avait, elle aussi,
au rapport de Samuel Petit[1], une créance privilégiée
engendrant droit de suite sur les biens ou droit de
préférence sur le prix des biens de son mari aliénés
par celui-ci, et cependant il est fort douteux que ces
biens, meubles ou immeubles, fussent affectés à la
garantie de sa dot par une hypothèque, dans le sens
romain et moderne de ce mot[2].

D'ailleurs, rien ne nous répond qu'à l'instar de
plusieurs jurisconsultes de Rome, dont les fragments
d'ouvrages, conservés dans les Pandectes, nous montrent l'expression *hypotheca*[3] employée comme synonyme de nantissement ou de gage (pignus), Selden,
qui s'en est souvent servi dans son traité, ait entendu
lui attacher une autre signification.

---

1. *Leg. att. lib.* VI, *tit.* 2, § 2. Ce passage du savent jurisconsulte mérite d'être cité : *Quare*, dit-il, *et publicatis mariti bonis dos ab uxore eximebatur et repetebatur ante alios omnes quotquot debitores.*

2. Il ne paraît pas que le mot ὑποθήκη, d'où vient celui d'*hypothéque*, ait été dans le principe usité dans ce sens chez les Grecs. — ἀποτίμημα, voilà le vrai nom de l'hypothèque en général, ἀντίφερνή, littéralement contre-dot, était probablement celui de l'hypothèque de la femme pour sûreté de sa dot φερνή. V. un excellent travail de M. F. Baudry, sur les femmes grecques, dans le n° du 1er février 1855 de la *Revue germanique*.

Remarquons en passant que, dans l'ancien droit romain, la femme n'avait qu'un privilége *inter creditores personales*.

3. L. 9, §§ 1 et 13, Dig., *De pig. et hypoth.*

C'est qu'en effet l'hypothèque, étymologiquement et historiquement considérée, ne fut guère, dans le principe, qu'un gage mis par le débiteur entre les mains de son créancier, un gage réel, la tradition matérielle de la chose engagée au créancier par son débiteur, la prise de possession par l'un (*pignus*) de la chose de l'autre. Ce n'est que plus tard, par une fiction savante de la loi, en vertu de la force toute spiritualiste d'une convention préalable, que la chose hypothéquée fut réputée *in bonis,* en la possession du créancier, bien que le débiteur ne s'en fût pas dessaisi et en eût conservé la possession.

Mais supposons un instant que la loi israélite connaisse ce *Jus in re*, ce droit de suite, ce droit de propriété éventuelle, caractère essentiel de l'hypothèque telle que la définit la loi française, quel en sera l'objet? quelles seront les conditions de son exercice?

Contrairement aux principes de notre Droit en cette matière, nous estimons qu'elle embrassera sans distinction les meubles et les immeubles.

N'allons pas croire, en effet, que de sa nature une hypothèque ne puisse reposer que sur des immeubles : l'hypothèque romaine portait indifféremment sur les choses mobilières et immobilières, et généralement sur tout ce qui pouvait se vendre; autrefois, en France, malgré la vieille maxime de droit coutumier, « les meubles n'ont pas de suite par hypothèque, » les meubles, dans quelques provinces, étaient susceptibles d'hypothèque, pourvu cependant qu'ils fussent saisis *ès mains* du débiteur [1], et il est à remarquer que parmi les pays

---

1. Basnage, *Hyppoth.*, chap. IX.

réunis à la France sous le premier Empire, notamment dans les départements anséatiques, la femme avait, sur les meubles de son mari, une hypothèque reconnue et maintenue par un décret impérial [1].

Mais, pour nous, la grande difficulté n'est pas de savoir quel est l'objet de l'hypothèque de la femme israélite. Qu'à la rigueur, et tant que les enfants de Jacob habitèrent la terre distribuée entre leurs douze Tribus, cette hypothèque ait grevé les seuls immeubles du mari, tout nous porte à l'admettre. La terre, telle était alors la principale et le plus souvent l'unique assiette de l'hypothèque. Mais que plus tard, quand la main du Seigneur s'appesantit sur eux et les dispersa, errants et vagabonds, aux quatre coins de l'univers; quand, loin de leur patrie, ils furent contraints d'emporter dans un nouvel et éternel exode ce que le sort avait épargné des débris de leur antique patrimoine; quand enfin, pour se soustraire aux vexations les plus inhumaines et aux plus injustes spoliations, ils durent cacher à tous les regards le fruit de leur travail, de leur commerce, de leur industrie et de leurs épargnes; que plus tard, disons-nous, la garantie, l'hypothèque de la dot de leur femme ait pesé sur leurs biens mobiliers, les seuls qu'il leur fût donné de posséder, — c'est ce qu'à défaut de tous documents historiques, la nature des choses ne permet pas de mettre en doute, et c'est, du reste, ce que démontrent surabondamment un grand nombre de textes du Talmud, la doctrine universelle, ou peu s'en faut, des commentateurs, les prescriptions

---

1. Décret du 4 juillet 1811, chap. xiv, sect. viii, art. 157.

les plus expresses de la Loi rabbinique, et deux arrêts notables de la Cour impériale d'Alger.

Une difficulté plus sérieuse, c'est d'abord de savoir si, étant admis en faveur de la femme israélite le droit de suite ou de préférence à raison de sa dot, ou si on veut, une sorte d'hypothèque légale ne différant guère de l'hypothèque de la femme française que par son étendue, la femme israélite peut l'exercer avant la dissolution du mariage, à dater du moment de sa célébration.

Pour la négative, le premier des arrêts que je viens de citer se prévaut de ce que le *nedunia* ou le bien apporté par la femme en mariage passe, par le seul fait du mariage, dans la possession de son mari et devient sa chose[1]. Il en induit que l'hypothèque *sui generis* de la femme ne frappe pas, pendant le mariage, les choses qui en sont l'objet, et qu'elle ne passe à l'état de droit réel et certain sur ces choses que par l'événement de la dissolution de la communauté[2]; il ajoute qu'il y a d'autant plus lieu de le décider ainsi, que la loi mosaïque, entendue dans ce sens, se trouve en harmonie avec les lois qui régissaient les peuples antiques, où l'hypothèque de la femme se présente comme la conséquence directe de la puissance accordée au mari et de l'état d'infériorité et de dépendance qui, avant le Christianisme, était fait à la femme; que l'us et coutume qui existent à ce sujet et qu'il faut admettre, à défaut de texte précis, sont attestés par des documents émanant

---

1. *Totum sponsi acceptum in ejus possessionem transit et illius fit potestatis.*
2. Nous croyons que c'est *du mariage* qu'a voulu dire l'arrêt.

de personnes qui ont droit et qualité et ne permettent pas le moindre doute, entre autres, l'avis officiel du grand rabbin d'Alger, qui n'hésite pas à répondre, en se fondant sur le traité des Contrats de mariage précité [1], que, du vivant de son mari, la femme israélite n'exerce aucun droit sur les biens de celui-ci relativement à sa dot, et que conséquemment son droit d'hypothèque ne prend vie qu'*ex nunc*, qu'au moment de la dissolution de l'union conjugale.

En résumé, de cela seul que le mari israélite est possesseur-propriétaire de la *nedunia* ou dot de sa femme, il résulterait, d'après cet arrêt, la preuve que la femme ne peut invoquer son hypothèque qu'à la dissolution du mariage.

Mais, je dois le dire, cette conséquence ne me paraît pas légitime. Chez les Romains, le mari était, à certains égards, le maître, le propriétaire de la dot, *dominus dotis*[2], et, selon plusieurs auteurs, il en est de même chez nous, que les époux soient mariés sous le régime dotal ou sous le régime de la communauté. Et pourtant, est-il possible de douter un seul instant qu'à Rome comme en France, du vivant même de son mari, et avant toute dissolution du mariage, la femme ait joui, et jouisse du droit d'exercer son hypothèque légale en cas d'aliénation de ses meubles ou de ses immeubles? Dites que l'hy-

---

1. Chap. xv.
2. Dig. L. 21, § 4. *Ad municip.* L. 7, §§ 3 et 75. D. *De jure dotium.* C'est là un point de droit très-controversé. — Il nous semble que la vérité est dans ces paroles de notre immortel Cujas : *Uxor domina est rerum dotalium* NATURALITER, *maritus* CIVILITER *et dotis causa.*

pothèque de la femme juive n'est pas la même que l'hypothèque de la femme romaine ou française. Voilà la vérité! Inutile de la demander soit à l'induction rationnelle, soit à la subtilité du Droit, l'histoire nous suffit. A l'origine des temps historiques, la dot de la femme n'est pas autre chose qu'un don qu'elle fait à son mari, et ce don, jusqu'au jour où les développements scientifiques du Droit en font une des bases de l'intérêt et de l'ordre publics, se confond avec le bien du mari, est la propre chose du mari; le mari en a la propriété naturelle et civile tout comme il a la propriété la plus absolue de sa femme : maître de sa personne, comment ne le serait-il pas de ses biens? Ainsi en fut-il de la femme romaine sous la royauté et l'empire des lois royales, *antiquæ leges;* ainsi en est-il, aujourd'hui encore, de la femme israélite qu'une position exceptionnelle dans le mouvement de la civilisation tant polythéiste que chrétienne, riva impitoyablement à une loi théocratique incompatible de sa nature et en dehors de circonstances étrangères aux Israélites algériens avant 1830, avec l'influence civilisatrice d'une loi susceptible de perfectionnement et de progrès.

Le second arrêt décide tout aussi explicitement que le premier, et en s'appuyant sur le texte précis et formel déjà cité, que la femme israélite prélève ou arrache sa dot immobilière, et à plus forte raison mobilière, *après la dissolution du mariage*, et il est bon d'observer qu'il confirme un jugement du tribunal de Bone, dont un des motifs, tiré de la loi israélite, est que le mari doit se dépouiller de son dernier vêtement pour que la femme ne puisse pas perdre sa dot, ce qui doit évidemment s'entendre de la restitution de cette dot après la dissolution du mariage.

Nous pouvons donc hautement affirmer que la femme israélite n'a sur les biens de son mari qu'une hypothèque suspendue pendant toute la durée du mariage.

Mais est-il bien vrai que, suspendue ou non, une hypothèque légale garantisse les droits et reprises matrimoniales de la femme israélite? Cette prétendue hypothèque ne serait-elle pas plutôt, comme la garantie dotale de la femme romaine avant Justinien, un simple privilége personnel, une créance privilégiée lui conférant le droit d'être préférée pour la répétition de sa dot, aux créanciers de son mari, postérieurs ou même antérieurs au mariage?

A nous en tenir aux origines et aux progrès du droit hypothécaire, nous conclurions pour la négative, et notre opinion a été consacrée, il y a vingt-trois ans par le Tribunal supérieur d'Alger, rendu contradictoirement entre deux Israélites, lequel décide que « la loi de leur religion » n'admet pas l'hypothèque légale de la femme mariée, et, par voie de conséquence, refuse de leur reconnaître ce droit[1].

L'hypothèque légale suppose deux choses : — implicitement un droit hypothécaire exprès, conventionnel, — explicitement un droit hypothécaire tacite résultant de la volonté de la loi, se substituant à la volonté présumée des époux. Mais comment concevoir que le second existe là où n'existe pas le premier?

---

[1]. Dame Finsha C. Rettoré, 20 mars 1841. Ce jugement a été rendu sous la présidence de M. Filhon, aujourd'hui conseiller à la Cour impériale de Paris.

La volonté de la loi, fondée sur la volonté présumée de l'homme, serait-elle plus puissante que cette dernière ? La volonté générale du législateur serait-elle plus efficace que la volonté spéciale des parties, et sa sollicitude pour les intérêts de la femme aurait-elle plus d'effet que la sollicitude de tout contractant pour ses propres intérêts ? Cela n'est pas admissible.

Or, il est impossible de nier, d'une part, que l'hypothèque conventionnelle, pas plus que l'hypothèque légale, soit inconnue du législateur musulman, qui s'est pourtant inspiré du droit mosaïque et du droit romain, et il est vraisemblable, d'autre part, que le droit mosaïque, qui n'a rien emprunté au droit romain, n'a pas porté ses prévisions, en vue de la garantie de la dot, au delà du gage mobilier ou d'un nantissement d'immeuble, dont les effets semblables à ceux de notre contrat d'antichrèse, n'ont presque rien de commun avec l'hypothèque, inusitée chez les Indigènes de l'Algérie.

Donc, en l'absence de tout texte ou de toute coutume positivement contraire, on peut, sans témérité, douter que les Israélites algériens aient jamais usé du droit hypothécaire, et le doute, quand il s'agit du droit extraordinaire et anormal, équivaut à une négation.

Quoi qu'il en soit, et bien que l'existence de ce droit chez les Israélites puisse être sérieusement révoquée en doute, raisonnons désormais dans l'hypothèse où très-certainement la loi israélite accorderait à la femme mariée une vraie hypothèque légale.

Nous voici aux prises avec deux nouvelles difficultés, consistant, l'une dans le point de savoir si cette hypothèque qui résulte du seul mariage est, à l'égard de tiers non israélites, suffisamment déterminée, quant à ses effets, par la *kéthoubah* rédigée par un rabbin ; l'autre, dans celui, bien plus délicat, de savoir si, soit que la dot de la femme ait été constatée par une kéthoubah rabbinique faisant foi vis-à-vis de toutes personnes, soit qu'elle l'ait été dans un contrat de mariage passé devant un notaire français, et suivi d'un mariage célébré devant l'officier de l'état civil français, cette même hypothèque peut être exercée par la femme contre les détenteurs, Israélites ou non, de la chose mobilière ou immobilière qui lui a été constituée en dot.

Un mot sur chacune de ces difficultés.

Il est certain, et jamais sur ce point il ne s'est élevé le moindre doute, il est certain que la femme israélite algérienne ne pouvait, avant la Conqnête, invoquer contre les Indigènes musulmans de la Régence un droit d'hypothèque légale, de sorte que la kéthoubah, destinée à constater les objets ou les sommes garantis par cette hypothèque, était pour eux comme n'existant pas[1]. Ouvrage d'un prêtre ou magistrat religieux qui n'était revêtu d'aucun caractère public et à qui manquait tout *imperium* et toute *manus publica*, elle n'avait d'effet qu'entre personnes soumises à sa juridiction religieuse. Pour toutes autres, elle était *res inter alios acta*. Or, les Français sont les

---

1. Il est constant, en droit musulman, que la femme musulmane n'a pas d'hypothèque sur les biens de son mari, il n'est pas moins constant que ce même droit n'a jamais reconnu l'hypothèque légale de la femme israélite à l'encontre d'un tiers musulman.

successeurs, les ayants droit des Turcs. Donc, au regard des Français comme des Musulmans, la kéthoubah doit être réputée ne pas exister.

Depuis la Conquête, pendant tout le temps où fut maintenu le tribunal rabbinique créé en 1830, on a pu se demander si la kéthoubah, rédigée par un des rabbins investis, entre autres choses, du droit de juger les constestations concernant la validité ou la nullité des mariages et répudiations selon la loi de Moïse, n'empruntait pas à cette circonstance une sorte de caractère authentique et public, assimilant sous ce rapport la kéthoubah à un acte notarié ; mais, même pendant cette période de temps, nous estimons que la kéthoubah n'a eu d'existence légale et obligatoire que vis-à-vis des Israélites entre eux ou des Musulmans et Européens, leurs ayants droit.

Je conviens que tous les actes des Israélites subsistent et ont lieu sous la protection et la garantie de nos lois ; que si leur état civil, leurs actes de mariage, ne sont pas soumis à l'observation exacte des formes de la loi française, ces actes n'en doivent pas moins donner ouverture aux droits dont ils sont le premier fondement dans l'état du mariage, et par suite à l'hypothèque légale de la femme.

Je conviens de tout cela, je conviens même, avec le tribunal de Bone, que ces actes ne sont pas moins certains que les actes français ; mais la question est de savoir si cette certitude et ces conséquences des actes israélites ne sont pas circonscrites entre Israélites. Et c'est ainsi que nous arrivons à l'examen de la seconde difficulté, que je pourrai, dès à présent, qualifier comme le jurisconsulte italien Antoine de Luca[1] : *Una ex insolubilibus.*

Si je ne voulais la résoudre qu'avec les données du droit algérien, je n'aurais qu'à ouvrir les ordonnances de 1834 et de 1842 sur l'organisation de la justice en Algérie, et comparer les articles 27 et 31 de l'une à l'article 37 de l'autre avec l'article 3 de l'arrêté du gouverneur général de 1830. Cette comparaison m'apprendrait qu'au lendemain de la conquête, de même que de nos jours, le législateur algérien a voulu que le fond des contestations, en général, entre Israélites ou entre Israélites et Musulmans, fût régi et jugé selon la loi du pays, sauf convention contraire, et leurs contestations relatives à leur état civil en particulier, selon leur loi religieuse, nonobstant toute convention contraire. *La loi du pays!* — qu'est-ce à dire, sinon la loi musulmane ou la loi israélite, en tant que tolérée par elle — la loi religieuse, en d'autres termes, la loi du Koran, s'il s'agit de Musulmans, celle de la Bible, s'il s'agit d'Israélites?

Mais ces articles comparés et combinés entre eux m'apprendraient autre chose encore. Que je leur demande quelle loi sera appliquée par les juges français à toutes contestations entre Français ou Étrangers et Indigènes, ils me répondront que ce ne sera ni toujours, ni absolument, la loi française ou la loi du pays, mais tantôt celle-ci et tantôt celle-là, selon la nature de l'objet en litige, la teneur de la convention, et, à défaut de convention, selon les circonstances ou l'intention présumée des parties.

---

[1]. Auteur d'un traité *De Cessione jurium*, cité par M. Troplong dans son *Commentaire des priviléges et hypothèques.*

Ainsi, pas de principe absolu, pas de règle invariable et inflexible! Toutes les fois que des intérêts européens seront en conflit avec des intérêts israélites, l'application au litige de telle ou telle loi sera abandonnée à l'appréciation du magistrat français; les circonstances décideront seules la question.

C'est dire clairement qu'en tant qu'il s'agira de contestations fondées ou pouvant être fondées sur une convention, sur un contrat, cette question sera une question de fait plutôt qu'une question de droit.

Mais une contestation sur l'effet de l'hypothèque légale de la femme israélite dans son contact avec des tiers européens, français ou étrangers, est-elle du nombre de celles dont l'article 37 de l'ordonnance de 1841 subordonne la solution aux circonstances de la cause, ou bien, au contraire, par cela seul que l'hypothèque légale est une création de la loi et non l'œuvre d'une convention? une semblable constestation doit-elle nécessairement être jugée d'après la loi qui a créé cette hypothèque?

Si je n'avais que l'article 37 pour résoudre notre problème, poser la question en ces termes, ce serait la trancher, et sans nul doute, la loi créatrice de l'hypothèque légale de la femme israélite, la loi israélite, devrait être seule appliquée. D'où viendrait, en effet, la nécessité ou la faculté pour le juge d'appliquer une autre loi que la loi israélite, la loi française? De la nature de l'objet en litige? Mais, pure création de la loi, sa nature, c'est la nature de la loi elle-même. De la teneur de la convention? Mais il faudrait qu'il en existât une, et c'est ce qui n'est pas. Des circonstances? Mais l'hypothèque légale est ou n'est pas, suivant qu'il y a ou non mariage. — De l'intention présumée des parties? — Mais l'hypothèque légale n'est pas autre chose que la consécration de cette intention par la loi, si les parties sont les époux eux-mêmes, et si ce sont des tiers, la sanction impérieuse de la volonté du législateur, supérieure à toute autre volonté, et exclusive de toute autre intention que celle, sous-entendue, des époux, et celle formellement exprimée de la loi.

Ne suit-il pas de là qu'il faudrait de toute nécessité résoudre notre question d'après la seule loi du pays ou la loi israélite, si les contestations touchant l'hypothèque légale de la femme israélite surgissent entre Israélites, ou la loi musulmane, si elles s'élèvent entre Israélites et Musulmans?

Oui! s'il s'agissait d'une hypothèque légale à exercer contre des Européens par une femme israélite en vertu de la loi israélite. Et encore, en équité, y aurait-il lieu de rechercher si une pareille solution serait en harmonie avec les besoins de la colonie, avec les tendances de notre civilisation, la supériorité incontestable de notre législation sur la législation mosaïque en vigueur chez les Israélites de l'ancienne Régence, et enfin avec les aspirations assimilatrices, progressistes de la Métropole!

Aussi ses partisans, comme pour aller au-devant de l'objection, prétendent-ils que la femme israélite algérienne a sur les biens de son mari, passés dans les mains de détenteurs européens, la même hypothèque légale que la femme française : d'abord parce que la femme israélite est française, et ensuite parce que, ne le fût-elle pas, l'hypothèque légale de notre

Code civil, étant créée en faveur de toute femme mariée, il suffit que la femme israélite le soit, pour qu'elle jouisse de cette hypothèque, suite naturelle et nécessaire du mariage.

C'est donc sur le terrain de l'hypothèque légale de la loi française que nous devons maintenant nous placer.

Or, je dis que la loi française n'accorde d'hypothèque qu'à la femme française, ou assimilée, quant à la jouissance des droits civils, à la femme française.

Je soutiens, en outre, que l'hypothèque légale est un droit purement civil qui n'appartient et ne peut appartenir à la femme étrangère, ou assimilée, quant à cette hypothèque, à la femme étrangère.

On le voit, le nœud de notre problème est tout entier dans la solution de cette question : « La femme qui n'est ni française ni assimilée à une française a-t-elle sur les biens de son mari, situés sur le sol français, l'hypothèque conférée par la loi française à la femme française ? »

Aussi, sans reprendre en sous-œuvre la démonstration que nous avons faite plus haut[1], et que la logique des idées et les besoins de notre tâche nous ont plusieurs fois imposé le devoir de compléter, allons-nous, une dernière fois, répondre, mais répondre par des arguments nouveaux et plus topiques, à la question délicate entre toutes, qui sort, oserai-je le dire? de tous les pores de la législation algérienne :

« L'Israélite est-il français[2] ? »

1. V. Sup., p. 2, 3, et §§ 113 et 114.
2. Dès 1834, à l'occasion d'un arrêt de la Cour impériale d'Alger (Saiget, C. Karsenty), arrêt contraire à sa précédente jurisprudence

Si, en effet, l'Israélite est français, si, partant, sa femme est française, qu'importe l'origine, qu'importe la nature, qu'importe le caractère de l'hypothèque légale? Le législateur a parlé. La femme israélite jouit de cette hypothèque. Tout commentaire devient superflu en présence de son langage : car la loi est claire, et il ne reste plus qu'à l'appliquer.

Quel est donc, encore une fois, en présence de la législation française et de la législation algérienne, la nationalité, l'état civil national de l'Israélite algérien?

Est-il Français ou Étranger?

Est-il simplement assimilé à l'Étranger ou au Français?

Disons tout de suite que rigoureusement la seconde

(arrêt Cerdonnier, C. Dayan), nous avons traité *in extenso* dans des *Observations* qui eurent la bonne fortune d'être réfutées, sous le voile du pseudonyme, par un membre distingué de la Cour, qu'une retraite prématurée enlevait peu de temps après à notre premier corps judiciaire. Ce magistrat, dans ses savantes *Réflexions* à propos de nos observations, s'attacha spécialement à prouver que les Juifs de l'Algérie sont Français ou considérés comme tels, et qu'ils jouissent des droits civils français. Alors simple juge de paix d'Alger, des raisons de haute convenance nous défendirent de répondre à un conseiller à la Cour. Mais depuis cette époque, en différentes occasions et à diverses reprises, pour soumettre nos *Observations* à un nouvel et plus consciencieux examen, nous avons mis à profit les solennelles discussions auxquelles les questions qui y sont traitées ont donné lieu devant tous les degrés de juridiction. Or, à peu de chose près, la doctrine et la jurisprudence sont loin encore d'avoir fixé tous les esprits, et on nous permettra de le confesser, nous sommes de ceux qui ne croient pas que la Cour suprême, plusieurs fois appelée à se prononcer sur ces questions, ait dit son dernier mot. Ne serait-ce pas là un nouvel argument en faveur de la nécessité de cette réforme législative dont nous avons exposé les motifs dans notre *Étude sur la législation algérienne?*

de ces questions pourrait être considérée comme inutile; car, sous le rapport de la nationalité, la loi française ne connaît que deux catégories de personnes : celles qui sont françaises et celles qui ne le sont pas; en d'autres termes, que ses propres enfants ou Nationaux, et les enfants d'un autre État ou d'une autre nation ou les Étrangers.

Mais comme, quoi qu'en dise un de nos jurisconsultes[1] les plus distingués, il y a divers degrés de natiolités et d'extranéités, comme, dans les colonies surtout, il y a des étrangers *ordinaires* et des étrangers *extraordinaires*, il faut bien, sous peine d'être incomplet sur un des points les plus importants de nos recherches, nous poser cette question et ne pas la laisser sans réponse.

Or, aux termes de la loi française :

On *naît* Français ou on est *naturalisé* Français.

On l'*est* par le fait de la naissance, par le droit du sang, ou on le devient par un bienfait de la loi ou par la grâce du pouvoir, par le bénéfice de la naturalisation.

Est Français tout enfant né, soit en France, soit en Algérie, soit dans les colonies, soit même en pays étranger, d'un Français n'ayant jamais perdu cette qualité.

Ainsi le sang et non le sol, la filiation française et non la naissance sur le sol français, en un mot, la parenté, non le territoire, c'est là ce qui fait le Français, ce qui engendre la nationalité française, comme autrefois la nationalité romaine.

---

1. Demolombe.

Le Français de naissance, en quelque lieu d'ailleurs qu'il soit né, c'est le « vrai et naturel Français[1] » de notre Droit public moderne, *jus sanguinis*.

Il n'en était pas ainsi dans notre ancien droit. Sous l'influence toute matérialiste des idées germaines, féodales et coutumières, la naissance sur le territoire créait la nationalité, *jus soli!*

Ce principe n'est cependant pas sans exception, et en effet :

Est encore Français : 1° tout individu né en France d'un étranger qui lui-même y est né, à moins que, devenu majeur, il ne réclame la qualité d'étranger; 2° Tout individu né de père et mère inconnus.

Mais quels sont ceux qui deviennent Français?

Devient Français : 1° tout individu qui, né en France d'un étranger ou en pays étranger, naturalisé Français, remplit les conditions imposées par l'article 9 du Code Napoléon, modifié par la loi du 23 mars 1849, et l'article 2 de la loi du 22 février 1851; 2° tout individu qui, né en pays étranger d'un Français qui a perdu cette qualité, satisfait aux conditions de l'article 10 du même Code ; 3° tout individu membre d'un État réuni à la France par l'effet d'une conquête ou d'un traité, mais dans le cas seulement où la loi de l'Etat annexionniste peut se substituer et se subtitue à la loi de l'Etat annexé; 4° tout individu qui a accompli les conditions requises par les lois ou actes législatifs pour être naturalisé Français; 5° toute femme étrangère qui épouse un Français.

En somme, deux nationalités : nationalité d'ori-

---

1. Bacquet, *Traité du droit d'aubaine*.

gine ou de naissance, qui a pour principe générateur la loi de nature, *lex naturæ;* nationalité de convention ou contractuelle, qui a pour cause la loi positive, politique ou civile, *lex civitatis.*

La nature constitue la nationalité d'origine; la naturalisation constitue la nationalité de convention.

Evidemment et en thèse générale, les Israélites algériens ne peuvent invoquer ni la première ni la seconde. Donc, d'après la législation de la Métropole, ils ne *sont* pas Français, et ne le sont pas encore *devenus.*

Mais en est-il de même d'après la législation algérienne? Oui! et il est impossible d'en douter.

Nous défions l'homme le plus familier avec les textes de cette législation, d'en citer un seul qui, explicitement ou implicitement, ait en rien innové ou dérogé dans les moyens d'être ou les conditions de devenir Français.

Et pourtant, à plusieurs reprises, le législateur de l'Algérie a dû se prononcer sur le mode d'acquisition de la qualité de Français par les Indigènes musulmans ou israélites! Qu'on me montre donc, je ne dis pas sa volonté expresse, mais son intention présumée, sa pensée implicite de conférer soit à l'Etranger, soit à l'Indigène algérien, le droit ou la faveur d'acquérir cette qualité par le seul fait de la célébration d'un mariage quelconque, reconnu par la loi française, devant l'officier de l'état civil, devant le cadi, ou devant le rabbin, soit par la rédaction d'un contrat de mariage devant un notaire ou un consul, un rabbin ou un cadi, soit enfin par la seule déclaration des époux qu'ils veulent attacher à leur mariage non célébré tous les effets civils qu'y attache la loi française !

On a, certes, sous la main les différents textes de cette législation algérienne, qui, tout aussi bien que que la loi *Lætaria* des Romains ou le *Statute boock* des Anglais, pourrait être comparée aux membres dispersés d'Hippolyte. Qu'on les juxtapose, qu'on les combine, qu'on les réunisse, qu'on les rassemble en faisceau ! Qu'en sortira-t-il, si ce n'est des arguments purement conjecturaux, mais rien qui mérite le nom de preuve ?

Combien, au contraire, parmi ces textes qui, isolés de tous autres, mais corroborés par des dispositions formelles ou explicites dont nous n'avons cité ou rappelé que quelques-unes, combien qui démontrent, soit directement, soit par voie de conséquence irrésistible, qu'à quelque nation, corporation ou communauté qu'ils appartiennent, les habitants originaires de l'Algérie, Maures, Arabes, Kabyles, Israélites, sans distinction, ne sont pas Français, et que pour acquérir cette qualité, pour le devenir, ils doivent, suivant les cas, se conformer aux prescriptions de la loi métropolitaine à l'égard des étrangers proprement dits, ou à l'égard des enfants nés en France d'étrangers nés eux-mêmes sur le sol français ?

Je l'affirme sans crainte ! qu'on fouille, dans tous les sens, les documents de notre législation ; qu'on explore tous leurs secrets, qu'on sonde tous leurs arcanes ! on ne trouvera nulle part que, de ce côté-ci de la Méditerranée, pas plus les Indigènes que les Étrangers, puissent, autrement que de l'autre côté, être incorporés à la famille française. Loin de là ! on y rencontrera à chaque pas, écrite en caractères non équivoques, cette distinction juridique de nationalité entre les diverses catégories d'habitants de l'Algérie, qui se révèle, en fait, dans le maintien, et l'application par les tribunaux français, de leurs lois personnelles ou de leurs us et coutumes particuliers.

Cette distinction est plus ou moins marquée, plus ou moins profonde, selon le génie, les mœurs, les lois, les coutumes ou la religion des populations algériennes. C'est ainsi que l'Israélite, au point de vue de la juridiction, est pleinement assimilé au Français, tandis que le Musulman ne l'est que dans des circonstances exceptionnelles. C'est ainsi encore que, malgré la généralité des termes de l'article 37 de l'ordonnance de 1842, l'Étranger européen peut revendiquer le bénéfice de son statut personnel; ainsi enfin que l'Arabe de la région en dehors du Tell, ou l'habitant d'une partie de la Kabylie, n'est pas soumis, comme les autres Arabes ou Kabyles, à l'empire du décret assimilateur du 31 décembre 1859 sur l'organisation de la justice musulmane.

Or, que prouve tout cela, sinon que l'Algérie compte encore beaucoup moins de « vrais et naturels » Français que d'individus naturalisés Français à différents degrés, mais non encore entièrement naturalisés tels? L'Israélite ne pouvait échapper à la loi commune. On se souvient, sans doute, de ce que nous avons dit ailleurs de la prétendue naturalisation des Indigènes algériens par le seul fait de la Conquête.

Formellement repoussée par le texte et par l'esprit de la législation algérienne, cette naturalisation ne peut pas même invoquer des précédents historiques autres que des précédents, pour ainsi dire, contemporains, et qui se sont réalisés dans un milieu essentiellement différent de celui où la France a planté son drapeau en 1830.

Ni l'histoire grecque, ni l'histoire romaine, ne nous fournit la preuve d'une semblable naturalisation. Et pour ne parler que de Rome, quels peuples mieux que les peuples du Latium d'abord et plus tard de l'Italie, ayant même religion, même civilisation, mêmes mœurs que le peuple romain, étaient faits pour jouir des mêmes droits, de la même législation civile et politique! Le Latium, l'Italie, était-ce autre chose que Rome étendue, que Rome prolongée? Eh bien! ce ne fut qu'à la fin de la guerre sociale (en 664 de Rome), que les Latins, que les Italiens, obtinrent le droit de cité romaine en vertu d'une loi portée tout exprès pour leur communiquer ce droit jusque-là incommunicable! Et encore leur assimilation avec les Romains ne fut-elle pas tellement complète que, pendant longtemps encore, ils n'aient eu leur patrie, la patrie de la cité et la patrie de la nature, Rome et le Municipe, — Rome où s'exerçaient exclusivement les droits politiques, — le municipe, image de Rome, où s'exerçaient exclusivement les droits politiques, et que même, sous Auguste, cette *péréquation* de droit dût être bien imparfaite encore.

Que dirons-nous des Provinces et des Préfectures, soit que leurs cités jouissent ou non du *jus italicum*, sauf dans celles qui ne différaient en rien des cités italiques, bien moins encore que les Sabins et les Italiens, leurs habitants participaient à la plénitude des droits de cité romaine?

Et les peuples *Fundi*, ces peuples qui cependant avaient adopté les lois romaines, et demandaient à être gouvernés par elles, croyez-vous que leur participation au *jus civitatis* fût complète? Non, certes, puisque la qualité de *fundi* n'était qu'un acheminement par une acquisition partielle de ce droit à son acquisition totale.

Ce n'est pas tout. Les Colonies, sans excepter les *Latini colonarii*, n'étaient guère mieux traitées! La Métropole ne leur communiquait que d'une main avare des fragments plus ou moins importants de la cité romaine. Car, à l'instar des *Peregrini* ou Étrangers eux-mêmes, quoique dotés du *jus commercii* ou droit de transmettre, et de la *testamenti factio*, ou droit de recevoir par testament, ils étaient exclus du *jus connubii* ou droit de mariage, et c'est tout au plus s'ils pouvaient devenir citoyens romains, en se soumettant aux mêmes conditions que les Latins. En un mot, s'ils n'étaient pas étrangers, ils n'étaient pas davantage citoyens : ils étaient de véritables intermédiaires entre les citoyens et les étrangers.

Quant aux *Peregrini*, pendant longtemps confondus avec les *hostes* et les barbares, ils étaient hors la loi romaine; un préteur (*prætor peregrinus*), il est vrai, avait été créé pour leur rendre la justice entre eux; mais il leur appliquait non le droit civil, *jus Quiritium*, mais l'équité naturelle et le *jus gentium* ou droit des gens.

Je regrette de ne pouvoir pousser plus loin cette digression[1]. J'ajouterai seulement que ce n'est que sous

---

1. Il serait important de comparer, sur ce point important de

Caracalla que tous les sujets de l'Empire, Latins, Italiens, habitants des municipes, des provinces, des préfectures, des colonies, y compris les *peregrini* (les étrangers), reçurent indistinctement le titre de citoyens Romains. Il n'y eut plus dès lors que des citoyens et des barbares, de même que, sous notre Code Napoléon, la vieille et multiple division des habitants de la France en naturels français, étrangers, aubains, *avennes*, etc., a fait place à la division plus simple et toute récente en Français et en Étrangers.

Ce n'est pas qu'en France, comme à Rome, il n'y ait entre ces deux états extrêmes, et, si je puis me servir de cette expression, entre ces deux bouts de la chaîne des Régnicoles, des états, des anneaux intermédiaires. J'en ai indiqué plusieurs, et il est temps de fixer notre attention sur le principal d'entre eux. Son importance, qu'il ne faut ni exagérer ni méconnaître, doit, en effet, être avant tout nettement déterminée, non-seulement d'après les principes du droit métropolitain et du droit algérien, mais encore d'après la situation respective, analogue, mais non identique au point de vue de la nationalité, de l'Étranger en France et de l'Israélite en Algérie.

Si donc, comme je l'ai démontré, l'Israélite n'est pas Français, si, par suite, il doit être, ce me semble, réputé Étranger, n'est-il pas, tout au moins, à l'égard de la jouissance et de l'exercice des droits civils, ce qu'est l'Étranger admis par autorisation de l'Empe-

---

droit public, la législation grecque et la législation romaine. Nous nous bornerons à renvoyer le lecteur à la 3ᵉ édition de l'*Introduction générale à l'étude du droit*, du très-regrettable M. Eschbach, 3ᵉ partie, p. 510 et 119.

reur à établir son domicile en France, tant qu'il continue d'y résider ? ou plus brièvement, n'est-il pas assimilé au Français ?

Remarquez qu'il ne s'agit pas de savoir si l'Étranger, si surtout l'Israélite algérien qui réside et n'a jamais cessé de résider en Algérie, a besoin d'une autorisation pour y résider. Une pareille question serait pour le moins oiseuse. Pas plus pour résider en France que pour résider en Algérie, cette terre française au même titre que la France elle-même, il n'est besoin d'une autorisation. C'est là une conséquence toute naturelle, et formellement proclamée par le législateur français, de cette liberté qu'ont les hommes de chercher le bonheur partout « où ils espèrent le trouver, » et de ce grand principe professé par le tribun Siméon, « qu'il faut ouvrir nos portes aux Étrangers. »

Toute autre est la question. L'Étranger autorisé à établir son domicile en France, y jouit-il de tous les droits civils français? Peut-on dire que, par le seul fait de sa *résidence* en Algérie sans l'autorisation préalable exigée par l'article 13 du Code Napoléon, il y jouit des mêmes droits civils que le Français?

Voilà ce qu'il nous faut examiner.

Constatons d'abord, avec la loi algérienne, que l'Étranger jouit en Algérie de certains droits civils dont ne jouit pas l'Étranger en France. C'est ainsi qu'il ne peut être préventivement arrêté par un créancier français; qu'il est dispensé de la caution *judicatum solvi;* que ses contestations avec un autre étranger ou même, suivant les circonstances, avec les Indigènes, à plus forte raison avec les Français, sauf peut-être en matière de statut personnel, sont jugées par les tribunaux français, aux termes de la loi française. C'est ainsi encore qu'il est admis au bénéfice de cession, et qu'en un mot, à peu de chose près, sa situation est la même que celle du Français dûment autorisé à fixer son domicile en France.

Mais est-il logique d'en conclure que l'Étranger en Algérie, n'a pas besoin, peut se passer de l'autorisation de l'article 13? Est-il juridique de dire, avec un arrêt de la Cour d'Alger[1], que dès qu'il est constant que l'Étranger a fixé sa résidence en Algérie et s'y est créé de sérieux intérêts, il n'a pas besoin de l'octroi spécial de cette autorisation, — sa résidence équivalant à un domicile qui présuppose une autorisation virtuelle?

Suivant nous, raisonner et décider ainsi serait une déplorable erreur, une singulière confusion de principes et d'idées.

Il y a en France deux sortes d'Étrangers : les Étrangers jouissant des droits civils exclusivement réservés aux Français, et les Étrangers ne jouissant pas de ces droits — les Étrangers qui demeurent en France — et les Étrangers qui ne font qu'y passer, — ceux qui y sont *domiciliés* — et ceux qui ne le sont pas.

Mais en Algérie, il y en a une troisième : celle des Étrangers qui, par le seul fait de leur *résidence*, y ont un *domicile* de fait qui ne produit d'autres effets que des effets de procédure; et des Étrangers qui, de même que ceux dont parle l'article 13, sont au-

---

[1]. Arrêt du 21 mars 1860, Selymane, époux Frentzel, cassé par arrêt de la Cour suprême, du 20 mai 1860.

torisés à y jouir des droits civils des Français et ont en France un domicile de droit qui engendre des effets juridiques.

Soutiendra-t-on que ces derniers ne diffèrent en rien des Étrangers de la première catégorie? Mais alors qu'on soutienne aussi que l'article 13 est abrogé pour les Étrangers d'Algérie, et qu'on nous explique, si on le peut, pourquoi le législateur algérien, copiant en quelque manière la loi française, a établi une ligne de démarcation nettement tranchée entre les Étrangers résidant ou domiciliés de fait en Algérie, et ceux qui ont été autorisés à y jouir des droits civils français!

On a dit, il est vrai, que le législateur algérien ne s'est pas rendu un compte exact de la situation des Étrangers en Algérie. Voilà qui est facile à dire! mais la preuve, où est-elle? Lisez donc l'article 12 de l'ordonnance de 1847! n'y parle-t-on pas, *in terminis* et sciemment de Français, de naturalisés Français, d'Étrangers autorisés par le roi à exercer leurs droits civils en Algérie? Lisez encore l'article 7 de l'arrêté du gouverneur général de 1848!

Vous reste-t-il quelque doute sur la véritable pensée du législateur? Objecterez-vous qu'il n'est question dans ces textes que de droits politiques, de droits électoraux, de droits municipaux, et que ce qui est vrai de ces droits ne l'est pas nécessairement des droits civils? Mais d'abord ces textes disent formellement le contraire, et font dépendre l'exercice des droits politiques des droits civils eux-mêmes! Et puis, et c'est là qu'est la confusion de principes et d'idées, qu'est-ce donc que l'autorisation de l'article 13?

quelle en est la signification? quelle en est la portée? Est-elle un pur fait? est-elle un pur droit?

Un pur fait? Evidemment non, car s'il est une chose certaine en matière de jouissance de droits civils, c'est que le simple établissement pour l'Étranger de son domicile en France ne lui confère pas les mêmes droits civils qu'au national français[1].

Mais quoi! Une législation généreuse et libérale, comme le devait être et, en effet, le fut la législation sortie du sein de cette grande Assemblée nationale, qui fit tant non-seulement pour la France, mais encore pour l'humanité toute entière, une législation, pour ainsi dire, devenue ou qui deviendra un jour le *droit de l'univers*[2].

Une pareille législation aurait donc élevé entre les Français et les Étrangers d'infranchissables barrières! Le Code Napoléon aurait abandonné les principes de 89!

Loin de nous toute exagération! L'Empire a modifié ces principes, mais il ne les a pas méconnus, et ces barrières qui vous effrayent et qui, à tout prendre, se réduisent à l'obtention préalable d'une autorisation que le gouvernement est toujours heureux d'accorder, il ne tient qu'à vous, Étrangers, de les surmonter.

Écoutons le conseiller d'État Treilhard : « La loi ci-

---

1. Nulle part, dans nos codes, on ne rencontre une disposition comme celle de l'art. 8 du Code civil de la Hollande : « Le droit civil de la Hollande s'applique indistinctement aux indigènes (nationaux) et aux étrangers, tant que la loi n'a pas expressément établi le contraire. En France, c'est le contraire qui a lieu, du moins en matière de pur droit civil. *Vid. infr.*

2. Expression de Montesquieu.

vile française a compris qu'elle ne devait certainement pas élever entre les Français et les Étrangers des barrières que ceux-ci ne pussent pas franchir. »

Et le premier Consul : « Il ne peut y avoir que de l'avantage à étendre l'empire des lois françaises. »

Mais reconnaissons avec le même Treilhard que cette communication facile (des droits civils), établie pour nous enrichir de la population des autres nations, « pourrait aussi quelquefois nous apporter leur écume ; que tout n'est pas toujours bénéfice dans un pareil commerce, et qu'on ne trouvera quelquefois que des germes de corruption et d'anarchie où l'on avait droit d'espérer des principes de vie et de prospérité[1]. »

— Oui, nous répondra-t-on, rien de plus sage que les restrictions du principe trop général et trop humanitaire posé par l'Assemblée nationale en faveur des Étrangers. Mais pourquoi cette obligation pour eux d'obtenir une autorisation qui, après tout, et d'après vous-même, ne leur sera pas toujours accordée? Pourquoi cette autorisation leur serait-elle nécessaire, quand il sera certain qu'ils se sont établis, qu'ils ont fixé leur résidence, leur domicile en France, sans esprit de retour, à perpétuelle demeure? Pourquoi, par exemple, l'Israélite algérien, qui est né sur un sol français, qui ne connaît d'autre pays que l'Algérie, cette prolongation de la France, qui ne l'a jamais quittée, qui ne la quittera jamais, pourquoi serait-il astreint à demander un droit, une autorisation de résidence ou de domicile qu'il possède,

---

1. Locré, *Législation de la France*, t. II, p. 35, 36, 37 et *passim*.

dont il use depuis sa naissance? On ne demande que ce qu'on n'a pas!

Cette objection ne repose que sur une équivoque : il y a résidence et résidence, domicile et domicile, autorisation et autorisation. — S'il s'agissait d'une résidence, d'un domicile, d'une autorisation de fait, plutôt que de droit, l'objection serait parfaitement fondée ; « ce qui existe, disait la loi romaine, ne saurait exister davantage. » Mais il s'agit d'une résidence, d'un domicile, d'une autorisation de droit. Dès lors, il est de toute évidence que l'objection porte à faux ! La loi algérienne a dérogé aux règles qui gouvernent le domicile de fait, quand elle a dit, dans l'article 2 de l'ordonnance du 16 avril 1843 sur la procédure [1], qu'en Algérie, « la *résidence* habituelle vaut domicile. » Et encore est-il bon d'observer que cet article, comme l'indique l'intitulé de la loi, ne parle du domicile que dans ses rapports avec les lois de la procédure, et que, sous tout autre rapport, le domicile est en Algérie ce qu'il est en France, — régi par le titre spécial que le Code civil lui a consacré.

En tous cas, qu'il soit question du domicile de procédure, c'est-à-dire au point de vue des actions judiciaires, ou du domicile de droit civil, envisagé au point de vue du commerce ordinaire de la vie civile, un tel domicile, cela va de soi, n'a rien de commun avec le domicile politique, et la preuve, c'est que l'un peut fort bien exister sans l'autre.

Or, le domicile politique est tout à la fois une condition et une dépendance du droit de cité. Ce n'est

---

1. Promulgation du *Code de Procédure.*

pas seulement, comme le domicile civil, le lieu où l'on a transporté le siége de ses affaires, de sa fortune, de sa demeure habituelle, c'est encore le lieu dans lequel, en remplissant les prescriptions des lois constitutionnelles, on est autorisé à exercer les droits politiques attachés à la seule qualité de citoyen.

On comprendra maintenant, sans commentaires, la vérité légale et l'exactitude juridique des propositions suivantes :

L'établissement, par l'Étranger, de son domicile en France ou en Algérie, ne lui confère pas la jouissance des droits civils du national français[1].

Cette jouissance exige deux conditions : — l'une de *fait*, la résidence en France ou en Algérie ; — l'autre de *droit*, l'autorisation gouvernementale de l'admission à cette jouissance.

La première, toute de droit des gens, n'engendre que des résultats de droit des gens.

La seconde, toute de droit politique, engendre des résultats de droit politique et de droit civil.

L'obtention de l'autorisation requise par l'article 13 du Code Napoléon est un préliminaire de la demande de naturalisation. Par elle, on commence à être Français.

La demande en autorisation d'établir son domicile en France ou en Algérie a presque toujours un sens politique.

---

[1]. Art. 13 du Code Napoléon. — Merlin, *Répert.*, v° Étranger. — Dalloz, *Répert. méthod. pour ed.*, v° Droit civil, n° 384. — Zachariæ, *Cours de Droit civil*, trad. Aubry et Rau, 1ʳᵉ édit., t. Iᵉʳ, p. 162. — Marcadé, *Cours élément.*, t. Iᵉʳ, art. 13 et 17.

Le seul fait de la résidence, quel qu'en soit le motif, n'en a pas et ne peut pas en avoir.

Sous quelque rapport qu'on considère et de quelque manière qu'on interprète l'article 13, soit qu'on s'en réfère à sa lettre ou à son esprit, soit qu'on l'explique d'après le droit ancien ou les actes législatifs et ordonnances postérieures au Code civil, il est certain que, sauf les clauses contraires de l'article ou de lois politiques, l'Étranger qui veut être admis, soit en France, soit en Algérie, doit y avoir le domicile spécial *ad hoc*, qui résulte de l'autorisation du chef de l'État.

C'est ce qu'exprimait clairement le conseiller d'État Boulay (de la Meurthe), quand il disait au Corps législatif, « qu'il est dans la nature des choses qu'un Étranger ne puisse devenir citoyen français, que quand il est admis par le gouvernement à le devenir. »

C'est encore ce qu'exposait non moins clairement son collègue Treilhard, par les paroles suivantes :

« Le caractère personnel de l'Étranger qui se présente, sa moralité plus ou moins grande, le moment où il veut se placer dans nos rangs, la position respective des deux peuples et une foule d'autres circonstances, peuvent rendre son admission plus ou moins désirable, et, pour s'assurer qu'une faveur ne tournera pas contre le peuple qui l'accorde, la loi n'a dû faire participer aux droits civils que l'Étranger admis par le gouvernement. »

Et c'est cette même pensée qui dictait au tribun Siméon, le 25 frimaire an xi, cette déclaration, qui pourrait à la rigueur servir de formule aux vrais principes du droit public sur l'acquisition par l'Étranger des droits civils réservés au national[1].

« La *république* appartient à un Français comme sa famille : on ne peut la lui enlever que par voie de gouvernement; mais l'Étranger qui veut s'y établir, requiert une *adoption*. Pour l'adoption civile, comme pour l'adoption domestique, il faut le double consentement de l'adoptant et de l'adopté[2]. »

Mais est-il vrai que cette *adoption* est la même en Algérie qu'en France?

Oui, puisque, en ce qui concerne la jouissance, de même que l'acquisition des droits civils, le législateur de l'Algérie n'a pas même touché jusqu'ici à l'article 13 du Code Napoléon.

En effet, ainsi que nous l'avons fait plusieurs fois observer, vainement nous opposerait-on la disposition finale de l'article 37 de l'ordonnance du 26 septembre 1842, portant que « dans les contestations entre Français et Étrangers — et Indigènes, la loi française, c'est-à-dire le Code civil, ou celle du pays,

1. Il est certain que les rédacteurs du Code Napoléon, répudiant les idées d'*humanitarisme* exagéré de l'Assemblée constituante, se sont conformés aux anciennes maximes du droit public français sur l'état civil des Étrangers. Cf. Décrets du 6 août 1790 et 8 avril 1791, avec la discussion au conseil d'État sur le tit. Ier, chap. Ier du premier livre du Code Napoléon; l'article *Aubaine* du *Répertoire* de Merlin, et *Étrangers* du *Répertoire général du Journal du Palais*. — Dupuis, *Traité des droits du royaume*. — Bacquet, *Traité du droit d'Aubaine*. — Pothier, *Traité des personnes*, part. I, liv. II, chap. II, sect. 2, art. 1er; — et *Traité de la communauté*, p. 243, 320, 342 et 343. — Remarquons que ce que dit Boulay (de la Meurthe) de l'Étranger qui veut devenir Français, l'article 13 du Code le dit de l'Étranger qui veut jouir des droits civils français.
2. Locré, *Op. cit.*, t. II, p. 241.

est appliquée selon la nature de l'objet de litige, la teneur de la convention, et, à défaut de convention, comme dans notre cas, selon les circonstances ou l'intention présumée des parties. »

Le législateur algérien n'y parle évidemment, d'une part, que de *contestations*, et, d'autre part, que de contestations nées à l'occasion de *conventions* ou *contrats* du droit des gens ou du droit civil entendu dans son sens le plus étendu[1].

Mais il ne s'agit ici ni d'une contestation, ni d'une convention ou d'un contrat. Il s'agit d'un acte *sui generis*, à caractère plus politique que civil, et dans lequel n'a rien à voir une disposition de droit civil, de droit purement privé.

Eh! concevrait-on que l'article 37, jeté, pour ainsi dire, sous forme de parenthèse, au milieu d'une ordonnance sur l'*administration de la justice*, et dans le titre de la *compétence des tribunaux français et indigènes*, eût pu ou voulu déroger aux principes généraux de notre droit civil dans ses rapports avec les Étrangers ou tous individus qui ne sont pas français?

Qu'a donc voulu cet article? Il a voulu traduire en langage législatif une règle trop absolue de droit romain[2], et une maxime également trop absolue de Grotius[3]. Et encore ne faut-il pas oublier que, d'après les principes les plus généralement reconnus de notre droit, il n'y a lieu à l'application de cette règle et de

---

1. V. *Infrà*.
2. *Qui cum alio contrahit vel est vel debet esse non ignarus conditionis ejus.*
3. *Qui in loco aliquo contrahit, tanquam subditus temporarius legibus loci subjicitur.*

cette maxime, qu'autant qu'il n'est question ni du statut personnel de l'Étranger ou réputé tel, ni du droit politique et public de la France!

Une autre objection nous a été faite par un magistrat, à qui nous devons rendre cette justice, qu'il a apporté à l'étude consciencieuse de l'hypothèque de la femme juive toutes les ressources d'un esprit éclairé, servi par une longue expérience[1].

« *Prenons*, dit-il, l'ordonnance du 28 septembre 1847. On y lit, art. 12, chap. II, que les conseillers municipaux doivent être *Français* ou *naturalisés Français*, ou, s'ils sont Étrangers, autorisés par le roi à exercer leurs droits civils en Algérie. Or, l'arrêté du gouverneur général, du 27 mars 1848, rendu en exécution de l'ordonnance, nomme conseillers municipaux, à Alger, deux Israélites[2].

« Vous voyez donc, ajoute-t-il, que les Israélites étaient déjà considérés soit comme *Français* ou *naturalisés Français*, soit comme *Étrangers* ayant *tacitement* reçu l'*autorisation* d'exercer leurs droits civils en Algérie! car il n'y a jamais eu d'autorisation expresse. »

Je crains bien que le savant magistrat n'ait été, à son insu, victime du sophisme qui consiste à prendre le général pour le particulier, ou, comme on dit à l'école, le genre pour l'espèce. Assurément, les conseillers municipaux doivent, en thèse générale, être Français, naturalisés Français, ou, s'ils sont Étran-

---

1. Dans ses *Réflexions* déjà citées, en réponse à nos *Observations*.
2. MM. Lévi-Bram et Durand.

gers, assimilés aux Français par l'autorisation d'exercer leurs droits civils en Algérie. — Mais, en dehors de ces trois catégories d'individus, il y en a une quatrième, qui n'est point soumise aux mêmes conditions que les trois autres : c'est celle des indigènes, que l'ordonnance distingue avec soin des Français, naturalisés Français et Étrangers. Que n'abandonnez-vous l'article 13 de cette ordonnance! Elle prouve le contraire de votre proposition, et cette proposition n'a pu vous échapper, que parce que, pour le besoin de votre thèse, vous avez séparé deux articles indivisiblement unis entre eux dans la pensée du législateur, s'interprétant et se complétant l'un par l'autre!

Rigoureusement, nous pourrions nous en tenir là. C'en serait assez pour démontrer que la femme israélite, n'étant ni Française ni assimilée à une Française, ne peut se prévaloir vis-à-vis des tiers d'une prétendue hypothèque légale qui *serait* uniquement réservée à la femme française. Et notre démonstration serait complète, qu'on appliquât à la femme israélite la loi française, la loi algérienne ou la loi du pays :

La *loi française*, parce que cette loi ne peut préjudicier au national au profit de l'étranger ou de l'Israélite indigène;

La *loi algérienne*, parce que l'article 37 ne peut être interprété en ce sens qu'en l'absence de toute présomption et même de toute possibilité de convention, et, dans bien des circonstances, par un effet rétroactif également contraire à la loi et à la raison, l'Israélite indigène bénéficie de cet article au détriment du national;

La loi du pays : 1° parce que, même en admettant que la loi rabbinique accorde à la femme israélite une hypothèque légale, cette hypothèque, qui, d'après la loi musulmane ou du pays, n'a jamais eu d'effet entre Israélites et Musulmans, ne saurait, sans un texte formel de la loi française, en avoir entre Israélites et Français, et qu'à ce point de vue, on devrait appliquer à cette hypothèque les principes qui régissent l'hypothèque légale de la femme étrangère ; 2° parce que la loi rabbinique n'étant autre chose, civilement parlant, qu'une collection d'usages et de coutumes en vigueur parmi les groupes, corporations ou communautés israélites, variant avec les temps, les lieux, les circonstances, et n'émanant d'aucun pouvoir public, d'aucune souveraineté proprement dite, ne peut rationnellement être considérée comme loi qu'entre les membres de ces groupes, corporations ou communautés[1].

Mais tout cela n'est vrai qu'autant qu'il serait certain que toute femme non française, qu'elle soit indigène, israélite ou européenne, ne peut prétendre à une hypothèque légale sur les biens de son mari.

Examinons donc maintenant notre question sous ce nouvel aspect.

La femme d'un Étranger a-t-elle sur les biens de

1. S'il s'agissait d'une hypothèque née depuis la Conquête, et que la femme israélite voudrait exercer contre des tiers musulmans, nous pensons que sa prétention devrait être repoussée, alors même qu'on tiendrait pour constant que la loi française reconnaît aujourd'hui son hypothèque vis-à-vis des tiers européens, et en voici la raison : cette reconnaissance ne pourrait rétroagir en faveur de la femme israélite mariée avant la Conquête.

son mari, situés en France ou en Algérie, l'hypothèque légale accordée sur ces biens par la loi française à la femme française?

On a dit que le premier mouvement du cœur est toujours le meilleur; ne pourrait-on pas en dire autant du premier mouvement de l'esprit?

Ou je suis le jouet d'une étrange illusion, ou la première, et, pour ainsi dire, naturelle solution de cette question, est une solution négative, et il n'est personne qui, en l'entendant poser, ne s'écrie volontiers avec un de nos meilleurs jurisconsultes [1] :

« Comment! les femmes étrangères, dont on ignore le mariage, souvent même l'existence, pourraient réclamer une hypothèque légale sur des biens que leurs maris auraient acquis ou qui leur seraient échus d'une manière quelconque, et cela au préjudice de tiers qui auraient contracté de bonne foi avec les propriétaires actuels ou précédents! Ces tiers se verraient à l'instant même privés, par des hypothèques légales qui subsistaient sans inscription, et dépouillés des créances les plus légitimes! Non, cela est inadmissible [2]. »

Or, inutile d'ajouter que ce que Roland de Villargues dit de la femme étrangère en général, peut se dire, *mutatis mutandis*, de la femme israélite d'Alger.

Telle est, en droit, la conséquence forcée de nos principes, et, en fait, le résultat nécessaire de la situation singulière de la femme israélite vis-à-vis des Européens.

---

1. Roland de Villargues, *Répertoire de la Jurisprudence du notariat*, v° Statut.

2. V. Duranton, t. XIV, n° 292. — Fœlix, *Revue étrangère*, t. IX, p. 33, — et Soloman, *Essai sur la condition juridique des étrangers*, p. 62.

Quoi qu'il en soit, pour résoudre notre problème, trois principaux systèmes ont été proposés.

Suivant le premier, l'hypothèque légale n'appartient qu'à la femme francaise.

On dit à l'appui de ce système : L'hypothèque, en général, à plus forte raison l'hypothèque légale, est un droit civil exclusivement réservé aux Français par la loi française, — ou aux étrangers jouissant des droits civils des Français. — Donc, toute femme qui n'est ni française, ni assimilée à la femme française, c'est-à-dire admise à jouir des droits civils de la femme française, est incontestablement exclue du droit d'hypothèque légale.

Suivant le second, l'hypothèque légale appartient à la femme française et à la femme étrangère.

On dit à l'appui de ce système : — Quoique de droit civil quant à la manière de l'acquérir, l'hypothèque, même l'hypothèque légale, n'en est pas moins du droit des gens, comme les obligations, les contrats, etc. Refuser cette hypothèque à la femme étrangère par cela seul qu'elle n'est pas française, ce serait, par voie de conséquence, refuser aussi à l'étranger, par cela seul qu'il est étranger, des droits que nul ne songea jamais à lui contester, le droit d'hypothèque conventionnelle, le droit d'hypothèque judiciaire, et ce que la loi française appelle *priviléges* sur les immeubles. — Le Code civil ne parle que de la femme mariée. — Dès là qu'il y a mariage, cela suffit; tout comme la légitimité des enfants, l'hypothèque légale est un droit attaché au seul fait du mariage. Donc la femme étrangère, — de même que la femme française, — doit jouir de cette hypothèque. — On dit encore : Peu importe que l'hypothèque soit du droit civil ou du droit des gens. Fût-elle de droit civil, telle est la faveur accordée par tous les législateurs au mariage, qu'il ne faudrait pas hésiter à compter l'hypothèque légale parmi les droits civils dont le Code Napoléon n'a nullement entendu priver les étrangers.

— La loi française n'est pas une loi envieuse et jalouse. Ce qu'elle ne dénie pas formellement, elle l'accorde tacitement; elle permet ce qu'elle ne défend pas. A ses yeux, l'incapacité civile est l'exception, la capacité civile est la règle. Or, en ce qui concerne l'hypothèque légale, sur quel texte fonde-t-on une exception au droit commun à l'encontre de la femme étrangère? Donc, même en admettant que l'hypothèque légale soit du droit civil, elle appartient incontestablement à la femme étrangère.

Suivant le troisième, l'hypothèque légale appartient ou n'appartient pas à la femme étrangère, selon que la loi de son pays la lui donne ou la lui refuse.

A l'appui de ce dernier système, on dit : L'hypothèque légale est un statut personnel quant à son existence, réel quant à son exercice ; — comme statut personnel, elle est régie par la loi nationale de la femme; — comme statut réel, elle s'établit, se règle et s'exerce conformément à la loi de la situation des biens du mari.

On pourrait dire encore : L'hypothèque légale résulte d'un contrat spécial du droit des gens, dont le législateur doit assurer l'exécution, abstraction faite de la nationalité de la personne qui la réclame. Donc, tant que l'ordre public n'est pas violé, tant que la loi expresse n'interdit pas à la femme étrangère la conséquence de ce contrat, c'est-à-dire l'hypothèque légale, rien ne s'oppose à ce qu'elle en jouisse, quand ce contrat a été passé sous la foi de cette garantie reconnue par la loi des contractants.

Or, de ces trois systèmes, lequel doit être préféré?

Demandons-le tout d'abord aux principes généraux de notre droit hypothécaire, en tant que s'appliquant à notre question.

§ Ier. — En voici le résumé.

L'hypothèque est un droit réel et incorporel sur des immeubles *exceptionnellement* affectés à l'acquittement d'une obligation.

Exceptionnellement : car d'après la règle de droit écrite dans notre Code civil, tous les biens du débiteur sont, *de la même manière*, le gage commun de tous ses créanciers.

Trois sortes d'hypothèques, — *conventionnelle, judiciaire, légale*, résultant d'une convention revêtue de certaines formes, — d'un jugement ou acte judiciaire, — ou de la loi.

L'hypothèque conventionnelle ne s'acquiert, en général, que par stipulation expresse consentie en France et constatée par acte authentique passé devant notaire, et les contrats passés en pays étrangers ne peuvent, sauf des dispositions contraires dans les lois politiques ou les traités, conférer hypothèque sur les biens de France.

L'hypothèque judiciaire ne s'acquiert que par jugements, sentences arbitrales, ou certains actes reconnus, vérifiés et sanctionnés par la justice. Mais s'il s'agit de jugements, sentences, etc., rendus en pays étrangers, elle n'est acquise en France qu'autant qu'un tribunal français les a déclarés exécutoires.

L'hypothèque légale ne s'acquiert que par la *volonté de la loi* s'appliquant au fait (mariage) qui la constitue, en quelque lieu d'ailleurs que ce fait se réalise.

Quelle que soit l'hypothèque, sa cause constitutive est du droit des gens, mais son mode d'acquisition est de droit civil.

Il résulte, ou de la seule volonté de l'homme (hypothèque conventionnelle), ou de la volonté de l'homme et de la loi (hypothèque judiciaire), ou de la seule volonté de la loi (hypothèque légale).

En cas d'hypothèque légale, la loi stipule pour l'homme; qu'il le veuille ou non, qu'il le sache ou qu'il l'ignore, elle substitue sa volonté à la sienne. Elle parle, elle agit pour lui, et, en général, elle se suffit à elle-même, san l'auxiliaire d'une inscription qui en révèle l'existence aux yeux des tiers.

Or, de ce qui précède, il est légitime et nécessaire de conclure :

Que l'hypothèque est un droit exceptionnel, et doit être restrictivement interprétée ;

Que l'hypothèque *légale* puise sa raison d'être dans la seule volonté du législateur [1] ;

Qu'elle est une exception au droit commun hypothécaire, et, si j'ose le dire, une exception à une exception ;

Que, conséquemment, plus encore que l'hypothèque conventionnelle et judiciaire, l'hypothèque

---

1. Ou dans la convention *légalement* tacite et présumée des parties.

légale n'a lieu que dans les cas et surtout les formes autorisées par la loi dont elle est l'ouvrage [1].

Retenons bien ces conclusions, tirées des principes généraux de l'hypothèque légale d'après la loi française; là est la clef de notre solution.

On a essayé, il est vrai, de les repousser en soutenant qu'elles n'ont que faire dans notre question, puisqu'il suffit de remonter à l'origine de l'hypothèque pour se convaincre qu'elle est du droit des gens, et que, par cela seul, ainsi que l'enseigne Merlin, dont la doctrine sur ce point a été adoptée par MM. Troplong et Paul Pont, par cela seul que le Code civil n'a pas textuellement exclu la femme étrangère du bénéfice de l'hypothèque légale, cette femme doit en jouir, apte qu'elle est, tout comme la femme française, elle-même, à participer à tous droits ou avantages qui ne découlent pas exclusivement du pur droit civil.

L'hypothèque en général, l'hypothèque légale en particulier du droit des gens!

Malgré notre estime et notre admiration pour les éminents jurisconsultes que nous venons de nommer, nous préférons à leur enseignement celui de l'histoire et de la philosophie du droit.

L'histoire du droit. Reportez-vous aux temps les plus reculés; consultez les plus anciennes législations; interrogez les monuments des époques les plus voisines de l'âge patriarcal; étudiez les mœurs et les usages des peuples de l'antiquité les plus renommés par leurs lumières et par les développements de leur civilisation.

---

1. Code Napoléon, art. 2115.

Ouvrez le Pentateuque de Moïse, les Lois de Manou, les livres de Confucius, la loi des Douze-Tables. Lisez les historiens, parcourez les orateurs; ne dédaignez même pas les poëtes. Où trouvez-vous les traces de l'hypothèque? Où l'ombre d'une hypothèque légale? Partout le gage, le pur gage, le dessaisissement de la chose engagée.

L'hypothèque ou remise fictive [1] de la chose du débiteur au créancier n'apparaît, ou plutôt ne semble apparaître dans la Grèce, qu'alors que la race hellénique avait déjà atteint l'apogée de ses progrès civilisateurs, et encore n'y revêt-elle que la forme la plus grossière et la plus rudimentaire.

Plus tard, nous la retrouvons à Rome, dans l'édit du Préteur ; mais d'abord, comme à Sparte et Athènes, entourée des langes du berceau, puis s'en dégageant insensiblement sous le nom de *pignus conventionale, pignus prætorium, pignus judiciale*, et enfin, après plusieurs siècles de pénibles efforts, se transformant, sous la bienfaisante influence des idées chrétiennes, en hypothèque tacite [3], telle ou à peu près telle qu'elle existe dans notre législation.

Que dirai-je des nations barbares qui envahirent l'empire romain? l'ont-elles connue? l'ont-elles pratiquée? Difficile problème! Au moyen âge, à peine en découvre-t-on çà et là quelques vestiges informes. Les coutumes la consacrent, c'est vrai, mais rien n'est divers, rien n'est incohérent comme leurs dispositions

1. Loyseau, *Déguerpissement*, liv. III, chap. Ier.
2. *Hæc obligatio (hypotheca) efficax ex iure prætorio.* Cujas, *in lib. V. De just. et jur.*
3. V. dans les *Institutes expliquées* d'Etienne, un savant et complet résumé du droit hypothécaire chez les Romains.

sur ce point. Parlerai-je des phases non moins diverses qu'elle traversa en France, depuis l'édit d'Henri III de 1581 jusqu'à la rédaction du Code Napoléon? Ajoutons seulement que, même encore aujourd'hui, plusieurs nations de l'Europe [1] ne reconnaissent pas l'hypothèque légale de la femme, ou si elles la reconnaissent, ce n'est ni pour les mêmes créances, ni sous les mêmes conditions, ni dans les mêmes circonstances qu'en France.

Il y a plus : De tous les contrats de garantie, l'antichrèse est celui qui, de l'aveu de tous, présente le plus d'affinité avec le gage, parce qu'elle n'est que le gage immobilier. Eh bien! l'histoire de ce droit démontre qu'elle n'a rien de commun avec les *jura quibus omnes gentes utuntur* de Gaius, et que l'antichrèse elle-même, à en juger par les caractères que nous allons assigner au droit des gens, doit être rangée parmi les droits dérivant du droit civil [2].

Maintenant que nous savons à quel genre de droit appartient l'hypothèque, recherchons si, quel qu'il soit, le droit dont elle tire son origine et auquel elle emprunte son caractère, ses formes et ses règles, est ou n'est pas un de ces droits que la loi française entend accorder sans distinction, ou, plus généralement, à tout individu quelconque, et, par suite, à toute femme mariée, française ou non française.

Donc, l'hypothèque est-elle du droit des gens ou du droit civil? La philosophie du droit se chargera de répondre.

1. L'Ecosse, l'Angleterre, la Hollande, l'Autriche et plusieurs cantons suisses.
2. V. *Répert. du Journal du Palais*, art. *Antichrèse*.

§ II. — Éclairés à la lueur de son flambeau, décrivons rapidement la filiation et la nature de ces deux branches de la science du droit, disons-en les similitudes et les différences, et afin de les mieux distinguer, plaçons-les, pour ainsi dire, en face l'une de l'autre, sur le théâtre de leur commune action.

Trois espèces de droit régissent l'homme dans ses rapports avec l'homme; — en tant que membre de la société humaine ou de l'humanité, le droit naturel ou des gens; — en tant que membre d'un corps politique, cité ou État, le droit propre et particulier à un État ou à une cité, ou le droit civil; — en tant que membre d'un corps politique ayant des relations avec un autre corps politique, le droit international.

Pour nous renfermer dans les bornes de notre sujet, ne nous occupons que du droit des gens et du droit civil.

Le droit des gens (*Jus gentium, jus inter gentes*), entendu dans sa plus large acception, c'est le droit pratiqué par tous les peuples civilisés, le droit général de toutes les nations entre elles, le droit de l'humanité [1].

Le droit civil (*Jus civile, jus civitatis*), pris dans son sens le plus général, c'est le droit pratiqué par tel ou tel peuple, le droit particulier d'une nation, le droit de cité [2].

Au droit des gens, la possession et la propriété des choses, le commerce, les conventions, tout ce qui naît

---

1. *Jus quo gentes humanæ utuntur.* — *Jus hominibus inter se commune.* — *Jus omnium hominum,* D., L. Ier, 1, § 4 et 9.

2. *Jus civile.* — *Quod quisque populus ipse sibi jus constituit.* — *Jus proprium civitatis.*

des besoins et des communications des hommes entre eux, en tant qu'hommes ou membres du genre humain.

Au droit civil, toutes prescriptions, toutes règles *étendant* ou *restreignant* le droit civil aux usages, aux mœurs, aux relations d'ordre privé, des individus qui composent une cité, un peuple, un État régis par une seule et même législation, par un seul et même pouvoir social, — les formes de ce droit, ses conditions accidentelles, son organisation et sa réglementation. Et cela tient à la nature même de ces droits [1].

Le droit des gens est la substance du droit civil, le droit *naturel* des nations, — un, universel, invariable, absolu, éternel, divin, — l'universalisation du droit naturel, — contemporain de la société.

Le droit civil est l'émanation du droit des gens, le droit *positif* d'un peuple, — multiple, limité, variable, conditionnel, passager, humain, — la localisation du droit positif, — contemporain de la cité.

Le droit des gens est le droit brut, spontané, nécessaire de l'homme dans ses relations avec l'homme.

Le droit civil est le droit *organisé*, réfléchi, contingent du citoyen dans ses relations avec le citoyen.

Le droit civil est dans le droit des gens, comme le droit des gens dans le droit naturel, comme le droit naturel dans ce droit supérieur et antérieur à tous les droits humains, qui n'est autre que le droit divin.

D'où il suit :

1° Que tout droit écrit ou non écrit, qui n'a pas d'origine historique et n'est le lot propre d'aucun peuple, est une création du droit des gens.

---

1. D. *Ibid.*, lib. VI, p. 2.

2° Que tout droit, écrit ou non écrit, qui a une date dans l'histoire, et s'est approprié à un peuple plutôt qu'à un autre, est une institution de droit civil.

3° Que le droit des gens est un droit primitif (ou *primaire*) simple, comme une inspiration de la nature, ennemi de la forme, de la subtilité, de la fiction, ne vivant que de traditions.

4° Que le droit civil est un droit dérivé, secondaire, compliqué comme tout produit de la civilisation, se complaisant aux inventions des jurisconsultes et aux créations de l'esprit scientifique, s'attachant, avant tout, aux abstractions.

Si, perdant un instant de vue le but principal de cette discussion, je pouvais me permettre une digression touchant l'Etranger *stricto sensu*, je dirais en peu de mots ce qu'est le droit international privé, ce droit qui joue un rôle si important dans les questions de droit civil, entre nationaux de nations différentes; et armé de ce principe que toute nation doit respecter la souveraineté ou l'indépendance d'une autre nation, je n'aurais pas de peine à prouver, qu'en thèse générale, les lois civiles d'une nation ne peuvent atteindre ni les biens situés, ni les personnes habitant hors de son territoire, ni les actions exercées sur le territoire d'une autre nation, si ce n'est en vertu d'un consentement, ou exprès, — résultant de lois spéciales ou de traités, ou tacite, — résultant de la bienveillance et des convenances réciproques; mais, dans les deux cas, sous la réserve de l'intérêt public de l'une et l'autre nation, et peut-être de l'intérêt privé des sujets respectifs de chacune d'elles.

Mais revenons au droit des gens et au droit civil, et notons le caractère distinctif de ces deux droits.

Le droit des gens est communicable; le droit civil ne l'est pas.

Le premier affecte tous les hommes, sans distinction de nationalité ou de cité; tel, le droit de commerce.

Le second n'affecte que les habitants d'une même cité ou d'une même nation; tel, le droit d'être témoin testamentaire.

Homme, vous jouissez du droit des gens : le droit des gens, c'est le droit des hommes.

Membre d'une cité ou d'un Etat, vous jouissez du droit civil : le droit civil, c'est le droit de la cité, le droit national.

§ III. — Après les prémisses qu'on vient de lire, il est facile d'arriver à la conséquence que nous poursuivons avec une apparente opiniâtreté et qu'explique assez le haut intérêt de notre problème.

Un peu de logique suffirait pour cela; mais, pour venir en aide à certains esprits, faisons nous-même le seul travail d'induction qu'il leur resterait à faire, et exposons sommairement comment, parmi les droits civils, les uns émanent du droit des gens, et les autres de la loi civile.

Prenons pour exemple le gage, le privilége et l'hypothèque.

Le gage est virtuellement compris dans le droit des gens simplement consacré, réglé et sanctionné par la loi civile; il descend moins du droit civil que du droit des gens : le gage n'est donc pas le partage exclusif du national ou *régnicole*.

Le privilége est de droit civil suggéré par le droit des gens, organisé et discipliné par la loi civile, et il en est de même de l'hypothèque conventionnelle et judiciaire. Ni cette hypothèque, ni le privilége ne sont réservés aux seuls membres d'une cité ou d'une nation.

Mais l'hypothèque légale est un droit civil uniquement créé par la loi civile, sans autre inspiration ou suggestion que celle de la volonté de cette loi. — Elle n'appartient qu'à la femme soumise à son empire.

Nous dirons donc que le gage est du droit des gens; le privilége et l'hypothèque conventionnelle et judiciaire, du droit des gens et du droit civil; l'hypothèque légale, de pur droit civil.

Et, en effet,

De la nécessité de faciliter et d'assurer les transactions émanant du droit des gens, est né le *gage*.

De la faveur attachée à la nature particulière de certaines créances, et de la force accordée au fait de certaines stipulations ou de certaines sentences inspirées par le droit des gens et consacrées par le droit civil, sont nés le *privilége* et l'*hypothèque* conventionnelle et judiciaire.

De la *seule volonté de la loi civile*, expression vivante des relations civiles des membres de cette nation entière ou vis-à-vis des étrangers, est née l'hypothèque *légale*.

On dira sans doute que le non-Français ou Etranger, pouvant, aussi bien que le Français, acquérir une hypothèque *conventionnelle* et *judiciaire* en France, on ne voit pas pourquoi sa femme ne pourrait pas également y acquérir une hypothèque *légale*.

Mais ne voit-on pas que si l'hypothèque conventionnelle ou judiciaire dépendent d'un contrat ou d'un quasi-contrat et préalable, et, dans l'un et l'autre cas, de la volonté de l'homme, qui est essentiellement de droit des gens, l'hypothèque légale, elle, ne dépend que de la seule volonté de la loi civile, et partant, est essentiellement de droit civil? Comment, dès lors, la femme qui n'est pas régie par cette loi, l'étrangère, jouirait-elle de l'hypothèque que celle-ci n'a créée que pour la femme régnicole, à qui seule elle a voulu et pu l'accorder, l'empire de la loi purement civile d'une nation étant limité par les frontières d'une autre nation et ne pouvant s'étendre aux étrangers?

Peut-être insistera-t-on, et sous le puissant patronage de Merlin et Troplong, prétendra-t-on assimiler l'hypothèque de la femme non française, soit à l'hypothèque conventionnelle ou judiciaire, soit au privilége sur les immeubles[1].

Mais, avouons-le, rien ne nous paraît moins fondé qu'une pareille assimilation.

Toute constitution de privilége suppose le concours d'une nature spéciale de créance, et d'une disposition légale qui reconnaît et consacre cette nature de créance.

Toute constitution d'hypothèque conventionnelle et judiciaire suppose, la première, le concours de la volonté des parties contractantes, la seconde, de la quasi-volonté des parties litigantes, et d'une stipula-

---

1. Merlin, *loc. cit.* — Troplong, *Des Privil. et Hypothéq.*, n° 503 *ter*, t. II, p. 314.

tion d'hypothèque ou d'un jugement revêtus des formes prescrites par la loi.

Toute convention d'hypothèque légale suppose le concours d'un fait purement matériel (mariage, tutelle, administration des deniers publics).

Dans le premier cas, la volonté de la loi marche de pair avec la nature de la créance. — La nature de la créance fait le privilége, — la loi civile le consacre et le règle.

Dans le second cas, la volonté de la loi, subordonnée qu'elle est à la volonté des parties, ne marche, pour ainsi dire, qu'après elle. En tant qu'accessoire du contrat ou quasi-contrat du droit des gens, l'hypothèque conventionnelle et judiciaire du droit des gens ; en tant qu'accessoire conditionné par la loi civile, elle appartient au droit civil.

Dans le troisième cas, la volonté de la loi, devenue la volonté des parties, remplace celle-ci et l'absorbe ; — l'hypothèque légale n'est ni simplement confirmée ni simplement reconnue, ni simplement organisée par le droit civil. Elle est créée par lui ; elle est de *pur droit civil*.

S'agit-il de l'hypothèque légale ? La volonté de la loi intervient directement et d'elle-même.

S'agit-il de l'hypothèque conventionnelle ou judiciaire ? La loi n'intervient qu'indirectement et sur le seul appel des parties.

S'agit-il du privilége ? La loi intervient indirectement encore, et comme sur l'appel de la nature particulière de créance.

D'où il suit que l'hypothèque légale diffère de l'hypothèque conventionnelle et judiciaire et du privilége, comme la volonté de la loi diffère de la volonté de l'homme ou de la nation, comme le pur droit civil ou le droit civil proprement dit diffère du droit des gens, modifié par le droit civil, ou du droit civil improprement dit.

Concluons donc qu'il est des dispositions de droit civil tout à fait distinctes des préceptes du droit des gens, telles que celles relatives à l'hypothèque légale; qu'il en est d'autres qui leur sont simplement juxtaposées, telles que celles relatives à l'hypothèque judiciaire, et même à l'hypothèque conventionnelle; qu'il en est d'autres qui leur sont intimement unies, telles que celles qui concernent les priviléges sur les immeubles [1].

On ne serait pas mieux fondé à soutenir que l'hypothèque légale de la femme étrangère, ou réputée telle, est attachée soit à la seule qualité de femme mariée ou au fait du mariage, soit au seul *acte* de mariage, soit au seul *contrat* de mariage.

Qu'on se souvienne que l'hypothèque légale résulte de la *seule volonté* de la loi, et que cette volonté ne peut, en général, s'appliquer qu'aux personnes qu'elle gouverne, ou en d'autres termes, que la volonté de la loi est adéquate à son action, et son action à sa nature?

S'agit-il de la loi naturelle ou du droit des gens? Son action ne sera circonscrite ni par le temps ni par

---

[1]. Quant aux priviléges sur les meubles, dont l'exercice n'est pas soumis aux conditions des priviléges sur les immeubles, ils se rapprochent plus encore que ceux-ci de la nature de l'hypothèque légale, mais entre le privilége mobilier et l'hypothèque légale, il y a cette différence essentielle que l'un est simplement reconnu, et l'autre créée par le droit civil.

l'espace, ni à certaines personnes, ni à certaines choses.

S'agit-il de la loi civile pure ou du pur droit civil? Elle sera limitée par l'espace et par le temps, à certaines choses et à certaines personnes, et, fille d'un pouvoir distinct et indépendant, elle respectera toute loi émanant d'un pouvoir indépendant et distinct comme lui, elle finira où commence une autre souveraineté.

Donc, que la loi commande ou défende, dès qu'elle n'exerce son empire que dans la sphère du pur droit civil, dès là surtout qu'elle établit, dans les limites de cette sphère, une dérogation à la règle commune, elle doit être présumée *vouloir* ne s'adresser qu'à ces sujets ou nationaux, et ne parler qu'à eux.

Donc encore, l'hypothèque légale de la femme étant de *pur droit civil*, créée par la *seule volonté de la loi*, n'appartient à la femme mariée qu'en tant que celle-ci est comprise parmi les femmes à qui la loi a *voulu* l'accorder, qu'en tant qu'elle est nationale, et si cette femme veut l'exercer en France, qu'en tant qu'elle est Française ou assimilée à la femme française.

Mais cette hypothèque n'existerait-elle pas, par cela seul qu'il y a un acte de mariage?

Et pourquoi existerait-elle? Qu'est-ce donc que l'acte de mariage?

L'acte de mariage est la constatation par écrit (*instrumentum*) de l'union de l'homme et de la femme, le contrat *personnel* des époux.

Entre toutes personnes, il est régi par le droit des gens *modifié* sous l'influence de la loi civile Il a pour effet la légitimité des enfants, les droits et devoirs respectifs des époux entre eux et vis-à-vis de leurs enfants, les rapports de parenté; en un mot, tout ce qui se réfère à l'état juridique des personnes et de la famille des époux. Mais des biens des époux, de l'hypothèque de la femme sur les biens du mari, il n'en a et ne doit avoir nul souci.

D'où cette conséquence qu'en quelque lieu qu'ait été fait l'acte de mariage, cet acte n'ayant trait qu'à la personne des époux, n'exerce aucune action directe sur leurs biens.

Ainsi donc, pas plus que du mariage, l'hypothèque légale ne naît de l'acte de mariage!

Naît-elle du contrat de mariage? Pas davantage!

Le contrat de mariage constate les conventions des époux touchant leurs biens respectifs; il est le contrat *réel* des époux.

Ses effets sont les effets ordinaires des conventions, et tout ce qui se rapporte à la situation juridique des biens des époux. Mais de l'hypothèque légale, qui émane de la loi seule, appliquant sa volonté au fait du mariage, comment s'en occuperait-il?

D'où cette double conséquence : que, fidèle à la doctrine la plus autorisée et à la jurisprudence la plus constante sous l'ancien Droit, la loi française devait assimiler le contrat de mariage passé à l'étranger aux contrats ordinaires passés ailleurs qu'en France ou sur une terre française; qu'ainsi, comme tous les autres contrats, ce contrat ne devait pas emporter hypothèque en France [1], et que, soit qu'il ait été passé entre étrangers en France ou en pays étranger, l'hypothèque légale n'en découle pas comme sa suite et son effet nécessaires.

Ici on s'efforce de nous arrêter par plusieurs objections.

La communauté légale, nous dit-on, est, *ipso jure* [2], le régime matrimonial de tous époux, français ou étrangers, domiciliés de fait ou de droit et mariés en France sans contrat de mariage. Or, l'hypothèque légale de la femme frappe les immeubles du mari, quel que soit le régime adopté par les époux. Donc, la femme non française, mais mariée en France, par cela seul qu'elle sera commune en biens, jouira de cette hypothèque.

Nous répondons à cette première objection : De trois choses l'une ; ou la communauté légale est de droit purement civil, ou elle est de droit des gens simplement *organisé* ou *modifié* par la loi civile, ou elle est de pur droit des gens ;

Si de droit purement civil, la femme non française n'aura hypothèque sur les biens de son mari en France qu'autant que celui-ci y jouira de tous les droits civils, ou que l'hypothèque légale lui sera concédée par les traités internationaux.

Si du droit des gens organisé, ou de pur droit des

---

1. Art. 2138 du Code Napoléon. — Brodeau sur Louet, lettre H, § 55, t. Ier, p. 658. — Sur Paris, art. 107 et 166. — Malicoste, sur l'art. 186 de la Coutume du Maine. — Rousseau-Lecombe, v° *Hypothèque*. — V. surtout art. 121, ord. 1629, et C. f., art. 2123 et 2128 Code Napoléon.
2. Ce n'est pas la doctrine de tous les auteurs.

gens, la communauté légale entre époux étant réputée partie [1] du contrat de société de ces époux quant aux biens, l'hypothèque légale, pur effet de la volonté de la loi, pure création de la loi, ne pourra pas être l'effet, la conséquence de la communauté légale.

— Mais les servitudes *légales*, le mot le dit assez, sont des créations de la loi, et pourtant, nationaux et étrangers peuvent indistinctement les invoquer.

Nous répondons à cette seconde objection :

Les servitudes légales, dérivant soit de la situation naturelle des lieux, soit des obligations de voisinage imposées par la loi, dans un intérêt général ou dans un intérêt particulier, sont bien moins une création de droit purement civil, que la réglementation par le droit civil de faits émanant ou de la nature des choses, ou d'une convention tacite, ou de lois de police, toutes choses incontestablement obligatoires pour tous et n'ayant rien de commun, *per se*, avec le fait générateur de l'hypothèque légale.

— Soit; mais la réserve légale! Voilà bien, certes, une création de la loi et rien que de la loi!

— C'est vrai! mais qu'importe? La réserve légale, conséquence du droit de succession, et comme ce droit, d'abord refusée à l'étranger par la loi française, avant la loi du 14 juillet 1819, ne lui est aujourd'hui accordée que grâce à une exception spéciale, mais établie par un texte formel.

— Mais enfin, que dites-vous de la caution légale? le Code civil français ne l'a-t-il pas prescrite en faveur de toutes personnes, quelle que soit leur nationalité?

---

[1]. *Non tanquam per modum legis, sed tanquam pars contractus et contrahentibus volita, inducta et disposita.* Dumoulin, c. 53.

— Oui! mais prenez garde! La caution légale n'est que la garantie de conventions tacites, confirmées et sanctionnées par la loi, plutôt que créées par elle; et bien qu'organisée par le droit civil, elle n'en tire pas moins son origine du droit des gens.

Jusqu'à présent, nous avons considéré l'hypothèque comme convention séparée de toute autre convention, *per se continens*. Considérons-la maintenant comme convention s'adjoignant à une autre convention et en devenant l'accessoire, et voyons si, sous ce double aspect, elle est régie par les mêmes principes.

L'hypothèque conventionnelle est l'*accessoire* volontaire d'une convention, une convention réglée, organisée par le droit civil, mais empruntant son origine et sa nature au droit des gens, — parce qu'elle est une suite ou conséquence volontaire d'une convention *principale*.

L'hypothèque judiciaire est l'*accessoire* quasi-volontaire d'une quasi-convention, réglée elle aussi, et organisée par le droit civil, et empruntant son origine et sa nature au droit des gens, comme l'hypothèque conventionnelle, — parce que, comme elle, elle est tout à la fois la suite et la conséquence *quasi-volontaire* d'une *quasi-convention*.

Mais l'hypothèque légale, qu'est-elle?

Elle est l'accessoire, mais l'accessoire purement légal, d'une convention tacite non-seulement réglée et organisée par la loi civile, mais encore imaginée, présumée, créée par elle seule, — parce qu'elle est tout à la fois une suite et une conséquence, un effet et un résultat nécessaire de la volonté de cette loi.

Donc, à tous les points de vue, l'hypothèque légale est régie par le pur droit civil, tandis que l'hypothèque conventionnelle ou judiciaire l'est par le droit des gens, simplement modifié par la loi civile.

— Mais, nous objectera-t-on peut-être, c'est là une théorie, une théorie plus ou moins plausible, basée sur des raisons philosophiques et juridiques d'un ordre transcendantal, et tirées des plus hautes régions de la métaphysique plutôt que puisées dans le terrestre domaine du droit pratique. — Sur quels textes la fonderez-vous?

— Jetez avec nous un rapide coup d'œil sur l'économie générale des textes de la loi civile française, relatifs à la jouissance et à l'exercice des droits civils par les Français et par les Étrangers, et vous y verrez la confirmation de notre théorie.

Ces textes abondent.

L'article 8 du Code civil vous dit : En principe, tout Français jouit des droits civils et des articles 11 et 13 ; l'Étranger n'en jouit que par exception.

Or, les droits civils dont parle le Code, sont les droits civils proprement dits, ou droits purement civils attachés à la seule qualité de régnicoles et membres de l'État français, et résultant uniquement de la loi française. — De ce nombre était, avant la loi du 14 juillet 1819, le droit de succéder, et tel est encore le droit d'être témoin, dans certains actes.

Quant aux droits civils improprement dits, qui tiennent à la seule qualité d'homme ou de membre du genre humain, résultant du droit naturel ou des gens, et sont réglés et *formalisés* par la loi civile, ils sont le commun apanage du Français et de l'Étranger. Exemple : le droit d'acquérir, de posséder, de vendre, d'échanger, de s'obliger, etc.

La loi civile confère les uns à l'Etranger, à titre de concession, et il ne commence à en jouir qu'autant qu'elle l'y autorise par un texte formel.

La loi naturelle lui donne les autres à titre de droit commun, et il ne cesse d'en jouir qu'autant que, par un texte également formel, la loi civile le lui défend.

Et « cette distinction fondamentale » entre les deux grandes catégories des droits civils ne repose pas que sur la nature des choses, — ce que nous avons déjà démontré, — elle a encore pour base et l'esprit et la lettre du Code Napoléon.

« Ce qui caractérise essentiellement le droit civil, disait, d'après les jurisconsultes romains, le tribun Siméon, dans son rapport au Tribunat, sur la jouissance et la privation des droits civils, c'est d'être propre et particulier à un peuple, et de ne point se communiquer à d'autres nations... Au contraire, les effets du droit naturel se communiquent partout, à l'étranger comme au citoyen, et à moins d'une loi prohibitive expresse, les étrangers peuvent, tout comme les citoyens, exercer les actions qui descendent des contrats, bien qu'ils ne puissent réclamer les droits qui naissent de la loi civile, tels que ceux des successions et des testaments. »

Et maintenant, interrogeons l'article 25 du Code civil, et rappelons-nous les principes que nous avons posés.

Cet article comprend incontestablement deux classes de droits, les droits civils proprement dits, droit de transmission, de succession, de donation, de témoignage dans certains actes, de mariage civil ; — et les droits civils improprement dits, droits de propriété, d'en disposer, d'être témoin en justice, etc.

Mais si le Français jouit seul des premiers, qui doute que l'Étranger ne jouisse des seconds ?

Je le répète donc, la question de savoir si tel ou tel droit civil français peut ou ne peut pas être exercé par le Français, même par le non-Français, est entièrement subordonnée à cette autre :

Ce droit est-il du droit des gens ou de pur droit des gens, de droit civil ou de pur droit civil ?

Pourquoi donc Merlin, induisant avec raison de l'article 25, qu'il est des droits civils accordés par la loi française aux étrangers, en a-t-il induit à tort que l'hypothèque légale de la femme étrangère ou non française est un de ces droits ? Pareille induction n'est qu'un paralogisme : c'est la solution de la question par la question.

Je ne sais si, pour jeter un nouveau jour sur celle que nous avons adoptée, on me permettra de traverser au pas de course l'abstrait et aride domaine de la doctrine *statutaire* en matière d'hypothèque.

L'hypothèque est-elle un statut réel ou un statut personnel ? S'arrête-t-il aux biens ou suit-il les personnes ?

La nature d'un statut se détermine par la nature de son objet.

Cet objet est-il réel, c'est-à-dire est-il une chose ? Statut *réel*.

Est-il, au contraire, personnel, c'est-à-dire est-il une personne? Statut *personnel*.

Mais, rigoureusement, tout statut réel a quelque chose de personnel, et tout statut personnel quelque chose de réel.

Règle générale : Bien que réel en soi, tout droit qui est la conséquence directe, la suite immédiate, l'effet nécessaire d'un statut personnel appartient au statut personnel, et réciproquement.

C'est ainsi que statut réel, si on l'envisage à un point de vue absolu, l'hypothèque peut devenir un statut personnel, considérée à un point de vue relatif.

L'exercice de l'hypothèque présuppose-t-il, de la part de la personne qui veut l'exercer, une capacité juridique dérivant simplement du droit des gens modifié? l'hypothèque conserve son caractère de réalité.

— Et voilà pourquoi l'hypothèque conventionnelle ou judiciaire est de statut réel.

Présuppose-t-il une capacité juridique émanant du seul droit civil, ou, ce qui est la même chose, de l'état civil (*status*) de la personne qui le réclame? l'hypothèque revêt un caractère de personnalité. De là vient que l'hypothèque légale est de statut personnel.

Mais, statut personnel ou réel, que nous importe! Voulez-vous que l'hypothèque légale soit un statut personnel? Voulez-vous qu'elle soit de statut réel? Choisissez, j'y consens! Mais cela fera-t-il que la femme étrangère exercera, sur des biens situés en France, l'hypothèque de la femme française?

Non, évidemment! La nature du statut hypothécaire ne fait rien à notre question.

Personnel, comment engendrerait-il, au profit de la femme étrangère, une sorte de droit de suite, ayant pour résultat, de la part de cette femme, l'exercice sur un immeuble français d'une hypothèque autre que l'hypothèque conventionnelle ou judiciaire ? Quel est le texte de notre droit civil qui le lui accorde ou le lui reconnaît ?

Réel, comment ferait-il d'un immeuble français l'objet d'une hypothèque légale, quand, malgré sa réalité et le secours de la volonté expresse ou tacite des parties, ce même immeuble ne peut être l'objet d'une hypothèque conventionnelle ou judiciaire ?

Mais c'est assez, et peut-être même trop parler de statut.

Qu'importe, en effet, que l'hypothèque légale forme un statut réel ou un statut personnel ?

Rechercher si elle appartient à l'un ou à l'autre, ce serait, comme nous l'avons dit de la succession israélite, comme l'a dit de la communauté légale un auteur que nous aimons à citer[1], compliquer par une question très-difficile une question très-simple en elle-même.

Il suffit de savoir qu'un droit n'existe comme droit vivant et non comme vaine abstraction, qu'à la condition d'avoir un *objet* sur lequel il s'exerce, et un *sujet* qui l'exerce sur cet objet.

Réel ou personnel, l'exercice d'un droit présuppose nécessairement un rapport juridique entre la chose objet et la personne sujet de ce droit.

---

1. M. Troplong, *Commentaire du Contrat de mariage*.

Ce rapport est le lien qui unit l'activité du sujet à la passivité de l'objet.

Ce lien est-il formé par le pur droit des gens? L'exercice du droit appartient à toute personne juridique.

Par le droit des gens modifié? A tout individu remplissant les conditions imposées par ce droit.

Par le pur droit civil? Au sujet naturel ou naturalisé de ce droit, au national.

Donc, et ce corollaire mérite d'être remarqué, donc, si, entre la femme étrangère et l'immeuble français, il n'existe pas de lien purement civil, peu importera que l'hypothèque légale soit de statut réel ou de statut personnel. Entre elle et cet immeuble n'existera pas l'union d'où naît le droit vivant ou réalisé dont nous parlions tout à l'heure, et l'exercice de ce droit.

Est-ce assez de démonstration? Interprété d'après tout ce qui précède, peut-il rester l'ombre d'un doute sur le véritable sens du paragraphe 1er de l'article 2121 du Code Napoléon? Et si nous poussons plus loin encore l'évidence de ces démonstrations, ne risquons-nous pas d'éblouir nos lecteurs, au lieu de les éclairer davantage?

Tentons cependant de donner, si c'est possible, un nouveau degré d'évidence à notre thèse.

§ IV. — Je suppose que notre article soit rangé par nos contradicteurs parmi ces dispositions générales du Code, qui, ne statuant que sur des questions de principe, ou sur les cas les plus ordinaires, *de eo quod plerumque fit*, sont sans application à certaines espèces particulières, extraordinaires, qui ne seraient point entrées dans les prévisions du législateur.

Eh bien! leur répondrai-je, vous vous trompez, et la preuve de votre erreur, je l'infère : 1° des travaux préparatoires du titre des priviléges et hypothèques; 2° des prescriptions de la loi, touchant l'acte et le contrat de mariage; 3° des conséquences nécessaires de l'admission de la femme non française au privilége de l'hypothèque légale de la femme française.

La lecture attentive de l'ensemble des discussions d'où est sortie notre législation hypothécaire prouve sans réplique que l'article 2121 du Code ne concerne pas la femme française et la femme étrangère, jouissant des droits civils; — qu'en effet, la loi n'a entendu octroyer *son* hypothèque à la femme mariée qu'en tant que son mariage serait rendu aussi notoire que possible par les solennités qui le précèdent et l'accompagnent, et par la cohabitation qui le suit[1]; — que les tiers seraient aussi inexcusables, quand ils verraient des personnes mariées, de n'avoir point prévu qu'il pouvait exister un contrat[2], et qu'ils auraient *dû s'instruire* de l'état de celui avec qui ils traitaient, et *savoir* qu'il était marié[3].

Aussi, voyez comme le législateur français s'est préoccupé des moyens de prévenir, entre Français, et à plus forte raison, entre Français et Étrangers, les conséquences de la non-publicité de l'hypothèque légale de la femme mariée! De là, entre autres, les articles 63, 64, 65, 74, 75, 76 du Code civil, 65 et 70

---

1. Bigot-Préameneu. V. Fenet, Code civil, t. XV, p. 303.
2. Portalis, *Ibid.*, p. 305.
3. Treilhard, *Ibid.*, p. 448.

du Code de commerce. De là les lois du 18 juillet 1850, — et celle du 23 mars 1855.

C'est que, là où cette publicité n'existerait pas, là où les tiers français ne pourraient ni ne devraient connaître les droits hypothécaires d'une femme non française, vous verriez se multiplier et s'aggraver les inconvénients et les abus, déjà si nombreux et si graves de notre législation en matière d'hypothèque légale : une partie du sol français frappée d'une sorte d'interdiction et de main-morte ; le crédit agricole profondément atteint ; les transactions immobilières mortellement paralysées par la juste crainte d'un danger occulte et toujours menaçant ; autant de choses dont une seule suffirait pour faire manquer au législateur le but économique qu'il s'est proposé, et qui est la conciliation du crédit le plus étendu avec la plus grande sûreté des transactions [1].

Or, quoi de plus occulte, de plus menaçant, de plus ignoré que le mariage rabbinique de la femme juive algérienne, et les clauses de la *kétoubha?*

Voilà donc ce que nous ont successivement répondu les principes de notre droit hypothécaire en général, et de l'hypothèque légale en particulier, constatés et expliqués par l'histoire et la philosophie du droit, le texte et l'esprit de la loi.

Faut-il à présent en montrer la confirmation par la doctrine et la jurisprudence ?

A cet égard, nous nous contenterons de sommaires indications.

[1]. Treilhard. V. Fenet, t. XV, p. 448.

§ V. — Les interprètes les plus distingués du droit romain, Cujas, Godefroy, Mornac, Vinnius, Pothier; les annalistes les plus recommandables, Brodeau, Malicoste, Montholon, Rousseau-Lacombe; deux des meilleurs commentateurs de la Coutume de Paris, Charondas et Tronson, enseignent tous directement ou indirectement que l'hypothèque est de droit civil, et que les contrats de mariage passés hors du royaume entre Français et Étrangers, et à plus forte raison entre Étrangers, n'emportent point hypothèque sur les biens situés en France.

Parmi nos auteurs ou jurisconsultes modernes ou contemporains, Grenier, Aubry et Rau, Massé et Vergé sur Zachariæ, Duranton, Battur, Roland de Villargues, Massé, Dalloz, Soliman, Fœlix, Gaudry, et, ce semble, Demolombe, Devilleneuve et Carrette, excluent la femme étrangère de l'hypothèque légale, par ce double motif que l'hypothèque légale est un droit exclusivement réservé aux Français, un droit purement civil dont les étrangers ne peuvent jouir en France qu'en vertu d'un traité ou à titre de domiciliés en France avec l'autorisation du gouvernement.

Leur doctrine est combattue par Merlin, et MM. Troplong, Pont et Rodière, Serrigny et Labbé [1], et elle se fonde principalement sur ce que le fait du mariage est la cause de l'hypothèque légale, que le mariage étant un contrat du droit des gens, l'hypothèque légale ne peut pas être considérée comme un résultat d'une pure création du droit civil, et sur ce

---

[1]. V. dans ce sens une habile dissertation de M⁰ Robe, dans son *Journal de la jurisprudence de la Cour imp. d'Alger*, où il rapporte celle de M. Labbé.

que tous les immeubles français, même ceux possédés par des Étrangers, étant régis par la loi française (art. 3 du Code Napoléon), l'hypothèque légale est un statut réel qui ne se préoccupe nullement de la nationalité de la femme qui prétend l'exercer.

Cette doctrine, ainsi que celle qui, moins absolue, n'admet notre hypothèque légale que dans l'hypothèse où la loi étrangère l'accorde elle-même à la femme étrangère [1], a été repoussée par une jurisprudence presque unanime, admirablement résumée dans un récent arrêt de la Cour suprême, qui a cassé un arrêt de la Cour d'Alger du 24 juin 1861, infirmatif d'un jugement du tribunal de Constantine, lequel, sur renvoi de la cour de cassation, a été confirmé par la Cour de Grenoble [2]. Voici cet arrêt :

« Vu les articles, 3, 11, 13, 2115, 2128, 2138 du Code Napoléon; attendu que l'établissement d'une hypothèque légale en faveur des femmes, création expresse de la loi positive, est destinée à régler, dans les pays où il est constitué, la condition et les attributions des femmes investies de cette garantie, et leur confère ainsi un droit civil. — Attendu que, créée au profit de la personne des femmes, en considération de leur qualité, et pour la protection et la sûreté de leurs droits, l'hypothèque légale n'appartient en France qu'aux femmes à qui elle est conférée par la loi française, aux conditions que cette loi établit : qu'il

1. V. Rapetti, Cubain, Valette, Demangeat.
2. Cet arrêt est d'autant plus remarquable qu'il est contraire à un autre arrêt de la même Cour, du 19 juillet 1849, qui avait infirmé un jugement fortement motivé du Tribunal de Bourgoing, sans même essayer de toucher à cette base de l'argumentation fondamentale de ce jugement : l'hypothèque légale est de droit civil.

ne suffit donc pas, pour qu'elle existe, que des immeubles soient possédés en France par le mari, et que la femme ne puise pas son droit dans la disposition par laquelle l'article 3 du Code Napoléon, en vue d'empêcher toute influence des lois étrangères sur le sort des immeubles composant le territoire français, soumet à la loi française les immeubles possédés en France par les Étrangers. — Attendu qu'aucune disposition de la loi française ne confère hypothèque légale à la femme étrangère...; attendu qu'on n'invoque aucun traité attribuant hypothèque légale, et qu'ainsi la demanderesse ne peut invoquer le bénéfice de l'article 11 du Code Napoléon...; attendu qu'il n'est justifié en fait d'aucune autorisation accordée aux époux Frentzel pour établir leur domicile en France, et qu'ainsi il n'y a pas lieu d'examiner quelles auraient pu être, au profit de la demanderesse, les conséquences de la jouissance de droits civils qui serait résultée pour elle d'une telle autorisation...; attendu qu'aucune disposition législative n'attribue aux femmes mariées à des Étrangers possédant des immeubles en Algérie, et y résidant, un droit d'hypothèque légale sur lesdits immeubles. — D'où il suit qu'en étendant à la dame Frentzel le bénéfice de la loi française, hors des cas prévus par cette loi, l'arrêt attaqué a violé l'article 13 du Code Napoléon. — Casse. »

Cet arrêt, rendu au profit d'une femme étrangère proprement dite (la dame Frentzel était bavaroise), eût-il dû l'être au profit d'une femme simplement non française, d'une femme israélite ? Pour nous, l'affirmative est certaine. Et vainement, pour soutenir le contraire, se prévaudrait-on de la faveur due à la femme israélite en sa qualité de femme indigène, faveur que ne pourrait revendiquer à un aussi juste titre la femme étrangère. Ce que la loi française considère avant tout, ce n'est pas l'extranéité proprement ou improprement dite de la femme ; tout se réduit pour elle à savoir si ou non le mari de cette femme est français. S'il ne l'est pas, cette femme, eût-elle été française avant son mariage, n'en sera pas moins devenue à ses yeux une véritable étrangère par son mariage avec un Étranger ou un non-Français.

Résumons cette trop longue discussion :
Qu'est-ce que l'hypothèque ? Un droit exceptionnel.
Qu'est-ce que l'hypothèque légale ? Un droit plus exceptionnel encore qui, par sa nature, sa cause, ses effets, ses règles, sort de la sphère du droit commun hypothécaire, et rentre dans cette catégorie de droits spéciaux et privilégiés qui n'émanent que de la loi civile.

Son histoire, son caractère, son action, mis en présence du pur droit des gens, avec lequel elle n'a rien de commun, du droit civil improprement dit, du droit des gens modifié, auquel elle n'emprunte que ses formes et son mode d'exercice, du droit international privé, dont elle ne subit l'influence qu'en cas de traités ou lois politiques, — tout prouve qu'elle n'est ni créée par le pur droit des gens, ni instituée par le droit civil proprement dit, ni régie par le droit international, mais qu'elle est créée, instituée, régie par le pur droit civil, par la seule volonté de la loi purement civile; que, dès lors, elle ne se communique pas aux

Étrangers, qu'elle ne franchit pas les frontières de la souveraineté qui l'a créée; qu'elle reste l'apanage exclusif des sujets naturels ou nationaux de cette souveraineté; et que, s'il s'agit de l'exercer sur des biens de France, quiconque ne sera ni Français, ni admis à jouir des droits civils français, ne pourra y prétendre; que, dès lors encore, pour savoir à qui la loi française l'accorde ou la refuse, peu importe l'*acte* de mariage, le *contrat* de mariage, le *fait* du mariage, le *lieu* de sa célébration, le *magistrat* qui l'aura célébré, le *régime* adopté par les époux; que, dès lors enfin, la femme étrangère que nul lien purement civil ne met en rapport juridique avec les immeubles français de son mari, en demandera vainement le bénéfice à la loi française, — qu'elle habite ou n'habite pas le territoire français, que la loi personnelle le lui confère ou le lui dénie.

En d'autres termes, étude des principes du droit, examen historique et philosophique de notre législation, enseignement de la doctrine, autorité de la jurisprudence, tout concourt, tout se réunit pour refuser à la femme israélite de l'Algérie, au regard des tiers non israélites, l'hypothèque légale de la femme française sur les biens de son mari.

Et cette conclusion n'a rien d'insolite, rien qui doive nous surprendre. Tant que l'Israélite algérien ne sera pas Français, citoyen français, de la même façon et au même titre que le Français et le citoyen français d'origine ou par le bienfait de la loi, il en sera de lui en Algérie, comme il en fut en Allemagne au xvii° siècle, en France au xviii°, comme il en est même de nos jours chez plusieurs nations, dont il est l'habitant et le sujet, et non le citoyen. Pour tout ce qui constitue les droits purement civils, *jura civitatis*, *bürgerrecht*, et les droits politiques ou civiques, *staats bürgerrecht*, il est sous l'empire d'un droit exceptionnel, qui, généralement, de même que le droit des Novelles, refuse l'hypothèque légale à sa femme; de sorte que notre opinion sur le droit hypothécaire de la femme israélite algérienne, n'est, à tout prendre, que l'application du droit, qui régit généralement les Israélites partout où ils ne sont membres ni de la cité ni de l'État[1].

XX

De l'hypothèque légale à l'hypothèque conventionnelle, il n'y a qu'un pas, et l'ordre naturel des idées mène logiquement de la première à la seconde.

Occupons-nous donc maintenant de l'hypothèque conventionnelle.

Aussi bien, sommes-nous obligé, pour compléter ce que l'on vient de lire sur l'hypothèque légale, de ne pas passer sous silence une formalité qui, dans certains cas[1], est commune à toutes sortes d'hypothèques et de priviléges sur des immeubles, et a pour but la publicité et la consécration de leurs effets vis-à-vis des tiers.

---

1. V. Philip. Knipschildii, *Tract. de jur. civ. imp.*, c. xxx, *de Recept. jud.*, p. 569. — Thibaut, *Syst. des Pandectrechts*, t. II, p. 311, § 789. — Mittermayer, *Grundsœtze des gem. Deutsch. Privatrechts*, t. Ier, § 117 et 118. *Novell.* 109, c. II, *L. unic., de privat. dot.*

Cette formalité, condition indispensable, non de l'existence[1], mais de l'exercice du droit hypothécaire ou privilégié, et qui, au regard des tiers, remplit quelquefois le même office que la transcription de l'acte qui engendre ce droit, cette formalité, c'est l'inscription.

Or, l'inscription, ou, s'il s'agit d'actes translatifs de propriété immobilière ou de droits réels susceptibles d'hypothèques, la transcription, a-t-elle toujours été, ou est-elle encore aujourd'hui imposée aux Israélites algériens, à l'occasion de leurs transactions entre eux ou avec Musulmans?

Non, depuis 1830 ou 1832 jusqu'à 1851.

Oui, depuis cette époque jusqu'à nos jours.

« A l'origine de la conquête, dit très-justement un jurisconsulte estimé[2], les transactions immobilières, auxquelles une population nouvelle venait tout à coup imprimer une impulsion, une forme et un caractère tout particulier et unanime, furent soumises à l'anarchie la plus complète... La loi qui les régissait n'était pas définie..., les garanties manquaient totalement aux contrats. » L'absence de toute disposition, pour conserver et publier les hypothèques, jeta dans ces transactions une insécurité profonde[3]. Pour y pourvoir, le législateur de l'Algérie, par son arrêté du 28 mai 1832[4], y importa le régime hypothécaire de la

---

1. V. article 8 de la loi du 23 mars 1855 sur la transcription hypothécaire. — 2134-2135 du Code Napoléon.

2. M. Robe, *Journal de jurisprudence*, précité, 4e cahier, 1862, p. 201, note.

3. Motifs de l'arrêté de l'intendant général du 28 mai 1832.

4. C'est aussi l'opinion de M. Rodolphe Dareste. — M. Poivre, *op.*

métropole, mais en restreignit l'application aux Européens entre eux et dans leurs relations avec les indigènes. Et, en effet, l'article 10 de cet arrêté déclara que les dispositions n'étaient applicables qu'aux transactions entre Chrétiens, entre Chrétiens et Musulmans, et entre Chrétiens et Israélites, et que les transactions sur immeubles, entre Musulmans et entre Musulmans et Israélites, ainsi qu'entre Israélites, continueraient d'être régies par le droit antérieur, jusqu'à ce qu'il en eût été autrement ordonné [1].

Mais en a-t-il été ordonné autrement? Nous pensons qu'à défaut de toute abrogation, soit par un texte, soit par désuétude, cet article est resté en vigueur jusqu'en 1851, tant à l'égard des Musulmans qu'à l'égard des Israélites, et, qu'à cette date, la loi sur la constitution de la propriété algérienne l'a virtuellement et implicitement abrogée, mais à l'égard des seuls Israélites, et par son article 16 [1] et par son article final [2].

Aujourd'hui donc, la dispense d'inscription et de transcription n'est plus accordée qu'aux Musulmans indigènes, et l'Israélite algérien, pas plus que le Français, et plus généralement, que l'Etranger européen, ne saurait l'invoquer. Le mot *Israélite* doit être effacé de notre article : il s'y confond avec celui de *Chrétiens*.

cit., p. 50 et sq., semble professer l'opinion contraire. Nous en dirons un mot plus tard.

1. Les transcriptions de biens de Musulman à Musulman continueront à être régies par la loi musulmane. *Entre toutes autres personnes, elles seront régies par le Code Napoléon*.

2. Sont abrogés en tant qu'ils ont de contraire à la présente loi, les ordonnances, arrêtés et règlements antérieurs relatifs à la propriété privée en Algérie.

Or, en ce qui concerne les Israélites, son abrogation partielle a interverti les termes de la question qui surgissait dans leurs transactions immobilières avec les Chrétiens. Avant la loi de 1851, on devait se demander si les effets de la dispense de l'arrêté de 1832 rejaillissaient à leur profit contre les tiers européens. Après cette loi, au contraire, on peut se demander si les effets de cette dispense rejaillissent contre les tiers israélites de même que contre les tiers européens [1].

Mais, de quelque façon qu'on considère cette question, il est certain qu'à tous les points de vue, et principalement sous le rapport du progrès du crédit public et de la colonisation algérienne, elle est de la plus haute importance.

C'est assez dire qu'elle se recommande à toute l'attention de ceux qui veulent sincèrement l'un et l'autre.

Et d'ailleurs, la solution négative que nous lui donnerons intéresse au même degré les Européens et les Israélites, dont elle est appelée à sauvegarder les droits, dès qu'ils entrent en contact avec ceux des Musulmans indigènes.

Il ne s'agit de rien moins que de savoir lequel, de deux droits ou de deux intérêts rivaux, le droit français et le droit musulman, l'intérêt indigène et l'intérêt européen, doit l'emporter dans le conflit soulevé

---

[1]. C'est ainsi qu'à notre connaissance un Israélite de Sétif a dû examiner si ou non, un Musulman son débiteur pourrait utilement exciper contre lui de l'article 10 de l'arrêté du 28 mai 1832, pour prétendre qu'un tiers musulman, étant sans transcription devenu propriétaire de son immeuble, lui créancier ne pouvait valablement prendre hypothèque sur ce même immeuble.

entre eux par l'interprétation, en sens contraire, de l'article 10 de l'arrêté de 1832.

§ I. — Si le droit de propriété est un des principaux fondements de la société et de l'ordre public, le droit hypothécaire est une des principales bases de la sécurité des transactions et du crédit privé.

Mais ce droit, qu'est-il sans la preuve extérieure, publique, certaine, du droit de propriété? Un droit solitaire, infécond, immobile, et, pour tout dire en un seul mot, rudimentaire.

Aussi ne faut-il pas s'étonner qu'immédiatement après la conquête, la France se soit également préoccupée de l'établissement du droit de propriété et du droit hypothécaire, dans leurs rapports avec les Indigènes et les Européens.

Ne parlons ici que du droit hypothécaire.

Etait-il possible ou opportun d'imposer aux habitants, encore tout récemment conquis, de l'ancienne Régence, le régime hypothécaire du conquérant?

Evidemment, non! Avant tout, on devait tenir compte des lois, des mœurs, des usages et des habitudes d'un peuple presque entièrement étranger à nos habitudes, à nos usages, à nos mœurs, et surtout à nos lois.

Et c'est ce que fit le législateur algérien lorsque, après avoir, par l'arrêté du 28 mai 1832, prescrit, ou, plus exactement, régularisé, à l'instar de la métropole, le système hypothécaire concernant tous les habitants de l'Algérie autres que les indigènes, tant Musulmans qu'Israélites, il réglait ou plutôt maintenait dans l'article 10 de cet arrêté le droit spécial destiné à régir en dehors du droit propre aux Européens, et jusqu'à nouvel ordre, les transactions entre Musulmans, entre Musulmans et Israélites, et entre Israélites indigènes.

Cet arrêté établissait donc deux sortes bien distinctes de régimes hypothécaires en Algérie, si toutefois il est permis d'appeler de ce nom l'ensemble des garanties immobilières consacrées par le droit musulman ou israélite, — le régime des Européens et le régime des indigènes; le premier, de droit commun, métropolitain et définitif; le second, de droit exceptionnel, colonial et provisoire; — l'un, à peu de chose près français; l'autre, tout à fait algérien.

Or, tant que chacun d'eux se meut librement et isolément dans sa sphère particulière, et, si j'ose m'exprimer ainsi, *personnelle*, rien de plus simple à saisir, rien de plus facile à appliquer : pour les Européens, sans distinction, et, depuis la loi du 16 juin 1851 sur la propriété, pour les Israélites indigènes, obligation d'*inscrire*, en général, tous priviléges et toutes hypothèques, obligation de *transcrire* tous actes translatifs de droits réels ou susceptibles d'hypothèques; pour les Musulmans et Israélites, jusqu'en 1851, et, depuis cette époque, pour les seuls Musulmans, — dispense de toute inscription de contrats, dispense de toute transcription de transmissions immobilières, tant qu'il ne s'agira que de transmissions sur immeubles de Musulman à Musulman.

Mais que ces deux régimes viennent à se rencontrer; que l'un d'eux entre en contact avec l'autre, ou, tout au moins, que leurs sphères se choquent et se heurtent entre elles; qu'il y ait lieu enfin de déterminer l'influence réciproque du premier sur le second, à l'instant même surgissent mille difficultés, naissent mille complications, et vous voyez se dresser devant vous, hérissées de mille incertitudes et de mille doutes, une foule de questions non moins théoriques que pratiques, et bien dignes, assurément, de l'attention du justiciable, de l'étude du magistrat, des méditations du jurisconsulte et de la sollicitude du législateur.

Ces questions, on peut, rigoureusement parlant, les comprendre toutes sous cette formule générale :

Etant donnés des créanciers européens ou israélites, hypothécaires ou privilégiés sur des immeubles algériens vendus sans transcription par leur débiteur musulman à un autre Musulman, qui les revend à un troisième Musulman, lequel à son tour les vend à un Européen, quels seront les droits et les devoirs de ces créanciers, tant à l'égard des acquéreurs musulmans ou européens que de leurs créanciers européens ou israélites [1], si leurs créances sont inscrites avant toute transcription de la vente ?

En d'autres termes, quels sont les effets du défaut de transcription des actes de transmission immobilière de Musulman à Musulman, à l'égard des créanciers inscrits du vendeur et de l'acquéreur, tout comme à l'égard du vendeur et de l'acquéreur eux-mêmes ?

Ainsi posée, la question, comme on s'en convaincra bientôt, embrasse tous les aspects de notre sujet.

§ II. — Procédons par voie d'hypothèses ; il nous sera d'autant plus facile plus tard d'en dégager, comme une conséquence de son principe, les règles de droit

---

1. Inutile de faire remarquer que dans cette partie de notre ouvrage, Européens et Israélites sont deux mots synonymes.

et les *desiderata* de législation que nous voulons en déduire.

Et occupons-nous d'abord des rapports des créanciers inscrits avec les acquéreurs d'un immeuble originairement vendu par un Musulman à un Musulman.

Il se présentera plusieurs hypothèses.

Voici, par exemple, un Musulman qui vend son immeuble à un autre Musulman, lequel, bien entendu, ne fait pas transcrire son contrat d'acquisition. Le créancier israélite ou européen du vendeur prend inscription hypothécaire sur l'immeuble vendu, mais *après* la vente. Cette inscription sera-t-elle valable à l'encontre de l'acquéreur?

Pourquoi ne le serait-elle pas?

Sans doute, et j'en conviens, décider qu'elle l'est, c'est, ce semble, violer ce principe de droit et de raison, reconnu et sanctionné par notre Droit civil, qui veut qu'un créancier ne puisse exercer un droit quelconque, même hypothécaire, sur la chose de son débiteur qu'autant que cette chose est encore la propriété de celui-ci, *re integra*, comme disent les jurisconsultes romains. Sans doute encore, nul ne peut transmettre à autrui plus de droits qu'il n'en a lui-même. Sans doute enfin, l'immeuble dont s'agit ayant été vendu de Musulman à Musulman, et, conséquemment, sans que sa transmission absolue, définitive, irrévocable sur la tête de l'acquéreur, soit soumise à aucune formalité, à aucune transcription, cet immeuble est entré, pur de toute inscription, purgé de tous droits réels autres que ceux stipulés dans l'acte de vente lui-même, entre les mains de l'acquéreur, par le seul fait de la vente! D'où la conséquence, ajoute-t-on, que l'inscription qui pèse sur cet immeuble, du chef des créanciers du vendeur, postérieurement à cette vente, est radicalement nulle, comme ayant été prise tardivement, alors que l'immeuble frappé de cette inscription avait cessé d'appartenir au vendeur, débiteur de ce créancier. D'où il suit encore qu'opposable à ce débiteur, sans qu'il soit pour cela besoin d'inscription, le droit hypothécaire du créancier ne le sera pas à un tiers, c'est-à-dire à l'acquéreur, parce que l'inscription sera pour lui *res inter alios acta*.

— Oui, cela est vrai, l'inscription est tardive en ce sens qu'elle a suivi et non précédé la vente de l'immeuble du débiteur. Mais que conclure de là? qu'en dehors de toute transcription antérieure, elle ne frappe pas cet immeuble comme s'il était encore *in bonis* du débiteur, et que, partant, elle est nulle? Mais prenez garde! peut-être, et contrairement à la jurisprudence de la Cour de cassation, peut-être en serait-il ainsi, si l'acquéreur prouvait que le créancier européen savait que l'immeuble qu'il a grevé de son inscription était devenu la propriété d'un tiers, et encore lui faudrait-il prouver, en outre, que créancier et débiteur avaient frauduleusement colludé contre lui. Mais notons bien ceci, car là est le nœud de la question, la vente a été faite de *Musulman à Musulman,* c'est-à-dire sans transcription, sans inscription, sans annonce, sans publicité aucune, sans que le créancier du vendeur ait pu légalement connaître l'aliénation qui en a été faite par son débiteur. Dès lors, d'une part, nul délai fatal n'étant prescrit par la loi du créancier européen pour inscrire sa créance sur l'immeuble aliéné sans transcription, et d'autre part, avant la transcription, cet immeuble étant légalement présumé n'avoir pas changé de propriétaire, de quel droit lui infligerez-vous une déchéance, une fin de *non-inscrire* qui n'est écrite nulle part dans la loi?

Je dis *nulle part*, parce que la loi française ne l'en frappe qu'à partir de la transcription, et que la loi algérienne n'en dit pas un seul mot. Or, qui ne le sait? les déchéances, pas plus que les fins de non-recevoir, ne se présument ni ne se suppléent.

Donc, jusqu'à la transcription, quelles qu'aient été d'ailleurs les mutations de l'immeuble vendu, et par quelques mains qu'il ait passé, donc notre inscription sera utile et conséquemment valable.

— Mais, nous dira-t-on, vous raisonnez comme si la vente de l'immeuble s'était opérée de Musulman à Européen et d'Européen à Musulman, et vous oubliez qu'il s'agit ici d'une vente, d'une transaction sur immeubles de Musulman à Musulman, vente, transaction dispensées de toute transcription!

Dispensée de toute transcription vis-à-vis des Musulmans? Cela est certain; mais vis-à-vis d'un Européen ou d'un Israélite, vis-à-vis de tout autre que d'un Musulman, est-ce que cela est soutenable? Qu'a voulu le législateur? Que, par une exception au droit commun, les immeubles entre Musulmans, au regard des Musulmans, fussent régis par la loi musulmane! voilà tout. Mais, *entre Musulmans et Européens,* tout comme entre Européens, le droit commun conserve tout son empire, et les immeubles algériens, de même que les immeubles français, sont régis par la loi française.

Et cela devait être! Décider autrement, c'eût été

abaisser les faisceaux de la loi française devant ceux de la loi musulmane, sacrifier le droit du conquérant au droit du conquis, élever une barrière entre la civilisation de l'un et la barbarie de l'autre; que dis-je! reconnaître au vaincu une autre souveraineté, une autre nationalité que celles du vainqueur, et permettre à la barbarie d'insulter impunément la civilisation[1].

On avouera sans peine que si telle avait été l'inepte et absurde pensée du législateur, il eût eu le triste courage de l'exprimer, et que si, en pareille matière, un doute était permis, force serait de le trancher au profit de la raison et du sens commun, au profit de la France.

§ III. — Toute la question est donc de savoir si, par cela seul qu'un droit réel frappe, du chef d'un Européen, un immeuble possédé par un Musulman, et qui, aux termes de la loi française, n'a pas encore cessé de lui appartenir vis-à-vis des tiers, ce droit est gouverné, s'exerce d'après la loi française ou d'après la loi musulmane.

Une seule réflexion suffit pour la résoudre en faveur de la loi française, et c'est le texte même de l'arrêté de 1832 qui nous la fournit.

Cet arrêté dispose qu'*entre Musulmans,* les formalités de l'inscription et de la transcription ne sont pas nécessaires pour conserver, soit les droits des créanciers, soit les droits des acquéreurs. Mais qu'un Européen traite avec un Musulman, soit comme créancier, soit comme vendeur ou acquéreur, sa créance

---

1. V. Procès-verbaux de la Commisson d'Afrique.

doit être inscrite, son contrat doit être transcrit. D'où il suit que, par ces mots « transactions sur immeubles, » le législateur de 1832 a entendu parler, et a parlé, en effet, de tout contrat dont un immeuble serait ou l'objet direct, comme une vente, un échange, etc., ou l'objet indirect, comme une garantie hypothécaire.

Niez cela, et vous admettez implicitement que s'obliger, en affectant un immeuble au payement de son obligation, ce n'est pas traiter, *transiger* à l'occasion de cet immeuble au même titre, sinon de la même façon, que si on vendait ou on échangeait cet immeuble!

Ah! que, lorsque la transaction *lato sensu* s'opère entre Musulmans, le droit musulman la régisse exclusivement à toute autre, cela se conçoit! et c'est ce que décide l'arrêté de 1832. Mais, de grâce, en est-il, peut-il en être de même, quand l'immeuble, objet de la transaction ou servant d'assiette à l'exercice d'un droit réel naissant de cette transaction, doit garantir, non plus seulement une obligation entre Musulmans, mais une obligation entre Musulmans et Chrétiens?

Je n'hésite pas à répondre non. Non! car autrement et du même coup vous rendriez à jamais incertaine, et, par suite, bien souvent impossible, toute transaction immobilière, toute obligation hypothécaire entre Européens et Musulmans, et vous tariez ainsi la source la plus féconde et la plus efficace de ces rapprochements quotidiens et de ces contacts incessants que tout homme sensé regarde comme l'indispensable et naturelle initiation des indigènes au progrès matériel, intellectuel et moral de l'Algérie, à notre civilisation.

Nous opposerait-on qu'à en juger par un grand nombre d'arrêtés relatifs aux *transactions* immobilières, il est certain que le législateur algérien a voulu, par ce mot, indiquer les *transactions* d'immeubles, et non pas les *obligations* garanties par ces immeubles? Soit! — Mais allons au fond des choses : qu'est-ce, après tout, qu'une obligation hypothécaire, si ce n'est l'aliénation, la transmission au créancier ou à des tiers, en cas de non-payement, de l'immeuble hypothéqué et du prix de son adjudication? Convenez donc qu'il est impossible de supposer que l'arrêté de 1832 n'embrasse pas les transmissions immobilières proprement dites tout aussi bien que toutes stipulations de nature à en amener indirectement l'aliénation. — Eh! pourquoi l'hypothèque (au besoin la loi romaine serait là pour l'attester), pourquoi l'hypothèque, qui est une aliénation conditionnelle de la chose hypothéquée, ne serait-elle pas un mode particulier, une forme indirecte de transaction?

Concluons donc, avec la lettre de l'article 10 de l'arrêté, avec son esprit et avec la langue du droit, que toutes les fois que des Européens se trouveront mêlés en quelque manière et sans fraude à des transactions sur immeubles intervenues entre Musulmans, la législation de ceux-ci cédera incontestablement le pas à la législation de ceux-là.

A notre avis, c'est là un principe d'autant plus certain, qu'en droit et en fait, il a été plusieurs fois édicté et consacré par la législation et les tribunaux de l'Algérie. — Qui ne sait, en effet, que l'adjonction d'un Européen à des parties ou intéressés musulmans — par cession, subrogation, vente ou autrement, —

suffit à elle seule pour *distraire* ces Musulmans de leurs lois et de leurs juges naturels [1]?

Si cela est vrai, que l'acquéreur musulman s'écrie, tant qu'il voudra, que peu lui importe l'inscription du créancier européen sur l'immeuble par lui acquis — qu'il a acheté sous l'empire de son droit qui ne connaît ni inscription, ni transcription et le dispense de l'une et de l'autre ; — qu'enfin, pour lui comme pour son immeuble, cette transcription n'existe pas!

Raisonnement péremptoire, sans doute, s'il n'a affaire qu'à des Musulmans comme lui! raisonnement sans force et sans valeur, s'il a affaire à un créancier européen.

§ IV. — En voulez-vous une nouvelle preuve? Admettez l'inverse de notre solution!— Qu'arrivera-t-il? L'acquéreur musulman sera préféré au créancier européen de son vendeur, sans qu'il puisse légalement imputer à ce créancier aucune faute, aucune négligence, et, dans plus d'un cas, vous permettrez ainsi au Musulman vendeur et débiteur de soustraire, *ad libitum* et au profit de son acquéreur, le gage de son créancier, et le créancier, un créancier européen, sera ainsi impitoyablement sacrifié à un acquéreur musulman !

On insiste. — Que parlez-vous d'immolation, au

---

[1]. Toutes les fois que l'État ou un Européen (ou Israélite) seront en cause comme demandeurs ou défendeurs, les actions en revendication d'immeubles, en nullité ou en reversion de rentes ou actes translatifs de propriété, et en général toutes les actions réelles, seront portées devant les tribunaux français de la situation des immeubles, et jugées d'après les françaises combinées avec la présente ordonnance et les dispositions antérieures. Ordonnance du 1er octobre 1844, article 4.

profit de l'acquéreur musulman, du créancier européen ? Ne voyez-vous pas plutôt que fort souvent, avec votre système, votre créancier européen se fera consentir par son débiteur musulman une obligation hypothécaire en fraude des droits acquis de l'acheteur indigène ?

Vaine objection. qui rend tacitement hommage à la thèse que je soutiens ! — Assurément, la fraude pourra ici, comme en toute circonstance, souiller de sa présence un contrat revêtant toutes les apparences de la bonne foi. — Mais, à ce compte, quelle règle resterait debout ? La fraude fait exception à toute règle, et la fraude ne se *présume* pas. Elle se *prouve*, et là où elle est prouvée, le législateur fait main basse sur elle !

§ V. — Mais sortons du domaine du pur droit pour entrer dans celui des faits. — Quel inconvénient sérieux naîtra de notre solution ? On sait comment, aujourd'hui encore, un Musulman aliéne d'ordinaire son immeuble à un autre Musulman : il le lui vend sous forme et à titre de bail, et à rente perpétuelle. Supposons donc que notre vendeur ait consenti, avant ou depuis son bail ou sa vente, une obligation hypothécaire à un tiers européen inscrit sur l'immeuble vendu, et, en cette qualité, exerçant ses droits hypothécaires contre l'acquéreur musulman.

Que fera ce dernier ? Suivant le cas, il fera résoudre son contrat, ou tout au moins réduire la rente proportionnellement au montant de sa créance. — S'il opte pour la résolution, il en sera quitte pour avoir *manqué son affaire* ; — si pour la réduction de la rente, rien ne sera changé au fond de sa situation vis-à-vis de son vendeur. Dans les deux hypothèses, il luttera beaucoup moins *de damno vitando* que *de lucro captando.*

Mais le créancier, lui, si son inscription est nulle ou inutile, que deviendra sa créance? Comment, si son débiteur est insolvable, et c'est ce qui arrivera souvent, comment recouvrera-t-il cette créance? où trouvera-t-il une compensation à sa perte?

Donc le fait se joint, en thèse générale, au droit, pour valider son inscription.

§ VI. — Mais que décider si le créancier qui a inscrit sa créance *more gallico*, conformément à la loi française, est, non un Européen, mais un Musulman? — Ce que nous avons décidé pour le créancier européen.

En l'absence de tout texte contraire, une solution différente ne reposerait sur aucun fondement. Si, en effet, le créancier musulman est dispensé par la loi algérienne, qui, sur ce point, maintient purement et simplement sa propre loi, de toute inscription hypothécaire sur l'immeuble de son débiteur, qu'est-ce qui l'empêcherait de ne pas user de cette dispense? Elle est un droit introduit en sa faveur; il a donc la faculté d'y renoncer.

Au surplus, ce droit est un de ceux qui tiennent au statut *réel*, puisqu'il n'a trait qu'aux *biens* et non à la *personne*. Or, il est de principe qu'on peut toujours renoncer à un statut réel, alors surtout qu'une pareille renonciation entraîne, de la part du vaincu qui la fait, l'adoption de la loi du vainqueur.

§ VII. — Glissons maintenant sur une autre hypothèse.

L'immeuble appartenant originairement à un Musulman a traversé les mains de plusieurs Musulmans pour tomber entre celles d'un acquéreur européen. — L'inscription du créancier du premier vendeur, prise sur cet immeuble antérieurement à la dernière vente, sera-t-elle valable à l'encontre de cet acquéreur?

De deux choses l'une : ou cet acquéreur a fait transcrire son contrat, ou il ne l'a pas fait transcrire — antérieurement à cette inscription.

S'il l'a fait transcrire, nullité de l'inscription.

S'il ne l'a pas fait transcrire, nul doute sur sa validité.

Dans les deux cas, acquéreur européen en face d'un créancier inscrit, européen ou musulman, il a dû faire ce que lui imposait la loi française, et, par suite, se procurer avant tout l'état des inscriptions grevant l'objet de son acquisition, et transcrire le plus promptement possible son contrat. Il savait que du chef d'un des précédents vendeurs ou acquéreurs des créances européennes ou musulmanes pouvaient être inscrites sur l'immeuble par lui acquis. — S'il a négligé ce que la prudence lui conseillait en semblable occurrence, tant pis pour lui ! il doit seul supporter les suites de sa négligence ! *Vigilantibus,* non *dormientibus jura succurrunt.*

Et peu importe, d'ailleurs, que l'acte d'obligation ait été reçu par un cadi ou notaire musulman, ou par un notaire français ! peu importera encore que ventes successives de l'immeuble grevé d'hypothèque en vertu de cet acte d'obligation se soient faites devant tel ou tel officier chargé de les constater !

Y a-t-il ou n'y a-t-il pas inscription sur cet immeuble antérieurement à toute transcription? Voilà la question, la seule question à examiner !

La nature de cette inscription sera tout aussi indifférente à sa solution que celle de l'obligation elle-même. Qu'elle dérive d'un contrat, d'un jugement ou de la loi, si elle existe, si elle a été prise dans un délai utile, si elle a été conservée conformément à la loi, il suffit ! elle sortira son plein et entier effet.

§ VIII. — Encore une hypothèse bien propre, suivant nous, à démontrer jusqu'à l'évidence la doctrine que nous essayons d'établir.

Un Européen vend à un Musulman un immeuble que ce Musulman vend à un second Musulman qui le vend à un troisième Musulman : le premier n'a pas intégralement payé son prix : il fait transcrire son contrat; le second et le troisième, se prévalant de l'article 10 de l'arrêté du 28 mai 1832, pourront-ils repousser l'Européen vendeur qui voudra exercer contre eux son privilége, conservé par l'inscription d'office que le conservateur sera tenu de prendre au moment de la transcription ?

Très-certainement non ! Le vendeur originaire avait un privilége soumis à une inscription. L'inscription prise, il peut l'exercer contre son débiteur et les ayants droit de son débiteur, en un mot, contre tout détenteur de la chose par lui vendue, quelle que soit leur nationalité, leur religion, leur loi particulière. La circonstance que cette chose est passée entre des mains musulmanes n'infirmera en rien un droit qui est absolu, et dont l'exercice ne peut ni ne doit s'arrêter devant des transactions étrangères à celui qui l'exerce.

Or, qu'on y réfléchisse sérieusement! Entre cette hypothèse et celle d'un créancier inscrit, y a-t-il une différence réelle? Dans l'une et dans l'autre, ne s'agit-il pas également d'un droit à exercer par un créancier inscrit indépendamment des transmissions successives de l'immeuble objet de l'inscription, et n'est-il pas dès lors évident qu'à toutes les deux convient la même solution?

§ IX. — Autre hypothèse. Un Musulman vend un immeuble à un Européen. Cet Européen le vend à un Musulman qui, à son tour, le revend à un troisième Musulman. Le Musulman premier vendeur pourra-t-il, en cas de non-payement de prix de cet immeuble et de non-transcription ou de non-inscription de son privilége, exercer son droit contre le dernier acquéreur?

Sans doute! — De lui, premier vendeur au dernier acquéreur, qu'y a-t-il, sinon une vente, une transaction qui doit être régie, *omisso medio* et en dehors de l'accomplissement antérieur de toute formalité française, par le droit qui régit toute vente, toute transaction immobilière de Musulman à Musulman?

Il est vrai qu'en tant qu'exercée contre son acquéreur européen, l'action du premier vendeur n'en sera pas moins soumise aux conditions prescrites par la loi française; mais dès qu'il l'exercera contre un Musulman acquéreur non pas d'un Européen, mais bien d'un Musulman, le droit français s'effacera pour faire place au droit indigène.

Voilà pour le cas où il n'y a pas eu transcription. S'il y a eu transcription, il faudra distinguer :

S'agit-il de la transcription faite par le premier acquéreur ou l'Européen, nul doute que cette transcription, qui vaut inscription au profit du vendeur, ne renforce, si j'ose le dire, le droit ou privilége de crédi-rentier que la loi musulmane accorde au vendeur originaire contre tout acquéreur d'un immeuble non payé. La circonstance d'un acquéreur européen intermédiaire, loin d'empêcher en rien l'exercice de ce droit, lui viendra donc en aide.

Mais en sera-t-il de même si la transcription est faite par le dernier acquéreur? Non, certes! Cette transcription, dont les effets pourront incontestablement être opposés à l'acquéreur européen, ne sera rien ni au regard du vendeur originaire, ni à celui de l'avant-dernier vendeur. L'un et l'autre n'en continueront pas moins de jouir du droit d'exercer leur privilége de crédi-rentier à la façon indigène.

Et en effet, la transcription faite par un Musulman ne peut opérer que contre des Européens ou des Musulmans qui ont traité avec des Européens.

A l'égard des Musulmans qui ont directement ou indirectement traité entre eux, elle est comme n'existant pas. Les effets de la transcription contre des tiers supposent que ceux-ci les connaissent et sont tenus de se mettre en garde contre eux. Or, telle n'est pas la situation des Musulmans les uns vis-à-vis des autres.

Pour eux, nous le répétons, nulle obligation de transcrire, mais aussi nulle obligation d'inscrire, et cette double dispense serait illusoire si la transcription d'un contrat qui peut, mais ne doit pas être transcrit, amenait forcément l'inscription d'un droit qui, lui aussi, peut, mais ne doit pas être inscrit.

En résumé, tant que le vendeur d'un immeuble

musulman au profit d'un Européen ne sera pas en rapport direct avec cet Européen pour l'exercice de ses droits de vendeur non payé, sa position, qu'il y ait eu ou non transcription de la vente par l'un quelconque des autres acquéreurs successifs musulmans, ne sera point changée à l'égard du dernier d'entre eux, pourvu qu'il soit Musulman et acquéreur de Musulman.

Je dis *et acquéreur de Musulman;* car, en thèse générale, si le dernier acquéreur avait acquis d'un Européen, et que celui-ci eût fait transcrire, et, par la transcription, conservé son privilége de vendeur non payé, — le dernier acquéreur, obligé qu'il serait, par suite de ce privilége, de payer son prix à son vendeur européen immédiat, écarterait victorieusement l'action du Musulman vendeur originaire.

§ X. — Jusqu'ici nous n'avons guère parlé que du droit qui régit les inscriptions prises avant toute transcription sur des immeubles vendus de Musulman à Musulman.

Parlons maintenant de celui qui gouverne les rapports juridiques créés entre le vendeur et les créanciers du vendeur d'une part, l'acquéreur et les créanciers de l'acquéreur d'autre part, par l'effet de transactions de Musulman à Européen et d'Européen à Musulman.

Mustapha vend un immeuble à Mohamed moyennant une rente, ou pour un prix que celui-ci ne paye pas, — ou ne paye pas intégralement. — Plus tard, Mohamed revend ce même immeuble à Martin, également à rente, ou pour un prix ferme, comptant ou à terme.

Entre Mustapha et Mohamed, tous deux Indigènes, il est clair qu'il n'y a lieu ni à inscription ni à transcription, — l'un et l'autre étant dispensés de cette double formalité.

Mais, entre Mohamed et Martin, ou entre Martin et Mustapha, les choses se passeront-elles de même?

En d'autres termes, Mustapha ou Mohamed, tous deux Musulmans, seront-ils dispensés, Mustapha comme précédent vendeur non payé ou crédi-rentier, Mohamed comme vendeur immédiat qui n'a pas encore touché son prix, d'inscrire leur privilége, s'ils veulent le conserver à l'égard des tiers européens?

Non, certes! et la raison en est bien simple : La dispense de l'article 10 n'a été établie que pour les Musulmans traitant *entre eux*, qu'en tant qu'il s'agit d'un immeuble objet d'une transaction *entre Musulmans*. Dès qu'il n'est question que de Musulmans traitant avec des Chrétiens, ou qu'il s'agit d'un immeuble objet d'une transaction entre Chrétiens et Musulmans, plus de dispense! Nous rentrons sous l'empire du droit commun : les dispositions de l'arrêté redeviennent applicables; l'inscription et la transcription sont obligatoires.

Donc Mustapha devra inscrire. Donc Mohamed devra inscrire aussi, si toutefois Martin ne transcrit pas.

Mais si Mustapha ne fait pas inscrire, son privilége existera-t-il à l'encontre de Martin?

Oui! si, dans l'acte de vente de Mohamed à Martin, il est parlé de la vente de Mustapha. Mohamed n'a pas pu transmettre à Martin plus de droits que n'en avait son vendeur à la propriété de l'immeuble. Il a acquis cet immeuble avec les dettes et hypothèques dont il était grevé. Et d'ailleurs, la transcription de la dernière vente ne vaut-elle pas inscription au profit de tous les vendeurs antérieurs?

Mais *quid* si la rente n'a pas été stipulée, ou si la vente n'a pas été transcrite?

Mustapha conservera-t-il son privilége?

On dira, pour l'affirmative, que Mustapha n'est régi que par son droit, le droit musulman, qui ne connaît pas d'inscription; — que Martin étant l'ayant droit de Mohamed, lequel est l'acquéreur de Mustapha, Martin ne peut ni ne doit avoir plus de droits que Mohamed lui-même; que la solution contraire faciliterait et consacrerait trop souvent la fraude entre Musulmans, et entre Musulmans et Chrétiens, au détriment d'un précédent propriétaire, et entraînerait ainsi la spoliation et la ruine d'une population qui a dû se fier à la parole du conquérant législateur; — qu'au surplus, « les termes si clairs, si simples, si saisissants de l'article 10 de l'arrêté de 1832 » ne permettent sur ce point aucun doute.

Objections spécieuses, et rien de plus!

Vous dites que Mustapha ne doit être régi que par son droit. Soit! mais à une condition, c'est qu'il ne sera en rapport qu'avec les Musulmans! Si, au contraire, il est en contact avec des Européens, son droit, le droit musulman, disparaîtra pour faire place au droit français.

En vain prétendez-vous que Martin ne peut avoir plus de droit que son vendeur! Oui, s'il n'agit que de son chef; non, si, comme dans notre hypothèse, son action, au lieu de prendre sa source dans les droits du précédent vendeur, ne la prend que dans la loi qui régit l'acquéreur européen vis-à-vis des tiers, après la transcription et en vertu de la transcription !

Mais votre solution favorise la fraude ! — Y pensez-vous ? De nos deux systèmes, n'est-ce pas le vôtre qui, dans la plupart des cas, fournit l'occasion et le moyen de commettre des actes frauduleux ? Eh quoi ! moi Européen, qui certes ne suis pas tenu de connaître la loi de mes vendeurs musulmans (c'est déjà bien assez que je sois *présumé* connaître la mienne), — moi Européen, qui n'ai rien négligé pour découvrir les charges qui pèsent sur l'immeuble musulman que je veux acquérir, moi qui, après renseignements, examen de titres, etc., n'ai été averti, par *qui* ni par *quoi* que ce soit, de l'existence d'aucun de ces droits, vous voudriez que plus tard, quand, me croyant paisible et incommutable propriétaire de l'immeuble par moi acquis, un *ana*, une rente sera prétendue contre moi, du chef d'un précédent vendeur dont la vente remontera à plusieurs générations, et Dieu sait à travers quels titres ! — vous voudriez que je fusse obligé de courber la tête devant les prétentions d'un crédi-rentier indigène !

Et encore si ces prétentions étaient fondées sur un fait, sur un titre certain ! on pourrait peut-être me dire : *Dura lex, sed lex !* Mais, pas du tout ! Souvent, presque toujours, je serai en butte à une réclamation constatée par des titres incertains quant à la date, incertains quant à l'authenticité, plus incertains encore quant à leur sincérité intrinsèque ! Bien plus, je me trouverai en face d'un simple acte de notoriété basé sur des témoignages indigènes! Et sur l'exhibition de pareils titres, sur la présentation de pareils actes, sur l'audition de pareils témoins, moi Européen, moi Français, moi représentant de la force intellectuelle et morale, vous me condamnerez au silence, dès que, m'appuyant sur mon droit en même temps que sur cette droite raison dont il n'est que la consécration législative, je prendrai la parole pour le défendre contre un Musulman!

Allons donc, cela n'est pas possible! Non, vous dis-je, cela n'est pas possible! La France n'aime pas la fraude, et personne n'ignore que l'Arabe, que le Maure, que le Musulman, en général, — soit par l'influence d'une longue oppression, — soit par fanatisme religieux, — soit pour toute autre cause, rendrait volontiers grâce au ciel d'avoir l'occasion légale de tromper l'Européen, le Chrétien, le *roumi* avec qui il contracte.

Et c'est à ces hommes que le législateur français aurait livré, pieds et poings liés, des hommes qu'à tout prendre il a dû entourer d'une protection spéciale! Encore un coup, cela ne peut ni ne doit être! cela n'est pas!

§ XI. — Mais, nous dit-on, que faites-vous donc de la capitulation de 1830?

Qu'a stipulé cette capitulation? Une chose dont nous ne saurions trop louer le conquérant de la régence : — le respect de la propriété des vaincus.

Mais cela veut-il dire que ce respect ira jusqu'à leur sacrifier la propriété du vainqueur? Cela signifie-t-il que la propriété musulmane, quand elle passera entre des mains françaises ou européennes, ou bien encore qu'elle sera affectée à la garantie d'une obligation envers des créanciers européens, sera frappée d'une sorte de main-morte, ou marquée d'un cachet d'immobilité au regard de ses créanciers ?

Non ! mille fois non ! la France a maintenu la propriété indigène et le droit de propriété indigène ; mais elle s'est réservée, — et la législation algérienne le prouve surabondamment, — la faculté d'en régler l'exercice et la disposition entre Indigènes, et entre Indigènes et Européens, et cette faculté, elle ne s'en est servie que pour ordonner que les Musulmans entre eux continueraient à être régis par le droit musulman, tandis qu'elle serait régie par le droit français toutes les fois qu'elle serait atteinte par des intérêts français ou européens. — C'est ainsi, et ainsi seulement, qu'elle pouvait consacrer le passé sans engager indéfiniment l'avenir, et se placer comme un médiateur pacifique, intelligent et progressif, entre la propriété musulmane et la propriété française.

Vous alléguez la parole de la France ! Mais cette parole, en ce qui concerne les transmissions d'immeubles algériens, vous l'avez toute entière, claire, formelle, sans équivoque, dans cet article 10 de l'arrêté de 1832, dont vous vous prévalez contre nous. Lisez, relisez cet article, coordonnez-le avec ceux qui le précèdent, et, comme nous, qu'il s'agisse d'inscription ou de transcription, vous arriverez à cette conséquence fatale, irrésistible, textuelle — que les Musulmans, entre eux, sont régis par le droit musulman, et que les Musulmans, *avec* des Européens, sont régis par le droit français !

§ XII. — Mais cette doctrine, qui, nous ne l'ignorons pas, n'est pas celle de tout le monde, ne serait-elle qu'une illusion ou un paradoxe de notre part?

La question de savoir si un crédi-rentier indigène peut réclamer sa rente à l'encontre de l'acquéreur européen ou de ses créanciers a été plus d'une fois soumise aux tribunaux de l'Algérie.

Citons, entre autres, deux arrêts du 21 juillet 1850 et du 30 juillet 1851, rappelés par M. de Ménerville, dans son *Dictionnaire de la Législation algérienne*, p. 356 de la 2ᵉ édition.

Un Musulman, nommé Damani, avait vendu à un Israélite un immeuble grevé d'une rente. Cet immeuble avait été vendu ensuite par cet Israélite à un Européen, qui en fut exproprié. Un ordre s'ouvrit: le Maure crédi-rentier produisit à cet ordre pour le montant de sa rente; mais les créanciers de l'acquéreur européen contredirent à cette production, en prétendant que le crédi-rentier n'avait pas conservé son privilége par l'inscription. Le juge chargé de l'ordre repoussa le Maure, et le tribunal d'Alger maintint son règlement. Appel; la Cour, infirmant, admit la prétention du Maure.

Voici un des motifs de l'arrêt: « Les Musulmans sont dispensés de toute inscription pour la conservation de leurs priviléges; or, le droit de Damani est un droit, un privilége de Musulman; donc l'inscription n'était pas nécessaire pour le conserver. »

— Vous le voyez! s'écrieront nos adversaires, la Cour ne s'appuie que sur l'article 10 de l'arrêté de 1832, pour écarter les prétentions des contradicteurs de Damani!

—Fort bien! Mais la dispense d'inscription octroyée

par cet arrêté n'est pas le seul motif invoqué par la Cour. Elle a si bien compris qu'à lui seul ce motif était impuissant à l'endroit des Européens, qu'elle a eu soin de poser en fait : premièrement, que l'acquéreur *s'était obligé* dans le contrat de payer en l'acquit de son vendeur la rente ou le capital la représentant et qui grevait l'immeuble vendu; secondement, que les deux contrats successifs de vente de cet immeuble avaient été *transcrits*.

Qu'est-ce à dire? Est-ce que, dans l'espèce, nous n'aurions pas, nous aussi, décidé comme la Cour? Et pourquoi aurions-nous rejeté le privilége du Maure vendeur? Est-ce que la rente objet de ce privilége n'était pas déclarée stipulée dans le premier acte de vente, de même que dans le second? Est-ce que ce privilége n'avait pas été inscrit par cela seul que les deux contrats avaient été transcrits? Dès lors, que pouvait-on opposer au Maure? Il avait un privilége *connu*, en fait et en droit, de ses acquéreurs; les créanciers de ceux-ci avaient pu, en fait et en droit, le *connaître*. — A qui la faute s'ils avaient accepté pour gage de leurs créances contre ces acquéreurs un immeuble *légalement* et dûment grevé d'un privilége antérieur et utilement conservé à l'égard des tiers?

Aussi ne sommes-nous pas surpris que, dès le 28 décembre 1850, six mois après l'arrêt que nous venons de citer, dans une affaire Cadenet contre le Domaine de l'État, le tribunal d'Alger ait, dans une espèce analogue, consacré les mêmes principes [1].

1. M. Rodolphe Dareste, dans son estimable commentaire de la loi *sur la Propriété en Algérie*, 2ᵉ édit., p. 126, en note, cite comme rendus dans un sens contraire à notre opinion deux arrêts de la

Mais si la rente n'a pas été déclarée, — s'il n'y a eu ni inscription de cette rente, ni transcription de la vente de l'immeuble qui en était grevé, nous dirons, et certes l'arrêt précité ne dit pas le contraire, que l'acquéreur ou les créanciers de l'acquéreur européen seront fondés à s'en prévaloir contre le crédirentier ou ses héritiers. « Nous sommes des Européens ou des ayants droit d'Européens. Vous ne nous avez pas révélé l'existence de votre droit, et nous n'avons pas pu le découvrir : nous ne le connaissons donc pas; il n'est ni écrit, ni inscrit, ni transcrit; donc, pour nous il n'est pas; et comment un droit qui n'est pas pourrait-il infirmer un droit dont vous ne pouvez nier l'existence?

Au surplus, Musulman, de quoi vous plaindriez-vous ? que ne surveillez-vous, entre les mains des Européens, les mutations de l'immeuble qui en répond, de la même façon que vous les surveillez entre les mains des Musulmans? Il est vrai que la transcription de son contrat par l'acquéreur européen avant l'inscription de votre privilége, ou en l'absence de toute déclaration de ce privilége dans ce contrat, vous forclora *illico* et du droit d'inscrire et même, dans un court délai, de votre action résolutoire. Mais alors il vous adviendra ce qui advient tous les jours aux Européens eux-mêmes ; car, il faut bien l'avouer, le bénéfice de la transcription est trop souvent le prix de la course !

<small>Cour impériale d'Alger, l'un du 19 mars 1852, Sghir contre Ben-Jehou, l'autre du 21 octobre, même année. Lapeyrière contre Sabaundji, recueillis dans le recueil précité de M. Robe, année 1862, p. 97-201 ; mais le premier de ces arrêts ne dit rien de formel à notre question.</small>

§ XIII. — Est-ce tout? Non! Je veux, par un dernier argument, renverser de fond en comble une opinion qui n'a pour tout appui qu'un argument de *sensibilité* et de *sympathie* exagérée pour les Musulmans.

Vous dites que mon système fait bon marché des droits des Musulmans vis-à-vis des Européens et des Israélites. — Voyons ce qui en est!

Mohamed vend un immeuble à Mustapha, moyennant une rente, et le revend à un Européen, sans déclaration de cette rente dans le contrat. D'après nous, le privilége de Mohamed n'étant ni déclaré, ni inscrit, ni transcrit, ne saurait subsister ni au regard de l'acquéreur européen, ni au regard de ses créanciers, dans le cas où cet acquéreur ou ces créanciers auraient à repousser une action intentée à raison de l'immeuble vendu par le vendeur originaire ou ses créanciers.

Qu'y a-t-il là d'alarmant, d'injuste, d'inique? D'un côté, le droit des Musulmans, inconnu des Européens à qui on le réclame, droit que les Musulmans pouvaient faire connaître et qu'ils ont a s'imputer d'avoir laissé ignorer; de l'autre, le droit d'Européens établi, consacré, notifié conformément à la loi française. Pour lequel de ces deux droits opter? Tous deux sont également respectables, tous deux sont également assis sur l'immeuble passé d'une main musulmane dans une main européenne. Qui l'emportera des deux? — Le droit de l'Européen. — La loi, la raison, les intérêts bien entendus de la civilisation et de la colonisation européenne, tout se réunit en faveur de cette solution.

En doutez-vous encore? Songez donc qu'entre la

position de notre Musulman et de notre Européen, et la position d'un créancier exerçant l'action résolutoire contre l'acquéreur à titre onéreux de son débiteur, il y a une frappante analogie! Or, si respectables que soient les prétentions de ce créancier, s'il ne prouve contre son débiteur non-seulement que l'aliénation est frauduleuse, mais encore que l'acquéreur de la chose aliénée par celui-ci a été complice de la fraude, il aura beau apitoyer ses juges sur son sort, en leur montrant sa créance perdue par le fait de ce débiteur, ses juges ne remettront pas dans ses mains l'immeuble qu'il en a fait sortir; et en supposant qu'ils ne reprochent à ce créancier aucune négligence, ils appliqueront contre lui, au profit de l'acquéreur, la règle si connue, lorsqu'il s'agit *de damno vitando*, d'éviter un préjudice : *In pari causa melior est causa possidentis!*

Et maintenant, qu'on se reporte à chacune de nos hypothèses, on se convaincra sans peine que si neuves, si hardies, peut-être même si téméraires que paraissent nos solutions, il serait difficile, pour ne pas dire impossible, d'adopter des solutions contraires, moins radicales et moins tranchées, sans poser en principe trois choses également inadmissibles, savoir : — que l'Européen est juridiquement présumé non-seulement connaître sa propre loi, mais encore la loi musulmane; — qu'en cas de conflit entre la loi française et la loi musulmane, la loi musulmane doit l'emporter sur la loi française; — et qu'en matière de droit algérien, c'est une hérésie d'affirmer, malgré le texte et l'esprit de cette loi, que l'arrêté du 10 mai 1832 n'a voulu maintenir le droit musulman, à l'occasion des transactions immobilières, qu'en tant seulement qu'il ne créerait ni embarras dans les transactions de Musulman à Chrétien, ni entraves à la liberté des affaires, ni obstacles au développement de l'agriculture et de la richesse publique.

Eh bien! je le demande une dernière fois, quoi de plus opposé, je ne dirai pas à la *présomption*, mais à la *certitude* de la volonté bien connue de la France envers ceux de ses propres enfants, ou des membres de la grande famille européenne, qu'elle a appelés sur les rivages algériens?

Sans doute, la France est généreuse, généreuse envers tous ceux qui lui appartiennent, généreuse même envers ceux qui ne lui appartiennent que par droit de conquête, et qu'elle veut s'assimiler et adopter!

Mais n'exagérons pas! Tout a ses bornes, même la générosité de la France, et là où la France aura à opter entre l'intérêt d'un Musulman et l'intérêt d'un Européen, elle n'hésitera pas, croyez-le bien, à préférer, toutes choses égales, l'ntérêt du second à celui du premier.

Ne craignons donc plus de conclure que la dispense d'inscription et de transcription, édictée dans l'article 10 de l'arrêté du 28 mai 1832, à supposer, ce que nous n'avons pas à examiner ici, que cet article ne soit pas tombé en désuétude, n'est pas plus opposable aux Européens qu'aux Israélites, et qu'il suffira qu'à l'occasion d'une transaction immobilière il y ait conflit entre les prétentions de ceux-ci et celles des Musulmans indigènes, pour que ce conflit doive être jugé d'après la loi française [1].

1. Le Code Napoléon et la loi du 23 mars 1855 sur la transcription

Mais allons plus loin! Comme on l'a dit avec beaucoup d'autorité et de raison [1], au nombre des principes de droit qui régissent la propriété immobilière, l'un des plus importants, sans contredit, est celui consacré par la loi du 23 mars 1855, qui a soumis les actes translatifs et constitutifs de la propriété, de ses démembrements et de ses charges, à la nécessité de la transcription pour leur validité *à l'égard des tiers*. Et si la sécurité est la vie de la colonisation, la fixité de la propriété en est l'âme ; car, sans fixité, point de stabilité dans les transactions ; sans stabilité, pas de confiance, et sans confiance pas de capitaux. C'est dire clairement qu'en Algérie, plus encore qu'en France, militaient de puissantes raisons en faveur de l'exécution de cette loi, tant vis-à-vis des Européens que vis-à-vis des indigènes.

Oui! en Algérie, plus encore qu'en France, il importe, il est nécessaire que quelque chose révèle d'une manière certaine et publique quel est le propriétaire d'un immeuble. Il faut qu'un acquéreur y soit assuré de ne pas être évincé d'un acte de prêt, et que le prêteur n'ait aucune raison de soupçonner qu'un emprunteur de mauvaise foi puisse anéantir le gage de son créancier.

Qu'est-ce à dire sinon que, nous aussi, — non-seulement dans l'intérêt de l'Israélite algérien, mais en-

---

hypothécaire, promulguée en Algérie par décret impérial des 4 juillet et 8 août de la même année.

1. *V.* un remarquable travail de notre courtois adversaire, M. Womarne, inspecteur du Crédit foncier en Algérie, publié dans l'*Ackbar* des 2, 6, 27, 29 janvier et 2 février 1865, sur le défaut de transcription des transmissions immobilières entre Musulmans.

core dans l'intérêt de tous les habitants de l'Algérie, pour que le discrédit qui pèse sur la propriété arabe cesse d'exister, pour que les transactions immobilières, d'où dépendent les premières conditions de développement et de propriété de l'Algérie, puissent librement s'engager entre *tous*, affranchis de toute incertitude et à l'abri de tout danger, — nous aussi, nous désirons, nous demandons que toutes les questions de transmission de propriétés immobilières par les indigènes musulmans, soient soumises à la législation française [1].

[1]. M. Womarne (*loc. cit.*) n'est pas le seul qui combatte la plupart de nos solutions sur les questions qui naissent de l'interprétation de l'article 10 de l'arrêté du 28 mai 1832. M. Robe, dans une note sur l'arrêt Lapeyrière C. Sabouniji (*V. supra in notis*) se range à son opinion, prétendant avec lui que cet article ne doit pas se renfermer dans les rapports de vendeur à acquéreur et créancier musulmans, et que les Musulmans peuvent l'opposer aux tiers européens (ou Israélites algériens). M. Robe estime que l'opinion contraire, celle que nous soutenons, ne prend sa source que dans l'influence d'une sorte d'orgueil national assez mal placé, qui fait de notre question une question de préférence entre deux législations.

Nous espérons réfuter prochainement, dans un autre ouvrage, les objections de MM. Womarne et Robe. Nous nous contenterons de mettre ici sous les yeux de nos lecteurs l'opinion d'un cadhi d'Alger sur la question.

« Un Arabe vendit à un autre Arabe son haouch (sa ferme), moyennant un prix payable par à-comptes annuels, s'échelonnant pendant le cours de dix années. Quelque temps après son acquisition, le nouveau propriétaire vendit cette ferme à un Français.

La question du recours du premier vendeur contre le dernier acquéreur, en cas de non-payement du second vendeur, fut posée au cadhi par le Français. Ce magistrat lui répondit que le premier vendeur n'avait aucun recours contre lui, tiers-possesseur, attendu qu'il n'avait vendu qu'à l'Arabe, et qu'en admettant que cet Arabe ne payât pas le premier vendeur, le Français ne pourrait en aucune manière être inquiété. (V. *Cris de conscience de l'Algérie*, par A. G. Rozey.

Citons encore, comme argument à l'appui de notre thèse, un arrêt

XXI

Descendons enfin, il en est temps, des hautes et sereines régions du droit théorique et de la loi écrite, dans l'humble et nuageux domaine du droit pratique ou de la jurisprudence.

Je crois avoir nettement posé les principes qui, aux termes soit de la législation coloniale, soit de la législation métropolitaine, soit enfin de ces deux législations réunies, donnent la clé des plus importantes questions concernant le mariage, la succession, l'hypothèque légale, la transmission testamentaire et contractuelle des biens des Israélites de l'Algérie.

Mais, ainsi qu'on a dû le remarquer bien des fois, il y a loin d'un principe à son application, de la notion du droit ou de la connaissance du texte de la loi aux déclarations de la jurisprudence!

D'ailleurs, ces principes eux-mêmes, si incontestables qu'ils soient pour vous et pour moi, sont-ils incontestables pour tous?

Rappelons-nous ce que nous avons dit sur chacun

---

de la Cour d'Alger, du 6 juin 1864, rendu sous la présidence de M. le Premier Président Pierrey, qui décide que l'arrêt intervenu entre Musulmans et en matière musulmane, par application du décret du 31 décembre 1859 sur la réorganisation de la justice musulmane en Algérie, ne peut être opposé aux Européens (et Israélites), tiers intéressés ou ayants cause de la partie indigène (musulmane) qui a succombé. — *Voir* aussi, dans le même sens, un arrêt de la même Cour du 2 janvier 1862 (2ᵉ chambre), et en sens contraire, un arrêt du 17 juillet 1863, 1ʳᵉ chambre, sous la présidence de M. le Premier Président de Vaulx.

des problèmes discutés dans le cours de cet ouvrage !

Ce qu'éprouve de désappointement et d'indécision tout homme qui ouvre pour la première fois un de nos grands répertoires de jurisprudence française, quel est l'homme qui ne le ressent quand pour la première fois aussi, il jette les yeux sur un de nos recueils de jurisprudence algérienne !

Et remarquez que, par un privilége que je ne saurais trop déplorer, ce qui est vrai de cette jurisprudence sur toutes les parties de la législation de l'Algérie l'est spécialement de celle qui a trait aux Israélites !

C'est qu'en effet c'est surtout à leur égard que la législation coloniale est obscure, incohérente, incomplète, et on dirait que la cause en est dans leur petit nombre, comparativement à celui des Musulmans et des Européens, comme si une population de trente mille âmes n'avait pas suffisamment mérité une large place dans la sollicitude du législateur !

Demandez au Musulman algérien ce qu'il est, politiquement et civilement parlant; quelle est la loi qui régit sa personne, celle de sa femme et de ses enfants, son mariage, sa succession, ses contrats et les garanties de ses obligations, et je gage que sa loi, ses usages, ses coutumes, la Capitulation de 1830 et la Législation coloniale à la main, il vous répondra sans hésitation qu'il n'est ni Français, ni citoyen français, mais simple sujet français; que ses rapports, soit avec les membres de sa famille, soit avec des tiers musulmans, ne sont gouvernés que par la loi musulmane; que c'est elle qui règle chez les Musulmans toutes les transmissions de biens tant entrevifs qu'à cause de mort; que, conséquemment, la femme musulmane n'a pas d'hypothèque légale sur les biens de son mari, et que le Musulman ne connaît ni inscription d'hypothèque ni transcription de contrat de vente immobilière, etc.

En est-il de même pour l'Israélite?

Cent fois déjà on a pu constater le contraire.

Affirmés par les uns, niés par les autres, ici rigoureusement, là mollement appliqués, ailleurs combattus par des principes diamétralement opposés, les principes que nous avons essayé de mettre en lumière et de défendre pour dégager de leurs conséquences logiquement et pratiquement déduites, les nombreuses inconnues, objet de nos recherches, sur quoi reposent-ils?

Sur des textes de loi?

Sans doute! mais ces textes, édictés à des époques et pour des circonstances de lieux ou de personnes qui n'ont rien ou presque rien d'identique à l'époque ou aux circonstances présentes, combien d'autres textes semblent les abroger, ou, tout au moins, les contredire, en ébranler l'autorité et en rendre le sens problématique!

De l'esprit de la législation? Mais combien d'ordonnances en désaccord avec les lois, de lois avec les décrets, de décrets avec les arrêtés, d'arrêtés avec les circulaires ministérielles?

De la jurisprudence? Mais que de divergences dans ses motifs, de disharmonie entre ses principes et ses conséquences! que de variations dans ses décisions! Jusqu'à ces derniers temps, et aujourd'hui encore, les tribunaux de l'Algérie n'ont-ils pas été sur des points capitaux, sur des questions d'état civil, en désaccord avec la Cour d'Alger et la Cour d'Alger avec la Cour d'Aix et la Cour suprême ?

Aussi haut que nous remontions dans l'histoire de la jurisprudence judæo-algérienne, peut-être ne rencontrerions-nous pas une seule question qui n'ait été le sujet de vives controverses et de sentences opposées, depuis le jugement du 20 mars 1841[1], qui décide que la femme israélite a ou n'a pas d'hypothèque légale, suivant que ceux contre qui elle veut l'exercer sont des Israélites ou des Étrangers (non israélites) jusqu'au jugement du 13 janvier dernier[2], qui déclare que le mariage israélite algérien, par cela seul qu'il est célébré devant l'officier de l'état civil français, entraîne tous les effets du mariage de l'époux français eux-mêmes. Rien n'est affligeant pour le jurisconsulte et pour le publiciste comme ce flux et reflux incessant et ces oscillations continuelles de la jurisprudence !

Il n'entre pas dans notre plan d'en retracer en entier le tableau ; nous ne voulons pas même en présenter un succinct *syllabus*. Nous signalerons seulement les plus saillantes parmi celles qui offrent le plus d'intérêt usuel.

Qu'est-ce que l'Israélite ? Est-il sujet français ? Est-il Français ? Est-il citoyen français ? Questions encore pendantes, et qui le seront longtemps encore, si le législateur ne daigne pas les résoudre lui-même.

1. Rendu par le Tribunal supérieur, sous la présidence de M. Filhon.
2. Tribunal d'Alger, présidence de M. Deroste.

L'Israélite est sujet français[1], vous disent en même temps plusieurs documents administratifs et une foule de textes de lois, des arrêts de la Cour d'Alger et de la Cour de cassation. Il ne peut devenir Français que par la naturalisation.

L'Israélite est Français, répondent les mêmes Cours, armées de certaines maximes de droit international; Français parce qu'il n'a pas d'autre nationalité que le Français; Français par la seule annexion et incorporation de l'Algérie à la France[2].

L'Israélite sujet français, l'Israélite français! Eh! pourquoi pas citoyen français? De par les Chartres de 1814 et 1830, de par les Constitutions de 1848 et de 1852, tout Français mâle et majeur de 21 ans n'est-il pas citoyen français[3]?

Y pensez-vous? Non! L'Israélite n'est ni citoyen

---

[1]. Circulaire du gouverneur général du 2 avril 1856; arrêté du même en 1857, nommant une Commission chargée d'examiner, entre autres questions, celles relatives à la *naturalisation* des Israélites et des Étrangers fixés en Algérie. — V. le Dictionnaire de M. le président de Ménerville, v° *Israélites*, — art. 25 et 26 de l'ordonnance de 1834; 31 et 32 des ordonnances de 1841 et 1842 sur la justice; décrets des 1er octobre 1854 et 31 décembre 1859 sur la justice musulmane; décrets du 31 décembre 1855 et 15 mars 1860 sur la compétence des conseils de guerre; argument d'un des motifs de l'arrêt de la Cour d'Alger du 23 janvier 1855; Zérapha c. Zérapha; arrêt de la Cour de cassation du mois de décembre 1859, confirmatif d'un arrêt de la Cour d'Alger du 19 novembre 1859; autre arrêt de la Cour de cassation du 15 avril 1862, Courshia contre la dame Courshia.

[2]. Tribunal d'Oran, 25 juin 1855; Cour d'Alger, 30 avril 1856 et 19 novembre 1857, chambre des mises en accusation; Cour de cassation, 19 août 1858; Cour d'Alger, 24 février 1862; Cour de cassation, 15 février 1864 (arrêt Énos).

[3]. Poivre, *les Indigènes algériens*, p. 19; *Courrier de l'Algérie*, 1er avril 1864.

français ni Français. Il n'est pas même assimilé à l'Etranger autorisé à fixer son domicile en France; car il ne jouit pas de ses droits civils dont parle l'article 13 du Code Napoléon.

Est-ce assez de contradictions?

Notons-en encore une.

Dans un écrit[1] qui a fait et mériterait de faire beaucoup de bruit, on a avancé, et non sans raison, qu'en vertu de la loi du 7 février 1851, qui déclare Français tout individu né en France d'un Etranger qui y était né lui-même, à moins que dans l'année de sa majorité, telle qu'elle est fixée par la loi française, il ne réclame la qualité d'Etranger, tout Israélite algérien qui n'aura pas fait cette déclaration sera de plein droit Français.

> Qui nous délivrera de *tant d'incertitudes?*

Où est donc la loi? Et à défaut de loi, où sont donc ces arrêts, ces jugements, que Bacon appelait l'ancre des lois[2], et qui tour à tour leur prêtent et en empruntent la fixité qui fait la force de la loi et de la jurisprudence?

Hélas! règle de plomb en deçà, et règle de fer au delà; tel tribunal entend la loi comme les Sabiniens; tel autre comme les Proculéiens; celui-ci ne voit que la lettre, celui-là ne consulte que l'esprit!

Nous comprenons à merveille cette parole, moitié plaisante, moitié sérieuse, d'un Israélite intelligent et ami du progrès qui, après s'être entretenu avec nous

---

1. *L'Algérie pour les Algériens*, par Georges Voisin.
2. *Judicia anchoræ legum.*

des vicissitudes judiciaires du Droit algérien, envisagé sous son aspect israélite, nous disait avec une navrante vérité : « C'est à ne pas savoir sur quel pied danser. »

Voilà pour la personne de l'Israélite.

Et ses biens, qu'en est-il?

Quelle loi régit sa succession *ab intestat*, la loi mosaïque ou la loi française? l'esprit d'inégalité de l'une, ou l'esprit d'équité et d'égalité de l'autre?

Longtemps on a jugé que c'était la loi mosaïque[1], maintenue en vigueur par l'article 37 de l'ordonnance de 1842. Mais depuis la loi de 1851 sur la propriété algérienne, la loi française semble prendre le pas sur la loi mosaïque[2]. Et qui sait, si avant peu celle-ci ne le reprendra pas sur celle-là?

Que dirons-nous du mode de transmission des biens immeubles et des affectations hypothécaires? On a vu ce que nous en pensons. D'après nous, l'article 16 de la loi de 1851 a renversé l'article 10 de l'arrêté du 28 mai 1832, mais nous avouons que notre opinion ne se fonde pas sur des arguments et des raisons incontestablement juridiques.

Mais peut-être trouverons-nous moins d'incertitude sur le terrain des conditions du régime matrimonial, de la preuve des obligations, de la capacité

1. Arrêt précité de la Cour d'Alger, 23 janvier 1855; autre arrêt de la même Cour du 30 avril 1856 contre lequel a été formé ce pourvoi, rejeté par la Cour de cassation le 19 août 1858, sur un savant rapport de M. Bayle-Mouillard; Tribunal d'Oran, 27 juin 1855; d'Alger, 1re chambre, 5 novembre 1858 ; 2e chambre, 20 juillet 1860.

2. Tribunal d'Alger, 29 juin 1861, président, M. Marion; 23 février 1864, président, M. Gandillot.

requise pour contracter en général et particulièrement de la preuve testimoniale du serment et de la validité des contrats usités parmi les seuls Israélites!

Hélas! ici encore comme partout, du reste, nous marchons sur un sable mouvant; la décision d'hier diffère de la décision d'aujourd'hui, et rien ne nous répond que la jurisprudence d'aujourd'hui soit la même que la jurisprudence de demain. Conciliez donc le respect des lois et coutumes israélites et de la Capitulation de 1830 avec la doctrine de la Cour de cassation[1], qui veut qu'un tribunal français ne soit pas tenu de s'assujettir aux dispositions particulières ou aux formalités de la loi mosaïque, quand ces dispositions et ces formalités se trouveraient en contradiction avec les principes de législation française!

Et c'est bien pis, si de la personne, des biens et des contrats de l'Israélite nous passons à son mariage! Pour être valable, le mariage doit-il être célébré devant le rabbin ou devant l'officier de l'état civil français? Est-il indifférent que ce soit devant le magistrat religieux ou devant le magistrat civil? ou bien encore, est-il nécessaire qu'il soit célébré devant l'un et l'autre? S'il n'est célébré que devant le rabbin, sera-t-il annulé par un mariage postérieur devant l'officier de l'état civil, et le mariage célébré devant ce dernier sera-t-il réglé de plein droit d'après la loi française? En admettant la validité du mariage rabbinique, faudra-t-il conserver leur caractère légal

---

[1]. 20 juin 1864, Ben Konfound contre Zermati. Rejet d'un pourvoi formé contre un jugement du tribunal de Sétif du 24 janvier 1863.

et obligatoire à certaines cérémonies, telles que la *halisa* ou *déchaussement*, afférentes au mariage? Et le régime matrimonial des époux sera-t-il, à défaut de contrat de mariage, *more gallico*, le régime de la communauté ou le régime dotal?

A toutes ces questions et à une foule d'autres que nous croyons devoir passer sous silence, répondez comme vous voudrez, affirmativement ou négativement. Vous êtes assuré d'avoir pour et contre vous ou un jugement, ou un arrêt, ou un texte de loi, ou une coutume, ou l'opinion d'un auteur; on dirait de ces questions de théologie scolastique sur lesquelles Abélard nous a laissé son curieux *Sic et Non*.

En résumé, état civil et politique de l'Israélite algérien, énigme; loi qui régit sa succession, énigme; son mariage, énigme; l'hypothèque de sa femme, énigme; la transmission contractuelle de ses biens, la garantie de ses acquisitions et de ses transmissions d'immeubles, énigme, toujours énigme!

Mais alors, à quoi bon la législation? à quoi bon la jurisprudence? ne pourrions-nous pas élever contre elles les justes plaintes dont, en 1781, un célèbre magistrat [1] se fit l'écho devant l'Académie de Lyon [2]?

Ah! sortons, sortons à tout prix de ces ténèbres cimmériennes; ne nous engageons pas plus avant dans ce labyrinthe, où, pour citer les paroles d'un Israélite qui apprit à en connaître tous les détours, il est si facile même au jurisconsulte le plus profond et au magistrat le plus éclairé de s'égarer et de se

---

1. Servan.
2. « Nous avons des lois inutiles, des lois insuffisantes, des lois oubliées, des lois contradictoires, des lois impossibles. »

perdre. Hâtons-nous de revoir la pure lumière des cieux !

Ainsi donc, deux camps opposés dans le monde judiciaire de l'Algérie au regard de l'Israélite : dans l'un, je trouve les principes, la règle, la loi, l'unité ; dans l'autre, des considérations, l'arbitraire, la jurisprudence, la diversité.

D'une part, les magistrats légistes, les hommes de la loi écrite et de la tradition qui s'écrient : Périsse le monde plutôt qu'un principe! Nous sommes les esclaves de la loi. Notre conscience, notre raison, c'est sa conscience, c'est sa raison, et la raison, la conscience de l'homme doit s'incliner devant la raison et la conscience de la loi[1]. Si fâcheux, si regrettable qu'il soit pour nous, magistrats français, de faire prévaloir, par exemple, des prescriptions temporaires et variables, et dès lors toutes *de circonstance*, sur les droits éternels et immuables du sang : l'inégalité successorale consacrée par des textes faits pour d'autres temps, d'autres lieux, d'autres mœurs, sur l'égalité dictée par la nature et la raison universelle, — peu nous importe! *dura, absurda lex, sed lex!* C'est le devoir et l'honneur du juge d'appliquer même la loi qu'il désapprouve[2]. Si la loi est mauvaise, c'est au législateur et non à nous de la réformer. Nous jugeons, nous plaidons, nous consultons d'après la loi, nous ne la jugeons pas. A d'autres de la faire, à nous de l'appliquer telle qu'elle est, sans qu'il nous soit permis de la modifier ou de la restreindre par aucune considération, quelque puis-

---

1. *Straccia.*
2. Cour d'Alger.

sante qu'elle soit. Qu'est-ce donc qu'un arrêt en présence des principes? que dis-je, un arrêt! qu'est-ce que deux, qu'est-ce que trois, qu'est-ce que dix arrêts? *Non exemplis, sed legibus judicandum!* Ne sait-on pas toujours qu'une jurisprudence erronée n'est pas rectifiée? une Cour, fût-ce la Cour de cassation, ne veut pas se déjuger, suit facilement la même pente, et perpétue ainsi d'arrêt en arrêt ce que plus tard elle proclamera une longue erreur! Du reste, la loi ne se fait pas à coup d'arrêt, et en Algérie comme en France, nul tribunal, nulle autorité judiciaire n'est revêtue d'un pouvoir judiciaire législatif et réglementaire.

D'autre part, les magistrats *législateurs* du droit rationnel et philosophique, qui s'écrient à leur tour : Périssent tous les textes plutôt que la pensée qui les inspire ou a dû les inspirer! Nous aussi, nous sommes les serviteurs de la loi, mais de la loi largement, rationnellement interprétée et appliquée, moins d'après sa lettre que d'après son esprit. Pourquoi nous opposer sans cesse la capitulation de 1830, l'ordonnance de 1834 et celle de 1842? Ces textes, pour la plupart débordés et emportés par des circonstances imprévues et par une situation toute nouvelle, fussent-ils aussi explicites et aussi lumineux qu'ils sont vagues et obscurs, ne sauraient prévaloir contre ce fait qui, pour nous, a toute la force et toute la portée d'un principe, que la loi française tend à l'assimilation, à l'absorption de ce droit exceptionnel, mosaïque ou musulman, qu'elle n'a reconnu et ne tolère qu'en faveur d'une classe de sujets spéciaux, en vue de circonstances exceptionnelles, et par une sorte de privilége auquel ceux-ci peuvent renoncer. *Scire leges... earum vim ac potestatem tenere!* Le législateur algérien n'a ni pu ni voulu établir à toujours, entre l'indigène et le peuple vainqueur, une barrière sacrée, un obstacle insurmontable à l'implantation, dans la vie civile du vaincu, de ce Droit français si éminemment supérieur au Droit musulman et israélite. Il faut que le magistrat, préoccupé avant tout de sa mission publique et sociale, s'élance, toutes les fois qu'il n'est pas fatalement lié au texte de la loi, hors des étroits horizons de la lettre, et ne craigne pas, guidé par son esprit, et pour ne pas mentir au droit progressif et initiateur de la France, de mentir[1], si la raison et le bon sens l'exigent, aux brutales et rétrogrades prescriptions d'un droit suranné ou absurde. C'est là, n'en doutons pas, cette dette immense envers la nature humaine, qui, d'après Montesquieu[2], met à la charge du vainqueur le droit de conquête; c'est là le vrai moyen de placer les vaincus sous un meilleur régime, et de faire leur éducation publique et morale. Assurément, c'est chose grave que de faire la loi avec des décisions judiciaires; assurément un magistrat ne saurait être législateur. Mais votre loi ne saurait davantage se suffire à elle-même; elle ne peut prévoir que les cas ordinaires. Et puis, n'est-il pas vrai que toutes les fois que l'action de l'interprétation généreuse et élevée, d'une loi, en apparence restreinte dans son sens littéral et circonscrit et dans son application normale, peut favoriser le développement de la raison publique, la marche de la civilisation générale

---

1. Michelet, *Origines du Droit français*.
2. *Esprit des Lois*, liv. X, ch. IV.

et des mœurs, l'accomplissement, en un mot, des destinées du peuple conquérant? N'est-il pas vrai qu'il y aurait imprudence et faiblesse à reculer un seul instant, par un respect excessif pour un texte de loi, devant d'aussi graves et aussi importants résultats?

On le voit, entre ces deux camps rivaux, dont le premier arbore le drapeau de l'interprétation littérale et juridique, et le second l'étendard de l'interprétation rationnelle et philosophique, se livre, sous des noms différents, l'éternelle lutte de l'autorité et de la liberté, de la tradition et du progrès, de l'École historique et de l'École philosophique, du passé et de l'avenir. Or, il n'est qu'un moyen de terminer cette lutte; c'est que le législateur véritable, *Deus ex machina*, intervienne entre les lutteurs, et leur révèle sa volonté souveraine avec une telle clarté et une telle certitude, que toute discussion entre eux devienne désormais impossible. C'est qu'il fasse encore lui-même cette œuvre d'interprétation, *opus majus*, qui, en Algérie surtout, est une des plus difficiles et des plus complexes de l'intelligence, œuvre forcément incomplète, si elle n'appelle en même temps à son aide la science et l'expérience, le raisonnement et l'analogie, l'examen attentif des textes et les enseignements de la tradition.

Inutile de se repaître d'une vaine illusion! Tant que le langage de la loi elle-même n'aura pas fait taire toute divergence de doctrine ou de jurisprudence, il pourra bien y avoir un armistice, une trêve à cette lutte; mais une paix durable et certaine, on ne pourra pas même l'espérer.

— Vous auriez raison si, après tout, la jurisprudence ne tenait pas lieu de cette loi. Mais là où la jurisprudence suffit, la loi, à quoi sert-elle?

Or, voyez le dernier état de la jurisprudence de la Cour régulatrice : contemplez de près l'esprit qui la dirige! Évidemment, c'est un esprit d'assimilation et d'identification progressive avec la loi française, de tout ce qui, dans la loi de Moïse et dans le droit israélite, n'est pas essentiellement religieux. Or, pour ne parler que du tribunal et de la Cour d'Alger, qui peut nier l'influence décisive de cet esprit sur la jurisprudence algérienne?

— Oui, mais qui ne sait qu'enchaîné par ses seules convictions personnelles, nul magistrat, nul tribunal n'est tenu de courber la tête sous le joug de n'importe quelle jurisprudence, sans en excepter celle de la Cour suprême? La conscience du magistrat français en Algérie, et c'est là sa gloire, n'est liée que par elle-même. Il n'est pour elle, ni formule prétorienne, ni rescrit impérial, ni loi des *citations*[1], ni arrêt de Parlement. Son droit et son devoir, c'est de ne fléchir ni devant des sentences des juges ni devant des opinions d'auteurs; le magistrat, disait Cicéron, c'est une loi parlante, de même que la loi est un magistrat muet, et sous aucun prétexte, il ne lui est permis de parler, quand elle se tait, ou de se taire, quand elle parle.

D'ailleurs, qui vous dit que la jurisprudence d'au-

---

1. Constitution impériale de Théodose le Jeune (an 426 de l'ère chrétienne), qui, pour simplifier l'application des lois romaines, donnait force de lois, *vicem legis*, à la doctrine d'un certain nombre de jurisconsultes célèbres. — On la trouve dans le Code Théodosien.

jourd'hui sera encore la jurisprudence de demain? N'a-t-elle pas « ses époques » comme le droit? Ne connaissons-nous pas l'histoire de ses variations? Au lieu d'avoir, comme la loi, la mission de dire, d'affirmer la vérité par ces mots : cela est, *est, est,* n'est-elle pas comme les jurisconsultes, réduite au modeste rôle d'énoncer une simple opinion sous cette formule : Cela me paraît vrai; *Hoc videtur verum?*

Mais enfin, si la jurisprudence fait l'œuvre de la loi, si elle est également conforme aux principes du droit et aux principes de la raison, si elle répond aux besoins du présent et aux aspirations de l'avenir! — Oh! mais alors, que vous en coûtera-t-il de convertir ses décisions en lois? Si vous ne le faites pas, vous voilà donc éternellement condamné à voir régner le doute et l'incertitude dans le sanctuaire de cette justice qui n'est qu'une forme de la vérité absolue! Je sais bien que la jurisprudence pourra, à la longue, créer une sorte de vérité légale, *pro veritate haberi* : mais ce ne sera pas en vertu d'un principe puisé dans un texte de la loi proprement dit, et nous aurons une vérité d'aventure, une vérité de fait, plutôt qu'une vérité de principe, une vérité de droit! Mais une vérité soumise aux vicissitudes des circonstances, ce n'est pas là la vérité telle que tout le monde l'entend, — invariable et absolue comme Dieu dont elle est la fille, s'imposant à toutes les intelligences, comme la lumière du soleil s'impose à tous les yeux.

Je viens de prononcer les mots de vérité absolue, de principes certains, et c'est du droit, du droit appliqué que je parle! Dieu nous garde d'oublier, tant est grande la faiblesse de l'esprit humain, que la perception théorique d'une vérité ne le conduit pas toujours sûrement à sa réalisation pratique, et que souvent la logique ne marche pas toujours d'accord avec la raison et le fait.

Or, en cas de conflit entre l'idée et le fait, entre un principe et ses conséquences, qui décidera, qui dira à l'esprit suspendu par le doute et oscillant de l'un à l'autre : « Tu iras jusque-là et n'iras pas plus loin? » La loi, rien que la loi! C'est elle, elle seule qui conciliera, si c'est possible, les exigences de la logique avec les nécessités des circonstances.

Expliquons ceci par un exemple :

J'ai soutenu[1] que ni expressément ni implicitement, l'Israélite algérien ne peut renoncer à son statut personnel, tandis que la Cour de cassation et plusieurs tribunaux de l'Algérie admettent sa renonciation implicite à ce statut par le seul fait de sa comparution volontaire à fins de mariage devant l'officier de l'état civil français. Je crois, et je crois fermement, que ce fait n'équivaut pas à une renonciation, et que s'il est de principe que les renonciations ne se présument pas, ce principe s'applique surtout en cas de renonciation au statut personnel. Mais que décider, si les futurs époux renoncent expressément à ce statut ; si, pour attester leur résolution d'embrasser sans réserve et sans retour la civilisation française, ils déclarent solennellement qu'ils ne veulent plus ni de la polygamie, ni de la répudiation, ni du divorce mosaïque? Est-ce qu'au nom d'un principe

---

1. V. *Supra passim*.

de droit, je leur refuserai sans pitié les bienfaits de la loi française? Est-ce qu'à ces fervents et sincères néophites de la civilisation, sollicitant son baptême par un acte aussi sincère que spontané, j'oserai, au nom du même principe, répondre par un inflexible *Non possumus?* Mais ne serait-ce pas le comble de la déraison, et pousser jusque-là la conséquence d'un principe, ne serait-ce pas le pousser jusqu'à l'absurde?

Je concevrais donc qu'en pareil cas le principe fléchît devant le fait — un principe de droit positif et après tout, d'intérêt privé, devant un plus puissant principe, un principe de droit naturel et d'intérêt public.

Mais pourtant, reconnaissons-le à l'honneur de l'esprit humain, capable de connaître la vérité et de l'aimer avec passion ; il est plus d'un jurisconsulte et plus d'un magistrat qui, par respect pour les principes, et par une fermeté de conviction que d'autres appelleraient une répréhensible opiniâtreté, repousseront ce tempérament. Et peut être sont-ils aussi nombreux que ceux qui, amoureux du progrès et de la civilisation, et interprétant le texte en publicistes et en philosophes, voient dans ce même tempérament le triomphe du droit sur le fait et de l'avenir sur le passé!

Or, où est le magique anaya[1] qui rapprochera, qui réconciliera ces irréconciliables adversaires? Quel

---

1. Espèce de sauf-conduit au moyen duquel les Kabyles du Djuyura peuvent sans danger traverser les tribus en hostilité les unes contre les autres. L'*anaya* sert également à rapprocher et à concilier ces tribus entre elles.

caducée pourra dompter l'obstination des uns et la tenacité des autres? Ce ne sera certes ni l'interprétation doctrinale, ni l'interprétation judiciaire. Il faudra qu'un tiers survienne entre eux, plus puissant que chacun d'eux. Il y faudra la loi, une loi interprétative, excluant toute ambiguïté, toute obscurité et tout doute, capable par sa clarté et par son évidence de commander un silence respectueux et convaincu à tout commentateur et à tout juge tenté d'en contester le sens, — déliant et, au besoin, tranchant de sa main divine le nœud des lois antérieures.

Vienne cette loi, et vous verrez fuir devant elle, dans les ombres d'un passé sans lendemain, et l'article de la loi du 16 juin 1817, et l'art. 10 de l'arrêté de 1832, et l'article 37 de l'ordonnance de 1842, et tant d'autres articles qui obstruaient la libre marche des Israélites vers leur *unification* juridique. Vienne cette loi, et c'en sera fait de la législation mosaïque, en tant que législation civile; l'Israélite n'aura plus qu'une législation, comme il n'a plus qu'une justice, la législation française.

Mais cette loi, *c'est la naturalisation.*

Voilà, en effet, la loi maîtresse, la loi-principe, la loi par excellence, la loi enfin à laquelle tout Israélite devra dire comme le Dante à Virgile :

Tu duca, tu signora, tu maestra!

Oui, c'est toi qui, nouveau Josué, nous conduiras dans les fertiles vallées et sur les vertes montagnes d'un nouveau Chanaan! Toi, qui, du sommet d'un autre Sinaï, domineras en suzeraine, comme il convient à une Loi permanente et complète, ces lois incomplètes et transitoires qui, depuis plus de trente ans, nous régissent, et comme autant d'impuissantes rivales, giseront désormais à tes pieds; toi, enfin, qui nous apprendras comment des limbes d'un prochain avenir jailliront les progrès et les perfectionnements dont tu portes déjà le germe fécond dans ton sein. O Loi des lois! ô toi, qui es pour la cité politique des Israélites de l'Algérie ce que sont les *Achara-Debroth*[1] *d'Adonaï* pour la cité religieuse et sociale des Israélites de l'univers! Viens à nous, de même que nous venons à toi! Sois notre Guide, sois notre Reine, sois notre *Maîtresse!*

C'est cette loi que nous sollicitons. Nous en avons exposé les motifs; nous nous en sommes fait le rapporteur; nous avons essayé de réunir les divers éléments de sa discussion. Espérons que, sous forme de loi proprement dite ou de décret, elle ne tardera pas d'être promulguée!

Depuis longtemps, et surtout depuis quelques mois, elle est à l'ordre du jour.

Aussi bien, et au même titre que la naturalisation des étrangers, celle des Israélites est de la part du Gouvernement l'objet d'une vive sollicitude et d'un consciencieux examen. Les Conseils généraux l'ont agitée; la Presse s'en est emparée; l'Administration en a posé les principales assises; la Jurisprudence a rendu des décisions qui s'y rattachent, et sur lesquelles a été appelée l'attention des chefs de parquet. Et de tous côtés, on a pris des informations et re-

---

[1]. Litt., *les Dix paroles* ou *le Décalogue.*

cueilli des renseignements propres à éclairer le Pouvoir, et à faciliter la solution des nombreuses questions qu'elle fait naître.

Il ne s'agissait tout d'abord que de la naturalisation des Étrangers. Mais la naturalisation des Indigènes et des Israélites touche par tant de points à cette naturalisation, qu'il était impossible de s'occuper de l'une sans s'occuper de l'autre. C'est ainsi que le problème s'est agrandi, et qu'aujourd'hui parler de naturalisation, c'est parler de l'avénement à la cité française de tous les habitants de l'Algérie, qui ne sont point encore Français.

A quelle époque sera intégralement résolu ce problème? — Je l'ignore. — Mais il est facile de prévoir que si, comme tout à porte le croire, le Législateur procède successivement et séparément à la solution de chacune de ses parties, c'est par les Israélites qu'il commencera son œuvre.

Devancé par la jurisprudence de la Cour suprême, qui les a déclarés Français[1], il aura à cœur de la consacrer définitivement et de la compléter par un acte solennel qui les proclamera non-seulement Français, mais encore citoyens français.

Heureux le Législateur qui, sur des questions d'intérêt privé et d'intérêt public, d'ordre civil et d'ordre politique, telles que la naturalisation, n'a guère qu'à prononcer son *fiat* tout-puissant, pour transformer en loi des principes, des opinions, des idées progressistes, tout récemment encore convertis en décisions souveraines de justice! Sa tâche de-

---

1. V. *supra*, p. 33 et 35.

vient d'autant plus facile, préparée qu'elle est par la collaboration éclairée, impartiale et froide de la Magistrature, et elle présente les plus hautes et les plus solides garanties de science, de raison, d'équité et de vérité.

Heureux nous-même, si ce modeste travail nous méritait l'honneur de compter parmi ses faibles mais dévoués auxiliaires !

XXII

Le titre de notre ouvrage en indique suffisamment le but. Ce que nous voulons, c'est ce que veulent les Israélites eux-mêmes : leur naturalisation dans le sens le plus large et le plus absolu de ce mot, sans restriction, sans réserve, sans retard, complète, collective, simultanée, immédiate.

Toute autre naturalisation ne serait qu'un vain mirage, qu'une insuffisante concession, qu'une mesure impuissante, et, par cela même, plus dangereuse qu'utile; car elle entretiendrait de funestes illusions et des antipathies civiques plus funestes encore, et perpétuerait, pendant un temps indéfini, un état de choses auquel, sous peine de déni de justice et d'indifférence politique, il importe à la France d'apporter d'urgence un terme unique et définitif.

Il est vrai que la France a beaucoup fait pour les Israélites d'Algérie. Les Israélites le savent, et s'en souviennent, car leur cœur ne connaît pas l'ingratitude[1]. Mais ils n'ignorent pas qu'infatigable comme

1. Me Crémieux, v. plus haut, p. 121.

César, comme lui elle croit n'avoir rien fait, tant qu'il lui reste quelque chose à faire[1].

Aussi, parqués entre deux camps opposés, — d'une part, trois millions d'Arabes qui les haïssent, — d'autre part, deux cent mille Européens qui les protégent et qu'ils aiment, aspirent-ils, eux, poignée d'hommes, en quelque sorte, perdue entre ces deux camps, après le moment où, ne conservant de leur passé que leur religion, ils entreront, corps et âme, dans les rangs des Européens, et prendront place parmi les citoyens français.

Rapprochés d'eux jusqu'à ce jour, jusqu'à ce jour mêlés à eux, ils désirent se fondre et s'identifier avec eux. — Quoi de plus naturel? — Et si, comme on l'a vu, ils n'ont rien négligé pour se rendre dignes de cette heureuse union dont la consommation nous *intéresse* presque autant qu'eux-mêmes et serait un grand *bien*[2] pour eux comme pour nous, quoi de plus légitime?

En 1830, la France, pourrait-on dire, a tiré les Israélites algériens de la servitude d'une Égypte barbaresque. — Elle a arraché une partie de la maison de Jacob des mains d'un peuple tyrannique. — Elle a délivré et affranchi la Sion de la régence d'Alger. Sion ne s'est pas contentée de l'en bénir, elle a espéré en elle. Or, son espoir n'est pas resté oisif : en même temps qu'elle a espéré, elle a agi, et de 1830 à 1865, elle n'a cessé de marcher d'un pas ferme et rapide à

---

1. *Nil acti reputans, si quid superesset agendum.* Luc. *Phars.*
2. « Ce pouvoir que je tiens de lui (de Dieu), je veux l'exercer dans votre *intérêt* et pour votre *bien*. Proclamation de l'Empereur au peuple arabe, du 5 mai 1865.

la suite de sa Libératrice. C'est ainsi qu'elle est montée sur les hauteurs d'où, semblable à Moïse sur le Nébo, elle a pu contempler la Terre Promise de la cité française, respirer le parfum de ses fleurs, voir couler ses ruisseaux de lait et de miel, s'extasier devant la fécondité de ses vignes et la pourpre de ses gigantesques raisins[1]! Qu'elle fasse un pas de plus, et la voilà atteignant le but de ses longs et pénibles efforts! Mais ce pas, loin de le seconder, la France l'empêchera-t-elle de le faire? — La forcera-t-elle de redescendre, triste et désolée, dans les arides plaines du désert de Pharan? — Éternisera-t-elle son Exode? — Est-il permis de supposer que cette fois, non plus le seul Moïse, mais une multitude d'enfants d'Israël, expirera lamentablement, les yeux fixés sur le Terre de Promission?

Parlons sans figure! La France ne peut pas et ne doit pas laisser sans une entière satisfaction, les aspirations et les vœux des Israélites. Il convient, il est juste, il est d'une bonne politique qu'elle la leur donne; donc, elle la leur donnera.

Mais cette satisfaction, que sera-t-elle? — Ce sera la naturalisation; car c'est là, le vrai, l'universel *hoc in votis* de nos Israélites.

C'est que la naturalisation, c'est l'accomplissement de leur *Pâque* législative. C'est à leur égard, la suppression de l'exception, le règne de la règle, la conquête du droit commun, leur émancipation civile, administrative, judiciaire, politique, leur charte d'adoption par la France, leur affiliation à ses en-

---

1. Nombres, chap. XIII, v. 5 et seq.

fants d'origine, leur participation à son foyer, leur incorporation avec sa nationalité, leur fusion avec son esprit, leur admission au partage de ses droits et de ses devoirs, de ses lois et de ses destinées, leur création à son image et ressemblance; par elle, de sujets mineurs qu'ils étaient de la France, ils deviennent ses enfants majeurs; par elle se transforme leur condition civile et sociale. Par elle, la vie de la France est désormais la base et le couronnement de leur vie. D'elle, comme du rocher frappé par la verge de Moïse, jaillira une source abondante qui effacera jusqu'aux dernières empreintes de leur antique esclavage; d'elle sortira la réalisation pour eux, comme autrefois pour leurs frères de la Métropole, de cette grande parole de Napoléon Ier : « Il faut que l'Israélite retrouve Jérusalem parmi nous, » Jérusalem, libre dans sa foi, libre dans son culte, libre dans ses actes, oubliant et les mets attrayants de Memphis, et les rives lugubres des fleuves de Babylone, affranchie de toute oppression, jouissant de toutes les libertés modernes, et, sous le sceptre maternel de sa patrie adoptive, tressaillant d'allégresse sur les bords bien-aimés d'un autre Jourdain. Bref, la naturalisation, c'est leur agrégation intime et indissoluble à la nation française.

Nous le disons avec une conviction profonde, la naturalisation des Israélites algériens est cela ou n'est rien. D'ailleurs, c'est ainsi qu'ils l'entendent, et la France ne la comprend pas autrement. Pas de moyen terme en pareille matière! Ce serait tout risquer. Aussi, soit dit en passant, le langage tenu, il y a quelques jours à peine, au chef de l'Empire par quelques Israélites de la ville d'Alger, nous a-t-il singulièrement étonné [1].

Or, cette naturalisation, à l'instar de Rome impériale, et pour des raisons de générosité native et de zèle civilisateur dont Rome ne se douta même jamais, la France est impatiente de l'offrir et de l'accorder à quiconque veut l'accepter et mérite de l'obtenir. « Rome, disent Machiavel et Bacon, d'après Tite-Live, ne marchandait pas à l'étranger (habitant l'empire) le titre de citoyen romain. » Mais en cela, elle était animée d'un esprit d'agrandissement illimité, et peut-être, avant tout, d'intérêt fiscal. Toute autre est la pensée de la France. Quand elle octroie le titre de citoyen français, ce qu'elle a principalement en vue, c'est un intérêt de prosélytisme national. Rien ne l'arrête dans la voie de ses bienfaits. Le dirai-je? — Église de la civilisation, comme l'Église du christianisme dont elle est la fille aînée, elle ne craint ni diversité de langues, ni différence de mœurs, ni opposition de lois, ni résistance de préjugés, ni lutte d'antipathies. Nulle distance ne la rebute; elle n'interroge [2] ni le cours des fleuves, ni la hauteur des montagnes, ni la profondeur des vallées; elle va, elle court, quelquefois même elle vole droit devant elle, « comme la flèche d'un robuste archer, ou mieux, » comme la foudre de l'éternel Mandant qui l'envoie, en lui disant : Va et enseigne la civilisation à tous les peuples!

Quand la France semble parler en maîtresse et gou-

1. Pourquoi demander le moins, quand on peut et on doit demander le plus? Nous comprendrions l'adresse des Israélites d'Alger, si la naturalisation collective et immédiate de leurs coreligionnaires pouvait être, à leurs yeux, l'objet d'un doute sérieux.

2. P. Lacordaire.

verner en souveraine, quand elle dit à un peuple : Suivez-moi, — savez-vous ce qu'elle fait? — Elle exerce le devoir plutôt que le droit de conquête; elle attire vers elle, forcément en apparence, mais librement en réalité, les peuples conquis moins par la puissance de son épée que par l'ascendant de ses bienfaits. Nation sympathique et expansive par excellence, tout en respectant chez chaque nation et chaque individu que le sort des armes a fait tomber sous sa domination, la liberté d'un invincible refus, elle ne les contraint pas moins, en quelque manière, d'accepter ses bienfaits et ses dons. C'est par là qu'elle conquiert les volontés, s'assimile les âmes et s'attache les cœurs. Mais est-ce là de la contrainte? Ouvrir votre main à qui vous tend la sienne, pour y verser une faveur, est-ce forcer celle-là de s'ouvrir?

Tel est pourtant l'art inconcevable par lequel, pour parler avec Rousseau, elle a trouvé le moyen d'assujettir les hommes pour les rendre libres sans les contraindre, et, sans les consulter, d'enchaîner leur volonté de leur propre aveu. Voilà de vrais prodiges, et ces prodiges sont l'ouvrage de son génie civilisateur. A cet égard, disons-le avec une noble fierté, un abîme sépare la France des peuples de l'antiquité et de plusieurs nations modernes. Rien de désintéressé, de dévoué, de chrétien et d'idéal comme l'assimilation par la civilisation française; rien d'intéressé, d'égoïste, de païen et de positif comme l'assujettissement par la conquête grecque, romaine, anglaise, etc.

Et ne cherchez pas ailleurs que dans son esprit de propagande, la cause de cette puissance d'assimilation intellectuelle et morale qui est à l'habitant du sol conquis par la France ce qu'est au sol lui-même la colonisation, qui est le sol civilisé[1]. Là est tout son secret. C'est lui qui fait de chaque homme touché de son souffle transformateur, un collaborateur spontané, expressément, ou tout au moins tacitement volontaire de cette unité sociale et politique qui réunit en un seul faisceau tous les membres du peuple conquérant, lui qui inspire à tous les individus régis par le même sceptre les mêmes conceptions, les mêmes sentiments, les mêmes tendances, les mêmes actes, et en fait les enfants de la même patrie; c'est lui encore qui, par l'entraînement libre et pourtant irrésistible d'une conscience et d'une vie communes, dirige toutes choses, dans l'ordre moral comme dans l'ordre matériel, vers la réalisation d'un seul et même idéal de nationalité.

Cet esprit, Alger avait à peine capitulé que les Israélites de cette ville en sentirent l'influence. J'en atteste toutes les pages de l'histoire de l'Algérie, et les souvenirs de ces Français de la première heure qui furent témoins du premier contact pacifique de notre armée victorieuse avec les populations vaincues de la Régence.

Au reste, pour dissiper tous doutes sur ce point, je n'aurais qu'à esquisser le tableau comparé des progrès civilisateurs accomplis jusqu'à ce jour par les Israélites et par les Musulmans.

---

[1]. M. le général Allard a dit au Corps législatif, séance du 12 avril 1865 : « qu'en définitive, la colonisation (matérielle) est la vraie solution de la question algérienne. » Ne pourrait-on pas en dire tout autant de la civilisation, cette *colonisation* morale ?

Dès 1837, n'a-t-on pas vu les Israélites se soumettre avec le plus grand empressement aux prescriptions de notre état civil? — Dès 1838, n'ont-ils pas adopté avec bonheur notre juridiction, ne l'ont-ils pas accueillie comme une garantie qui leur manquait autrefois, et ne se sont-ils pas trouvés honorés d'être nos justiciables [1]? — Mais depuis qu'ils sont soumis à la France, rien de semblable s'est-il produit parmi les Musulmans, tant des villes que des campagnes? — Qu'on nous cite une seule mesure, un seul progrès que les Israélites de toute l'Algérie n'aient accepté avec satisfaction, et au succès desquels ils n'aient concouru de tout leur pouvoir! — Qui oserait en dire autant des Musulmans? Soit aptitude naturelle, soit fierté légitime de s'élancer comme d'un seul bond au plus haut degré de cette échelle d'assimilation nationale dont parle Bacon [2], la France n'a eu qu'à se montrer au milieu des Israélites pour que, étrangers la veille, ils se soient immédiatement dits nos amis et nos sujets, et que, pénétrés tout d'un coup de la contagion de notre civilisation, ils se soient efforcés de devenir nos compatriotes et nos concitoyens.

Et voyez ce qui se passe en Algérie au moment où j'écris ces lignes! Les Israélites ont-ils, comme les Musulmans d'Oran, demandé la substitution de leur loi à la loi de la France? — Quoique pratiquant ou pouvant pratiquer la polygamie, ont-ils, comme

1. *Tableau de la situation des établissements français de l'Algérie*, 1837, p. 304; 1838, p. 303.
2. *A brief discourses of the happy unions of the kingdoms of England and Scothland.*

les Musulmans d'Alger, par l'organe de leurs représentants au Conseil général, revendiqué le *Droit au sérail* [1]? Et toutes les fois qu'il a été question de créer parmi les indigènes un progrès quelconque sous la forme d'une institution métropolitaine, les Israélites ne s'y sont-ils pas associés de grand cœur, tandis que les Musulmans n'ont pas même pu le comprendre?

On dirait que l'Arabe ne voit en nous que la conquête et la force, au lieu d'y voir, comme l'Israélite, la justice et le droit. Ne nous le dissimulons pas, l'Arabe nous subit, l'Israélite nous imite; l'Arabe nous supporte et nous fuit, l'Israélite nous aime et nous recherche, et cette forme d'organisation et d'unité supérieure que nous leur avons apportée avec la croix et l'épée, le premier la repousse et le second la sollicite.

Jamais plus qu'aujourd'hui peut-être le cœur de l'Israélite algérien ne battit à l'unisson du cœur de l'Israélite français. Par l'intermédiaire de ses Consistoires, par la bouche de ses rabbins, par les témoignages écrits et oraux de ses communautés, l'Israélite de l'Algérie exprime, d'un bout à l'autre de l'ancienne Régence, son désir de ressembler à la France et de s'unir à elle. L'Arabe, au contraire, semble s'étudier à rendre plus épaisse la barrière qui le sépare de la France, en revendiquant les misérables lambeaux d'une ombre de nationalité depuis longtemps éteinte.

---

1. Titre d'un vigoureux et excellent travail de M. W. Fonvielle, dans la *Revue du monde coloniale*.

Sans doute, bon gré, malgré, tous deux marchent vers l'assimilation. Mais la marche de l'Israélite est toute morale, est toute libre, tandis que celle de l'Arabe est toute matérielle et toute mécanique, mesurée qu'elle est par la force, exécutée qu'elle est par une volonté pour ainsi dire contrainte.

Et l'on s'étonnerait que la France traitât inégalement deux populations si inégales [1]! Et l'on voudrait que, s'inclinant à regret devant les préjugés haineux du Musulman contre l'Israélite, elle ajournât à une époque indéterminée et, en attendant, dispensât d'une main parcimonieuse en faveur de rares élus la naturalisation destinée à consacrer les progrès civilisateurs accomplis par tous les Israélites! Et on oserait taxer d'impolitique et d'inopportune la mesure, la loi, qui élèverait à la hauteur d'une fusion de droit la fusion de fait déjà partout opérée, ou en voie de s'opérer à chaque instant, entre l'Israélite et le Français!

Une pareille loi, impolitique et inopportune!

Nous avons répondu à cette objection. Mais puisque, dans ces derniers temps, elle a été reproduite, et qu'elle est devenue une sorte de mot d'ordre contre la naturalisation collective des Israélites, répondons-y une dernière fois.

— Impolitique, inopportune! — Mais en quoi et pourquoi? — Ce ne peut être que pour une de ces deux raisons, ou pour toutes deux ensemble :

Premièrement, parce que accorder aux Israélites

---

1. V. *supra*, p. 78 et *passim*.

la naturalisation collective, ce serait prodiguer sans discernement le titre de citoyen français à des hommes qui ne le demandent pas ou qui n'en sont pas dignes;

En second lieu, parce qu'étant donnés la haine et le mépris que l'Arabe voua de tout temps à l'Israélite, ce serait ravaler le prix de ce titre aux yeux du Musulman, et, par suite, dissuader peut-être celui-ci d'y aspirer jamais.

— Quant à la première objection, elle ne nous paraît pas sérieuse; elle semble à dessein nous prêter un langage que nous sommes loin d'avoir tenu, et poser bien évidemment en fait ce qui est en question.

D'abord, peut-on sérieusement nous imputer de vouloir que le titre de citoyen français, sous tant de rapports l'équivalent du *civis sum romanus*, soit indistinctement accordé au premier venu? Dieu merci! nous connaissons les nombreuses lois qui excluent des droits civiques, ou déclarent indignes et incapables d'en jouir. Or, il va sans dire que les mêmes causes d'exclusion d'indignité et d'incapacité qui, de droit commun, existent pour les Français et pour les Étrangers, existeraient pour les Israélites.

Et puis, ne dirait-on pas que l'Israélite est tenu de demander la naturalisation? Mais nous avons démontré tout le contraire. Répétons-le cependant: il est un fait certain, c'est que les Israélites, ici explicitement, là implicitement, veulent être, demandent à être naturalisés [1], et que notre naturalisation, c'est-

---

1. La Pétition des Israélites d'Alger (voir aux *Notes*) porte la signature d'environ 6,000 individus.

à-dire la naturalisation collective et immédiate leur étant offerte[1], celui-là seul ne l'acceptera pas qui n'en connaîtra ou n'en comprendra point le prix. Or, ne craignons pas de l'affirmer, ce sera le cas, si cas il y a, d'un infiniment petit nombre, d'une minorité telle qu'elle pourra, à bon droit, être considérée comme une note discordante et unique dans un harmonieux concert.

Mais d'ailleurs, qu'importe qu'ils ne la demandent pas, s'ils l'acceptent alors qu'il ne tient qu'à eux de la refuser? Ne sont-ils pas censés l'avoir demandée? Ah! soyons sincères, et ne nous payons pas de mots! Exiger que chaque Israélite la demande individuellement, c'est, vous le savez bien, exiger l'impossible, retirer d'une main ce qu'on présente de l'autre, offrir un don qui ne sera ni ne pourra être accepté, renvoyer sciemment aux calendes grecques ce qu'on a l'air d'octroyer sur-le-champ. — Eh! de grâce, qui de vous oserait poser, dans des circonstances analogues, semblable condition à nos paysans de la métropole? Combien, parmi eux qui, par ignorance, insouciance, inintelligence ou méprise, ne songeraient pas même à demander ce que plus tard ils se féliciteraient d'avoir tacitement accepté, et ce qu'en cas de refus formel ils regretteraient vivement de ne pas avoir demandé!

Ne parlez donc pas de naturalisation individuelle! Avant longtemps elle ne serait qu'une chimère, pour ne pas dire une amère dérision. Montrez-nous donc un peuple ou une fraction de peuple; montrez-nous

---

1. *Dumque offers victis proprii consortia juris.* — Vers du poëte Rutilius, cité plus, p. 149.

surtout une agrégation d'individus sans nationalité politique, sans autre lien de cohésion que leur nationalité religieuse, qui se soit un jour fondue et unifiée avec un autre peuple autrement que par voie de naturalisation collective ! Etudiez l'histoire de toutes les annexions, depuis celle du Latium avec Rome jusqu'à l'annexion du comté de Nice avec la France ! Y en a-t-il une seule qui se soit faite d'individu à individu, *nominatim?* Ne se sont-elles pas toutes opérées par masses et comme par coup de filets ? Et, en vérité, dans l'hypothèse de la possibilité d'une naturalisation *collective*, pourquoi, je vous le demande, l'accession ou alluvion par bancs de sable, *incrementum*, céderait-elle le pas à l'accession ou alluvion grain à grain ? N'oublions pas, disait le judicieux Pope[1], que le législateur divin (la cause universelle), que tout législateur humain doit imiter, n'agit que par des lois générales. Or, la naturalisation collective est une de ces lois[2].

— Vous insistez pour que chaque Israélite la de-

---

1. *Remember more the universal cause*
    Acts nots by partial, but the general Laws.

2. Il semblerait que le sénatus-consulte sur la naturalisation des habitants de l'Algérie, dont nous apprenons à l'instant même l'adoption (5 juillet 1865), entend ne parler, dans ses articles 1 et 2, que de naturalisation individuelle, et c'est sans doute pour cela que dans sa discussion M. Michel Chevalier a regretté qu'au lieu de faire appel aux *individus isolés*, on n'ait pas fait appel à des vœux *collectifs* de la part des populations arabes (et à plus forte raison de la population israélite). — Mais l'article 5 de ce sénatus-consulte promet un Règlement d'administration publique déterminant « les formes d'instruction des demandes prévues par les articles 1 et 2. » — Nous attendrons la publication de ce Règlement pour examiner ses dispositions et celles du sénatus-consulte.

mande individuellement; — c'est donc, d'après vous, une charge bien lourde que la naturalisation, pour que celui qui ne la demande pas puisse être présumé ne pas l'accepter, quand elle lui sera offerte ! Je croyais, moi, au contraire, et je crois encore qu'elle est une grâce, un bénéfice, un avantage, une faveur qu'en général il suffit d'offrir pour la voir acceptée avec reconnaissance. Et je ne sache pas qu'à l'exception des Musulmans il se trouve un seul habitant non français de l'Algérie qui ose en faire fi et la refuser avec un orgueilleux dédain !

Assurément, et Dieu me garde d'en disconvenir, la naturalisation ne crée pas que des droits et n'engendre pas que des prérogatives : elle entraîne des charges et impose des devoirs. Mais ces charges et ces devoirs, que sont-ils, mis en présence de ces prérogatives et de ces droits ? Demandez-le aux Israélites ! Rien ou presque rien, vous répondront-ils ; et peut-être n'en trouverez-vous pas un seul qui ne se soumette aux uns et n'accepte les autres.

— Mais la conscription, ne reculeront-ils pas devant elle ? — Non, nous ont-ils dit : unis d'esprit et de cœur à la France, nous n'aurons garde de nous séparer d'elle sur les champs de bataille ; sa loi, ses ordres, en tant qu'ils ne sont pas contraires à notre Thora religieuse, sont pour nous la loi, les ordres de celui qui s'appelle dans nos Saints-Livres le Dieu des armées. On a eu beau nous jeter à la face le reproche de couardise et de lâcheté ; qu'on nous mette à l'épreuve ! nous combattrons sous le drapeau de la France comme autrefois sous notre propre drapeau. Nous sommes les enfants des Macchabées, les descendants de ces juifs qui, en résistant, jusqu'à la mort et seuls parmi toutes les nations, aux envahissements des aigles romaines, eurent l'insigne honneur d'exciter spécialement contre eux le courroux du peuple-roi [1]. Et, pour ne parler que de nos coreligionnaires algériens, nos frères d'Oran ont prouvé que les Israélites de l'Algérie sont les dignes frères de ceux de France. Faites-nous Français, et vous verrez si notre bravoure ne vaut pas celle des Arabes et des Kabyles [2]. Ne vous payons-nous pas l'impôt de l'argent, nous que vous accusez d'une insatiable cupidité? Croyez-le bien, nous vous payerons l'impôt du sang! Notre loi nous oblige également à l'un et à l'autre. Nous sommes fiers d'être miliciens, nous serons fiers d'être soldats! »

Mais, au surplus, pourquoi menacer ainsi l'Israélite algérien de l'apparition prématurée du spectre de la conscription? La conscription n'existe pas pour le Français né et résidant sur le sol algérien. Il ne serait ni logique ni raisonnable de la créer tout exprès pour l'Israélite né, lui aussi, et résidant sur le même sol.

La difficulté de la conscription écartée, j'ai écarté du même coup toutes les autres tirées soit des habitudes et des mœurs des Israélites, soit de leur répugnance pour les mœurs et pour les habitudes françaises. Il n'est pas douteux, je l'avoue, que tous les Israélites, parmi ceux surtout des petites villes et des

1. V. *supra*, p. 68.
2. « Qu'elle (Votre Majesté) nous ouvre les carrières qui nous sont encore fermées, et elle nous verra bientôt répandre notre sang sur les champs de bataille. » *Adresse* du Consistoire israélite de Constantine présentée à l'Empereur par M. le grand rabbin Cahen, le 28 mai 1865.

petites localités, ne sont pas encore entièrement façonnés à nos coutumes et à nos usages ; mais on m'accordera que ce ne sont là que les dehors de notre civilisation. Pénétrez plus avant, et chez ces Israélites comme chez tous les autres, vous rencontrerez l'amour de la France, le dévouement à la France, des aspirations plus ou moins visibles, ou plus ou moins latentes, mais, dans tous les cas, réelles et sincères d'assimilation avec la France !

Au surplus, ce n'est qu'une affaire de temps, et c'est ce dont conviennent les adversaires des Israélites. « Les Israélites prennent facilement les coutumes, le langage des habitants du pays qu'ils habitent [1]. » Il est vrai qu'on ajoute que c'est à « l'épiderme seulement. » Mais cette assertion, vraie tout au plus pour les Israélites de l'Orient, qui, forcés de vivre dans un milieu tout asiatique, ne se transforment un instant à l'européenne que pour remplir certaines fonctions ou exercer certain commerce nécessitant une transformation momentanée ; — cette assertion est inexacte et fausse au regard de l'Israélite algérien. Celui-ci, bien différent de l'Israélite de Turquie ou de Perse, n'est pas qu'accidentellement en contact avec les représentants diplomatiques ou commerciaux d'un pays occidental et civilisé. Il se meut, il s'agite, il vit au contre de personnes, d'intérêts et d'affaires qui lui enlèvent insensiblement sa couleur locale, pour lui faire refléter et revêtir celle de la civilisation européenne. Ici, « les Israélites forment une nation séparée de la vraie nation et dont les lois, les usages, les

---

[1]. *Courrier de l'Algérie,* 26 juin 1864.

mœurs, la vie intime, restent toujours distincts [1]. »
Là, au contraire [2], ces lois, sans être toutes et insdistinctement abandonnées, sont en partie supprimées et dominées par la loi du vainqueur. Leurs intérêts se lient au sien ; ces usages sont peu à peu minés et absorbés par d'autres usages ; ces mœurs, insensiblement entamées par les mœurs ambiantes, et leur vie intime déteint de jour en jour sous la pression de l'atmosphère civilisatrice qui, même à leur insu, l'enveloppe, la saisit et l'imprègne de toutes parts.

Ainsi s'est faite en France la complète assimilation des Israélites avec les Français. — Cette naturalisation qu'on a justement appelée « une des plus remarquables conquêtes de son esprit civilisateur [3] » et que, jusqu'à présent, nulle autre nation européenne n'a osé tenter. Ainsi se fera en Algérie la naturalisation des Israélites indigènes.

Si, en thèse générale, un législateur prudent ne doit pas, comme Pierre-le-Grand, perfectionner les lois avant les mœurs, toujours est-il que, lorsqu'il est en face d'une agrégation d'hommes que, d'un seul mot, il peut s'attacher et s'unir pour toujours, ce mot, il ne doit pas hésiter à le dire ; car alors il dépend de lui de perfectionner simultanément les mœurs par

---

[1]. « La postérité d'Abraham doit, malgré tous les efforts des hommes, rester distinguée de toutes les nations au milieu desquelles elle vit. » *De Sacy.*

[2]. « Ce qui m'a toujours frappé, c'est l'aptitude des Juifs à la civilisation. Malgré le titre religieux qui les unit dans différents pays, ils ont su devenir Français en France, Allemands en Allemagne, etc. *Louis-Philippe I*ᵉʳ, roi des Français. — Archives israélites, t. VII, pag. 189.

[3]. *Courrier de l'Algérie*, ibid.

les lois et les lois par les mœurs. — Il ne doit pas hésiter ; tout n'est-il pas prêt pour ce grand acte d'où doit dater une ère nouvelle, la véritable vie civile et nationale d'une population qui, jusque-là, avait à peine végété ?

Et qu'on ne crie pas à la contrainte ! Qu'on ne dise pas que la naturalisation étant essentiellement une question de liberté et de vérité [1], essentiellement aussi elle est ennemie de la contrainte et de la fiction ! Loin de nous tout *compelle intrare*, et toute hypocrite manœuvre ! Et, de fait, qui plus que nous respecte la liberté et la vérité en cette matière, nous qui ne reconnaissons pour vraie naturalisation que celle qui est libre, entièrement libre ? car, pour nous, la question de naturalisation est, avant tout, une question de volonté expresse ou présumée.

Mais ne croyons pas pour cela que par un imprudent et impolitique respect pour la liberté des Israélites, la France, ce pays d'initiative, puisse abdiquer son rôle civilisateur, aliéner son droit supérieur de législation inséparable de sa souveraineté, et lier, en quelque sorte, par une chaîne indissoluble, l'avenir au passé. Si, comme l'a dit une bouche auguste, la conquête de l'Algérie ne doit être qu'une rédemption [2], si le premier devoir de la France est de s'y occuper non pas seulement de trois millions d'Arabes, mais aussi de trente mille Israélites ; si, maîtres de l'Algérie, parce que nous sommes les plus civilisés [3], c'est sur-

---

1. *Indépendant* (de Constantine).
2. Napoléon III, lors de son premier voyage en Algérie (1860).
3. Napoléon III, Proclamation aux habitants de l'Algérie, 3 mai 1865.

tout par notre civilisation qu'il nous appartient de prouver que nous le sommes, il est bien évident qu'en vertu de la loi du progrès et de notre génie de bienveillance sociale, nous avons le droit et le devoir, sinon de contrainte ou de *compulsion*, tout au moins *d'impulsion* civilisatrice vis-à-vis de la population conquise. Du reste, avons-nous fait autre chose depuis 1830, tant à l'égard des Musulmans qu'à l'égard des Israélites ? Que de choses ne leur avons-nous pas prescrites, que de lois ne leur avons-nous pas imposées dans leur intérêt et pour leur bien ? Certes, s'il est des cas où il sera permis, d'après Montesquieu, de jeter un voile sur la statue de la liberté individuelle, de stipuler, et qui plus est, de commander le progrès au nom de l'avenir et de la prospérité d'un pays, c'est alors surtout que cette espèce de contrainte est absolument nécessaire pour remuer et pousser en avant des populations sans cela condamnées à s'accroupir dans la stagnation la plus déplorable et la plus incurable immobilité.

Or, il est digne de remarque, et c'en serait assez pour décider en faveur des Israélites la question de naturalisation collective, que les Arabes remonteraient peut-être volontiers au point de départ [1] de notre œuvre civilisatrice, tandis que les Israélites travaillent avec une ardeur toujours nouvelle à atteindre sans retard son point d'arrivée.

Mais quoi ! — ces Israélites à qui, sans les consulter, nous avons enlevé le chef de leur nation ; ces Israélites de qui, sans leur consentement préalable,

---

1. Ils viennent de demander à Oran la séparation complète de la justice musulmane d'avec la justice française.

nous avons supprimé les tribunaux rabbiniques, ces Israélites que nous avons soumis à notre administration, à nos tribunaux et à nos lois, leur ouvrant les portes du temple de notre justice, les introduisant ainsi dans son sanctuaire; — ces mêmes Israélites, quand ils s'efforcent de s'avancer jusqu'au tabernacle de la cité française et de toucher de leurs mains respectueuses le voile qui le sépare du Saint des Saints, — nous fermerions les yeux à leur progrès, nous consentirions à entraver leurs pas, nous arrêterions brutalement leur marche ascendante, sous l'inavouable prétexte qu'ils doivent être, avant tout, entendus et consultés!!! Mais, dans le principe, vous ne les avez ni consultés ni entendus! Pourquoi deux poids et deux mesures? — Qu'est-ce donc qui vous oblige aujourd'hui à les entendre et à les consulter? Vous aviez commencé par une révolution dans leur Justice et dans leur Droit. Et voilà que vous ne voulez pas même finir par une simple évolution dans le même ordre d'idées! Est-ce logique?

Arrivons à la seconde objection qu'en désespoir de cause on oppose à la naturalisation collective des Israélites : — L'avilissement du titre de citoyen Français conféré à une population haïe et méprisée.

Admettons, ce que nous avons peine à comprendre, que le mépris et la haine puissent marcher de compagnie. Est-il vrai que les Arabes méprisent les Israélites? Nous ne le pensons pas. Ce n'est que par un grossier anachronisme que, dans la pensée du vulgaire, l'Israélite est aujourd'ui encore méprisé par l'Arabe. La vérité est que les Juifs algériens, et encore ceux du bas peuple seulement, l'étaient avant la conquête. Alors, comme on a pu s'en convaincre par notre rapide esquisse de l'état des Juifs sous la Régence, l'Israélite était pour quelques Musulmans indigènes des villes, mais nullement pour les Turcs, un *Djiffa ben Djiffa*[1], le rebut et la balayure des populations soumises à la domination du Pacha. Alors aussi certains Musulmans pouvaient dire de certains Israélites *Demmi*, mon sujet. Mais, de nos jours, rien de tout cela ne subsiste plus. *Djiffa ben Djiffa* n'est qu'une injure sans conséquence, indifféremment adressée au Musulman et à l'Israélite, et le *Demmi* n'est plus qu'un mot vide de sens qui s'en va, une vaine réminiscence d'un passé déjà loin.

Reste la haine. — Il est incontestable que l'Israélite est haï du Musulman en Algérie, comme il le fut des Français en France avant le décret émancipateur de l'Assemblée nationale. Et remarquez que, quand je dis Musulman, je parle du Musulman des villes, et non de l'Arabe de la plaine ; car celui-ci ne haït ni ne méprisa jamais l'Israélite, haï et méprisé qu'il était lui-même du Musulman des villes. Or, cette haine empêcha-t-elle l'Assemblé nationale de voter l'affranchissement des Israélites de France ? Pas plus que le mépris et la haine du blanc contre le nègre n'a empêché l'émancipation de ce dernier dans les colonies françaises et anglaises.

Notez encore que si la haine du nom juif doit être quelque part vive et profonde, c'est bien moins dans

---

[1]. Charogne, fils de Charogne.

un cœur musulman que dans un cœur chrétien. Le Musulman, en effet, hait le Juif parce qu'il l'accuse d'avoir falsifié les Ecritures ; mais le chrétien, lui, lui impute un bien plus grand crime, puisqu'il l'accuse d'avoir tué un Dieu, son Dieu ! Or, entre l'assassin d'un Dieu et le faussaire d'un livre, il y une distance prodigieuse !...

Mais on prétendra peut-être que la haine des Français contre les Israélites, avant 1789, était du moins tempérée et amoindrie par leur commune civilisation, et qu'elle n'était, du reste, ni dans les mœurs, ni dans les lois.

Double erreur que nous allons réfuter par un document des plus authentiques et des plus irrécusables.

Je le puise dans le *Répertoire* de Merlin. C'est le plaidoyer d'un avocat au Parlement en 1747, devenu plus tard membre de l'Assemblée constituante et du Corps législatif, — esprit distingué autant que remarquable publiciste, — un collaborateur de l'Encyclopédie méthodique et partisan déclaré, mais modéré, des principes de la Révolution française.

Ce plaidoyer fut prononcé à l'occasion de la faculté accordée par ordonnance d'un juge de Bouxwiller à un Israélite du même lieu, de débiter de l'huile dans la seigneurie de ce nom, et d'être reçu membre du corps des huiliers de cette ville.

Le Conseil souverain de Colmar, par arrêt du 4 mai 1751, cassa cette ordonnance, principalement par ce motif, dit l'arrêtiste, que c'est un principe du droit public, universellement reconnu, que les juifs n'ayant point acquis en France un droit de bourgeoisie qui leur a été refusé de tout temps et partout, ne peuvent entrer dans aucun corps de maîtrise d'arts et métiers.

Lacretelle, avocat d'Alexandre Salomon (ainsi s'appelait notre Israélite), insista particulièrement sur cette considération, que la faculté réclamée par son client était un moyen d'adoucir le sort et d'élever les âmes de ses coreligionnaires, moyen que la politique, la raison et l'humanité devaient saisir (*sic*). Or, Lacretelle ne flatte pas les Israélites, et il n'est pas de difficile composition avec leurs adversaires. Il ne se fait pas scrupule d'admettre comme chose incontestée, que ni la loi, ni l'honneur, ni rien de tout ce qui honore le cœur de l'homme, ne peut appartenir aux l'Israélites; qu'on leur laisse leurs mœurs, mais qu'on en craint la contagion; qu'ils vivent dans un profond abandon; que leur manière d'exister est moins honorable que celle des Français; qu'ils semblent nés pour l'avilissement.

Bien plus, il n'ose demander qu'on les considère comme des compatriotes, et il lui suffit, ce semble, qu'on les regarde comme des hommes.

Mais ce n'est pas tout : il répute fondée « la crainte qu'ils n'infectent toute une ville (Metz) de leurs vices, n'enlèvent la bonne foi du commerce, qu'ils ne troublent la tranquillité des citoyens et qu'ils ne conduisent la jeunesse à la perte des mœurs par celle de la fortune, etc. »

Puis, après d'autres traits non moins odieux, il achève ainsi son tableau :

« Voilà tout ce que l'inquisition la plus rigoureuse pourra recueillir contre le peuple juif, » et il avoue qu'il y a de quoi être effrayé du portrait qu'il vient d'en tracer, s'il est fidèle. « Or, il ne l'est que trop, c'est une vérité dont il faut gémir [1]. »

Mais tant et de si grands maux sont-ils donc sans remède!

Écoutez la réponse de Lacretelle, elle convient presque tout entière aux Israélites de l'Algérie, ce qui, remarquons-le bien, ne l'aurait pas empêché de conclure, comme nous, à leur naturalisation.

Non! « ces maux ne sont pas irrémédiables, car ils ont des vertus ainsi que des vices. Eh! qui nous répondra qu'il ne tient pas à nous d'extirper les uns et d'augmenter les autres? Qu'on essaye sur eux le pouvoir des bienfaits! Laissons leur entrevoir que nous les croyons dignes de nous aimer et de nous servir. Faisons retentir à leurs oreilles ce mot sublime et touchant : l'*honneur!* Qu'ils le connaissent et deviennent véritablement Français!

— Oui, mais n'est-il pas à craindre qu'ils ne soient ingrats pour leur arrêt de *régénération?*

« Gardons-nous de le croire! des infortunés n'ont pas cette froide ingratitude. Nous les verrons bien plutôt bénir, dans leur reconnaissance, un événe-

---

[1]. Il se hâte d'ajouter : « Mais, est-ce là le tort de l'homme? Est-ce seulement celui de sa situation? Ce n'est pas devant des magistrats qu'il faut réfuter cette opinion barbare et insensée, que les vices que nous venons de retracer tiennent à la nature même des Juifs. »

Et plus loin : « Qu'on les traite humainement! qu'on cesse de leur reprocher des qualités odieuses dont ils sont obligés de se charger pour soutenir une existence triste et honteuse! »

Plus loin encore, il déclare qu'il a *surchargé* la balance des défauts trop réels de la nation juive. — V. aux *Notes* l'énumération qu'il fait des qualités et des vertus des Israélites.

ment qui les aura doublement transformés, et glorieux de nos bienfaits, sortir de leur obscurité même pour les mériter, adopter nos mœurs et nos lois, se précipiter avec joie sous leur aimable joug. »

Certes, si l'Israélite français était dès 1751 aussi mûr pour la naturalisation que l'Israélite algérien; si, à quelque temps de là, Malesherbes, s'appuyant sur ce fait, prenait lui-même leur cause en main et essayait de les incorporer dans la grande famille française, ce qui n'est pas moins vrai, c'est qu'autant et plus que nos Israélites d'Algérie, les Israélites de France étaient méprisés et haïs par l'opinion, suspectés et persécutés par les lois.

Et cependant, quarante ans plus tard sonnait l'heure de l'émancipation collective et légale de ces derniers, et après quelques tâtonnements plus apparents que réels, leur régénération politique et civile s'accomplissait sans bruit et sans scandale au plus grand avantage de la France.

N'est-ce pas là, quoi qu'en ait dit le savant rapporteur du Conseil général d'Alger[1], un précédent et un précédent des plus topiques de naturalisation collective, semblable aux rescrits d'Antonin, aux édits de Caracalla et d'Alexandre Sévère, aux ordonnances de nos rois[2], et que l'Algérie peut imiter avec d'autant plus de raison qu'entre la position juridique et sociale des Juifs de France, avant le décret de l'Assem-

---

1. Rapport de 1859, lu au Conseil général du département d'Alger, le 26 octobre 1864.

2. Nos roys ont octroyé ce droict de naturalité ou de cité et de bourgeoisie, non seulement à quelques particuliers, ains aussi à aulcunes villes et nation, alliées et confédérées. *Charondas.*

blée nationale, et celle des Juifs d'Algérie, il y a une si frappante analogie, qu'on serait tenté de penser qu'il y a identité?

« Et, en effet, continuait le défenseur d'Alexandre Simon, on *ose* soutenir qu'ils peuvent s'honorer du titre de Français. Ils sont sujets du roi; ils vivent soumis à nos lois (politiques), protégés par elles; ils promettent fidélité au gouvernement, ils lui payent des impôts, ils n'ont aucun des caractères auxquels on a marqué les étrangers parmi nous, ils succèdent les uns aux autres [1], ils contestent devant nos tribunaux sans être obligés de donner caution pour leur solvabilité; ils font pour l'État tout ce que nous faisons nous-mêmes : obéissance, lois, impositions, tout cela les concerne comme nous.

Tels étaient les Israélites de France avant 1789.

Or, veut-on savoir jusqu'où allaient les préjugés, la haine contre eux! Il ne fallut rien moins qu'une révolution, et Dieu sait laquelle, pour qu'on songeât enfin à leur ouvrir l'accès de la cité française!

Racontons brièvement les phases diverses de l'admission des Israélites français aux droits de citoyen. Nous y rencontrerons plus d'un enseignement et plus d'une coïncidence avec l'histoire contemporaine des Israélites algériens [2].

Le 21 décembre 1789, le député Clermont-Tonnerre,

1. Allusion au droit d'aubaine.
2. Toute cette partie de notre travail est presque littéralement empruntée à l'*Histoire parlementaire de la Révolution française*, par Buchez et Roux, tom. III, *passim*.

à l'occasion des difficultés qu'éprouvait le comité de constitution pour l'établissement des circonscriptions départementales, proposa, à titre d'additions au projet de ce comité, que « personne réunissant les qualités d'éligibilité, ne pût être exclu du tableau des électeurs ou éligibles et des emplois civils à raison de sa profession ou de son culte. »

La discussion de sa motion, ayant été remise au lendemain dans deux séances consécutives, il ne put la développer; il ne put que l'appuyer sur la déclaration des droits de l'homme et sur des considérations politiques, et il ajouta qu'un grand nombre de Juifs étaient actuellement incorporés dans les milices bourgeoises, et que dans le temps de sa présidence, il avait reçu plusieurs dons patriotiques des Juifs. Il termina en disant que les hommes n'étaient vils qu'autant qu'ils étaient avilis par la loi, et que la loi ne prononçant pas cet avilissement, les hommes avaient tous le même caractère et la même capacité à tous les emplois.

L'abbé Maury répondit à Clermont-Tonnerre que les Juifs composaient une secte particulière, une nation à part, et qu'on ne pouvait en faire ni des citoyens, ni des laboureurs, ni des soldats; qu'au reste toute leur industrie se portait vers le commerce.

Robespierre défendit la motion de Clermont-Tonnerre, et l'évêque de Nancy lui répliqua qu'on devait prendre en considération la haine que le peuple avait pour les Juifs.

Duport prit ensuite la parole. Il dit qu'en détruisant des barrières injustes et attentatoires aux droits imprescriptibles de l'homme, il n'y avait aucune conséquence fâcheuse à en appréhender; que les Juifs seraient exclus par le fait sans l'être par le droit; que si un Juif réunissait la pluralité des suffrages, c'était une preuve qu'il réunirait aussi les qualités nécessaires d'être utile à la société.

Le lendemain, le prince de Broglie demanda le renvoi de la discussion.

Mais Rewbel représenta combien la prévention contre les Juifs était profonde, ce qui la rendait presque incurable; que leur conduite, dans tous les temps, avait laissé des traces de haine tellement empreintes dans les esprits, qu'il serait imprudent de leur accorder, au moins quant à présent, les mêmes droits dont jouissaient les citoyens.

De son côté, de Baumetz conclut également à l'ajournement de la question. « Peut-être, dit-il, les Juifs ne voudraient-ils pas des emplois civils et militaires, et alors votre décret serait une générosité mal entendue. Il faut, avant de prononcer sur ce peuple longtemps malheureux, savoir de lui ce qu'il veut être, à quel prix il veut obtenir sa liberté, *s'il est digne de la recevoir.* »

Mirabeau dit qu'on avait insinué que les Juifs ne désiraient pas l'admission aux emplois qu'on voulait leur accorder, mais que cette assertion n'était pas exacte, puisque, dans une adresse à l'Assemblée, ils s'exprimaient en ces termes :

« Régénérateurs de l'Empire français, vous ne voudrez pas que nous cessions d'être citoyens, lorsque depuis six mois nous en remplissons assidûment les devoirs. »

Il établit ensuite avec cette élévation de vues et

cette raison philosophique qui caractérisent son génie, que quand les Juifs seraient assez avilis pour *refuser* de *rentrer dans le droit inaliénable et imprescriptible de la nature humaine, il faudrait le leur accorder*, pour les tirer de la dégradation dans laquelle ils étaient plongés.

Après beaucoup de débats, de réclamations et de clameurs, l'Assemblée décida qu'elle se réservait de prononcer relativement aux Juifs.

« Mais le combat, dit Merlin [1], ne pouvait pas tarder à se renouveler. Le 30 avril 1790, la question fut en effet reprise, de nouveau ajournée, et ne fut résolue en faveur des Juifs que par le décret du 27 décembre 1791 [2]. »

On le voit, à peu de chose près, les raisons invoquées pour ou contre la naturalisation collective et immédiate des Israélites sont aujourd'hui en Algérie ce qu'elles furent en France il y a près d'un siècle.

Jugeons de ce qui adviendra de l'émancipation judéo-algérienne, par ce qui est advenu de l'émancipation judéo-française. Les mêmes causes produisent les mêmes effets. Ce qui fut possible, juste, rationnel, utile en deçà de la Méditerranée, ne saurait être impossible, injuste et irrationnel, inutile au delà.

Si je ne me trompe, les adversaires des Juifs en France, pour combattre leur incorporation à la cité française, ne négligèrent aucune des armes dont se servent les adversaires des Israélites en Algérie.

1. *Répert.*, v° *Juifs.*
2. V° sup. Introduction, pag. XXXI.

A quoi aboutirent les premiers? — A un ajournement de leur affranchissement, et rien de plus. Eh bien! les seconds, soyons-en sûrs, n'auront pas abouti à autre chose.

Il y a cinq ans, nous avons demandé la naturalisation des Israélites de l'Algérie, et certes, à cette époque, ainsi que nous le soutenions [1], elle n'eût pas été prématurée. Or, qu'on se reporte à nos arguments d'alors en faveur de notre thèse, arguments dont ce travail n'est que le développement et la confirmation, on restera convaincu que, naturalisables alors comme aujourd'hui, alors comme aujourd'hui ils pouvaient être naturalisés. C'est donc un ajournement de cinq ans qu'ont obtenu les partisans du *statu quo* israélite. Qu'il nous soit permis de penser qu'ils n'en obtiendront pas de plus long!

Que prouve tout cela, sinon que rien au monde ne peut ni étouffer ni entraver pour toujours cette végétation du droit et de la raison qu'il est pourtant si facile de retarder par les ronces des préjugés et des préventions? Quoi qu'on fasse, à l'heure marquée par la Providence, cette végétation éclate, grandit, et, comme en un clin d'œil, atteint son apogée. Quelle est la vérité qui, à l'instar du peuple juif lui-même, n'ait été tout d'abord « un signe de contradiction [2]? » Entre Malesherbes étendant sa sollicitude sur les Juifs français, et M. Dupin [3] applaudissant soixante

1. Dans notre *Question juive*.
2. *Psalm. David.*
3. Malesherbes avait étendu sa sollicitude sur les Israélites. — M. le procureur-général Dupin, v° *Gazette des Tribunaux*, 9 novembre 1841. — Aujourd'hui, a dit encore cet éminent magistrat, catholiques, juifs, protestants de toute nuance, sont égaux devant la

ans plus tard aux efforts de cet illustre magistrat pour leur émancipation, que de voix ne se sont pas fait entendre contre eux! Et même de nos jours, combien qui, par routine ou par fanatisme, se prennent à regretter l'entrée des Juifs dans la famille française!

Tel est le sort de toute vérité. Mais l'homme a beau s'insurger contre elle, les combats qu'il lui livre ne font que rehausser l'éclat de sa victoire définitive. Peu importe qu'à certains moments elle paraisse succomber; ses luttes finissent toujours par un triomphe; car la vérité, c'est Dieu!

Je m'attends à ce que, pour échapper aux conséquences d'une thèse qu'on taxera de trop absolue, on demande tout au moins qu'avant de procéder à notre naturalisation, le gouvernement convoque en Algérie, comme on les convoqua en France en 1806 et 1807, une « Assemblée des premiers entre les Israélites par leur probité et leurs lumières, et un sanhédrin composé d'un certain nombre de rabbins et de notables. » Peut-être même, bien que des faits nombreux, incontestables et décisifs doivent en dissuader tout homme intelligent et de bonne foi, peut-être demandera-t-on, en outre, une enquête, afin de s'assurer de l'aptitude de nos Israélites pour la naturalisation!

Disons d'abord que si cette assemblée, ce sanhédrin, cette enquête nous paraissaient le moins du monde ou nécessaires ou utiles, nous n'hésiterions pas

loi pour leurs droits religieux, politiques et civils. — Nous trouvons que cela est bien : approuvons donc le publiciste qui, 50 ans avant notre Charte, a revendiqué des libertés qui forment actuellement des articles fondamentaux de notre droit public et constitutionnel.

un seul instant à demander nous-même ces moyens d'instruction. Nous connaissons si bien la sincérité des vœux de naturalisation formés par les hommes que nous pourrions appeler l'élite de la population juive, et la juste et haute influence qu'aidés des chefs du rabbinat algérien, ils ne manqueraient pas d'exercer sur leurs coreligionnaires; il y a plus, nous avons entendu et vu de si près des faits et des discours qui ne permettent pas de se méprendre sur leur énergique et effectif désir d'être Français, que, loin de redouter pour eux l'issue de ces épreuves préparatoires, nous serions plutôt tenté de les provoquer, comme pour entourer de toutes les splendeurs de l'évidence une vérité que nul ne peut sérieusement mettre en doute.

Mais, à quoi bon ces prolégomènes de naturalisation dont rien ne démontre ni la nécessité ni l'utilité[1]?

Vous voulez une assemblée de notables, mais dans quel but? — Sans doute pour constater par leur réponse aux questions résolues par l'assemblée des notables de France, si les Israélites d'Algérie, pour se rendre dignes des bienfaits de la naturalisation française, sont dans l'intention de se conformer aux vœux maternels de la France; si, en matière civile et politique, leur religion leur ordonne de regarder la loi du prince comme la loi suprême; si, lors même

---

1. On peut dire que le dernier voyage de l'Empereur en Algérie a donné lieu à une sorte d'explosion toute spontanée des sentiments des Israélites envers la France et de leur désir d'être naturalisés français. Bien aveugle celui qui ne verrait pas la haute signification de ce fait.

que leur code religieux ou les interprétations qu'on lui donne, renfermeraient des dispositions politiques ou civiles qui ne seraient pas en harmonie avec le Code français, ces dispositions cesseraient de les régir, puisqu'ils doivent avant tout reconnaître la loi du Prince et lui obéir, les lois de l'État et s'y soumettre.

Vous voulez la convocation d'un sanhédrin? Ce ne peut être que pour convertir en décisions doctrinales d'un caractère plus imposant et plus religieux et les revêtir de la plus grande autorité possible, les réponses qui émaneraient de l'assemblée des notables. C'est sans doute encore pour rappeler aux Israélites algériens le véritable esprit de leur loi, et leur en donner une explication solennelle digne de faire disparaître toutes les interprétations mensongères ou erronées.

Vous voulez enfin une enquête? — Et c'est bien évidemment pour vous assurer de l'état moral des Israélites algériens dans leurs rapports avec la civilisation française.

Voilà ce que vous demandez et pourquoi vous le demandez.

Voici ce que je vous réponds :

Je réponds que cette enquête est toute faite; que depuis plus de trente ans le *mens divinior*, l'esprit et le cœur de la France, — goutte à goutte d'abord, puis par d'abondantes rosées, — se sont infiltrés et sont descendus dans l'esprit et le cœur de l'Israélite; que les aspirations, comme les intérêts de celui-ci, l'ont toujours incliné et poussé vers les aspirations et les intérêts de la France, que c'est ce qui explique sa docilité à nos prescriptions, sa soumission reconnaissante à nos juridictions, l'insistance avec laquelle il réclame l'application de nos lois et de toutes nos lois, son adoption libre et spontanée de notre langue, de nos usages et de nos mœurs, sa gratitude pour nos bienfaits; que tout cela, l'Empereur, cette vivante personnification de la France, l'a admirablement compris et proclamé, lorsque se faisant remettre le discours du grand rabbin d'Oran[1] qui l'avait appelé un nouveau Cyrus, et le suppliait de les régénérer par le baptême de l'unité législative, il lui a dit ces mémorables paroles: « Bientôt les Israélites seront citoyens français. »

Je vous réponds encore que ce que ferait le sanhédrin algérien, a déjà été fait par le sanhédrin français, et qu'on ne voit ni comment ni pourquoi les décisions du premier différeraient de celles du second. La foi, la religion, les traditions d'Israël sont aujourd'hui partout ce qu'elles furent toujours, ce qu'elles étaient en France il y a trois quarts de siècle. Les dogmes de la foi judaïque se sont toujours conciliés avec les lois civiles ou politiques des nations civilisées au milieu desquelles vivaient ses disciples. La loi israélite contient des prescriptions religieuses et des prescriptions civiles, — des prescriptions religieuses absolues et indépendantes par leur nature, des circonstances et des temps; — des prescriptions civiles restées sans application possible, depuis que les fils d'Abraham ne forment plus un corps de nation.

Je vous réponds enfin que la réunion d'un sanhé-

---

1. M. Charleville.

drin algérien, devant avoir pour résultat des décisions et des injonctions consacrant la nature religieusement obligatoire de nos lois pour tout véritable Israélite, cette assemblée, d'après ce que nous avons dit, ne serait, après celle des notables qu'une sorte de double emploi, une superfétation décisoire.

Voilà ce que je réponds avec la logique et le bon sens..

Mais l'histoire vous répond autre chose.

Elle vous apprend que, malgré les préjugés, les préventions, l'hostilité de parti pris d'un grand nombre de représentants de la nation, malgré le doute émis par plusieurs d'entre eux sur les intentions des Juifs français, malgré les objections tirées de certains préceptes de leur loi, l'Assemblée nationale, sans enquête, sans réunion de notables, sans sanhédrin, et en face de la France et du monde, ne craignit pas de leur dire un jour : « Vous êtes citoyens français ! »

Ce n'est donc pas, remarquons-le avec soin, ce n'est donc pas la question de savoir si ou non les Israélites de France devaient être déclarés citoyens français, qui, à seize ans de là, amena la convocation des notables et du sanhédrin. Le principe avait été proclamé par le décret de l'Assemblée nationale; l'Israélite était Français, et il ne s'agissait plus que de savoir en premier lieu, « quels étaient les moyens les plus expédients pour ramener parmi les Israélites l'exercice d'arts et de professions utiles, destinées à remplacer par une industrie honnête les ressources honteuses qu'on leur reprochait de demander à l'usure, » et, en second lieu, « si rien dans leur loi religieuse, ne s'opposait à l'adoption de nos lois civiles. »

Ainsi donc, dirons-nous sans crainte : pas d'enquête, pas de sanhédrin, pas d'assemblée de notables; une loi et rien qu'une loi proclamant l'admission au banquet de la cité française, de tous les Israélites algériens qui, dans un délai déterminé, ne déclareront pas formellement [1] qu'ils refusent de s'y asseoir.

Faut-il le répéter! la France est ennemie de la contrainte, et tout ce qui touche au droit du libre arbitre lui répugne. La naturalisation collective des Israélites ne doit donc pas porter atteinte à la liberté individuelle. Si puissante qu'elle soit, l'initiative de la France ne saurait, malgré lui, naturaliser un seul homme; comment, malgré eux, en naturaliserait-elle plusieurs? Il lui faut le libre concours de la volonté de chacun.

> Sua cuique dextera est
> Et Deus omnipotens [2].

La France ne veut que des Français volontaires, et son droit, comme son intérêt, d'agrandir sa famille d'adoption, s'arrête devant le droit pour celui à qui elle dit : « Sois mon enfant adoptif, » de déclarer qu'il refuse de l'être.

Mais cette déclaration ne saurait être indéfiniment attendue. Dans un délai suffisant pour être faite en

---

1. Cette déclaration devrait se faire, suivant les cas, à la Mairie, au Commissariat civil ou à la Place.
2. Prudence.

pleine connaissance de cause et en toute liberté, et si elle ne l'est pas, pour que l'Israélite soit rationnellement et légalement présumé lui préférer ce que j'oserais appeler « la voix de son silence, » il est nécessaire que la France sache à quoi s'en tenir. C'est pour elle une question de dignité.

Aussi proposerions-nous volontiers un délai de deux mois à dater de la promulgation de notre loi ou décret de naturalisation, laquelle, pour plus de publicité, serait affichée aux portes et lue sur la *théba*[1] de toutes les synagogues de l'Algérie.

Au moyen de ce délai, tout serait également respecté et sauvegardé :

Les devoirs de l'État comme gérant des intérêts généraux et garant des intérêts particuliers, — les droits de l'individu, comme maître de sa volonté personnelle et arbitre souverain de sa destinée sociale ;

La mission simplement directrice et tutélaire de l'Autorité — et l'action indépendante, mais sagement limitée, de la Liberté.

XXIII

Parvenu, non sans peine, au terme de notre long voyage, embrassons d'un rapide regard l'espace que nous avons parcouru.

Que demandons-nous, en somme, pour les Israélites algériens ?

---

1. Espèce de chaire à l'usage des rabbins.

Nous demandons :

Ce que demande à l'envi le génie assimilateur de la France, son mandat de prosélytisme national, ses idées de tolérance religieuse et de justice sociale, ses incessantes aspirations vers le progrès collectif et individuel de sa civilisation,

Ce que réclame l'intérêt politique, administratif, législatif et judiciaire de l'Algérie,

Ce qu'exprime la lettre, ce que provoque l'esprit de la législation algérienne,

Ce que l'Européen, Français ou étranger, pressent et désire, ce à quoi s'attend le Musulman, ce que veut et espère l'Israélite,

Ce que commandent la certitude, la fixité et l'unité de la loi,

Ce qu'ont jusqu'ici empêché l'imperfection de sa rédaction, les conflits de ses textes, les divergences de la doctrine, les variations de la jurisprudence, le doute et l'incertitude sur les plus importantes questions du droit civil,

Ce qui ne sera, après tout, que le corollaire et la transplantation en Algérie, d'un principe de droit public, proclamé et appliqué en France depuis 1791,

Le couronnement de l'édifice civique que, la France aidant, les Israélites de l'Algérie ont commencé dès 1830, ont, sans interruption, continué jusqu'à nos jours et dont l'achèvement n'a besoin que d'un mot pour exister en *droit* comme il existe en fait,

La réalisation à l'égard de ces Israélites, des brillantes et providentielles destinées de la France, la récompense du zèle effectif et infatigable avec lequel ils se sont attachés à elle [1], et ont concouru à l'œuvre de fusion et d'assimilation qui a fait et doit faire l'objet de tous les efforts de l'administration algérienne,

Le *consummatum* est de leur incorporation politique et civile avec la France,

L'abrogation de l'article 37 de l'ordonnance de 1842 et de toutes les dispositions légales supposant l'existence d'un statut personnel ou d'un droit autre que le droit commun de la France,

La *naturalisation!*

Mais quelle naturalisation?

La petite ou la grande, la naturalisation restreinte du Code Napoléon, ou la naturalisation plus large des lois de 1849 et 1851?

Ni l'une ni l'autre !

Nous ne voulons pas de la première, parce que l'Israélite n'est pas étranger et qu'il serait absurde de l'obliger, lui, un des autochthones ou indigènes de l'Algérie, à demander à la France l'autorisation d'établir préalablement sur la terre algérienne, un domicile que lui ont donné trente ans au moins de résidence permanente, continue, sans esprit de *départ*, — que garantissent, protégent et conservent à perpétuité la tombe de ses pères, le berceau de ses enfants et son propre berceau, le foyer de sa famille et de sa parenté, le centre de ses intérêts et de ses affaires.

Nous ne voulons pas de la seconde, parce qu'elle créerait implicitement pour les Israélites de l'Algé-

---

[1]. Le général Allard, dans le discours précité, dit cela des Arabes, à plus forte raison pouvons-nous le dire des Israélites.

rie une naturalisation individuelle, lente et limitée, là où il leur faut une naturalisation collective, immédiate et illimitée.

Ce que nous demandons, c'est un décret ou une loi en deux articles ainsi conçus :

Article 1ᵉʳ : Tous les Israélites de l'Algérie sont Français et citoyens français;

Article 2. Néanmoins, tous ceux qui, étant aujourd'hui majeurs de vingt et un ans, entendront conserver leur état civil et politique actuel, jouiront, pendant deux mois, à partir de la promulgation du présent décret (ou de la présente loi), et moyennant une déclaration préalable faite à l'autorité compétente, de la faculté de refuser le bénéfice à eux conféré par le susdit article premier[1].

Rien de plus, rien de moins!

---

1. Cet article 2ᵉ est presque entièrement calqué sur l'article 6 du décret impérial des 11-12 juin 1860, qui promulgue le traité relatif à la réunion de la Savoie à la France. Mais nous ferons observer deux choses : 1° il est question d'individus majeurs au jour de la promulgation, et c'est afin de prévenir tout débat judiciaire sur le point de savoir si, oui ou non, les enfants mineurs d'Israélites majeurs n'ayant pas refusé d'être Français, seront par cela seul devenus Français comme leurs pères eux-mêmes, ainsi que l'a plusieurs fois jugé la Cour impériale de Chambéry. D. 2. 97-100-63. 2° Notre article parle d'état civil et politique des Israélites, et non de leur nationalité, par la raison bien simple que, n'ayant jamais eu ni nationalité arabe ni nationalité turque, ils ne peuvent pas opter pour la conservation d'une nationalité qu'ils n'avaient pas avant la conquête de l'Algérie par la France : d'où il suit que refuser de bénéficier de son décret de naturalisation, ce serait, pour l'Israélite, déclarer implicitement et par la force des choses qu'il veut demeurer ce qu'il est, sujet français, peut-être Français, mais continuant à être régi par sa législation exceptionnelle et son statut personnel d'après la loi de Moïse. Nous sommes convaincu que pas un seul n'optera pour le maintien du *statu quo*. Mais si, contre notre

Ce décret, que la France l'accorde ! elle le peut et elle le doit ! Qu'à l'instar de ces magistrats romains dont parle Cicéron dans un de ses plus beaux Traités [1], nos Israélites, nos *Juifs* sachent qu'ils représentent la cité et la patrie françaises ; — qu'ils doivent soutenir la dignité de l'une et la gloire de l'autre, parce qu'ils n'ont plus d'autres droits, plus d'autres devoirs que les droits et les devoirs du citoyen français ; et la France accomplira pour la Sion algérienne cette magnifique parole d'Isaïe qu'elle a si bien accomplie pour la Sion française :

Sion sera rachetée par le jugement et rétablie par la justice [2].

Déjà l'Israélite de l'Algérie a été racheté par le *jugement* ou les formes judiciaires. Ses propres tribunaux ont été supprimés à cause de leur ignorance et de leur impuissance. Il doit à cette rédemption d'avoir échappé au despotisme, à l'arbitraire et à la cupidité des tribunaux de la Régence. Il a maintenant pour juges des hommes qui respectent ses droits, ses biens et sa personne, et non des maîtres qui s'en jouent impunément ; des frères dévoués et non des ennemis acharnés ; des *Français* et non des *Arabes* ou des *Turcs* : *Redimetur in judicio !* Mais est-ce assez ? Des formes protectrices du fond, des juges éclairés

---

attente, il en était autrement, nous n'en croirions pas moins qu'il est nécessaire ou de supprimer les articles de loi, tels que l'article 37 de l'ordonnance de 1842, qui servent de base à ce *statu quo*, ou, par un décret interprétatif, de mettre fin aux controverses et aux divergences d'opinions, de jugements et d'arrêts dont ils sont l'intarissable source.

1. Le *De officiis*.
2. Is., I, 27.

et intègres, c'est là un grand bienfait sans doute, mais un bienfait incomplet et qui appelle un complément. *Judiciairement* assimilé au Français, l'Israélite veut encore lui être assimilé *légalement;* il veut le droit, la loi, les codes de la France, ces codes émanation, développement et consécration de la loi naturelle et du Décalogue mosaïque; ces codes qu'il lit, qu'il écrit, qu'il pratique, qu'il interprète et qu'il aime!

Oui, que la France lui octroie généreusement sa législation, toute sa législation, si libérale, si chrétienne, si émancipatrice! *Reducent in justitia.* Son histoire depuis le Christ ne lui a-t-elle pas démontré ce que lui enseigne sa Bible, que la justice élève les peuples, et que l'abaissement de sa nation date du jour où, disséminés sur tous les points du globe, ses frères ont perdu, avec leur nationalité, leurs prêtres, leurs magistrats, l'empire social de leurs lois? Qu'il vive désormais sous l'empire des nôtres! Plus de trente ans d'initiation et d'apprentissage juridique et judiciaire lui ont appris ce que valent notre droit, notre magistrature et notre justice, et prouvé qu'indissolublement unies, ces trois choses lui sont indivisiblement nécessaires.

Voilà pourquoi les *Juifs* de l'Algérie « soupirent après elles comme le cerf après les sources d'eau vive. » La France, loin de les leur refuser, sera heureuse de les leur accorder. Et il nous semble que, déjà par la bouche de Napoléon III, elle leur adresse ces paroles vraiment françaises, fidèles interprètes des vœux et des volontés de Napoléon Ier pour les Juifs de France :

« Lève-toi, lève-toi, Sion de l'Algérie ! Secoue ta cendre et ta poussière ! Dépouille-toi de ton voile de deuil, et reprends, joyeuse, tes vêtements de fête ! J'ai prêté l'oreille à tes paroles, j'ai entendu les cris de tes enfants ; la voix de ta prière est montée jusqu'à moi ! Regarde ! à tes pieds, devant toi, gisent les débris de ce joug d'airain qui pesa sur ton cou meurtri ; derrière toi, les tronçons de la verge de fer qui sillonna ton dos ensanglanté ! »

Et maintenant, écoute ! Je suis la France, la France *Lieutenant*, sur la terre, du Dieu d'Abraham, de Jacob, de Moïse et de *Celui qui naquit de Marie;* la France, dont la mission est de substituer la liberté à l'esclavage, le droit et la justice à l'iniquité et à l'arbitraire, l'unité des lois à leur diversité. C'est moi qui ai brisé tes chaînes, et ce calice d'oppression, d'abjection, de mépris et de haine dont tu fus abreuvée jusqu'à la lie ; moi qui t'apporte aujourd'hui, avec l'anneau de ton plein affranchissement, la couronne de cette cité française dont tant de fois ton oreille entendit et dont tes yeux contemplèrent les choses merveilleuses !

Réjouis-toi donc, Maison de Jacob ! Que l'allégresse éclate comme un éclair sur ton visage ! Chante sur ton psaltérion le cantique de délivrance ! Ton hiver est passé ; ton ciel redevient pur ; de nouveaux jours commencent à luire pour toi ! Trop longtemps, colombe gémissante et plaintive, tu te cachas dans le creux des rochers ; trop longtemps, solitaire et abandonnée, tu mangeas le pain de tes larmes et bus l'eau de tes pleurs ; trop longtemps aussi tu habitas dans l'ombre de la mort ! — Me voici ! moi, ta libératrice et ta lumière; porte à tes lèvres avides de bonheur le *Ichti* du salut et de la liberté, le *Leh'em* du Droit et de la Justice. Française par le cœur et par l'intelligence, ô Sion algérienne! sois désormais pour moi ce qu'est la Sion française, ta sœur! A toi, comme à elle, mes juges, à toi mes lois, à toi tous les trésors de ma tendresse, à toi toutes les richesses de mon amour! Depuis plus de trente ans, tu me dis : « Sois ma mère! » n'est-il pas temps que je te dise enfin : « Sois ma fille! »

FIN.

APPENDICE

Nous reproduisons ici les principaux documents de législation, de jurisprudence et d'histoire législative, concernant les Israélites d'Algérie. Cette partie de notre travail, utile à consulter pour le passé, ne le sera pas moins pour l'avenir, malgré le sénatus-consulte du 8 juillet de cette année (1865); car, quoique déclarés Français par ce sénastus-consulte, les Israélites continuent d'être régis par leurs lois particulières, et les documents dont nous parlons, ne sont, pour la plupart, que l'explication de l'article 37 de l'ordonnance de 1842, article qui consacre le statut personnel des Israélites, conformément à la loi mosaïque.

Pour rendre cet Appendice aussi complet que possible à certains égards, nous aurions pu y joindre le texte des arrêtés, ordonnances, décrets et lois relatifs aux Israélites, tels qu'on les trouve disséminés çà et là dans les divers recueils des actes du gouvernement algérien depuis 1830, et notamment dans celui de M. Franque, et dans le *Dictionnaire* de M. le président de Ménerville. Mais, outre qu'un pareil travail aurait par trop excédé les limites que nous nous étions prescrites, nous avons pris en sérieuse considération l'incertitude *légale* résultant pour nous, à l'heure qu'il est (22 juillet 1865), soit du texte même du dernier sénatus-consulte sur la naturalisation des indigènes, soit du droit nouveau et non encore connu, que va créer le Règlement d'administration publique promis par ce sénatus-consulte.

Mais nous avons l'espoir de publier bientôt ce texte avec

l'*Abrégé* du présent ouvrage que nous destinons aux seuls Israélites.

Contentons-nous, pour le moment, de renvoyer le lecteur qui voudrait connaître les actes législatifs les plus importants qui se soient occupés d'eux, aux pages 7-11-21-30-41-104-107-136-137-138-143-204-206-207-209-216-217-218-219-221-257-261-265-316-352-357-365-376-377-380-383-384-385 du *Dictionnaire de législation algérienne*, par M. de Ménerville, 2ᵉ édition.

SÉNATUS-CONSULTE DU 5 JUILLET 1865

SUR LA NATURALISATION ALGÉRIENNE.

> Jam non solum *arma,* sed *jura* Romana pollebant.
> Exemplo majorum augere rem romanum victos in civitatem accipiendo.
> Tit.-Liv.

En attendant la promulgation du Règlement d'administration publique promis par ce sénatus-consulte, qu'il nous soit permis d'indiquer brièvement quelques-unes des questions que ce sénatus-consulte nous paraît devoir soulever.

Quoique déclaré Français, l'Israélite indigène n'est pas moins régi par son *statut personnel*, au lieu de l'être purement et simplement par la loi israélite à l'instar de l'Indigène musulman qui est régi par la loi musulmane. Mais qu'est-ce que le statut personnel de l'Israélite ? Et, plus généralement, qu'est-ce que ce statut ? Embrasse-t-il en même temps que ce qui touche directement à l'état civil des personnes, les questions de succession et d'hypothèque légale ? Entraîne-t-il, pour l'Israélite algérien, l'abrogation de l'article 37 de l'ordonnance de 1842, pour tout ce qui ne regarde pas l'état civil proprement dit ? En d'autres termes, soit dans leurs rapports entre eux, soit dans leurs rapports avec les Musulmans et les Européens, les Israélites algériens sont-ils pleinement soumis à la loi française, dès lors qu'il ne s'agit pas d'une question de statut personnel?

Nous pourrions nous poser une multitude d'autres questions, tirées soit du texte, soit de l'esprit du sénatus-consulte. Mais encore une fois, nous préférons attendre le Réglement qui doit en assurer l'exécution et qui, sans doute, en rendra l'interprétation plus facile.

Voici le texte du sénatus-consulte :

Article 1er. L'Indigène musulman est Français, néanmoins il continue à être régi par la loi musulmane.

Il peut être admis à servir dans les armées de terre et de mer, il peut être appelé à des fonctions et emplois civils en Algérie.

Il peut, sur sa demande, être admis à jouir des droits de citoyen français; dans ce cas, il est régi par les lois civiles et politiques de la France.

Art. 2. L'Indigène israélite est Français, néanmoins il continue à être régi par son *statut personnel*.

Il peut être admis à servir dans les armées de terre et de mer; il peut être appelé à des fonctions et emplois civils en Algérie.

Il peut, *sur sa demande*, être admis à jouir des droits de citoyens français. Dans ce cas, il est régi par la loi française.

Art. 3. (Relatif à l'Étranger).

Art. 4. La qualité de citoyen français ne peut être obtenue, conformément aux articles 1er, 2..... du présent sénatus-consulte, qu'à l'âge de vingt et un ans accomplis. Elle est conférée par décret impérial rendu en conseil d'Etat.

Art. 5. Un règlement d'administration publique déterminera :

1° Les conditions d'administration, de service et d'avancement des indigènes musulmans et des indigènes israélites, dans les armées de terre et de mer;

2° Les fonctions et emplois civils auxquels les indigènes musulmans et les indigènes israélites peuvent être nommés en Algérie ;

3° Les formes dans lesquelles seront instruites les demandes prévues par les articles 1ᵉʳ, 2..... du présent sénatus-consulte.

COUR IMPÉRIALE D'ALGER

Audience du 25 mai 1852.

Présidence de M. de Vaulx, premier président.

CORDONNIER C. DAYAN.

La Cour :

Considérant que le contrat de mariage rapporté par Esther Gozlan, femme Dayan, est du 24 février 1835 ; — Considérant que le contrat de mariage sur lequel Esther Taïeb fonde ses prétentions est du 28 août 1836 ; — Considérant que ces deux contrats ont été inscrits au bureau des hypothèques de Bône le 12 du même mois ;

Considérant que ces deux contrats sont conçus en termes presque identiques, qu'ils n'offrent de différence qu'en ce qui concerne le montant de la dot ; que les parties déclarent, à plusieurs reprises, dans les actes, qu'elles se marient selon la loi de Moïse ; qu'il n'est pas douteux que, de même que le rabbin, rédacteur de l'acte, elles ont entendu se conformer et se sont conformées à cette loi ;

Considérant que, dans les deux contrats les époux déclarent : 1° s'engager eux et leurs héritiers à raison de la dot ; 2° affecter par hypothèque au remboursement de la dot, non-seulement les meubles et immeubles qu'ils possèdent, mais ceux qu'ils posséderont à l'époque de la dissolution de l'union conjugale ;

Considérant que l'union conjugale, en vue de laquelle ont été faits les deux contrats, continue d'exister ;

Considerant que, pour apprécier le mérite de la demande en collocation formée par les femmes intimées, il importe d'abord de déterminer le sens et la valeur qu'a l'hypothèque stipulée au profit de la femme selon le droit mosaïque ;

Considérant que l'hypothèque de la femme sous l'empire de la loi mosaïque, quoique en germe dans le contrat de mariage, ne prend néanmoins force et vie que du jour de la dissolution de l'union conjugale ;

Considérant que la restriction, quant au temps, sort de l'étendue et de la nature des droits que la loi mosaïque accorde au mari pendant la durée de l'union conjugale sur les biens qui forment la dot ;

Considérant qu'il est constant que, sous l'empire de la loi mosaïque, le mari a pendant toute la durée de l'union conjugale l'entier usage de la dot, et peut l'aliéner sans que la femme ait le droit de s'y opposer ;

Considérant que les formalités usitées et rapportées par Selden, ne peuvent laisser aucun doute à ce sujet ; que l'on y voit que les biens apportés en mariage par la femme (nedunia) passent dans la possession du mari et deviennent sa chose ; que l'on ne saurait attribuer d'autre sens au mot *totum* (nedunia) *autem sponsi huic acceptum in ejus possessionem transit et illius fit potestatis* ; — qu'en présence de ces termes, l'on ne saurait donner au mot hypothèque, dans la langue mosaïque, le sens qu'il a dans la langue du droit moderne et admettre qu'il frappe, pendant la durée de l'union conjugale, les choses qui en sont l'objet, sans reconnaître dans l'acte deux clauses contradictoires, et qui s'excluent l'une l'autre ; — que pour qu'elles puissent se concilier, il faut évidemment que l'hypothèque consentie ne passe à l'état de droit réel et certain sur les immeubles et meubles, que par l'événement de la dissolution de la communauté ; — qu'il y a d'autant plus lieu de décider qu'il en est ainsi, que la loi mosaïque, entendue dans ce sens, se trouve en harmonie avec les lois qui régissaient les peuples antiques, et qu'elle se présente comme la conséquence directe de la puissance accordée au mari, et de l'état d'infériorité et dépendance qui, avant le christianisme, était celui de la femme ; — que l'us et la coutume qui existent à ce sujet et qu'il faut admettre à défaut de texte précis, sont attestés par documents versés au procès, et qui, émanés de personnes ayant droit et qualités, ne permettent pas le moindre doute ; — que le grand rabbin d'Alger, consulté sur la question de savoir si la femme juive peut se prévaloir du droit résultant de son contrat de mariage pendant l'existence du mariage, n'a pas hésité, en effet, à répondre, en se fondant sur le Code matrimonial, *Traité des contrats de mariage*, chap. 43, que, du vivant de son mari, la femme israélite n'exerce aucun droit sur les biens de celui-ci relativement à sa dot et à son contrat ; — que l'impossibilité qu'il en soit autrement découle d'ailleurs de la force des choses ; — que l'hypothèque légale, dans toutes les formes soigneusement colligées par Selden, comme dans celles qu'ont empruntées les rédacteurs des deux contrats de mariage, embrasse, en effet, les meubles comme les immeubles ; — que l'on ne saurait, dès lors, admettre que le droit d'hypothèque saisit dès le jour de l'union conjugale les choses qui y sont soumises, sans reconnaître que les meubles deviendraient, contre leur nature, immeubles, pendant toute la durée de l'union conjugale, ce qui est inadmissible et en contradiction avec les principes qui ont présidé à la prospérité et au maintien de la population juive ;

Considérant que, sous ce point de vue encore, il faut donc admettre que le droit d'hypothèque sur les immeubles comme sur les meubles, ne prend vie qu'au moment de la dissolution de l'union conjugale ;

Considérant, d'ailleurs, qu'il n'est pas même articulé par les intimées, qu'à aucune époque la femme israélite mariée sous l'empire de la loi mosaïque ait exercé contre son mari aucune querelle à raison de la dot ou des sommes qui en faisaient partie ;

Considérant que, mariées sous l'empire de la loi de Moïse, les intimées ne sauraient évidemment invoquer le bénéfice de la loi française et faire valoir le droit d'hypothèque, tel qu'il est établi par cette loi, qu'autant qu'elles y seraient formellement autorisées par la législation de l'Algérie;

Considérant que, loin de donner un point d'appui à la prétention des intimées, la législation spéciale la repousse en termes formels;

Considérant que les deux contrats de mariage ont été passés sous l'empire de l'ordonnance d'août 1834;

Considérant qu'aux termes de l'art. 31 de cette ordonnance, les indigènes sont présumés avoir contracté entre eux, selon la loi du pays, à moins qu'il n'y ait convention contraire;

Considérant que les intimées n'ont point usé de la faculté que, dans une haute pensée de sollicitude et d'avenir, le législateur leur a accordée;

Considérant qu'aucun doute ne saurait s'élever sur la question de savoir si le mot indigène comprenait les membres de la communauté israélite établis sur le sol de l'Algérie;

Considérant que, quoique Cordonnier soit Français, c'est comme étant aux droits du mari indigène qu'il se présente pour repousser l'action de la femme indigène;

Considérant qu'aucune disposition intervenue depuis n'a attribué aux membres de la communauté israélite établis en Algérie; la qualité de citoyen français accordée à leurs coreligionnaires de l'ancienne France par un article formel du décret spécial du 27 septembre 1791; — que cette qualité n'est point de celles dont l'attribution puisse être reconnue en vertu de simples présomptions;

Considérant que, même en fût-il ainsi, les conventions antérieurement intervenues entre indigènes conserveraient toute leur force en vertu de la rétroactivité des lois;

Considérant que le principe de non-rétroactivité serait d'autant plus applicable qu'il est constant en droit international que les conventions intervenues appartiennent au statut personnel et sont protégées par les garanties toutes spéciales dont est entouré le statut personnel;

Considérant que la modification au statut personnel ne se présume point qu'il faut qu'elle s'appuie sur des textes formels; — que dans l'espèce elle doit d'autant moins être admise qu'elle toucherait d'une manière directe aux intérêts généraux de la communauté israélite, qu'elle porterait atteinte aux bases mêmes sur lesquelles repose, dans les croyances de cette communauté, l'institution du mariage;

Considérant que la modification, quand elle porte sur le droit commun, ne saurait davantage être présumée, qu'il y a donc moins lieu d'admettre sous ce rapport la prétention des intimées que, présupposant une dispense de partie des conditions imposées à l'hypothèque légale, elle porterait atteinte au crédit, en constituant en Algérie, au profit d'une fraction notable de la population soumise, un véritable privilége à l'encontre des nationaux et des diverses populations avec lesquelles elle se trouve en contact;

Par ces motifs, etc.

COUR IMPÉRIALE D'ALGER

Audience du 5 avril 1863.

Présidence de M. Bertora.

SAIGET C. KARSENTY.

« Considérant que les deux contrats de mariage dont les intimés font sortir leurs droits ont été reçus longtemps avant la conquête par le rabbin, procédant selon le droit de Moyse et d'Israël;

« Considérant que le contrat produit par la veuve d'Aaron Karsenty contient, en termes formels, la clause d'une hypothèque consentie envers elle par son mari et portant sur la généralité des biens de celui-ci ;

« Considérant qu'il n'est point dénié en appel que l'autre contrat de mariage présenté au conservateur des hypothèques et produit devant les premiers juges, contienne la même clause, qui est d'ailleurs de règle dans tous les actes de cette nature passés en Algérie, entre Israélites, antérieurement à la conquête ;

« Considérant que la loi rabbinique dont la traduction, jointe aux pièces, a été donnée par le grand rabbin d'Alger, est ainsi conçue :

« Si, après la dissolution du mariage, il existe un immeu-
« ble libre, la femme prélève sa dot là dessus, sinon elle *ar-*
« *rache* sa dot à ceux qui sont devenus possesseurs de l'im-
« meuble, soit par vente, soit par une donnation faite par le
« mari. »

« Considérant qu'en présence de ces termes de la loi rabbinique, il ne saurait être mis en doute que la femme juive agissant en vertu de son contrat, n'ait pas le droit de suivre l'immeuble hypothèque entre les mains de l'acquéreur comme du donataire de cet immeuble ;

« Considérant, au surplus, que l'appelant n'a point même cherché à établir qu'au moment du contrat, des lois particulières au pays où la jurisprudence locale aient dénié à la femme juive, agissant même envers d'autres que des Juifs, les droits et les garanties qui, à raison de sa dot, lui sont accordés par la loi rabbinique ;

« Par ces motifs, etc. »

COUR IMPÉRIALE D'ALGER

1re chambre.

Présidence de M. de Vaulx, premier président.

16 novembre 1858.

La dénomination d'Indigène que l'on trouve dans les lois spéciales à l'Algérie comprend l'Israélite et le Musulman.

L'article 31 de l'ordonnance du 10 août 1834, qui dispose que les indigènes sont présumés avoir contracté entre eux selon la loi du pays, à moins qu'il n'y ait conventions contraires, a été confirmée par l'article 37 de l'ordonnance du 26 septembre 1842, et est encore aujourd'hui applicable aux Israélites.

Le mariage, étant un contrat du droit des gens, l'homme qui le contracte n'abdique pas les droits dérivant de sa nationalité ou qui lui sont réservés par les traités, par cela seul que ce mariage est célébré devant l'officier de l'état civil français.

Aux termes de la loi mosaïque, le régime dotal est de droit commun.

ÉPOUX MARDOCHÉE DE MOÏSE AMAR C. DAVID VALENSY
ET CONSORTS.

Considérant qu'aux termes de l'article 31 de l'ordonnance du 10 août 1834, les indigènes sont présumés avoir contracté entre eux, selon la loi du pays, à moins qu'il n'y ait convention contraire ;

Considérant que, loin d'avoir été modifiée, cette disposition a reçu une consécration nouvelle par l'article 37 de l'ordonnance du 28 février 1841, et le même article de l'ordonnance du 26 septembre 1842, que tous deux en répètent les termes ;

Considérant qu'en l'absence de toute distinction, il faut admettre que cette dénomination comprend les diverses classes de la population fixée sur le sol de l'Algérie au moment de la conquête, et, par conséquent, les membres de la communauté israélite dès avant régie par les lois et les usages qui lui étaient propres ;

Considérant que si le moindre doute pouvait exister à cet égard, il disparaîtrait devant la capitulation d'Alger, dont les ordonnances ne sauraient être séparées, et qui par ses termes et son esprit est exclusive de toute exception à l'égard de la population israélite ; qu'au surplus, les modifications successivement apportées à la position des Juifs indigènes prouvent de nouveau qu'en dehors de ces modifications ils sont restés, de même que la population musulmane, sous l'empire de leurs anciennes lois et coutumes ;

Considérant que le mariage est un contrat du droit des gens, qu'il n'emporte abdication par l'homme qui le contracte ni des droits qui dérivent de sa nationalité, ni de ceux qui lui sont réservés par les traités ; que l'on ne saurait dès lors admettre que cette abdication pût résulter de la seule intervention de l'officier de l'état civil français, sans oublier la cause et sans dépasser le but de cette intervention, qui n'est autre chose qu'une mesure d'ordre et un mode de constation plus efficace ;

Considérant qu'en l'état, on ne saurait s'arrêter à l'examen des dispositions relatives au mariage des Israélites et qui sont postérieures au mariage dont s'agit au procès, qui est de 1847 ; qu'il est également inutile de s'arrêter à la question de savoir si, conformément à la coutume constante de la population israélite, le contrat dans lequel sont fixées les conditions du mariage, et par lequel les époux se marient sous le régime dotal, a été préalablement dressé, ou s'il ne l'a été que depuis, que la seule question du procès est, en effet, celle de savoir si le régime dotal est le droit commun aux termes de la loi mosaïque ;

Considérant que l'affirmative ne saurait faire l'objet d'un

doute sérieux; que toutes les dispositions de cette loi sont d'accord pour consacrer le régime dotal comme étant le seul qui doive servir de base au mariage entre Israélites; qu'il s'ensuit que c'est sous ce régime qu'en l'absence de toute stipulation contraire, le mariage qui a donné naissance au procès a eu lieu, etc.

Conclusions conformes de M. l'avocat-général Robinet de Cléry (aujourd'hui procureur-général près la Cour d'Alger).

COUR IMPÉRIALE D'ALGER.

27 mai 1862.

Présidence de M. de Vaulx, premier président.

Les successions israélites indigènes, tant pour les meubles que les immeubles, sont régies par la loi de Moïse.

AARON DJIAN C. CONS. DJIAN.

La Cour,

Considérant que les conventions à la suite desquelles la souveraineté de la Régence d'Alger a été transmise à la France, embrassent les diverses fractions de la population indigène fixée sur le sol de la Régence; que ces conventions, proposées par le général en chef de l'armée française et acceptées par le souverain de la Régence, ont été depuis ratifiées par l'exécution, que, dans sa haute loyauté, le gouvernement français leur a constamment donnée;

Considérant que des conventions de ce genre, loin d'être une innovation, n'étaient que la consécration des principes du droit public admis en Europe et constamment mis en pratique par la France; qu'on les retrouve lors de toute annexion à la France; qu'on les retrouve même dans les établissements formés par des hommes d'origine française, au berceau même du judaïsme [1] et au milieu des populations musulmanes qui l'avaient envahi ; qu'enfin elles ne sont autre chose que la reproduction des conventions à la suite desquelles les Maures, nos précurseurs dans cette voie, quelques différents que fussent leurs mobiles, ont assis successivement leurs dominations presque sur toute l'Espagne et une partie notable de la France ;

Considérant que ces conventions sont formelles ; que les communes intentions des hautes parties contractantes ne sauraient être douteuses ; qu'il est de toute évidence qu'elles ont entendu que les diverses fractions de la population indigène resteraient en possession, sur la terre de l'Algérie, de leurs lois et coutumes comme par le passé ; que ce qui le démontre, au surplus, c'est l'exécution immédiate ; que rien n'est plus constant que le soin avec lequel, dès les premiers jours de la conquête, les vainqueurs se sont abstenus de toucher à ce que, dans les lois et coutumes, était de nature à éveiller les susceptibilités du peuple vaincu ; qu'il s'ensuit que tant que des circonstances qui ne sauraient être déterminées n'auront point provoqué une dérogation légale, ces conventions conserveront leur force sans qu'on puisse leur opposer les lois de la mère-patrie ; que l'on ne saurait dès lors admettre qu'une exception ait été réservée en faveur de l'article 3 du Code Napoléon.....; que les exceptions ne se présument pas ; que, pour être reconnues, il faut que d'abord elles aient été écrites ; qu'il doit en être ainsi, alors surtout que l'exception viendrait à frapper la règle ou la convention dans ce qu'elle a d'essentiel ; que ce qui sort de l'examen des législations, orientales comme de toutes les législations primitives, c'est que les lois sur les successions y tiennent de plus près encore que dans les législations modernes à la constitution du mariage et à l'organisation même de la famille ; que l'on ne saurait admettre, d'ailleurs, une exception en faveur de l'article 3, sans reconnaître la nécessité

---

1. Allusion aux *Assises de Jérusalem*.

d'expliquer un grand nombre de dispositions relatives au mariage et d'atteindre ainsi dans ce qu'ils ont de plus important les droits conservés à la population vaincue ;

Considérant que s'il est certain que, lors de la capitulation de 1830, la même exception n'a été faite en faveur de la disposition de l'article 3, il est tout aussi constant que cette exception ne résulte d'aucune autre loi postérieure ; qu'inutilement on chercherait trace de cette exception dans les divers actes de la législation rendue depuis, quelque indicatifs qu'ils soient, d'ailleurs, d'un progrès vis-à-vis de la population israélite, qu'il reste donc constant que la question soulevée est encore du domaine de la loi à faire, etc.

TRIBUNAL CIVIL D'ALGER

Présidence de M. le président Marion.

27 juin 1861.

ZERMATI C. ZERMATI.

La succession des Israélites algériens est régie par la loi française et non par la loi mosaïque.

Attendu, en fait, que le sieur Haïm Zermati est décédé à Alger le 30 novembre 1861, laissant après lui : 1° la dame Rhamouna Ayach, sa veuve, et 2° quatre enfants, savoir : la dame Kamouna, épouse du sieur Messaoud Zermati, le sieur Samuel Zermati, la dame Milia, épouse du sieur Jonathan, et la demoiselle Sultana ;

Attendu, en cet état, que par exploits en date des 5 et 6 décembre de ladite année, les sieurs et dame Zermati ont introduit contre tous les autres co-intéressés une instance en liquidation et partage de la succession de l'auteur commun ;

Attendu, au fond, que la décision à intervenir se trouve

subordonnée notamment au point de savoir quelles sont les lois qui doivent régir les parties à l'occasion de la succession soit mobilière, soit immobilière, dudit sieur Haïm Zermati ; que c'est donc cette difficulté qu'il s'agit tout d'abord d'examiner ;

Attendu, à cet égard, que de l'arrêt rendu par la Cour de cassation le 15 avril 1862 il résulte : 1° que, par la conquête de l'Algérie, les Israélites indigènes sont devenus sujets français ; 2° que par voie de suite ils ne peuvent exciper, comme pourraient le faire des étrangers, d'un statut personnel qui les suivrait partout ; 3° enfin, que leur état doit être réglé eu égard aux lois spéciales édictées par la France en vertu de sa souveraineté.

Attendu que ces principes, loin d'être en contradiction avec la capitulation du 5 juillet 1830, se justifient au contraire par la saine interprétation qu'il faut donner à cet acte ;

Qu'il suffit pour cela de rechercher quelle était la position qu'avaient les Juifs avant la conquête et qu'elle est celle que le Gouvernement leur a faite ;

Attendu, à cet égard, que si l'on remonte à l'époque où la France a conquis l'Algérie, on y voit que, parqués dans leurs quartiers ou habitations, inquiétés jusque dans la forme et la couleur de leurs vêtements, obligés de courber humblement la tête devant l'injure ou la menace, victimes parfois, sans recours aucun, de la spoliation et des plus injustes violences, ayant, en un mot, le glaive toujours suspendu sur leurs têtes, les Israélites, loin de jouir d'un privilége quelconque, loin même d'être reconnus, étaient simplement tolérés ;

Qu'il est dès lors impossible d'admettre que dans une pareille situation ils pussent avoir un statut personnel ou réel proprement dit; c'est-à-dire, un de ces statuts qui pût constituer un droit en leur faveur et devant lequel les Turcs ou leurs successeurs pussent ou dussent s'arrêter ;

Que cela étant, la capitulation du 5 juillet 1830 n'a pas pu leur conserver ce qu'ils n'avaient pas ; qu'elle ne leur a non plus rien donné, ce traité ne les ayant concerné en aucune façon ;

Qu'on en sera convaincu si on considère que partout, comme individus, les Juifs, suivant la parole divine, ne sont, ni ne peuvent être nulle part comme nation ; qu'il en était ainsi sous la régence ; qu'ils n'y constituaient en effet, qu'une simple communauté, vivant à part, ne comptant pas dans les forces vitales du pays et ne participant en rien ni pour rien à son administration ;

Que les vainqueurs n'avaient donc pas à s'occuper d'eux ; qu'il n'eût pu en être autrement que tout autant que les vaincus l'eussent demandé ; mais que prêts bien plutôt, si l'occasion l'eût permis, à se venger sur eux de leur défaite, ils n'y ont certainement pas songé ;

Qu'il est donc positif qu'en dehors de cette garantie personnelle et individuelle que chaque Israélite y a trouvée, la susdite capitulation leur est complétement demeurée étrangère ;

Qu'il ne pouvait en être autrement ; qu'il ne faut pas, en effet, lors de la conquête d'un pays, confondre dans une même appréciation les droits de tous ceux qui l'habitent ; qu'effectivement, s'il est vrai que la nation vaincue proprement dite, celle qui a défendu le sol sur le champ de bataille, peut être admise, en certains cas, à stipuler divers avantages, il ne saurait en être de même pour cette partie de la population qui, restée éloignée du combat, n'a d'autre titre à faire valoir que celui, sans cependant y être incorporée, d'être venue demeurer avec ladite nation ; que cette dernière portion appartient de plein droit au vainqueur, qui peut dès lors, quand il le juge convenable, la soumettre à l'empire de ses lois ;

Que telle était la situation des Israélites ;

Qu'il suit évidemment de là qu'en stipulant que la liberté des bases de toutes les classes, leur religion, leur commerce, leur industrie, leurs propriétés et leurs biens ne recevraient aucune atteinte, le général en chef de l'armée française n'a pu, sous le rapport de leur nationalité et des priviléges qui pourraient s'y rattacher, faire en faveur des susdits Israélites aucune reconnaissance ni contracter aucune obligation qui pût compromettre pour l'avenir les droits de la nation victorieuse, ni modifier en eux-mêmes les effets de la conquête;

Attendu, au reste, que les actes qui ont suivi prouvent bien que ce n'est que comme formant une agrégation d'individus et non comme constituant une nation proprement dite et ayant à ce titre des droits absolus que ladite capitulation leur a été et leur est encore appliquée;

Que sans doute on peut opposer que, dès le début de la conquête, on a doté les Juifs d'un tribunal rabbinique; qu'on leur a même donné un chef; mais que ces mesures, qui s'expliquent facilement par les difficultés et les embarras de la situation d'alors et surtout par les nécessités de la politique, n'ont pas tardé à être remplacées par d'autres plus en rapport avec le véritable état des choses;

Qu'ainsi dès le 10 août 1834, la juridiction criminelle donnée aux rabbins est supprimée; que d'un autre côté leur compétence civile est limitée aux contestations relatives à la validité et à la nullité des mariages et de répudiation,

Qu'une nouvelle et plus ample modification s'opère en 1841 et 1842; que dès ce moment toute juridiction est retirée aux rabbins, qui ne sont plus appelés qu'à donner leur avis par écrit sur certaines matières, toutes contestations entre Israélites étant désormais de la compétence exclusive des tribunaux français;

Que cette conduite de la part du Gouvernement est péremptoire; qu'elle prouve, en effet, surtout si on la compare avec celle qu'il a toujours tenue envers les musulmans, que, lui si fidèle observateur des traités, n'a pu agir comme il l'a fait que parce que, en son nom, il n'avait été, ni pu être rien promis aux Juifs en 1830;

Que ce point est important; qu'il démontre, en effet, que, sans avoir à s'occuper désormais de la capitulation du 5 juillet et de ses conséquences, c'est bien uniquement, comme le dit la Cour de cassation, dans les lois spéciales qui ont pu intervenir après la conquête qu'il faut chercher la solution de toutes les questions qui concernent l'état des Israélites ;

Attendu, cela posé, que celle dont il s'agit aujourd'hui doit être examinée tout d'abord au point de vue des dispositions de l'ordonnance de 1842 ; qu'il faudra rechercher ensuite si la loi du 16 juin 1851 les a ou non modifiées ;

Attendu, en ce qui touche ladite ordonnance, qu'il en résulte d'une part que les contestions relatives à l'état civil des Juifs doivent être jugées conformément à leurs lois religieuses, et d'autre part que, pour assurer l'exécution de cette prescription, les rabbins sont appelés, dans ce cas, à donner leur avis par écrit ;

Qu'il suit de là que s'agissant, dans l'espèce, de rechercher si les filles israélites ont ou non droit au titre d'héritières de leur père, et si elles peuvent ou non, en ladite qualité, prendre part à la succession de ce dernier, il est hors de doute que c'est là une question qui touche à leur état civil, et qui dès lors devrait, suivant la susdite ordonnance, être résolue d'après les principes des lois personnelles aux parties intéressées ;

Que cela est en quelque sorte reconnu ; que seulement on soutient qu'il faut distinguer entre la succession mobilière et celle qui est immobilière ; celle-ci devant toujours être régie par les principes généraux et absolus de l'article 3 du Code Napoléon ;

Attendu, à ce sujet, que ladite ordonnance, tenant une pareille distinction ne saurait être admise ; que la raison en est simple ;

Qu'il est, en effet, de principe que les lois de droit commun ne sont applicables que tout autant qu'elles n'ont pas été abrogées, soit expressément, soit implicitement par des lois spéciales ;

Attendu, par suite qu'une ordonnance spéciale étant venue régler le sort des Israélites en Algérie, et leur ayant permis en matière d'état-civil de faire régler leurs droits par leurs lois religieuses, ce sont ces mêmes lois qui doivent les régir, non-seulement pour une partie, mais encore pour le tout; qu'aucun doute sérieux ne peut subsister à cet égard; ladite ordonnance ne permettant, soit par son texte, soit par son esprit, aucune distinction;

Que sans doute on se prévaut de ce que le Juif indigène est sujet français; mais que cette circonstance, au point de vue de la question à résoudre, est indifférente; qu'il est positif, en effet, que le Gouvernement ayant consenti, malgré leur nouvelle qualité, qu'il ne pouvait ni ne voulait méconnaître, à leur octroyer dans la susdite ordonnance un droit particulier en cette matière, — ce droit ne saurait être amoindri par aucune considération, à moins que, par les dispositions législatives qui sont intervenues ultérieurement, il n'en ait été autrement ordonné;

Que c'est ce qui va être examiné au point de vue de la loi du 16 juin 1851;

Attendu, sur ce point, que les filles du sieur Haïm Zermati excipent de l'article 16 de ladite loi, suivant lequel les transmissions de biens entre toutes autres personnes que les Musulmans doivent être régies par le Code Napoléon; qu'elles demandent, en conséquence, qu'il soit fait à la cause application de ces dispositions en ce qui touche les immeubles composant la succession de leur père;

Attendu que pour s'y soustraire, ledit Samuel Zermati soutient que ledit article, fait exclusivement pour régir les contrats, ne saurait être appliqué en matière de succession;

Qu'il faut donc rechercher quelle est la portée que doivent avoir les dispositions que l'on invoque;

Attendu, à cet égard, que si on consulte son titre, on voit que la loi de 1851 a eu pour but de donner une constitution nouvelle à la propriété; qu'il est dès lors tout d'abord permis de croire que, ne voulant pas laisser son œuvre incomplète, le législateur a dû songer à s'occuper de ladite propriété sous toutes ses faces et à tous les points de vue; que la présomption est donc qu'il a entendu régir la succession comme tous les autres cas ;

Que ce qui le démontre, c'est que dans la nomenclature, article 4, de ce qui doit composer les biens de l'Etat, il y comprend les droits que lui confèrent, en matière de succession, les articles 723 et 768 du Code Napoléon ; qu'il serait alors étrange qu'après avoir songé à l'Etat, le législateur n'eût pas voulu s'occuper des intérêts de tous en pareille matière ; mais qu'un pareil reproche ne peut lui être adressé ;

Qu'effectivement ses intentions se manifestent d'une manière claire et précise dans l'expression dont il s'est servi pour rendre sa pensée dans le susdit article 16 ; qu'ainsi négligeant les mots de *vente, aliénation, transaction, conventions*, qui ne pouvaient représenter qu'un certain ordre d'idées restreint, il a employé le mot *transmissions*, mot générique, qui, mis surtout au pluriel, embrasse nécessairement tous les modes à l'aide desquels la propriété est appelée à passer de la tête de l'un sur la tête de l'autre ;

Que l'on sera surtout frappé de la portée de cette expression si on la rapproche des dispositions de l'article 711 du Code Napoléon ;

Qu'on lit en effet dans ledit article que la propriété s'acquiert et se *transmet* de trois manières : par succession, par donation et par l'effet des obligations ;

Que, cela étant, il est difficile de soutenir qu'en employant le susdit mot de transmissions, le législateur n'a pas compris dans son œuvre de 1851 le mode de transfert qui, lorsqu'il s'est agi de poser antérieurement les principes en cette matière, s'est le premier présenté à sa pensée ;

Que sans doute on oppose que, dans son article 17, la loi de 1851 parle d'un acte translatif de propriété ; que cela est vrai, mais qu'il importe peu ;

Qu'il ne faut pas, en effet, confondre les dispositions de l'article 16 avec celles de l'article qui suit ; qu'elles n'ont en effet aucune corrélation entre elles ; qu'ainsi, tandis que les premières ont pour but de poser une règle générale, absolue, prévoyant tous les genres de transmissions de biens, les deuxièmes ne s'appliquent au contraire qu'à un cas spécial et à la difficulté qu'il pouvait faire naître, difficulté qu'il convenait de prévoir et de résoudre ;

Que l'article 17 ne peut donc réagir sur l'article 15 et en restreindre la portée ;

Attendu, au reste, que si on considère les circonstances dans lesquelles est intervenue la loi de 1851, on demeurera convaincu que l'interprétation large et complète que lui donne le tribunal est la seule vraie ;

Que d'abord il est à remarquer que si les transmissions de biens dont parle l'article 16, entre toutes autres personnes que les Musulmans, ne devaient pas s'étendre aux successions, on ne voit pas dans quel but il aurait pu être édicté ; qu'il est positif effectivement que les contrats de toute sorte étaient déjà à cette époque régis, sans contestation, entre lesdites personnes par les dispositions du Code Napoléon ;

Que la partie de l'article 16 qui aurait consacré ce principe aurait donc été inutile et n'aurait été par suite qu'une superfétation ;

Qu'il n'a pu en être ainsi ; que le législateur, quoi qu'on en dise, a eu des vues plus fécondes, plus élevées ; qu'il était temps en effet de rompre avec le passé et de ramener autant que possible les droits de chacun à l'application des grands principes qui sont la sauvegarde de tous ; que le moment était venu de faire valoir le *domaine éminent du Souverain* et de se rappeler, comme dit Portalis dans son discours au Corps législatif, à propos de l'article 3 du Code : qu'il est de l'essence même des choses que les immeubles dont l'ensemble forme le territoire public d'un peuple soient exclusivement régis par les lois de ce peuple ;

Que c'est précisément ce que le Gouvernement français a voulu en 1851 ; qu'il est à remarquer à ce propos que, sans doute pour éviter toute confusion ou toute fausse interprétation, la qualification d'*Indigènes*, mot dont on eut pu vouloir éteindre la portée, n'a pas été employée par lui ; qu'il n'y a plus pour lui que deux catégories d'habitants ; les Musulmans, dont il veut que les lois soient encore en vigueur, et puis les autres personnes, quelles qu'elles puissent être, qu'il entend, d'une manière absolue, soumettre, au moins quant aux immeubles, à la loi commune.

Qu'en présence d'une volonté si nettement formulée, c'est aux tribunaux à en ordonner l'exécution ; qu'il faut donc décider que c'est par l'article 3 du Code Napoléon que sera régie la succession immobilière dudit sieur Haïm Zermati ;

Par ces motifs, sur les conclusions conformes de M. de Thévenard, procureur impérial :

Le tribunal

Déclare... que la succession immobilière du sieur Haïm Zermati est et demeure régie par les principes du Code Napoléon.

CONCLUSIONS DE M. DE THÉVENARD.

Le procès soumis au tribunal est des plus simples en fait : un Israélite meurt laissant pour fortune des immeubles ; il avait quatre enfants, un garçon et trois filles.

Avant de mourir, il avait fait un testament dont on a demandé l'annulation : il est donc mort *ab intestat;* il s'agit aujourd'hui de savoir comment sa succession sera liquidée, quelle sera la loi applicable ? Y aura-t-il partage égal entre les enfants, ou bien le fils prendra-t-il la plus grande partie de la succession ? Tel est l'intérêt du procès.

Posons-nous d'abord ces questions :

Quelle est la loi applicable aux Israélites ?

Est-ce la loi française ?

Est-ce la loi mosaïque ?

Ont-ils un statut réel qui leur soit propre ?

Ont-ils un statut réel particulier ?

La jurisprudence la plus générale a admis que les Israélites indigènes étaient sous l'empire d'un statut personnel qui leur était propre.

La Cour d'Alger a, par divers arrêts, consacré l'existence de ce droit, elle a déclaré qu'il était préexistant à la conquête ; elle a fait plus, elle a dit qu'il avait été confirmé depuis par la législation, notamment par la capitulation du 5 juillet 1830. En matière personnelle, ses décisions sont précises et il a fallu qu'un arrêt récent de la Cour de cassation du 5 avril 1862 vînt lui démontrer son erreur.

Quant au statut réel, il n'a pas encore été discuté devant la Cour ; l'affaire actuelle, qui lui sera sans doute soumise, fixera ce point important.

Examinons d'abord, en ce qui concerne le statut personnel, la doctrine de la Cour, cela est important, car elle en fait découler le statut réel et le mode de transmission des biens. Ces décisions sont au nombre de trois, il suffit de citer un arrêt de la Cour du 23 mai 1847, du 19 janvier 1860.

Les raisons de décider qui sont les bases sur lesquelles reposent les arrêts de la Cour peuvent se résumer ainsi :

1° Existence d'un statut personnel aux Israélites ;

2° La capitulation du 5 juillet 1830 ;

3° L'arrêté du 16 novembre 1830, portant nomination du chef de la nation juive ;

4° L'ordonnance du 10 août 1834, article 31 ;

5° L'ordonnance du 26 septembre 1842, articles 37 et 49 ;

6° Enfin, l'ordonnance du 28 février 1841, article 37.

Nous croyons que tous les raisonnements basés sur ces dispositions tombent devant l'arrêt de la Cour de cassation du 15 avril 1862, qui admet qu'il n'existe pas de statut personnel absolu à l'Israélite indigène. Il peut seulement invoquer sa loi particulière aux termes de l'article 37 de l'ordonnance du 26 juillet 1842. L'option lui est acquise, voilà tout. Il n'est donc pas sous l'empire d'un droit particulier absolu.

En ce qui concerne le statut réel, la Cour en a également consacré l'existence formelle, au profit de l'Israélite algérien, par son arrêt du 23 janvier 1855, qui décide que la succession d'un Israélite doit être réglée par la loi mosaïque.

Cet arrêt a produit un effet analogue à celui du 20 janvier

1857, qui avait décidé que, pour les Juifs, le mariage religieux produisait le même effet que le mariage civil.

Comme conséquence de cette doctrine, on voit qu'elle arrête ce progrès vers lequel doit tendre l'unité de législation, mais elle produit dans les familles des inégalités choquantes qui sont la violation de notre droit public, qui, lui, admet le partage égal des successions. Elle produira des conséquences économiques déplorables, en enrichissant un enfant par la ruine des autres et en plaçant, en face des Français, des hommes qui auront le droit de disposer de leur fortune comme ils l'entendront ; d'élever de grandes familles commerciales qui feront concurrence aux nôtres. Elle viole l'article 3 du Code Napoléon, car partout où est le drapeau de la France, la terre est française.

Les Israélites possèdent une grande partie des propriétés. La fortune des Arabes passe dans leurs mains ; à Alger seu on peut évaluer leurs valeurs immobilières à plus de douze millions ; citer ces faits, c'est faire comprendre l'importance économique qui s'attache à ce que la jurisprudence de la Cour soit nettement modifiée, à ce que pour les Juifs comme pour nous le statut réel soit imposé.

Si nous examinons la question en droit, nous arrivons à nous demander s'il existait, antérieurement à la conquête, un statut réel en faveur des Israélites. Pour qu'un statut réel existât, il aurait fallu qu'il y eût matière. Or, l'histoire nous apprend qu'antérieurement à la conquête les Juifs ne possédaient pas d'immeubles en Algérie, si ce n'est à titre d'exception et de tolérance ; eux comme les Chrétiens étaient hors la loi ; ils ne formaient même pas une classe, bien moins formaient-ils une nation. Ils n'étaient fixés nulle part, ne vivaient que par la tolérance des vainqueurs sous le joug desquels ils étaient courbés. Ils ne pouvaient posséder d'immeubles, et s'ils en possédaient, c'était par l'entremise de personnes interposées. Le droit pour eux n'était pas reconnu, ils portaient un costume particulier, de couleur sombre, ils habitaient un quartier qui leur était assigné, le Ghetto, il leur était interdit de monter à cheval; en un mot, il y avait pour eux absence complète de droit.

Devons-nous, Messieurs, nous étonner de cette position qui était faite aux Israélites?

L'État de Tunis est resté ainsi jusque dans ce dernier temps.

C'est une constitution toute récente qui a conféré aux Chrétiens et aux Juifs le droit d'acquérir et de posséder des immeubles. On cite, il est vrai, quelques acquisitions israélites à Alger, mais c'était plutôt des actes de tolérance et de favoritisme que la reconnaissance d'un droit qui n'existait pas.

Les Juifs ont pu avoir leurs beaux jours, mais il en a coûté cher à ceux qui les ont protégés. Nous citerons notamment Hassan-Pacha, mort en 1798. Le favori Nephtali Boudjenah, qui était tout-puissant sous Moustapha-Pacha, successeur de Hassan, qui régna de 1798 à 1803, avait pour représentant auprès du premier consul le juif Bacri.

Nephtali Boudjenah était le roi d'Alger; il avait protégé quelques Juifs et s'était attiré la haine des Musulmans; en 1805, en passant devant la Djeninah, un janissaire le tua d'un coup de pistolet. Une sédition éclata, le pacha voulut se réfugier à la Casbah, un de ses ministres fut tué pendant le trajet et le dey massacré à la porte du marabout de Ouli-Dada.

Depuis lors, et jusqu'en 1830, les deys qui se succédèrent se gardèrent bien d'accorder aux Juifs aucune espèce de faveur exceptionnelle : la leçon leur avait profité.

On ne peut donc invoquer pour les Israélites aucun espèce de statut réel antérieur à 1830.

En tout cas, s'il a pu exister, on ne l'a jamais confirmé.

Lors de la capitulation du 5 juillet 1830, est-ce qu'il apparaît nulle part qu'Hussein Dey ait stipulé pour d'autres que les Musulmans? Des juifs il n'en est jamais question. Le pacha s'occupe fort peu d'eux, il n'y pense même pas; du reste il a bien assez de songer à lui, car il sait que ces Maures ont proposé au comte de Bourmont de lui apporter sa tête sur un plat d'argent.

Quand les négociations commencent, quels sont les négociateurs ? 1° Ahmed Bouderba, 2° Hassen Ben Osman kodja, deux Maures d'Alger qui assurément ne stipulent pas pour les Juis.

Le capitulation écartée, que reste-t-il ?

Une loi quelconque a-t-elle conservé aux Juifs un statut réel ?

Non. — Il y a entre eux et les Musulmans une ligne profonde de démarcation.

Pour les musulmans la capitulation est observée.

On leur laisse leurs tribunaux; leurs cadis continuent à rendre la justice.

L'ordonnance du 26 décembre 1842, article 47, maintient les lois particulières qui règlent leurs successions.

Le décret du 1er octobre 1854 confirme leurs tribunaux.

Le décret du 31 décembre 1858 y apporte une nouvelle sanction.

Il y a plus : la loi fondamentale sur la propriété, du 16 juin 1851, articles 4 et 16, consacre pour les Musulmans un droit particulier. Ainsi la France ne se contente pas de la capitulation, elle vient encore, par des lois postérieures, confirmer ses promesses. Quant aux Israélites, on ne voit nulle part qu'on ait eu l'intention de leur créer un droit particulier, rien ne révèle l'existence d'un statut réel.

Mais la loi du 16 juin 1851, article 6, apporte encore une nouvelle preuve à l'appui de l'opinion que nous soutenons; elle consacre une règle particulière à la transmission des biens, mais elle ne fait d'exception que pour les Musulmans et dispose que, pour toutes autres personnes, les transmissions des biens seront régies par le code Napoléon.

Nous n'hésitons pas à le dire, le partage des successions d'après le droit mosaïque serait la violation de notre droit public; on ne peut donc reconnaître au profit des Israélites un statut réel qui bouleverse les règles établies par la loi française sur toute l'étendue de son territoire.

Ainsi, nous l'avons vu, les Juifs algériens n'avaient pas de statut réel. On ne pouvait confirmer le néant, la capitulation n'a rien confirmé. Elle ne concerne en quoi que ce soit les Juifs.

La législation postérieure n'a rien créé, au contraire. Donc, on doit en conclure que les immeubles étant placés sous le statut réel, les successions doivent être liquidées d'après les principes de la loi française.

Quelle objection peut-on nous faire ?

Ce serait, dira-t-on porter atteinte à la religion, et on doit la respecter.

La religion est distincte de la loi civile; les Israélites doivent obéir à la loi civile, c'est ce qu'a déclaré, le 2 mars 1807, le grand sanhédrin.

Il y a en France 100,000 Israélites soumis à nos lois. Pourquoi ceux de l'Algérie feraient-ils exception ?

Du reste, nous devons leur rendre cette justice : c'est qu'ils sont les premiers à le comprendre; dès que leur intérêt particulier n'est pas en jeu : ils demandent la naturalisation, 2,500 Israélites, dans le but de l'obtenir, avaient adressé une pétition à l'Empereur.

Enfin, maintenir aux Israélites un statut réel, spécial, serait porter une grave atteinte aux droits acquis. Il n'y a pas de droit contre la loi, et certes, la nôtre est plus sage, plus juste, plus humaine et plus politique que la loi mosaïque dont on demande l'application.

Aussi, la loi française doit-elle être appliquée, et en proclamant que les Israélites algériens lui sont soumis, nos tribunaux auront fait faire un pas encore dans la voie de la liberté, de la justice et de la civilisation.

C'est pourquoi nous croyons qu'il y a lieu d'ordonner dans l'espèce qui vous est soumise que la liquidation de cette succession soit faite d'après les règles du Code Napoléon.

CONSEIL D'ÉTAT

Section du contentieux. — (23 janvier 1863.)

Présidence de M. Boudet.

L'ordonnance du 17 janvier 1845 ayant maintenu les impôts arabes dits zekkal et achour, les Israélites indigènes, au fur et à mesure qu'ils sont devenus propriétaires de terrains et de troupeaux, ont dû être soumis à ces contributions, les Européens seuls en sont exempts.

Napoléon, etc.

« Considérant que l'ordonnance royale du 17 janvier 1845 a maintenu les impôts arabes sur les bestiaux et sur les grains appelés zekkal et achour; que les Israélites indigènes, au fur et à mesure qu'ils sont devenus propriétaires de terrains et de troupeaux, ont dû être soumis à ces contributions; que si le ministre de la guerre a, par une décision en date du 5 novembre 1845, exempté les Européens de l'impôt de l'achour, cette décision ne s'applique point aux Israélites indigènes, etc. »

TRIBUNAL DE SÉTIF

13 avril 1863.

Présidence de M. Frégier.

Enquête. — Procès entre musulmans et israélites. Témoins israélites. — Reproches. — Législation algérienne.

Un Israélite indigène ne peut, à moins de conventions contraires, faire entendre un de ses coreligionnaires comme témoin dans une instance contre un musulman.

SALOH BEN KANFOUND C. ZERMATY.

Le tribunal, après en avoir délibéré, etc.,

Vu l'exception proposée par le sieur Salah ben Kanfound

et tirée de la qualité d'Israélites des trois témoins assignés à la requête des demandeurs, à l'effet d'être entendus à cette audience, en vertu du jugement du tribunal de céans, en date du 24 janvier dernier, ledit jugement ordonnant la preuve tant par titres que par témoins, des faits articulés par lesdits demandeurs israélites contre, lui Salah ben Kanfound musulman; — Vu l'art. 37 de l'ordonnance royale des 26 septembre et 22 octobre 1842. — Attendu en droit, qu'aux termes du premier alinéa de cet article, qui n'a été ni directement ni indirectement abrogé par aucun texte de loi postérieure, les Indigènes sont présumés avoir contracté entre eux, selon la loi du pays, à moins qu'il n'y ait convention contraire. — Attendu que, de la combinaison du premier avec le dernier alinéa du même article relatif aux contestations entre Français ou Européens et Indigènes, contestations régies, suivant les circonstances, par la loi française ou celle du pays, résulte évidemment la preuve que dans le cas du premier, la loi française, ne peut ni ne doit être appliquée qu'autant qu'il y a conventions contraires ; que, hors ce cas, c'est tantôt la loi française, tantôt la loi du pays que les tribunaux français doivent appliquer; qu'on objecterait vainement que le mot indigène, il faut entendre les seuls Musulmans et non les Musulmans et les Israélites : que ce mot dans l'article prémentionné embrasse également les uns et les autres; que tel est le sens que d'accord avec la ammaire et l'étymologie, la jurisprudence algérienne a constamment attaché à ce mot; que s'il pouvait y avoir doute à cet égard, il suffirait pour le dissiper, de comparer ledit article avec les articles 47 et 48 de l'ordonnance précitée, et de rapprocher entre elles les nombreuses dispositions d'icelles; qu'en effet, cette comparaison et ce rapprochement démontrent sans réplique, que c'est, à bon escient, que le législateur a parlé tout à la fois dans les unes, de Musulmans et d'Israélites, et dans les autres, d'indigènes seulement ; — Attendu, en fait, qu'il s'agit d'une contestation entre un Israélite et un Musulman indigène, qu'il n'existe pas entre eux de conventions contraires aux

dispositions du premier alinéa de l'article 37 prémentionné, et que les trois témoins à entendre sont tous trois Israélites.
— Attendu, dès lors, que toute la question se réduit à savoir si soit la loi du pays ou soit la loi musulmane permet ou non l'audition de pareils témoins dans la cause; Mais, attendu qu'il appert d'une part, de la doctrine générale des jurisconsultes musulmans et entre autres, de Sidi Kelil et, d'autre part, des documents officiels recueillis par les soins de M. Genty de Bussy, intendant civil de l'Algérie dans son ouvrage sur l'établissement des Français dans la régence d'Alger, t. II, p. 22 et 23, et notamment d'après l'opinion d'bd el Aziz, cadi Maleki, de la ville d'Alger, le témoignage d'un Israélite n'est pas reçu contre un Musulman, et pas même d'Israélite à Israélite, d'où il suit qu'il échet de repousser comme contraires à la loi du pays ou musulmane, les témoignages invoqués par les demandeurs. — Attendu qu'on objecte vainement contre cette doctrine, les résultats assurément déplorables auxquels elle pourrait aboutir dans bien des cas; mais que si la loi est mauvaise, c'est au législateur et non au juge de la modifier ou de la réformer;

Par ces motifs : faisant droit à l'exception proposée, dit n'y avoir lieu d'entendre les témoins assignés, etc.

COUR D'ALGER

2e chambre (20 avril 1863).

Présidence de M. de Ménerville.

PREUVE TESTIMONIALE. — JUIFS ET MUSULMANS.

Les actes intervenus entre Israélites et Musulmans doivent être régis par la loi musulmane, s'il n'y a convention contraire. Spécialement, lorsqu'un Israélite réclame à un Musulman non commerçant le montant de fournitures de marchandises remontant à plus d'une année, ce dernier ne saurait être admis à invoquer la prescription annale édictée par l'article 2272, Code Napoléon. L'Israélite a le droit de s'armer du droit musulman, et de demander à prouver par témoins l'obligation du défendeur.

... Attendu que les parties sont toutes deux indigènes; que dès lors, elles sont régies par le 2 de l'article 37 de l'ordonnance de 1842 qui s'applique aux Israélites comme aux Musulmans. Que la loi française leur serait applicable seulement dans le cas où il y aurait de leur part convention contraire, mais que l'existence d'une pareille convention n'est point prouvée et ne résulte d'aucune des circonstances de la cause. — Que d'après la loi et les usages du pays, la preuve testimoniale est toujours admissible dans les contestations entre indigènes. — Que c'est donc à tort que les premiers juges ont repoussé ladite preuve et admis la prescription de l'article 2272;

Au fond,

Par ces motifs, etc.

M. Verger, substitut du procureur (impérial-général), Mes Joly et Robe, av.

COUR DE CASSATION

(Chambre des requêtes).

Audience du 20 juin 1864.

Présidence de M. Hardouin.

PREUVE TESTIMONIALE, LOI MUSULMANE, TÉMOIN UNIQUE.

Les juges appliquant, en matière de preuve d'obligation, la loi musulmane, d'après laquelle la preuve testimoniale est admissible, quel que soit le montant de l'obligation à établir, ne sont pas assujettis aux dispositions particulières de cette loi qui sont en contradiction avec la législation française, et notamment, à la règle « testis unus, testis nullus » adoptée par le droit musulman.

BEN KANFOUND C. ZERMATTI.

Les sieurs Zermatti, créanciers de Mohamed ben Kanfound, d'une somme de 351 fr., en poursuivirent le payement devant le tribunal de Sétif, tant contre leur débiteur, que contre Salah ben Kanfound, offrant, quant à ce dernier, de prouver par témoins, conformément à la loi musulmane, qui admet la preuve testimoniale, même lorsque l'objet du litige dépasse 150 fr. qu'il s'était porté caution de la dette. En vertu d'un jugement du 24 janvier 1863, une enquête eut lieu, lors de laquelle plusieurs témoins furent produits. Mais un seul fut admis à déposer. Sur cette enquête, jugement définitif du tribunal de Sétif du 19 mars 1863, qui déclare le cautionnement allégué suffisamment établi, en ces termes :

Attendu que du témoignage de Ben Blilita, il résulte clairement, la preuve que Salah Kanfound s'est purement et simplement, et avec solidarité, porté caution de Mohamed ben Kanfound, son frère ; qu'il échet d'autant plus d'accueillir ledit témoignage, qu'on comprendrait difficilement que les demandeurs qui sont Israélites (commerçants) n'eussent pas, conformément aux habitudes des Israélites commerçants en pareil cas, exigé de Mohamed ben Kanfound la garantie solidaire de son frère notablement solvable; que du reste, l'honorabilité bien connue de la maison Zermatti, pourrait au besoin tenir lieu dans la cause, de la preuve de sa demande telle qu'elle résulte de l'enquête.

Pourvoi de Salah ben Kanfound, pour violation des principes du droit musulman sur la preuve testimoniale, en ce que le jugement attaqué s'est déterminé d'après la déposition d'un seul témoin, quoique la contestation fût soumise à la loi musulmane d'après laquelle, la déposition d'un témoin unique ne suffit pas pour faire preuve légale, pour application de l'ancienne règle *testis unus, testis nullus*. Le demandeur invoque à l'appui de son assertion l'autorité de M. Gillotte. (Tr. de droit musulman.) et celle de Sidi Kelil. Comm. du droit musulman, ch. 38, sect. 11, fol. 265.)

La Cour,

Attendu que si la loi musulmane devait dans l'espèce être consultée pour l'admission des parties à la preuve testimoniale par elles réclamée, il ne s'ensuit pas que, dans l'établissement de cette preuve, le tribunal dût nécessairement s'assujettir aux dispositions particulières ou aux formalités, alors que ces dispositions et ces formalités se trouvaient en contradiction avec le principe de la législation française.

Attendu qu'il est d'ailleurs à remarquer, dans l'espèce, que le tribunal a pris le soin de fortifier la preuve résultant pour lui, de la disposition du témoin entendu par des considérations et des présomptions de nature à la compléter;

Rejette, etc.

COUR IMPÉRIALE D'AIX

(Chambres réunies).

Présidence de M. Rigaud, premier président.

ARRÊT DU 2 JUIN 1864.

Sur la fin de non-recevoir tirée du défaut d'autorisation et de l'état de minorité de la femme Courshya[1].

Attendu que la femme Courshya ayant été originairement défenderesse, l'assignation qui lui a été donnée par son mari impliquait pour elle l'autorisation d'ester en justice ;

Attendu que son état de minorité n'est nullement justifié ;

Au fond :

Attendu qu'en l'état des moyens plaidés devant la Cour, la seule question qui demeure au procès, est celle de savoir si le mariage, dont la nullité est demandée, a été contracté sous l'empire de la loi française ou sous l'empire de la loi juive ;

Et à cet égard :

Attendu que, sans qu'il soit nécessaire d'examiner si les israélites algériens ont été compris comme les musulmans dans les stipulations de la capitulation de 1830, il est certain qu'ils ont conservé le droit, pour tout ce qui touche à leur état civil, de n'être soumis qu'à la loi de leur culte ;

Attendu, en effet, que l'ordonnance du 10 août 1834, en organisant les tribunaux israélites en Algérie, leur a attribué la connaissance en dernier ressort des contestations relatives à la validité des mariages et aux répudiations selon la loi de Moïse ;

Attendu que, si l'ordonnance du 26 septembre 1842 a aboli

---

[1]. V. *Suprà*, page 33, l'arrêt de renvoi de la Cour de cassation.

les tribunaux israélites et transporté leurs attributions aux tribunaux français, elle a déclaré (art. 37) que les contestations entre indigènes relatives à l'état civil seraient jugées conformément à la loi religieuse des parties, et voulu (art. 49) que les rabbins fussent appelés à donner leur avis par écrit sur ces mêmes contestations ;

Attendu que ces dispositions de l'ordonnance sont générales, et qu'elles ne distinguent pas entre les mariages contractés avant ou après sa promulgation ;

Attendu que l'ordonnance du 26 novembre 1845, en énumérant les fonctions des rabbins, et en leur attribuant celle de célébrer les mariages religieux, n'a pas répété les dispositions de l'article 53 de l'ordonnance du 25 mai 1844, qui organise le culte israélite en France, et qui ne permet aux rabbins de donner la bénédiction nuptiale qu'à ceux qui justifient avoir contracté mariage devant l'officier de l'état civil ;

Attendu que l'arrêté du chef du pouvoir exécutif du 16 août 1848, n'a eu d'autre but que de détacher du ministère de la guerre l'administration des cultes en Algérie, et qu'en assimilant d'une manière générale la métropole à la colonie pour les choses d'administration, cet arrêté n'a pu avoir pour effet de déroger aux principes fondamentaux de la législation sur l'état civil des personnes ;

Attendu qu'il résulte de tout ce qui précède que la France a accordé et maintenu jusqu'à ce jour aux Israélites algériens le privilége de n'être soumis qu'à leurs lois originaires pour tout ce qui touche à leur état civil ;

Mais attendu que ce droit laissé aux Israélites algériens n'est pour eux qu'une faculté à laquelle il leur est permis de renoncer;

Attendu que les Israélites sont sujets français, et que la loi religieuse qui règle leur état civil, ne constitue pas pour eux un statut personnel adhérant à une nationalité étrangère, et auquel on ne puisse renoncer qu'en renonçant à la nationalité elle-même ;

Attendu que l'article 37 de l'ordonnance du 26 septembre 1842 a lui-même reconnu cette vérité, puisqu'il dit en termes exprès, que les Indigènes sont présumés avoir contracté entre eux selon la loi du pays, *à moins qu'il n'y ait convention contraire;*

Attendu que l'assimilation progressive des Israélites indigènes avec les Français d'Europe, est dans la pensée évidente du gouvernement français, et que c'est ainsi que s'expliquent les diverses circulaires écrites par les autorités locales, conseillant les mariages devant l'officier de l'état civil français, et le décret du 5 septembre 1851 affranchissant les Israélites du droit de timbre pour les actes de notoriété qu'ils peuvent avoir à produire à cette occasion;

Attendu qu'en cet état de choses, le droit des Israélites et le pouvoir d'y renoncer étant constant, leur comparution libre et volontaire devant un officier de l'état civil français pour y contracter mariage, ne peut s'expliquer que par la volonté de placer ce contrat sous l'empire de la loi française;

Attendu qu'il n'est pas possible de ne voir dans ce mode de célébration du mariage qu'une forme et qu'un instrument substitués sans nécessité à un autre instrument et à une autre forme;

Qu'il suit de là qu'un mariage contracté devant l'officier de l'état civil français, par suite de l'adoption de la loi française, selon les formes, avec les garanties et aux conditions de la loi française, ne peut être dissous que conformément à cette loi.

La Cour, statuant par suite de l'arrêt de renvoi de la cour de cassation à la date du 15 avril 1862, déboute Courshya de la fin de non-recevoir par lui proposée, et de même suite statuant au fond, met l'appellation au néant, ordonne que ce dont est appel, sortira son plein et entier effet.

APPENDICE.

COUR IMPÉRIALE D'ALGER

Présidence de M. le premier président Pierrey.

Audience solennelle (22 mai 1855).

ISRAÉLITES ALGÉRIENS. — STATUT PERSONNEL. BIGAMIE.

Dans l'état actuel de la législation de l'Algérie, la polygamie est permise aux Israélites algériens.

M. Judas de Ruben Zermati, appartenant à l'une des familles israélites les plus honorables d'Alger, épousa, le 30 août 1832, la demoiselle Ricca bent Zermati, sa nièce germaine. Ce mariage fut contracté sous l'empire de la loi de Moïse. De cette union naquirent plusieurs enfants. Sa première femme vivait encore, lorsque le 24 janvier 1847, M. Judas de Ruben Zermati s'unit par un second mariage à la demoiselle Ricca Tabet. Le second mariage fut vu d'un très-mauvais œil et par la première femme et par la famille de celle-ci, qui mirent tout en œuvre pour détourner M. Judas de Ruben Zermati de contracter cette nouvelle union.

Les enfants du premier lit avaient été, à leur naissance, déclarés à l'état civil d'Alger, comme nés de la dame Ricca bent Zermati et du sieur Judas de Ruben Zermati, unis en légitime mariage. Il n'en fut pas de même pour les enfants du second lit. Le premier-né, Isaac Zermati qui vint au monde en février 1848 et ne fut point présenté à l'état civil. Mouni Zermati, née le 18 janvier 1852, y fut inscrite comme fille de la demoiselle Ricca Tabet et d'un père inconnu. Trois autres enfants : Ibrahim-Raphaël, né le 10 novembre 1855, Messaouda, née le 14 mars 1858, Jacob, né le 13 février 1861, furent aussi inscrits à l'état civil d'Alger, comme enfants de la demoiselle Ricca Tabet et d'un père inconnu. De tous ces enfants issus de l'union de la dame Ricca Tabet et du sieur Zermati, la demoiselle Kamir venue au monde le 15 novembre 1862, est la seule dont l'acte de naissance fasse foi de sa légitimité.

Dans le but de restituer à ses enfants l'état civil qui leur appartenait et se trompant sur la nature de l'acte qu'il allait accomplir, le sieur Judas Zermati se présentait, le 28 janvier 1862, à l'état civil d'Alger, et déclarait reconnaître pour ses enfants naturels Mouni, Ibrahim Raphaël, Messaouda et Jacob. Quatre actes distincts de reconnaissance étaient dressés et inscrits en marge des actes de naissance des enfants précités. Mais M. Zermati n'eut pas plus tôt fait ces déclarations, qu'il comprit que son but n'était pas rempli.

Le 22 juin 1862, il adressa une requête au tribunal civil d'Alger par laquelle il demandait que les actes de naissance de Mouni, Ibrahim-Raphaël, Messaouda et Jacob, fussent rectifiés dans le sens de la légitimité des enfants auxquels ils se rapportaient. Il demandait, en outre, l'annulation des actes de reconnaissance de paternité naturelle qu'il avait fait dresser lui-même le 28 janvier précédent. Comme Isaac, le premier-né de son second mariage n'avait été inscrit d'aucune manière sur les registres de l'état civil, il concluait à ce que cette omission fût réparée.

Par jugement du 24 juillet 1862, et sur les conclusions de M. Zermati lui-même, le tribunal civil d'Alger ordonna la mise en cause des enfants du premier lit.

Ces enfants, appelés dans l'instance, déclarèrent s'opposer à l'admission de la demande de leur père; ils contestèrent la validité de son second mariage. L'un des enfants déclara s'en rapporter à la justice.

La dame Ricca Tabet intervint dans l'instance pour appuyer la demande de son mari.

Le 7 juillet 1864, fut rendu un jugement qui rejetait les conclusions du sieur Zermati.

Appel :

Devant la Cour, les enfants du second lit qui s'étaient éloignés du débat en première instance, signifièrent une intervention. Comme ils étaient tous mineurs, un tuteur *ad hoc* leur avait été donné dans ce but.

Dans cette affaire qui a occupé plusieurs audiences, la Cour a entendu Mᵉ Chabert-Moreau pour le sieur Zermati; Mᵉ Joly pour les enfants du premier lit, Mᵉ Joseph Guérin pour la dame Ricca Tabet, et Mᵉ Robe pour les enfants du second lit.

Nous n'avons pas besoin de donner de plus amples explications pour l'intelligence de l'arrêt qui suit. Cet arrêt, qui est un modèle de précision et de clarté, restera comme un monument de jurisprudence. Nous avons dit précédemment qu'il avait été rendu sur les conclusions de M. Mazel, premier avocat général.

« La Cour,

Ouï les défenseurs des parties en leurs conclusions et plaidoiries;

« Ouï M. le premier avocat général en ses conclusions conformes;

« Après en avoir délibéré conformément à la loi, et consulté, suivant les prescriptions de l'article 49 de l'ordonnance royale du 26 septembre 1843, l'avis écrit des rabbins compétents : lequel restera joint au présent arrêt :

« En ce qui touche l'intervention de Ricca Tabet, femme de Judas Zermati, et celle de Jacob Tabet, agissant en qualité de tuteur des mineurs Isaac, Mouni, Ibrahim Raphaël, Messaouda et Kamir, nés du mariage contesté desdits Judas Zermati et Ricca Tabet;

« Attendu que ces interventions sont regulières en la forme, et qu'il y a lieu de les déclarer recevables;

« Au fond :

« Sur la première question, qui est celle de savoir si, dans l'état actuel de la législation de l'Algérie, la polygamie est permise aux Israélites indigènes;

« Attendu qu'il est constant que la loi mosaïque autorise ou, du moins, tolère la polygamie; que cette autorisation ou cette tolérance ressort en termes formels des textes de ladite loi, des commentaires de ses docteurs les plus accrédités et de l'avis des rabbins consultés dans l'instance;

« Attendu que la faculté dont il s'agit apparaît en termes indubitables aussi dans la décision du grand sanhédrin de France, en date du 2 mars 1807 ;

« Qu'en effet, cette décision, tout en proscrivant, sous forme de préceptes religieux, la polygamie dans les États où elle est contraire aux lois civiles, a explicitement reconnu et déclaré qu'elle était permise par la loi de Moïse ;

Attendu qu'il est constant en second lieu que, sous la domination turque, la polygamie existait, comme droit et comme fait, dans la population israélite de la régence d'Alger ;

« Attendu que l'avénement dans ce pays de la domination française, n'a en rien modifié cet état de choses ; que de même qu'elle y a laissé intacts les statuts civils mahométans, de même elle a laissé debout le statut civil mosaïque ;

« Attendu que les actes successifs de législation, qui ont eu pour objet de régler l'organisation judiciaire de la colonie, contiennent à cet égard des dispositions exclusives de toute équivoque et de toute controverse ;

« Que l'ordonnance royale du 26 septembre 1842 dit expressément dans son article 37 : 1° que les indigènes sont présumés avoir contracté entre eux, selon la loi du pays, à moins qu'il n'y ait convention contraire; 2° que les contestations entre indigènes relatives à l'état civil seront jugées conformément à la loi religieuse des parties ;

« Attendu qu'il ne peut s'élever de doute sur le point de savoir si les Israélites du pays ont été compris par ladite ordonnance dans la dénomination d'Indigènes ;

« Qu'en effet, si on consulte sa teneur et son économie générales, on constate que lorsqu'elle veut disposer en vue des Mahométans seuls et à l'exclusion des Israélites, elle abandonne la qualification d'Indigènes pour employer celle de Musulmans (voir les art. 33, 43 et 44) ;

« Attendu que l'obligation pour les tribunaux français d'appliquer la loi mosaïque dans les litiges de la nature de celui qui est soumis à la Cour, apparaît d'une manière manifeste encore dans l'article 49 de la même ordonnance;

« Qu'aux termes de cette disposition, les rabbins officiellement institués doivent être appelés à donner leur avis par écrit sur les contestations relatives à l'*état civil, aux mariages et aux répudiations* entre Israélites;

« Que cette exigence du législateur ne se comprendrait pas, si c'était la loi française qui dût ou pût être appliquée;

« Attendu que les dispositions rappelées ci-dessus ont conservé toute leur vitalité et leur autorité; que vainement on chercherait dans les actes ultérieurs de la législation algérienne une règle nouvelle qui abroge celles dont il s'agit, ou qui soit inconciliable avec elles;

« Attendu que cette abrogation ou cette inconciliabilité ne saurait s'apercevoir, comme l'ont pensé à tort les premiers juges, dans l'ordonnance du 9 novembre 1845;

« Que cette ordonnance, en effet, a eu pour seuls objets, ainsi que l'indiquent les rubriques de ces deux sections d'organiser en Algérie le culte et les écoles israélites;

« Que rien n'autorise à y chercher des dispositions relatives à la constitution de la famille des Juifs indigènes, des règles innovatrices touchant leur statut civil et, en particulier, touchant leur statut matrimonial;

« Attendu que si l'article 10 de l'ordonnance de 1845 range parmi les attributions des rabbins celle de célébrer les *mariages religieux*, on ne saurait, sans aller trop loin dans la voie des inductions et des conséquences, conclure de ces expressions que, désormais, il y a pour les Israélites algériens, obligation de faire précéder la célébration religieuse de leurs mariages d'une célébration civile, et que ces mariages ont été régis, quant à leur forme et à leurs effets, par la loi française;

« Attendu que si telle eût été l'intention du législateur, s'il eût voulu, en 1845, défaire ce qu'avaient fait, en termes si nets et si précis, les ordonnances du 10 août 1834, du 28 février 1841, et du 28 septembre 1842, cette volonté, si grave dans son but et ses effets, si largement innovatrice, si profondément dérogatoire à la règle existante, se serait manifestée par un acte exprès, par une formule compréhensible pour tous et non en termes ambigus et voilés, par une disposition glissée comme par surprise dans une ordonnance complétement étrangère à la matière, n'ayant trait ni de près, ni de loin, à l'institution judiciaire, préparée avec le concours du ministre des cultes, et en dehors de celui du ministre de la justice;

« Attendu que s'il est vrai, comme l'ont dit les premiers juges, qu'il est du devoir des tribunaux de proscrire tout ce qui dans les mœurs et les usages est contraire à la morale ou à l'ordre public, il est de leur devoir aussi et avant tout de respecter les lois existantes et d'y conformer leurs décisions, de ne point empiéter sur la tâche du législateur, et de lui laisser le soin, alors qu'il se trouve placé en présence de sociétés nouvellement réunies sous une domination commune, mais séparées par de profondes différences religieuses, morales et traditionnelles, d'approprier les lois qui régissent chacune d'elles à son degré de civilisation, et de ne les modifier qu'en tenant compte à la fois des progrès accomplis, des perfectionnements opportuns et des exigences de la paix publique;

« *Attendu que si l'heure où les Israélites de l'Algérie pourront être soumis a la loi civile française semble prochaine, que si la plupart et les plus éclairés d'entre eux réclament cette assimilation*, c'est au législateur seul qu'il appartient de l'édicter; que jusqu'alors les tribunaux resteront impérieusement soumis à l'obligation d'appliquer la loi mosaïque, de même que chaque jour, dans les instances entre les Musulmans, ils appliquent la loi mahométane, quelque tranchées que soient les différences entre ces lois et le droit civil français;

« Sur la seconde question, qui est celle de savoir si le mariage dont se prévalent Judas Zermati et Ricca Tabet est valable?

« Attendu que soit pour faire invalider l'acte de mariage

produit par l'appelant, soit pour faire annuler le mariage lui-même dont cet acte est la constatation, les intimés se fondent : 1° Sur ce que ledit acte serait dépourvu de sincérité ; 2° sur ce que, d'après les prescriptions de l'article 10 de l'ordonnance royale du 9 novembre 1845, aucun mariage entre Israélites ne pourrait être célébré sans l'assistance des rabbins tenant leurs pouvoirs de l'autorité française ; 3° sur ce que l'assistance d'un rabbin local étant dans tous les cas nécessaire, on ne saurait reconnaître compétence en cette qualité au rabbin de Jérusalem, dont le nom figure dans l'acte invoqué ; 4° sur ce que Judas Zermati n'aurait pu contracter un mariage valable avec Ricca Tabet, à cause des rapports de cohabitation qui auraient précédemment existé entre lui et une sœur de cette dernière ; 5° sur la clandestinité de l'union dont il s'agit ;

« Attendu en ce qui touche le premier de ces moyens, que la sincérité de l'acte de mariage produit par l'appelant, ressort de tous les documents de la cause ; que la vérité de la date est démontrée, les plaintes contemporaines ou immédiatement postérieures auxquelles le second mariage a donné lieu de la part de la première épouse de l'appelant ;

« Attendu, en ce qui touche le second et le troisième moyens, que, dans le droit mosaïque, le mariage n'est assujetti à aucune forme sacramentelle ou irrémissiblement obligatoire ; qu'il est considéré comme un contrat essentiellement consensuel et que sa preuve peut résulter soit d'un acte dressé par les ministres de la religion, soit d'un écrit sous seing privé, soit de déclarations de témoins, soit même de la remise et de l'acceptation d'un symbole d'alliance ;

« Attendu que l'acte produit par Zermati et portant la date du 24 janvier 1846, constate qu'il y a eu concours de volonté entre lui et Ricca Tabet, à l'effet de contracter mariage, et cela en présence de témoins ;

« Attendu que l'ordonnance du 9 novembre 1845 doit être renfermée dans son objet spécial ; que cette ordonnance n'a eu, ainsi qu'il a été dit plus haut, ni pour pensée, ni pour but de modifier en quoi que ce soit la situation civile des Israélites indigènes;

« Que si dans son article 10, qui règle les attributions du grand rabbin et des rabbins, il est dit qu'ils célébreront les mariages religieux, il n'y a point à conclure de là que les autres formes de mariage autorisées jusqu'alors par la loi mosaïque, avaient été interdites pour l'avenir;

« Qu'ici encore il y a lieu de dire que si telle eût été la volonté du législateur, elle se serait manifestée en termes plus précis, et de manière à ne laisser place ni pour l'erreur ni pour la surprise;

« Attendu, au surplus, qu'à l'époque du mariage dont se prévalent Judas Zermati et Ricca Tabet, l'ordonnance dont il s'agit n'avait pas reçu encore son entière exécution; qu'il ressort d'un document incontesté de la cause, que l'installation du grand rabbin et du consistoire d'Alger, institué en vertu de cette ordonnance, ne s'est réalisée que le 31 janvier 1847, date postérieure à celle de l'union attaquée;

« Attendu que le rabbin de Jérusalem, dénommé dans l'acte de mariage, n'a point concouru au contrat comme ministre officiant, mais comme simple témoin; que c'est en cette qualité seulement qu'il est désigné audit acte;

« Attendu, en ce qui touche le quatrième moyen, qu'il repose sur une allégation complétement dépourvue de preuve et formellement contredite par l'appelant; qu'il est inutile dès lors de rechercher si le grief dont il est question constituerait, d'après la loi de Moïse, une cause de nullité du mariage intervenu;

« Attendu, en ce qui touche le cinquième et dernier moyen, que les faits et documents de la cause, loin de justifier l'allégation de clandestinité sur laquelle se fonde ce grief, démontrent au contraire que l'union matrimoniale dont il s'agit a été contractée avec toute la publicité dont s'entourent les mariages des Israélites indigènes, que cette union ne s'est dissimulée, ni aux yeux de la première épouse, ni aux yeux des tiers, qu'elle a été suivie d'une cohabitation patente entre Ricca Tabet et Judas Zermati, dans le domicile de ce dernier ; que près de vingt années s'étaient écoulées dans cette situation, lorsque, pour la première fois, on a songé à contester à ladite Ricca Tabet sa qualité de femme légitime, à ses enfants leur possession d'état d'enfants légitimes de Judas Zermati ;

« Attendu que si ces enfants ont été désignés sur les registres de l'état civil comme enfants naturels de ladite dame et de père inconnu, et que si plus tard Judas Zermati ne les a reconnus qu'en qualité d'enfants naturels aussi, ces faits s'expliquent par les appréhensions qui étaient restées dans son esprit, à la suite des plaintes de sa première femme, des protestations et des démarches de divers membres de la famille de cette dernière, et l'intervention intimidante d'une assemblée prenant sans droits et sans titres les pouvoirs d'une juridiction disciplinaire ;

« Attendu que le mariage attaqué étant reconnu valable, il y a lieu de reconnaître fondée aussi la demande de Judas Zermati et de Ricca Tabet, ayant pour objet de constater la légitimité des enfants nés de leur union ;

« Par ces motifs :

« Reçoit 1° Ricca Tabet ; 2° Jacob Tabet, ès-qualité, qu'il agit, intervenants dans la cause ;

« Donne acte à Denina Zermati, femme Levi Bram, et à ce dernier comme l'assistant et l'autorisant, de leur déclaration qu'ils s'en rapportent à la justice ;

« Faisant droit à l'appel de Judas Zermati, et réformant le jugement qui en est l'objet, ordonne que les actes de naissance :

« 1° De Mouni Zermati, en date du 21 janvier 1852 ;

« 2° De Ibrahim-Raphaël Zermati, en date du 12 novembre 1855 ;

« 3° De Messaouda Zermati en date du 15 mars 1858 ;

« 4° De Jacob Zermati, en date du 14 février 1861 ;

« Seront rectifiés en ce que, au lieu d'énoncer que les enfants auxquels ils s'appliquent sont issus de père inconnu et de demoiselle Ricca Tabet, ils énonceront qu'ils sont enfants légitimes de Judas Zermati, négociant, et de dame Ricca Tabet, épouse de ce dernier, domiciliés ensemble à Alger;

« Annule les actes de reconnaissance de Mouni, Ibrahim Raphaël, Messaouda et Jacob, en date du 28 janvier 1862;

« Ordonne que l'acte de décès de Jacob, en date du 17 juillet 1862, sera rectifié, en ce que le nom patronimique du décédé écrit *Zarmati* sera remplacé par celui de *Zermati!*

« Ordonne, en outre, que ledit acte sera complété en ce que, au lieu d'énoncer simplement que Jacob Zermati est fils de Judas Zermati et de Ricca Tabet, il sera mentionné qu'il est fils légitime de Judas Zermati, négociant, et de Ricca Tabet, épouse dudit Judas Zermati ;

« Dit et ordonne encore qu'il sera dressé sur les registres de l'état civil d'Alger acte de naissance d'Isaac Zermati, dans lequel il sera mentionné qu'il est né dans ladite ville, dans les derniers jours de février 1848, et qu'il est fils légitime de de Judas Zermati et de la dame Ricca Tabet, épouse de ce dernier, etc.

(*Ackhbar.*)

Le 19 mars 1864, le tribunal de Sétif, jugeant en matière civile, a rendu une importante décision que nous avons cru devoir reproduire presque en entier[1], parce qu'elle résout une des mille difficultés soulevées par l'article 37 de l'ordonnance du 20 juin 1842, lequel, grâce à la jurisprudence progressiste de la cour impériale d'Alger, et surtout de la Cour de cassation, ne comptera bientôt plus que parmi les débris d'une législation décrépite et vermoulue.

Rien de plus légitime, croyons-nous avec le jugement du tribunal de Sétif et plusieurs arrêts de la cour d'Alger, rien de plus légitime que l'interprétation de cet article, entendu dans le sens d'une loi spécialement établie pour conserver et

---

1. Vid. *Suprà*, pages 420 et 421.

maintenir la législation, tant personnelle que réelle, des Israélites et Musulmans de l'Algérie.

Mais aussi, rien de plus contraire au vrai progrès judiciaire de l'Algérie et aux intérêts civilisateurs et pécuniaires des Israélites, rien de plus opposé au principe de l'égalité de tous devant la loi.

Eh quoi! parce que je suis Israélite algérien, je serai jugé par la loi musulmane, si, hors le cas de question de statut personnel, je plaide contre un Musulman? Voilà donc que sous la domination française, je continuerai d'être soumis à une législation empreinte de fanatisme, d'injustice et d'oppression contre mes coreligionnaires, à la législation de la Régence *turque*, c'est tout dire!

Entraîné par la force d'une logique irrésistible, le tribunal de Sétif a adopté une solution dont il ne nous paraît pas possible de contester le caractère très-sérieusement juridique. Mais, tout en s'inclinant devant la loi, il a proclamé les résultats déplorables auxquels l'article 37 conduit fatalement le juge, de sorte que, dans cette circonstance, la Justice a fait la leçon à la Loi. On ne pouvait plus efficacement critiquer l'article 37, et en provoquer plus sûrement l'abrogation.

Tout le monde connaît cette vieille règle, ou plutôt ce vieux brocard de droit : *Testis unus, testis nullus*, si souvent cité par nos vieux jurisconsultes, et si justement rejeté par notre Droit actuel et encore en vigueur dans le droit musulman.

Le tribunal de Sétif avait à juger s'il y avait lieu à son application, en vertu de l'article 37, quand un seul témoin avait été entendu à l'appui de la demande formée par un Israélite ou par un Musulman, et que la justification de cette demande résultait, non-seulement d'un témoignage unique, mais encore des présomptions graves puisées dans les circonstances de la cause.

Le tribunal se prononça implicitement pour la négative, qui a été adoptée par la Cour de cassation [1].

1. Vid. *Suprà, eod. loc.*

COUR DE CASSATION

(Chambre civile).

Présidence de M. le premier président Troplong.

Bulletin du 29 mai 1865.

JUIFS D'ALGÉRIE. — TESTAMENT. — LÉVY CONTRE LÉVY.

Les capitulations d'Alger, du 25 juillet 1830, constituent une loi dont l'interprétation appartient au point de vue des droits civils des populations conquises, à l'autorité judiciaire. Ces capitulations et les divers actes législatifs intervenus depuis ont reconnu et conservé aux indigènes juifs, aussi bien qu'aux indigènes arabes, la jouissance des lois et coutumes qui les régissaient avant la conquête. Les indigènes peuvent donc faire valablement, en la forme et d'après les règles tracées par la loi et les usages mosaïques, tous les actes qu'une loi expresse ne leur a pas défendu ainsi. Spécialement, est valable le testament fait, en Algérie, par un juif indigène, en la forme consacrée par les lois et usages propres aux Juifs d'Algérie, le droit de tester, s'ils le préfèrent en la forme prescrite par la loi française et conformément à cette loi.

Rejet, après délibération, en chambre du conseil, au rapport de Monsieur le conseiller Fauconneau-Dufresne et contrairement aux conclusions de M. le premier avocat-général de Raynal, d'un pourvoi dirigé contre un arrêt rendu le 25 novembre 1861, par la cour impériale d'Alger.

COUR IMPÉRIALE D'ALGER

Audience du 7 juin 1865.

Présidence de M. le premier président Pierrey.

ADJAGE CONTRE FEMME ADJAGE.

A supposer que la législation algérienne laisse aux Israélites indigènes la faculté de renoncer à leur statut personnel en ce qui concerne leur union conjugale, on ne saurait voir la preuve de cette renonciation dans cette circonstance unique que les époux ont fait célébrer leur mariage par l'officier public français.

La Cour,

Ouï les défenseurs des parties en leurs conclusions et plaidoiries ;

Ouï M. Mazel, premier avocat-général en ses conclusions conformes,

Et après en avoir délibéré conformément à la loi :

Sur la première question soulevée par l'appel principal, qui est celle de savoir si l'appelante est fondée à réclamer la restitution de sa dot ;

Attendu que la solution de cette question est subordonnée à celle de savoir si le mariage des époux Adjage, par cela qu'il a eu lieu devant l'officier de l'état civil français, doit être considéré comme régi par la loi française ;

Attendu que les mariés Adjage sont l'un et l'autre Israélites indigènes ;

Attendu que l'article 37 de l'ordonnance royale du 26 septembre 1842 dispose, dans son paragraphe 2, que les indigènes sont présumés avoir contracté entre eux selon la loi du pays, à moins qu'il n'y ait convention contraire, et, dans son paragraphe 3, que les contestations entre Indigènes relatives à l'état civil, seront jugées conformément à la loi religieuse des parties ;

Attendu qu'en statuant en ces termes, et par deux dispositions distinctes, le législateur de l'Algérie semble avoir voulu que, dans tous les cas, et même dans celui où il y aurait eu convention contraire, les contestations entre indigènes, relatives à leur état civil, fussent jugées d'après leur loi religieuse ;

Attendu que l'article 49 de la même ordonnance vient prêter à cette interprétation, au moins en ce qui concerne les Indigènes israélites, un sérieux appui ;

Que cette disposition ordonne en effet que, dans les contestations *relatives à l'état civil, aux mariages et aux répudiations entre Israélites*, les rabbins seront appelés à donner leur avis par écrit, et que cet avis demeurera annexé à la minute du jugement rendu par le tribunal français ;

Attendu que cette exigence du législateur ne se comprendrait pas, si, dans les matières dont il s'agit, et notamment dans une question de mariage comme celle qui s'agite dans la cause, la loi française devait ou pouvait être appliquée ;

Attendu, au surplus, qu'en admettant que la renonciation au statut mosaïque et la soumission à la loi française pussent intervenir dans toute espèce de contrats entre Israélites indigènes, la solution finale de la question soumise à l'examen de la Cour n'en serait pas modifiée ;

Qu'en effet, cela étant, on ne saurait induire de l'indice qui a déterminé les premiers juges, l'existence du pacte destructif de la présomption énoncée dans le paragraphe 2 de l'article 37 de l'ordonnance précitée ;

Qu'une pareille convention est trop grave dans son objet et ses conséquences pour qu'on puisse se dispenser d'exiger qu'elle soit démontrée par une manifestation expresse de la volonté des parties ;

Attendu que les renonciations ne se présument pas, alors surtout que, comme dans l'espèce, elles porteraient sur une partie considérable du statut civil des renonçants ; qu'elles modifieraient d'une manière essentielle les conditions et les résultats de leur mariage ; qu'elles substitueraient à la dissolubilité de ce contrat son indissolubilité; qu'elles altéreraient gravement les droits et les obligations de chacun des époux au regard de l'autre; qu'elles auraient enfin une considérable influence sur le sort de leurs biens respectifs, sur le sort aussi des enfants à naître de leur union;

Attendu que le législateur de l'Algérie, lorsqu'il autorise les indigènes à renoncer à leur statut spécial, exige que cette renonciation soit exprimée en termes formels et certains;

Qu'on en trouve la preuve dans l'article 1er du décret du 31 décembre 1859 relatif aux Indigènes musulmans;

Que cette disposition, après avoir édicté que la loi musulmane régira toutes les conventions civiles et commerciales, ainsi que les questions d'état entre Musulmans, ajoute ce qui suit : « Toutefois, la déclaration *faite dans un acte par
« les Musulmans qu'ils entendent contracter sous l'empire de
« la loi française* entraîne l'application de cette loi et la compétence des tribunaux français. »

Attendu, ces principes posés, qu'aucune convention n'apparaît dans la cause indiquant que les époux Adjage aient entendu placer les conditions et les effets de leur union sous l'empire d'une loi autre que la loi mosaïque;

Que le fait de s'être présentés devant l'officier de l'état civil français pour faire procéder à la célébration de leur mariage ne peut avoir la portée que lui ont attribuée les premiers juges;

Attendu que cette démarche n'a pas été de leur part un acte de mouvement personnel se produisant avec un caractère de dérogation à l'habitude commune et révélant par un signe quelconque une intention exceptionnelle; qu'ils n'ont fait que se conformer à l'exemple de la plupart de leurs coreligionnaires d'Alger, lesquels obéissent en cela, sinon à une prescription légale, du moins à une impulsion émanée de l'autorité administrative et inspirée par le désir d'assurer d'une manière plus certaine que par le passé la constatation de l'état civil des israélites indigènes;

Attendu qu'il y aurait péril de mécompte et de surprise

pour les personnes en très-grand nombre qui, depuis quelques années, ont déféré à cette exhortation de l'autorité, si, par ce fait et contre leur attente, elles étaient exposées aujourd'hui à voir appliquer à leurs mariages les dispositions de la loi française ;

Attendu que les époux Adjage ont eu si peu la pensée d'abdiquer leur statut spécial et d'adopter la loi française comme règle de leur union, que, le jour même où venait d'avoir lieu leur comparution devant l'officier de l'état civil, ils se présentaient devant le grand rabbin d'Alger, et là ils faisaient procéder à une seconde célébration de leur mariage, célébration ayant non-seulement le caractère religieux, mais aussi le caractère civil, et constatée par un acte contenant leurs conventions nuptiales ;

Attendu que des faits et considérations qui précèdent il résulte que c'est à tort que le jugement dont est appel a considéré le mariage dont il s'agit comme régi par la loi française, et refusé par suite à la dame Adjage la restitution de sa dot, restitution à laquelle elle a droit en vertu des dispositions de sa loi et du contrat contenant les stipulations matrimoniales ;

Par ces motifs, etc.

COUTUME DE SORIA

Coutume qui n'est pas sans analogie avec notre antichrèse, et qui a pour objet d'autoriser le prêt à intérêt, sous certaines conditions, d'un immeuble quelconque, soit urbain, soit rural.

Elle est peu en usage chez les Israélites d'Algérie.

La Cour d'Alger, par arrêt du 24 janvier 1860, a décidé qu'elle ne pouvait préjudicier au créancier européen de l'emprunteur israélite.

Cette coutume, qui a plus d'une analogie avec notre antichrèse, paraît avoir pour objet le prêt à intérêt entre Israélites, mais sous les conditions suivantes :

1° Que l'emprunteur engage au prêteur un immeuble pour un nombre déterminé d'années;

2° Que le prêteur jouisse de l'usufruit de l'immeuble engagé pendant ce laps de temps, moyennant une réduction annuelle du capital, quelque minime qu'elle soit ;

3° Qu'au terme fixé par le contrat et après l'extinction du capital prêté par les annuités, l'immeuble fasse retour à l'emprunteur.

MOUVEMENT ET PROGRÈS INTELLECTUEL DES ISRAÉLITES ALGÉRIENS.

1° A la fin de l'année scolaire (1864), le lycée impérial d'Alger comptait 495 élèves, parmi lesquels 63 Israélites et 11 musulmans (Procès-verbaux du Conseil général d'Alger).

Notons un point, ajoutent avec raison *les Archives israélites* (1ᵉʳ fév. 1865), c'est que le chiffre des élèves israélites, au lycée d'Alger, est près du sextuple de celui des élèves musulmans.

Notons encore qu'il ne paraît pas exact de dire des familles des élèves musulmans comme de celles des élèves israélites, qu'elles les envoient au lycée « sans pression, sans encouragement, par leur seule et libre initiative. »

2° Le 1ᵉʳ janvier ont eu lieu, à Oran, les obsèques de M. Maklouf Kalfon, ancien président du Consistoire israélite, décédé dans sa soixante-dixième année, à la suite d'une longue et douloureuse maladie.

Une foule de personnes appartenant aux divers cultes et à toutes les classes de la société accompagnait à sa dernière demeure la dépouille mortelle de cet homme de bien.

M. Maklouf Kalfon a rempli successivement les fonctions de membre du Conseil municipal, d'adjoint au maire d'Oran, de membre de la chambre de commerce, de président du Consistoire, et de président du Comité consistorial. Les vieux

Oranais se souviennent de l'estime toute particulière qu'eurent pour lui les généraux qui commandèrent la province d'Oran au début de la conquête, et notamment M. le maréchal Bugeaud, auquel il fut très-utile lors de l'expédition de la Tafna. Sa conduite, dans cette circonstance, lui a valu une mention très-honorable de la part de M. le colonel Walsin-Esterhazy dans son histoire du maghzen d'Oran.

M. le grand rabbin Charleville a, sur le bord de la tombe, rappelé, dans un langage élevé, les titres du défunt à l'estime publique :

« Vous connaissez, a-t-il dit, cette belle parole du Talmud: Un disciple demande à son maître : Maître, nous n'avons plus de Temple, plus d'autel, plus de sacrifices, comment effacer nos péchés? — Ah! répond le maître, le Temple n'existait qu'à Jérusalem, les sacrifices ne pouvaient être offerts que par les fils d'Aaron. Nous avons quelque chose qui remplace tout cela et qui peut s'exercer dans tous les temps et dans tous les pays; cette chose divine, c'est la charité; mon fils, suis le pontife de la charité. — Kalfon était un vrai prêtre de ce culte divin : la charité, c'était là son pontificat, qui ne cessa qu'avec le dernier souffle de la vie.

« Ses titres à la reconnaissance de tous, à celle de nos coreligionnaires comme à celle de nos compatriotes, sont les services que Kalfon a rendus à l'époque si mémorable et si heureuse pour vous où le drapeau français, portant dans ses plis la civilisation et le progrès, apparut triomphant à vos yeux. C'est Kalfon qui servit d'intermédiaire, de transition entre cette civilisation arriérée qui enchaîne les pas de l'humanité et cette civilisation bienfaitrice qui dit sans cesse à l'homme: En avant, il reste encore une victoire à remporter, un préjugé à abattre, une idée saine à proposer. Mission difficile surtout au début de la conquête!..... »

LES ARTICLES DE LA FOI ISRAÉLITE

« Après avoir discouru des cérémonies et des coutumes qui sont aujourd'hui en usage parmi les Juifs, il ne me reste plus qu'à rapporter dans ce dernier chapitre les treize articles de foi qui renferment toute leur créance, conformément à ce qu'en a dit rabbin Moïse, égyptien, dans son explication de la Misna, au traité Sénédrin, chap. *Hélec.*, ce qui est reçu de tous les Juifs sans aucune contradiction :

I. — Qu'il y a un Dieu créateur de toutes choses, premier principe de tous les êtres, qui peut subsister sans aucune partie de l'univers, mais que rien au monde ne peut subsister sans lui.

II. — Que Dieu est un et indivisible, mais d'une unité différente de toutes autres unités.

III. — Que Dieu est incorporel et qu'il n'a aucune qualité corporelle possible, et qui se puisse imaginer.

IV. — Que Dieu est de toute éternité, et que ce qui est, hormis lui, a eu commencement avec le temps.

V. — Qu'on ne doit adorer et servir que Dieu seul et que l'on ne doit adorer et servir pas un autre, soit comme médiateur ou comme intercesseur.

VI. — Qu'il y a eu et qu'il y peut avoir encore des prophètes disposés à recevoir les inspirations de Dieu.

VII. — Que Moïse a été plus grand prophète que tout autre, et que le degré de prophétie dont Dieu l'a honoré était singulier et fort au-dessus de celui qu'il a donné aux autres prophètes.

VIII. — Que la loi que Moïse leur a laissée a été toute dictée de Dieu, et qu'elle ne renferme pas une syllabe qui ne soit purement de Moïse, et, par conséquent, que l'explication de ces préceptes, qu'ils ont par tradition, est entièrement sortie de la bouche de Dieu qui la donna à Moïse.

IX. — Que cette loi est immuable et qu'on n'y peut rien ajouter ni retrancher.

APPENDICE.

X. — Que Dieu connaît et dispose de toutes nos actions humaines.

XI. — Que Dieu récompense ceux qui observent la foi et chatie ceux qui la violent, que la meilleure récompense est l'autre vie, et le plus grand châtiment est la damnation de l'âme.

XII. — Qu'il viendra un Messie qui sera d'un bien plus grand mérite que tous les rois qui auront été dans tout le monde avant lui; qu'encore qu'il tarde à venir, il ne faut point douter de sa venue ni se prescrire un temps où elle doive être et encore moins le tirer de l'Écriture, vu qu'il ne doit y avoir jamais de roi en Israël qui ne soit de la race de David et de Salomon. »

XIII. — . . . .

Cérémonies et coutumes qui s'observent aujourd'hui parmi les Juifs, traduites de *Léon de Modène*, rabbin de Venise. Paris, 1710, 3ᵐᵉ édition, p. 207-210, chap. XII.

PÉTITION

ADRESSÉE PAR LES ISRAÉLITES DE L'ALGÉRIE AU SÉNAT.

Messieurs les Sénateurs,

La Cour suprême nous a enfin reconnu une nationalité que nous avions, mais qu'on nous a toujours déniée : par son arrêt du 15 février dernier, elle nous a déclarés Français.

Forts des principes qu'elle a consacrés, nous venons solliciter autant de votre justice que de la générosité qui caractérise tous vos actes, d'achever l'œuvre commencée, de proclamer notre assimilation définitive avec nos frères de la mère-patrie, de nous élever, en un mot, à la dignité de citoyens, objet de nos vœux les plus ardents, de nos plus chères espérances, et de nos aspirations les plus constantes et les plus vives.

Pour que vous daigniez prendre en considération notre

humble pétition, et nous faire jouir enfin de la qualité de citoyens que nous réclamons depuis bien des années, quels autres titres pourrions-nous faire valoir à votre bienveillance qu'un dévouement inaltérable à la France, qu'un vif désir de la servir et de mourir pour elle, de contribuer, dans la limite de nos forces, à sa grandeur et à sa prospérité, de nous glorifier de ses nobles destinées, et d'être unis à jamais par les liens les plus étroits à ses enfants, les Français, nos frères et nos libérateurs?

Comment pourrait-il en être autrement? N'est-ce pas de la France qu'est venu notre salut? N'est-ce pas la France qui nous a délivrés du joug oppresseur et de la tyrannie des Turcs? N'est-ce pas la France qui a daigné enfin nous tendre la main, et nous convier par l'organe de son premier corps judiciaire, à participer aux avantages dont jouissent nos frères les Français?

Et si nous osons venir aujourd'hui vous supplier de combler nos vœux, c'est que nous avons la plus entière certitude que vous daignerez prêter à notre cause votre concours généreux et votre puissant appui. Aussi, dans les actions de grâces que nous rendrons à Dieu, comme dans l'expression de nos sentiments de profonde reconnaissance, nous permettrons-nous de confondre désormais le nom du Sénat avec celui de la France, d'appeler celle-ci notre mère et chère patrie, et vous, Messieurs les Sénateurs, nos plus nobles et plus magnanimes bienfaiteurs.

Vivement pénétrés des sentiments de gratitude, de respect et d'admiration pour le premier corps politique de l'Empire, nous déclarons que, pour nous rendre dignes du bienfait dont vous voudrez bien nous doter, nous sommes tous dans l'intention de nous conformer à vos volontés paternelles.

Nous avons l'honneur d'être,

   Messieurs les Sénateurs,
 avec le plus profond respect,
  Vos très-humbles et très-obéissants serviteurs.

ADRESSE DES ISRAÉLITES D'ALGER

A SA MAJESTÉ NAPOLÉON III, EMPEREUR DES FRANÇAIS.

Sire,

Les soussignés ont l'honneur de vous exposer que, la nouvelle de votre retour en Algérie ayant ravivé les espérances de toute la population, les Israélites, en particulier, ont pensé qu'ils devaient saisir avec empressement une occasion si favorable de réitérer, auprès de Votre Majesté, le vœu si constamment exprimé d'être élevés à la dignité de citoyens français.

Objet de leurs légitimes aspirations, ce vœu, ils osent l'espérer, ne peut manquer d'être un jour exaucé par le gouvernement, aussi généreux qu'éclairé, de Votre Majesté.

N'y a-t-il pas, d'ailleurs, dans les faits accomplis de quoi encourager les Israélites à renouveler, avec confiance, leur chère ambition, de prendre place au sein de la grande famille française, à l'égal de leurs frères de la Métropole?

D'un autre côté, la situation qui leur est faite, au point de vue juridique, étant des plus anormales, ne démontre-t-elle pas chaque jour davantage l'impérieuse nécessité d'y porter remède par une naturalisation collective?

En effet, bien que par son arrêt du 15 février 1864, la Cour suprême nous ait fait faire un grand pas en nous déclarant Français, ce n'est là, il faut bien le reconnaître, qu'une décision judiciaire qui ne saurait lier les tribunaux, dont la jurisprudence est dissidente quand il s'agit de statuer sur des questions se rattachant, soit au statut personnel, soit au statut réel des Israélites.

Ainsi, en raison de cet état de choses, le mariage, qui est la base de la famille, est devenu une cause de perturbation et de scandale.

La mesure qu'ils sollicitent peut seule fixer définitivement leur situation, en les plaçant immédiatement sous l'empire du droit commun.

Quoiqu'il ne leur appartienne pas de rappeler, ici, leurs titres à cette éminente adoption, il doit cependant leur être permis d'invoquer les gages de respect et d'amour qu'ils ont toujours été si heureux de donner à la Mère-Patrie.

Pleins de confiance en vous, Sire, qui aimez à encourager les aspirations légitimes, les soussignés espèrent que, pénétrée du mobile qui les anime, Votre Majesté daignera protéger leur cause libérale et juste.

Toutefois, si la naturalisation collective était de nature à rencontrer quelque obstacle, ils demandent que par une sage modification de la loi actuelle, le délai excessif de dix années de stage soit réduit pour l'obtention de la naturalisation individuelle.

Par là, on ouvrirait une voie facile à un grand nombre de personnes qui, désireuses d'acquérir la précieuse qualité de citoyen français, ne reculent cependant que devant l'obligation d'attendre dix ans !

Dans l'attente d'un accueil favorable, ils ont l'honneur d'être, avec la plus vive reconnaissance et le plus profond respect, de Votre Majesté,

    Sire,

               Les très-humbles, très-obéissants et fidèles sujets.

Le grand-rabbin de Constantine, placé en tête du consistoire israélite, a présenté à l'Empereur l'adresse suivante, au nom de ses coreligionnaires :

Sire,

Les Israélites de l'Algérie, dit-on, font presque exclusivement le commerce d'argent.

Ce reproche grave a été fait aussi au commencement de ce

siècle à nos frères de France. Pendant dix-huit siècles, tout autre commerce leur a été interdit. Mais depuis que Napoléon Ier, de glorieuse mémoire, leur a sanctionné le titre de citoyen français après la réunion d'un sanhédrin, voilà bientôt soixante ans, que les Israélites ont mis tous leurs efforts à faire disparaître ce reproche : ils sont entrés dans toutes les carrières, et partout ils ont su se distinguer.

En Algérie, les Israélites ont obtenu la liberté et la protection ; mais ils ne jouissent pas encore du titre de citoyen français, après lequel ils aspirent. Et cependant leurs actions témoignent déjà suffisamment de toute la reconnaissance qu'ils savent devoir à cette noble et généreuse patrie qui les a affranchis d'un joug tyrannique et arbitraire.

Libres seulement depuis 1830 à Alger, depuis 1837 à Constantine, ils ont déjà prouvé qu'ils savent faire d'autre commerce que celui qu'on leur reproche. Les grands marchés de France, Rouen, Mulhouse, Reims, Lyon, Beaucaire, Tarrare, Marseille, connaissent, et connaissent d'une manière honorable les Israélites de l'Algérie. Les exportations de France, faites par les Israélites de la ville de Constantine seule, s'élèvent à plus de vingt-cinq millions. Nous le disons sans orgueil, mais aussi sans fausse modestie, parce que cela est.

Mais ce n'est pas seulement le commerce et le grand commerce qui les a attirés, ils ont su aussi prendre leur place dans l'industrie et dans l'agriculture.

Autrefois la possession territoriale leur était interdite ; depuis que l'Algérie est française, cette interdiction ne pouvait plus exister ; néanmoins, aucune facilité ne leur a été donnée pour devenir cultivateurs ; toutes les demandes de concessions faites par eux ont été écartées ; et vous savez, Sire, qu'on ne trouve pas facilement des terres à acheter en Algérie. Malgré cela, un grand nombre d'Israélites de l'Algérie sont colons ; nous osons le dire sans crainte d'un démenti.

Et certes, si la libéralité du gouvernement l'avait permis, la moitié des Israélites au moins seraient aujourd'hui laboureurs. Tous les corps de métiers ont déjà des représentants dans la population israélite ; et dans les carrières libérales on les verrait en grand nombre, si elles leur étaient ouvertes.

Sire,

Ce n'est pas par des paroles que les Israélites de l'Algérie veulent se montrer reconnaissants envers la France et Votre Auguste Majesté, c'est par leurs actions. Dévoués à leur nouvelle patrie et au gouvernement de Votre Majesté, ils ont cherché à se rendre utiles, et ils ne cessent d'y mettre tout le zèle et toute l'activité dont ils sont capables.

Sire,

Les Israélites de l'Algérie viennent humblement et respectueusement dire à Votre Majesté :

Nous aimons la France, notre nouvelle patrie ; nous aimons, nous vénérons Votre Majesté, dont le gouvernement paternel nous a déjà donné tant de preuves de sollicitude. Que Votre Majesté nous soumette à une législation fixe et uniforme, propre à nous soustraire à des interprétations arbitraires ; qu'Elle nous ouvre les carrières qui nous sont encore fermées, et Elle nous verra bientôt répandre notre sang sur les champs de bataille, à côté de nos frères de France ; Elle nous verra bientôt accourir partout où il faut de l'intelligence et des études pour parvenir.

C'est avec un bonheur inexprimable qu'ils viennent aujourd'hui déposer à vos pieds leur respect, leur reconnaissance, leur dévouement et vous dire avec notre divin Livre :

Béni sois-tu en entrant !

Sire,

Quant à moi, rabbin français, il est de mon devoir de dire à Votre Majesté : Les Israélites indigènes sont dévoués à Votre Majesté et à votre dynastie, parce que l'on sait que le nom de Napoléon signifie affranchissement. Tous les jours ils demandent à l'Éternel la prolongation de votre précieuse vie. Les Israélites indigènes aiment le progrès ; nos écoles ne suffisent pas pour les élèves que les parents désirent faire instruire par nos maîtres français.

Sire,

Depuis qu'une heureuse nouvelle nous a apporté la parole vivifiante de Votre Majesté à nos frères d'Oran, leur reconnaissance se serait accrue s'il eût été possible.

Sire,

J'ose demander à Votre Majesté la permission de réciter la bénédiction que les prêtres, mes aïeux, donnaient dans le temple aux rois et aux peuples :

« Que l'Éternel Vous bénisse et Vous protége ; que l'Éternel fasse luire sur Vous son esprit et Vous comble de grâces ; que l'Éternel porte sur Vous sa vigilance continuelle, et partout et toujours Vous donne la paix et la tranquillité. »

L'Empereur a répondu que la question de la naturalisation lui avait été soumise et qu'il s'occuperait du sort des Israélites.

Aux réceptions officielles qui ont eu lieu au Château-Neuf, à Oran, immédiatement après l'arrivée de S. M. l'Empereur, M. Charleville, grand-rabbin, à la tête de son consistoire, a prononcé le discours suivant :

Sire,

Le Consistoire est heureux de pouvoir offrir à Votre Majesté les hommages les plus respectueux des Israélites de la province. Ils savent, Sire, que Votre règne signifie : liberté de la conscience entière, protection égale pour tous dans le sein de notre belle patrie, comme partout où arrive sa voix puissante. Aussi dirons-nous avec bonheur à Votre Majesté : L'Israélite aime la France ; il bénit son Auguste Souverain.

Sire, cinquante mille de nos coreligionnaires protégés par le drapeau glorieux de la France, sans patrie depuis bien des siècles, sont encore aujourd'hui sans patrie. Ils osent vous la demander, Sire; tous leurs efforts, comme ceux de leurs frères de la mère-patrie, tendent à s'en rendre dignes. Ils n'ont appris, jusqu'à ce jour, de l'unité de la législation française, qui seule a fait baisser toutes les barrières que les préjugés avaient élevées devant la sainteté d'une foi religieuse, que sa loi pénale ; qu'ils connaissent également sa loi civile, ce monument impérissable et civilisateur de Napoléon Ier ; ou plutôt, Sire, daignez leur permettre de se régénérer par le sentiment de la patrie, sentiment profond chez l'Israélite, qu'il confond dans sa conscience avec le dévouement qu'il doit à son bienfaiteur. Si la religion de ses pères est si sacrée pour lui, il ne comprend pas moins la religion du cœur : il appelle saint Bernard l'ange de l'Eternel et Cyrus son élu.

Vivez longtemps, Sire, pour le bonheur et la gloire de la France, entouré de notre si gracieuse et si charitable Souveraine et du jeune Prince impérial, l'espoir de nos enfants !

Sa Majesté, après avoir prêté la plus bienveillante attention à ces paroles, étend la main, demande gracieusement le discours, et donne les espérances les plus formelles que « bien-
« tôt les Israélites algériens seront citoyens français. »

Il a demandé aussi si l'on n'avait pas songé à faire entrer les indigènes dans la Loge maçonnique. En Algérie plus que partout, lui a dit M. Félix Renault, nous avons besoin de nous soutenir mutuellement et de nous serrer les uns près des autres. Mais jusqu'ici nous n'avons parmi nous d'autres indigènes que des Israélites ; j'ai essayé plusieurs fois de faire comprendre à divers chefs arabes les bienfaits de la mutualité : ils en sont encore à l'idée pure et simple de l'aumône du riche au pauvre. »

M. Moïse Seror, nouveau président du consistoire israélite de Constantine, a demandé une audience à l'Empereur pour les notables commerçants israélites. Ils ont été reçus dimanche, à midi. M. Seror se faisant l'organe des Israélites, lui a lu le discours suivant : .

SIRE,

Interprète des sentiments de la population israélite, je viens humblement déposer aux pieds de Votre Majesté le sincère hommage de notre profond respect et de notre éternelle reconnaissance.

C'est à notre véritable patrie, la France, c'est aux institutions libérales dont elle est le foyer, que nous devons notre réhabilitation sociale, la sécurité de nos personnes et de nos biens, en un mot, la protection des lois.

Comment ne serions-nous pas vos sujets les plus dévoués? Comment tous nos efforts ne tendraient-ils pas à justifier vos bienfaits? Nos prières s'unissent pour rendre grâce au Dieu du ciel des faveurs dont il entoure Votre Majesté, qui est notre providence sur la terre.

Aujourd'hui, Sire, il n'existe plus de nuance sensible entre l'éducation de nos enfants et celle des enfants de la Mère-Patrie; le problème de la fusion d'idées se trouve résolu en ce qui nous concerne.

Notre commerce se développe chaque jour davantage; il exerce une influence salutaire dans les principaux centres de l'industrie nationale. Il a contribué à atténuer les tristes effets de la crise cotonnière, suivant l'opinion que M. le Sénateur préfet de la Seine-Inférieure a daigné émettre dans une entrevue que j'ai eue avec lui.

L'avenir, qui nous apparaît aujourd'hui riche des plus brillantes promesses, réalisera des espérances que nous osions à peine concevoir avant la visite de Votre Majesté.

Aussi devons-nous bénir ce jour solennel et le considérer comme le premier de l'ère nouvelle que l'Afrique française attendait depuis longtemps.

APPENDICE.

DÉCISION DES NOTABLES ISRAÉLITES FRANÇAIS
(1806)

Considérant.... que, puisque la religion mosaïque ordonne aux Israélites d'accueillir avec tant de charité et d'égards les étrangers qui allaient résider dans leurs villes, à plus forte raison leur commande-t-elle les mêmes sentiments envers les individus des nations qui les ont recueillis dans leur sein, qui les protégent par leurs lois, les défendent par leurs armes, leur permettent d'adorer l'Eternel selon leur culte, et les admettent, comme en France et dans les royaumes d'Italie, à la participation de tous les droits civils et politiques. D'après ces diverses considérations, le grand sanhédrin ORDONNE *à tout Israélite de l'Empire français et du royaume d'Italie, et de tous autres lieux, de vivre avec les sujets de chacun des États dans lesquels ils habitent, comme avec leurs* CONCITOYENS *et leurs* FRÈRES, puisqu'ils reconnaissent Dieu Créateur du ciel et de la terre, parce qu'ainsi le veut la LETTRE et l'ESPRIT de notre sainte LOI.

DÉCISION DU GRAND SANHÉDRIN
(1807)

Rapports civils et politiques.

Le grand sanhédrin, pénétré de l'utilité qui doit résulter pour les Israélites d'une déclaration authentique qui fixe et détermine leurs obligations comme membres de l'État auquel ils appartiennent, et voulant que nul n'ignore quels sont à cet égard les principes que les docteurs de la loi et les notables d'Israël professent et prescrivent à leurs coreligionnaires dans les pays où ils ne sont point exclus de tous les avantages de la société civile, spécialement en France et dans le royaume d'Italie ;

Déclare qu'il est de devoir religieux pour tout Israélite né et élevé dans un État, ou qui en devient citoyen par résidence ou autrement, conformément aux lois qui en déterminent les conditions, de regarder ledit État comme sa patrie ; que ces devoirs qui dérivent de la nature des choses, qui sont conformes à la destination des hommes en société, s'accordent par cela même avec la parole de Dieu. — Daniel dit à Darius qu'il n'a été sauvé de la fureur des lions que pour avoir été également fidèle à son Dieu et à son roi. Jérémie commande à tous les Hébreux de regarder Babylone comme leur patrie. Concourez de tout votre pouvoir, dit-il, à son bonheur. On lit dans le même livre le serment que fit prêter Guedalya aux Israélites. Ne craignez point, leur dit-il, de servir les Chaldéens ; demeurez dans le pays, soyez fidèles au roi de Babylone et vous vivrez heureusement. Crains Dieu et ton souverain, a dit Salomon ;

Qu'ainsi tout prescrit à l'Israélite d'avoir pour son prince et ses lois, le respect, l'attachement et la fidélité dont tous ses sujets lui doivent le tribut. Que tout l'oblige à ne point isoler son intérêt de l'intérêt public, ni sa destinée non plus que celle de sa famille, de la destinée de la grande famille de l'État ; qu'il doit s'affliger de ses revers, s'applaudir de ses triomphes, et concourir par toutes ses facultés au bonheur de ses concitoyens. En conséquence, le grand sanhédrin statue que tout Israélite né et élevé en France et dans les royaumes d'Italie, et traité par les lois des deux États comme citoyen, est obligé religieusement de les regarder comme sa patrie, de les servir, de les défendre, d'obéir aux lois, et de se conformer dans toutes ces transactions aux dispositions du Code civil. — Déclare en outre le grand sanhédrin, que tout Israélite appelé au service militaire, est dispensé par la loi, pendant la durée de ce service, de toutes les observances religieuses qui ne peuvent se concilier avec lui.

APPENDICE.

Prêts entre Israélite et non Israélite.

Le grand Sanhédrin voulant dissiper l'erreur qui attribue aux Israélites la faculté de faire l'usure avec ceux qui ne sont pas de leur religion, comme leur étant laissée par cette religion même et confirmée par leurs docteurs talmudistes ;

Considérant que cette imputation a été dans différents temps et dans différents pays l'une des causes des préventions qui se sont élevées contre eux, et voulant faire cesser dorénavant tout faux jugement à cet égard en fixant le sens du texte sacré sur cette matière;

Déclare que le texte qui autorise le prêt à intérêt avec l'é-l'étranger, ne peut et ne doit s'entendre que des nations étrangères avec lesquelles on faisait le commerce, et qui prêtaient elles-mêmes aux Israélites, cette faculté étant basée sur un principe naturel de réciprocité. Que le mot *nochri* ne s'applique qu'aux individus des nations étrangères, et non à des concitoyens que nous regardons comme nos frères ;

Que même, à l'égard des nations étrangères, l'Ecriture sainte en permettant de prendre d'elles un intérêt, n'entend point parler d'un profit excessif et ruineux pour celui qui le paye, puisqu'elle nous déclare ailleurs que toute iniquité est abominable aux yeux du Seigneur. En conséquence de ces principes, le grand sanhédrin, en vertu du pouvoir dont il est revêtu, et pour qu'aucun Hébreu ne puisse à l'avenir alléguer l'ignorance de ses devoirs religieux en matière de prêt à intérêt envers ses compatriotes sans distinction de religion;

Déclare à tous Israélites, et particulièrement à ceux de France et du royaume d'Italie, que les dispositions prescrites par la décision précédente sur le prêt officieux ou à intérêt d'Hébreu à Hébreu, ainsi que les principes et les préceptes rappelés par le texte de l'Ecriture sainte sur cette matière, s'étendent tant à nos compatriotes, sans distinction de religion qu'à nos coreligionnaires. Ordonne à tous comme précepte religieux, et en particulier à ceux de France et du royaume d'Italie, de ne faire aucune distinction à l'avenir en matière de prêt entre concitoyens et coreligionnaires, le tout conformément au statut précédent;

Déclare en outre que quiconque transgressera la présente ordonnance, viole un devoir religieux et pèche notoirement contre la loi de Dieu;

Déclare enfin que toute usure est indistinctement défendue, non-seulement d'Hébreu à Hébreu, et d'Hébreu à concitoyen d'une autre religion, mais encore avec les étrangers de toutes les nations, regardant cette pratique comme une iniquité abominable aux yeux du Seigneur. — Ordonne également le grand sanhédrin, à tous les rabbins, dans leurs prédications et leurs instructions, de ne rien négliger auprès de leurs coreligionnaires, pour accréditer dans leur esprit les maximes contenues dans la présente décision.

... En conséquence, déclarons,

Que la loi divine, ce précieux héritage de nos ancêtres, contient des dispositions religieuses et des dispositions politiques; que les dispositions religieuses sont, par leur nature, absolues et indépendantes des circonstances et des temps;

Qu'il n'en est pas de même des dispositions politiques, c'est à-dire, de celles qui constituent le gouvernement, et qui étaient destinées à régir le peuple d'Israël dans la Palestine, lorsqu'il avait ses rois, ses pontifes et ses magistrats;

Que ces dispositions politiques ne sauraient être applicables depuis qu'il ne forme plus un corps de nation;

Qu'en consacrant cette distinction déjà établie par la tradition, le grand Sanhédrin déclare un fait incontestable; qu'une assemblée des docteurs de la loi réunie en grand Sanhédrin pouvait seule déterminer les conséquences qui en dérivent;

Que si les anciens Sanhédrins ne l'ont pas fait, c'est que les circonstances politiques ne l'exigeaient point, et que depuis l'ancienne dispersion d'Israël aucun Sanhédrin, n'avait été réuni avant celui-ci:

Engagés dans ce pieux dessein, nous invoquons la lumière divine de laquelle émanent tous les biens, et nous nous reconnaissons obligés de concourir autant qu'il dépendra de nous à l'achèvement de la régénération morale d'Israël.

Ainsi, en vertu du droit que nous confèrent nos usages et nos lois sacrées, et qui déterminent que dans l'assemblée des docteurs du siècle, réside essentiellement la faculté de statuer, selon l'urgence des cas, ce que requiert l'observance desdites lois, soit écrites, soit traditionnelles, nous procéderons dans l'objet de prescrire religieusement l'obéissance aux lois de l'Etat en matière civile et politique. Pénétrés de cette sainte maxime, que la crainte de Dieu est le principe de toute sagesse, nous élevons nos regards vers le ciel, nous étendons nos mains vers son sanctuaire, et nous l'implorons pour qu'il daigne nous éclairer de sa lumière, nous diriger dans le sentier de la vertu et de la vérité, afin que nous puissions conduire nos frères pour leur félicité et celle de leurs descendants.

Partant, nous enjoignons, au nom de Seigneur notre Dieu, à tous nos coreligionnaires des deux sexes, d'observer fidèlement nos déclarations, statuts et ordonnances, regardant d'avance tous ceux de France et d'Italie qui les violeront ou en négligeront l'observation, comme péchant notoirement contre la volonté du Seigneur Dieu d'Israël.

Polygamie.

Le grand Sanhédrin légalement assemblé ce jour 9 février 1807, et en vertu des pouvoirs qui leur sont inhérents, examinant s'il est licite aux Hébreux d'épouser plus d'une femme, et pénétré du principe généralement consacré dans Israël, que la soumission aux lois de l'Etat, en matière civile et politique est un devoir religieux,

Reconnaît et déclare que la polygamie, permise par la loi de Moïse, n'est qu'une simple faculté, que nos docteurs l'ont subordonnée à la condition d'avoir une fortune suffisante pour subvenir aux besoins de plus d'une épouse ;

Que dès les premiers temps de notre dispersion, les Israélites répandus dans l'Occident, pénétrés de la nécessité de mettre leurs usages en harmonie avec les lois civiles des Etats dans lesquels ils s'étaient établis, avaient généralement renoncé à la polygamie, comme une pratique non conforme aux mœurs des nations ;

Que ce fut aussi pour rendre hommage à ce principe de conformité en matière civile, que le Synode convoqué à Worms en l'an 4790 de notre ère, et présidé par le Rabbin Guerson, avait prononcé anathème contre tout Israélite de leur pays qui épouserait plus d'une femme ;

Que cet usage s'est entièrement perdu en France, en Italie et dans presque tous les Etats du continent européen où il est extrêmement rare de trouver un Israélite qui ose enfreindre les lois des nations contre la polygamie ;

En conséquence, le grand Sanhédrin, pesant dans sa sagesse combien il importe de maintenir l'usage adopté par les Israélites répandus dans l'Europe et pour confirmer en tant que besoin ladite décision de Synode de Worms, statue et ordonne comme précepte religieux,

Qu'il est défendu à tous les Israélites de tous les Etats où la polygamie est prohibée par les lois civiles, et en particulier à ceux de l'empire de France et du royaume d'Italie, d'épouser une seconde femme du vivant de la première, à moins qu'un divorce avec celle-ci, prononcé conformément aux dispositions du Code civil, et suivi du divorce religieux, ne les ait affranchis des liens du mariage.

Mariage.

Le grand Sanhédrin, considérant que, dans l'empire français et le royaume d'Italie aucun mariage n'est valable qu'autant qu'il est précédé d'un contrat civil devant l'officier public, en vertu du pouvoir qui lui est dévolu, statue et ordonne :

Qu'il est d'obligation religieuse pour tout Israélite français et du royaume d'Italie, de regarder désormais dans les deux États de prêter leur ministère à l'acte religieux du mariage, sans qu'il leur ait apparu auparavant de l'acte des conjoints devant l'officier civil, conformément à la loi.

Le grand Sanhédrin déclare, en outre, que les mariages entre Israélites et Chrétiens contractés conformément aux lois du Code civil, sont obligatoires et valables civilement, et que bien qu'ils ne soient pas susceptibles d'être revêtus des formes religieuses, ils n'entraîneront aucun anathème.

Fraternité.

Le grand Sanhédrin, ayant considéré que l'opinion des nations parmi lesquelles les Israélites ont fixé leur résidence depuis plusieurs générations, les laissait dans le doute sur les sentiments de fraternité et de sociabilité qui les animent à leur égard, de telle sorte que ni en France, ni dans les royaumes d'Italie, l'on ne paraissait point fixé sur la question de savoir si les Israélites de ces deux États regardaient leurs concitoyens chrétiens comme frères, ou seulement comme étrangers,

Afin de dissiper tous les doutes à ce sujet, le grand Sanhédrin déclare :

Qu'en vertu de la loi donnée par Moïse aux enfants d'Israël, ceux-ci sont obligés de regarder comme leurs frères, les individus des nations qui reconnaissent Dieu créateur du ciel et de la terre, et parmi lesquelles ils jouissent des avantages de la société civile, ou seulement d'une bienveillante hospitalité; que la Sainte-Écriture nous ordonne d'aimer notre semblable, comme nous-mêmes, et que, reconnaissant comme conforme à la volonté de Dieu, qui est la justice même de ne faire à autrui que ce que nous voudrions qui nous fût fait, il serait contraire à ces maximes sacrées de ne point regarder nos concitoyens français et italiens comme nos frères ;

Que d'après cette doctrine universellement reçue, et par

les docteurs qui ont le plus d'autorité dans Israël, et par tout Israélite qui n'ignore point sa religion, il est du devoir de tous d'aider, de protéger, d'aimer leurs concitoyens, et de les traiter, sous tous les rapports civils et moraux à l'égal de leurs coreligionnaires.

FIN DE L'APPENDICE.

NOTES

XI, ligne 15 : *Études judiciaires et législatives sur l'Algérie.* Ces études sont au nombre de trente. Elles traitent des principales questions concernant la Législation, le Droit, la Justice, la Magistrature et le Barreau. Nous espérons pouvoir les publier prochainement en trois volumes in-8°.

XII, ligne 3. Voir *suprà*, à l'Appendice.

XIX, ligne 8 : *Des lèvres chrétiennes et même, le dirai-je? sacerdotales.* Allusion aux paroles d'un de nos amis, prêtre aussi distingué par sa science que par sa piété. L'Évangile ordonne à tout homme d'aimer son *prochain* : pourquoi donc un chrétien, un catholique n'aimerait-il pas les Juifs? Est-il un seul peuple à qui, rigoureusement parlant, il soit lié par une plus étroite parenté?

Nous devons ajouter que pour quelques Agobards qu'on trouverait peut-être encore au sein du clergé catholique, on rencontrerait aujourd'hui une multitude de prêtres et de laïques qui, à l'égard des Juifs, ne pensent et ne sentent pas autrement que le pape Alexandre II et saint Bernard.

XXIV, ligne 2 : *Un rouleau divin* le *Sepher* ou Pentateuque, ordinairement écrit en gros caractère, sur du parchemin *enroulé* autour d'une sorte de hampe, ce qui lui donne la forme d'un rouleau ou *volume* des Anciens.

XXVII, ligne 28 : *Sans patrie.* « Notre nationalité est morte, bien morte. » L. Kœnigswarter : Discours prononcé aux obsèques du grand-Rabbin Uhlmann (mai 1865).

XXIX, ligne 16 : *Adrogés.* L'*adrogation* était chez les Romains l'adoption d'un individu *sui juris* ou *paterfamilias* (chef de famille).

XXXII, ligne 17 : *Plusieurs décrets.* Voir, entre autres, celui du 30 mai 1806, dans le *Répertoire* de Merlin, V° *Juifs*.

XXXIV, ligne 16 : *Quelques-uns de ces peuples.* Depuis que ceci est écrit, plusieurs d'entre ces peuples semblent s'être départis de leur esprit de rigueur et d'exclusivisme à l'égard des israélites.

Ibid., ligne 27 : *Fût-il Mendelsohn.* Allusion à un fait tiré de la vie de ce grand homme, et raconté dans les *Archives Israélites.*

XXXV, ligne 15 : *Rome, quoi qu'on en ait dit, a encore son Ghetto.* Il est vrai qu'on a beaucoup exagéré les sévérités du règlement particulier auquel sont soumis ses habitants. Quand dira-t-on enfin la vérité.. rien que la vérité?

XXXVI, ligne 22 : *De Bouddha.* Il y a des Israélites en Chine.

XXXVII, ligne 7 : *Plus méprisés que dans le Maroc,* malgré les admirables efforts de sir Montefiore pour leur entière émancipation.

XXX X, ligne 10 : *Soyez justes!* M. le professeur Eschbach l'a été, et on lira avec plaisir les extraits de son excellente *Introduction générale à l'étude du droit,* que nous avons reproduits ci-dessous, page 463. Nous sommes heureux d'avoir, à notre insu, exprimé les mêmes vues et soutenu la même thèse que le savant professeur.

XL, lignes 30-31 : *Accusés d'avoir falsifié leurs Écritures.* C'est le reproche que Mahomed leur adresse dans plusieurs passages du Koran.

XLVII, ligne 18 : *Sergent de Dieu.* Paroles de saint Louis, lorsqu'il planta le drapeau de la France sur le rivage de Tunis.

Page 18, ligne 9 : *Par une large interprétation,* qui est celle de la Cour de cassation. Voir le *Droit* du 29 mai 1865 et notre *Appendice.*

Page 24, ligne 4 : *A ces questions.* Nous devons pourtant mentionner ici la décision du Conseil de l'Ordre des avocats d'Alger concernant l'Israélite Mᵉ Enos, aujourd'hui défenseur à Sétif, et un travail de cet Israélite publié dans le *Journal de jurisprudence* de Mᵉ Robe. Vol. 1862 page 87, et 1864 page 61.

Page 33, ligne 2 : *Contraire à ceux déjà consacrés.* Tout récemment un arrêt rapporté dans notre Appendice, et accusant un revirement de jurisprudence, a été rendu par la Cour d'Alger, et ce revirement est d'autant plus remarquable qu'il est postérieur à l'arrêt de la Cour de cassation (affaire Courcheya), également rapporté ci-dessus.

Page 35, ligne 23 : *Est-il possible de concevoir un Français qui n'est pas gouverné... par la loi française?* Le Sénatus-consulte sur la naturalisation algérienne vient de répondre oui. Et ce n'est pas une de ses moindres singularités. En vertu de ce sénatus-consulte, Arabes et Israélites (car ils sont rangés sur la même ligne) sont également Français. Ils l'étaient déjà, suivant nous, et comme ils le sont aujourd'hui... Français *sui generis.*

Page 40, ligne 13 : Voir à l'Appendice, *Arrêt du Conseil d'État,* cette décision.

Page 55, ligne 15 : *Coutume de Soria.* Voir, à l'Appendice, un arrêt de la Cour d'Alger.

Page 65, ligne 22 : *Mais d'où leur viendrait ce privilége du mépris?* Il va sans dire que nous n'avons voulu parler que des reproches *sérieux,* et *sérieusement* adressés aux Israélites. Pour les autres, pour ces persifflages du préjugé et de la prévention que nous appellerions volontiers *reproches à la Toussenel,* du nom du spirituel, mais pamphlétaire auteur des *Juifs rois de l'époque,* la nature de notre travail ne nous permettait pas de nous en occuper. Les Juifs sont trop souvent, aux yeux des Musulmans et d'un grand nombre de Chrétiens, ce que sont les Chrétiens *croyants et pratiquants,* aux yeux de certains Chrétiens de nom et d'apparence seulement, qui n'ont ni la foi ni les œuvres. C'est toujours le même sophisme : *Unus, ergo omnes!* Tel Juif est un Shirlock, tel Chrétien, un Tartufe; donc tous les Juifs sont des usuriers, tous les Chrétiens des hypocrites! Ne dirait-on pas que que la raison n'a été donnée à beaucoup d'hommes, que pour déraisonner ? — A l'adresse de ceux qui seraient tentés, en Algérie, de succomber à ce danger, citons une des plus belles pages de la remarquable *Introduction à l'étude du Droit,* d'un très-regrettable professeur à la Faculté de droit de Strasbourg :

« Dans nos campagnes, on travaille aussi très-activement à la régénération des populations des Israélites; mais on ne répare pas en cinquante années l'état moral d'un peuple dégradé par dix-huit siècles d'ilotisme et de persécutions. Avec le temps, on parviendra à mettre les Israélites attardés au niveau moral de leurs concitoyens, mais il faut tenir compte des difficultés, et la plus grande peut-être est celle qui provient des Chrétiens eux-mêmes. Ils nourrissent contre les Israélites une antipathie religieuse, une prévention hostile qui empêche ceux-ci de se relever du dégradant servage dans lequel leurs pères furent humiliés et pressurés pendant des siècles par l'esprit contraire à celui de 1789. Cette prévention tend chaque jour à s'effacer dans les régions supérieures de la société, mais elle est encore singulièrement tenace parmi les populations de nos campagnes.

« . . . . . . On entend répéter sans cesse que le malaise et même la ruine de nos paysans doivent être attribuées aux spoliations des Israélites qui vivent au milieu d'eux. C'est de l'exagération. Il y a mille et une causes qui expliquent parfaitement la décadence du paysan alsacien, et parmi lesquelles disparaît, comme imperceptible, l'action de quelques exploiteurs israélites. Ces causes sont générales et spéciales, car il n'y a pas que le paysan alsacien qui soit aux abois. On sait que les embarras de la fortune foncière sont extrêmes en France; que la dette hypothécaire s'y élève au chiffre monstrueux de près de 12 milliards; que quarante-six départements sont grevés de plus de 100 millions, et que dans ce nombre le Bas-Rhin n'occupe que le vingt-neuvième rang, et le Haut-Rhin le trente-cinquième. Il y a donc à ce malaise général une cause commune que le gouvernement cherche à combattre par ses établissements de crédit foncier. Évidemment, notre enseignement religieux y est pour quelque chose. Il est bien difficile que l'enfant auquel le catéchisme représente les Juifs comme les bourreaux de son Dieu ne conserve pas contre eux un sentiment d'horreur alors même que l'enfant devenu homme s'élève par la raison jusqu'à comprendre et pratiquer la tolérance.

« . . . . . Puis, on reproche aux Israélites de déserter les arts, les métiers et l'agriculture, de ne s'adonner qu'au mercantilisme et à l'usure, et de ne pas se fusionner dans la grande famille française. Il y a du vrai dans ce reproche, mais il ne faut pas se laisser aller à l'exagération. Tout observateur philosophe et de bonne foi reconnaîtra que de notables efforts sont faits par la partie intelligente de la population israélite, et que des progrès sensibles ont été realisés. Dans le département du Haut-Rhin, une société philanthropique s'est formée et fonctionne dans le but de faciliter aux Israélites pauvres l'apprentissage des arts et métiers. Dans le département de Bas-Rhin, l'ordonnance royale du 18 avril 1842 a reconnu comme établissement d'utilité publique la Société d'encouragement au travail en faveur des Israélites indigents. Cette école de travail prend chaque jour un développement qui ne rencontre d'autres obstacles que celui des ressources trop limitées dont elle peut disposer. Il en sort annuellement de jeunes artisans avec l'esprit cultivé et le cœur épuré, qui substituent ainsi un honnête métier dans lequel ils excellent presque tous, aux habitudes mercantiles qui furent fatalement imposées à leurs parents. Dans les campagnes, chaque communauté juive entretient une école où se donne aux enfants l'instruction intellectuelle et morale. Dans les villes, les jeunes gens israélites fréquentent les lycées et les facultés, d'où ils sortent pour se distinguer généralement dans les arts, dans les sciences, dans les carrières libérales et sous les drapeaux de la France. Enfin, ceux de la génération moderne qui s'adonnent au commerce y apportent généralement des lumières et des procédés qui attestent un progrès réel. Leurs transactions commerciales sont marquées au coin d'une loyauté qui affaiblit de jour en jour, la vieille accusation de mercantilisme et qui tout en étendant leur crédit, leur concilie l'estime publique. »

Eschbach, *Introduction à l'étude du Droit*, 2ᵉ édit.

Page 67, ligne 17 : *Accusation de lâcheté.* Qu'on en juge par la conduite des Israélites d'Oran en 1833! Ils résistèrent courageusement, de concert avec les Français, aux tentatives des Arabes pour rentrer dans cette ville, et, à cette occasion, le chef de la nation juive fit entendre à des officiers français, tout étonnés d'un si patriotique langage, ces belles paroles : « N'est-ce pas que nous nous défendions, en défendant la France?

Nous pourrions citer plusieurs autres faits protestant contre la prétendue lâcheté des Israélites. Au XIIIᵉ siècle, 30,000 Juifs combattaient vaillamment pour Adolphe de Nassau. Deux siècles auparavant une armée portugaise avait eu pour généralissime le Juif Jébaïm.

La marine russe a un grand nombre de matelots israélites.

L'armée française compte dans ses rangs non seulement de simples soldats, mais encore des officiers supérieurs. S'est-on jamais plaint de leur lâcheté?

Page 180, ligne 27 : *Capitulation du 5 juillet* 1830. — Cette capitulation, quoique le contraire ait été plusieurs fois jugé, ne s'appliquait, dans la pensée de ses signataires, qu'aux habitants de la ville, et tout au plus de la banlieue de la ville d'Alger. C'est du moins l'opinion qui prévalut dans le sein de la *Commission d'Afrique*. Mais ce qui est hors de conteste, c'est que par le mot *classes d'habitants*, employé dans cette capitulation, il faut entendre les diverses classes ou genres de population habitant Alger, et par conséquent les Israélites; au reste, ne fût-on pas d'accord sur ce point, il suffit aux Israélites que les actes législatifs postérieurs les aient toujours considérés comme régis par leur lois et coutumes particulières.

Page 209, ligne 12 : *Triomphe du droit français sur le droit israélite*. Le tribunal d'Alger, conformément aux conclusions de M. de Thevenard, alors procureur impérial à Alger et aujourd'hui substitut au tribunal de la Seine, a soutenu la thèse contraire à la notre, dans un jugement fort remarquable rendu sous la présidence de M. le président Marion. (Voir Appendice, le jugement et ses conclusions.) Consulter sur la succession israélite, Joh. Seldeni, *de Successionibus*. Édit. nov. MDCXCV.

Page 233, ligne 32 : *Arrêt Saiget c. Karsenty*. Voir dans l'*Appendice* cet arrêt cité avec l'arrêt Cordonnier c. Dayan.

Page 234, ligne 18 : *Un membre distingué de la cour*, M. le conseiller Cazamajour, qui prit le pseudonyme de *Grandmaison*.

Page 254, ligne 16 : *La femme israélite, n'étant ni Française ni assimilée à une Française*. D'après nous, bien que d'après le sénatus-consulte du 8 juillet 1865, la femme israélite soit déclarée française, néanmoins, comme elle reste régie par son statut personnel, c'est encore aujourd'hui une grave question que celle de savoir si ou non le sénatus-consulte a changé la situation juridique de la femme israélite au regard de l'hypothèque légale. — Il est regrettable que le sénatus-consulte garde le plus profond silence sur l'article 37 de l'ordonnance de 1842. — Nous craignons qu'il n'en résulte de nombreuses difficultés d'interprétations légales. L'adoption de nos idées les aplanirait toutes!

Page 331, ligne 2 : *Serment*. Un arrêt de la Cour d'Alger du 9 juin 1862 a décidé que le serment décisoire, lorsque les parties sont des israélites algériens, doit être prêté *more judaico*. Mais *quid* si le litige s'agitant entre Israélite et non Israélite, un Européen, par exemple? Le contraire eût été décidé d'après la jurisprudence métropolitaine le plus généralement suivie en cette matière.

Page 331, ligne 15 : *Ces formalités se trouveraient en contradiction avec les principes de la législation française*. Voir, à l'Appendice, l'arrêt de la Cour de cassation, ben Kanfoun c. Zermati, 20 juin 1864.

L'adoption de ce *motif* de la chambre des requêtes par la jurisprudence suffirait pour paralyser dans tous les cas douteux les dispositions de l'article 37 de l'ordonnance de 1842. — Mais nous ne pensons pas que le texte et l'esprit de cet article puissent admettre une interprétation aussi rationnelle et, ajoutons tout de suite, aussi française. Espérons que l'abrogation de l'article 37 en permettra l'application, et regrettons que le législateur algérien n'ait pas eu la sagesse d'en inscrire le principe dans cet article 37. Que de divergences de jurisprudence il eût évitées, et comme il eût ainsi concilié les exigences de la raison avec certaines nécessités locales! Dans une législation, avant tout, rationnelle, le droit ne devrait jamais être en contradiction avec la raison.

Page 332, ligne 2 : La *halisa* ou déchaussement.

Voir sur cette cérémonie et sur le Lévirat, l'*Appendice* du *Dictionnaire de jurisprudence* algérienne de M. le président de Menerville.

Page 333, ligne 23 : *C'est le devoir et l'honneur du juge d'appliquer même la loi qu'il désapprouve.* C'es ainsi que M. le premier avocat-général Mazel, dans l'affaire Juda de ben Ruben Zermati, (voir notre Appendice,) après avoir avoué que ses premières impressions n'avaient pas été tout d'abord en harmonie avec l'opinion à laquelle il s'était rangé depuis et qu'a consacrée l'arrêt de la Cour, a proclamé que « le premier honneur du magistrat, c'est le respect de la loi. »

Page 343, ligne 17 : *C'est par les Israélites qu'il couronnera son œuvre.* — Nos prévisions ont été trompées. Le Sénatus-consulte du 5 juillet 1865 a mis le Musulman et l'Israélite sur le même pied d'égalité devant la naturalisation, et, par une confusion peu d'accord, suivant nous, avec la réalité des faits, statué en même temps et à peu de chose près, dans les mêmes termes sur la naturalisation de l'un et de l'autre.

Page 348, ligne 27 : « *Va et enseigne la civilisation à tous les peuples.* » La France se montre à la fois libérale et confiante. Elle ne se borne pas à acquitter la dette d'un vainqueur généreux envers le vaincu : elle escompte les espérances de l'avenir. » (M. Delangle, rapport sur le sénatus-consulte précité.)

Page 351, ligne 12 : « *Et au succès desquels ils n'aient concouru de tout leur pouvoir.* » On peut affirmer d'avance, a dit le même M. Delangle, que les plus riches et les plus considérables parmi les Israélites se montreront impatients de pénétrer dans la voie qui leur est ouverte. D'un autre côté, la Cour d'Alger vient de déclarer dans un arrêt solennel que l'heure où les Israélites de l'Algérie pourront être « soumis à la loi civile française semble prochaine et, que la plupart et les plus éclairés d'entre eux réclament cette assimilation. »

Page 354, ligne 21 : « *Or, il va sans dire que les mêmes causes.* »
M. Delangle a dit dans son rapport sur le Sénatus-consulte du 5 juillet 1865 : « La naturalisation n'est point un droit, c'est une faveur, et avant de la concéder, il appartient à l'administration de vérifier si au-dessus des conditions officielles il n'existe pas des raisons de moralité, d'ordre, d'intérêt public qui s'opposent à ce que

le réclamant soit adopté par la nation française ; s'il n'y a pas quelque motif de craindre que ce titre de citoyen qu'il ambitionne ne soit par lui compromis et souillé : c'est une prérogative dont l'exercice est prédominant et sacré. »

Page 361, ligne 10 : *Loin de nous tout* Compelle intrare! « En Algérie, pas plus qu'ailleurs, dit très-bien le *Courrier de l'Algérie* (11 juillet 1865), il ne faut faire violence à aucune croyance, à aucune conviction, surtout quand elle touche à ce sentiment si délicat et si intime des idées religieuses ; espérons tout du temps de la raison et de l'intérêt des indigènes. » Le *Courrier* aurait pu ajouter que ce qui pour lui comme pour nous n'est encore qu'une espérance au regard des Musulmans, est déjà depuis longtemps réalisé au regard des Israélites.

Page 384, ligne 12 : « *Sion sera rachetée*, etc. Sion in JUDICIO redimetur et reducent eam in JUSTITIA. « Is. I, 27. Nous prenons ici le mot *justitia* dans le sens large de *loi* et de *droit*, par opposition au mot *judicium* auquel, à l'exemple des Romains, nous attachons le sens restreint et tout juridique de procédure ou formes du droit.

Page 385, ligne 7 : *Ces codes qu'il lit.* » Un grand nombre d'Israélites algériens travaillent comme expéditionnaires, comme clercs et même comme premiers clercs, chez des agents d'affaires, huissiers, des notaires, des avocats et des défenseurs. Nous en connaissons plusieurs qui, quoique dans le commerce, ne sont nullement étrangers soit à la théorie, soit à la pratique de notre droit.

Notons en passant que les Israélites d'Algérie savent pour la plupart bien écrire et parler français, tandis qu'aucun, ou presque aucun d'eux ne lisait, n'écrivait ou ne parlait le turc, sous la domination des Deys.

Page 387, ligne 3 : *Française par le cœur et par l'intelligence*. Nous extrayons d'un excellent article de M. Margeridon, rédacteur du *Courrier d'Oran*, les passages suivants :

« Le moindre examen suffit pour s'assurer que les aspirations au progrès se prononcent de jour en jour plus nettement au sein de la population israélite ; et les sentiments de profonde reconnaissance envers la France et l'Empereur que manifestaient hier encore tous les Consistoires de la colonie, ne prouvent-ils pas que les Israélites algériens méritaient, tout aussi bien que d'autres, d'entrer dans la famille commune?

Est-il besoin d'aller bien loin en chercher la preuve ? N'avons-nous pas sous les yeux la transformation des Israélites de France, qui, sous le rapport de la civilisation et du progrès, comme au point de vue de la fraternité sociale, ne sont inférieurs en rien à tout autre

Français, catholique ou protestant, et dont les mœurs se sont identifiées entièrement aux nôtres?

« Nous avons sous les yeux une remarquable allocution, prononcée le 8 mai dernier, à l'ouverture du nouveau Consistoire d'Oran, par M. Karoubi, président du Consistoire. Les sentiments qui y sont exprimés sont tout aussi élevés et tout aussi français que ceux dont peuvent s'honorer des Français de naissance. »

Une autre preuve des aspirations des Israélites algériens vers la cité française, c'est leur empressement à concourir, chacun selon l'étendue de ses moyens, aux frais de publication de cet ouvrage. Partout, à Alger comme à Sétif, à Constantine comme à Oran, nous n'avons eu qu'à nous en féliciter, et nous croyons de notre devoir d'en remercier publiquement ici MM. les grands-rabbins d'Alger, d'Oran et de Constantine, ainsi que les Consistoires de ces villes, et la Commission consistoriale des Israélites de Sétif, dont la population juive, ayant à sa tête MM. David Aboucaya, Nahman, Zermaty et Enos, mérite une mention particulière.

Nous avons rencontré le même zèle et le même concours parmi plusieurs Israélites de Paris, entre autres MM. les grands-rabbins Uhlmann, de très-regrettable mémoire, et Isidor, MM. Albert Kohn, Anspach, conseiller à la Cour de cassation; Bédarrides, avocat général à la même Cour, Cerfberr, président du Consistoire central; Créhange, Crémieux, Kœnigswater, Leven, avocat à la Cour impériale; M. le professeur Munck, et MM. les membres du conseil de l'*Alliance israélite*.

FIN DES NOTES.

TABLE ANALYTIQUE

Dédicace.

Préface.. I

Introduction.. V-XLIX

I. — Plan de l'ouvrage. — Esquisse générale de l'état juridique des Israélites algériens. — Ni nationalité, ni droit commun. — Exemples. — Situation judiciaire et légalité. — Entre eux. — Vis-à-vis des Musulmans. — Tribunal rabbinique. — Inégalité devant la loi. — Preuve testimoniale. — Sommaire des vexations des Juifs de France — avant 89, droit de la force, caprice du bon plaisir.. 1-15

II. — But principal de la conquête d'Alger par la France : conquête morale ou civilisation et assimilation. — Garantie de la religion et des propriétés, maintien des lois de toutes les classes d'habitants. — Cadhi maure jugeant toutes causes entre Musulmans et Israélites. — Juge royal de Bône. — Chef de la nation israélite à Alger. — Cour criminelle jugeant Israélites et Musulmans. — Tribunal rabbinique modifié. — Étendue de la juridiction civile et commerciale des tribunaux français. — Rabbins réduits à donner de simples avis. — Assimilation judiciaire des Israélites. — Leur condition administrative.. 15-23

III. — Condition civile et politique de l'Israélite. — Est-il Français ? Il n'est ni Français ni citoyen français. — Influence de la loi et de la conquête sur la nationalité. — Israélite *français commencé*. — Régi par des lois spéciales, Français *presque achevé*. — Bizarrerie, anomalie et conséquences fâcheuses de cette situation. — Exemple : hypothèque légale de la femme israélite. — Discussion. — Influence de la capitulation, de divers actes administratifs et du défaut d'autonomie sur la qualité de l'Israélite. — Il n'est ni Français ni étranger.. 23-44

V. — L'Israélite algérien doit être Français et citoyen français. — Naturalisation. — L'Israélite la demande et la mérite. — Différence à cet égard entre le Musulman et l'Israélite. — L'Israélite est *progressiste* et éminemment assimilable.. 44-47

V. — Projet de transplantation en Algérie des Maronites du Liban. — Israélites Maronites de l'Algérie. — Intermédiaires civilisateurs entre Européens et Musulmans.. 47-49

VI. — L'Israélite peut devenir Français sans cesser d'être Israélite. — Sa naturalisation, exemple et enseignement pour l'Arabe. — Israélite courtier de civilisation. — Sa naturalisation exigée par le génie et la politique de la France. — Effets commerciaux et colonisateurs de cette naturalisation 49-55

VII. — Incertitude des lois qui régissent l'Israélite algérien. — Exemples de cette incertitude. — Ne cessera que par la naturalisation........ 55-57

VIII. — Naturalisation des Israélites, acte de justice. — Générosité de la France envers les Indigènes de l'Algérie en général et les Israélites en particulier. — Israélites *judiciairement* assimilés aux Français. — Dignes d'assimilation *légale*.................................... 57-60

IX. — Rien n'empêche cette assimilation. — Capacité et dignité de l'Israélite. — Loi du prince, loi de Dieu............................. 60-62

X. — Objections contre sa naturalisation. — Envahissement des fonctions publiques. — Mépris des Israélites par les Musulmans. — Inutilité de la naturalisation. — Sympathies des Israélites algériens pour l'Angleterre. — Leur lâcheté. — Réponses à ces objections.................... 62-71

XI. — Autres objections. — Les Israélites n'ont pas besoin de naturalisation. — Loi du 7 février 1851. — Réfutation. — Quelle naturalisation nous demandons pour eux. — Elle doit être *libre* mais *collective*....... 71-80

XII. — Cette naturalisation est réclamée par le progrès législatif de l'Algérie. — Ce qu'est, en général, la naturalisation................... 80-88

XIII. — Les Israélites veulent être Français parce qu'ils aiment la France. — Comparaison avec les Musulmans. — Intérêt des Israélites à être naturalisés. — La naturalisation collective n'est pas contraire au droit public de la France. — Différence entre la naturalisation individuelle et la naturalisation collective 88-98

XIV. — Décret réorganisateur de l'Algérie (7 juillet 1864) n'exclut pas les Israélites des Conseils généraux. — Il maintient les dispositions des décrets des 27 octobre et 14 novembre 1858. — Pas de raison pour qu'il en soit autrement. — Lettre et esprit du décret de réorganisation conforme à cette interprétation. — Il en est ainsi, que l'Israélite soit indigène, français ou étranger. — Transition 98-123

XV. — Mariage israélite devant l'officier de l'état civil français. — Loi qui le régit. — Diversité de jurisprudence. — Question de droit algérien. — Qu'est-ce que ce droit ? — Statut personnel. — Peut-on y renoncer ? — Cette renonciation résulte-t-elle de la lecture du titre du Code Napoléon sur les droits et devoirs des époux ? — Article 37 de l'ordonnance de 1842. — La qualité de sujets français sans influence sur la question. — Peu importe ainsi que le mariage soit du droit des gens. — Mariage n'est pas un mode de naturalisation pour chacun des époux. — Intention des époux. — N'entendent pas devenir Français. — Présomption contraire n'existe pas ou n'est pas suffisamment prouvée. — Ni la capitulation de 1830, ni l'article 37 ne contredisent cette doctrine. — L'article 37 n'est pas abrogé. — Notre thèse est-elle antiprogressiste ? Réflexion sur le progrès législatif. 123-174

XVI. — Succession israélite *ab intestat*. — Elle est régie par le droit mosaïque. — Nature de la question. — Question de principe plutôt que de texte. — N'est pas une simple question de statut. — L'Israélite est-il ou non soumis à une loi spéciale? — Explication de l'article 37. — Loi du pays. — Il importe peu que l'Algérie soit une terre française. — L'ordonnance de 1842 consacre le statut successoral des Israélites. — Elle n'est ni modifiée ni abrogée par la loi de 1851 sur la propriété en Algérie. — Cette loi ne parle que de *transmissions* contractuelles et entre-vifs. — Reproches adressés à notre opinion. — Juge doit juger et non faire la loi........ 174-209

XVII. — Hypothèque légale de la femme israélite. — Ses effets vis-à-vis des tiers israélites et des tiers non israélites. — Est-elle pleinement identique à celle de la femme française? — Notions historiques sur le mariage rabbinique ou religieux en Algérie. — *Kéthoubah*. — Sa portée juridique. — Régime dotal, droit commun entre époux israélites.......... 209-218

XVIII. — Il n'est pas certain que la femme israélite ait une hypothèque légale sur les biens de son mari. — Cette hypothèque embrasserait meubles et immeubles. — Quand la femme peut-elle l'exercer? — *Nédunia*. — Droit de suite. — Examen de deux arrêts de la Cour d'Alger. — Position hypothécaire de la femme israélite avant et depuis 1830. — Hypothèque, droit exceptionnel. — Hypothèque légale, droit plus exceptionnel encore. — Question examinée d'après les principes généraux du droit hypothécaire et d'après la nature spéciale de l'hypothèque. — L'hypothèque légale française, privilège de la femme française. — La femme israélite ne l'a pas. — Quelle est la femme française? — Comment on est et on devient Français? — Femme israélite n'est Française ni aux termes du droit français, ni aux termes du droit algérien. — Digression historique sur la naturalisation chez les peuples anciens. — Effets de l'autorisation d'établir son domicile en France. — Nécessaire à l'étranger pour jouir des droits civils français, non à l'Israélite algérien. — Différence entre le domicile de fait et le domicile de droit à l'égard de la jouissance et de l'exercice des droits civils et politiques. — Divers systèmes sur la question. — L'hypothèque est de droit civil ou tout au moins du droit des gens modifié par le droit civil. — Diverses sortes de droits : naturel, positif, civil, des gens, pur droit civil, droit des gens modifié. — Différence entre l'hypothèque légale et l'hypthèque conventionnelle. — L'hypothèque légale ne dérive que de la seule volonté de la loi. — Non du contrat de mariage ou de l'acte de mariage, ni du mariage lui-même. — Objections tirées de la communauté légale, des servitudes légales et de la caution légale. — L'hypothèque légale peut être considérée en soi, ou comme accessoire du mariage. — Nature du statut hypothécaire. — Confirmation de notre opinion par les travaux préparatoires du Code Napoléon et par les prescriptions de la loi. — Conséquence de l'admission de la femme non française à l'hypothèque légale. — Autre confirmation de la même opinion par la doctrine et la jurisprudence. — Arrêt conforme et tout récent de la Cour de cassation......... 218-290

XIX. — Hypothèque conventionnelle de l'Israélite dans ses rapports avec les Indigènes musulmans. — Doit-elle être inscrite? Distinction à faire selon les époques. — Article 10 de l'arrêté du 28 mai 1832. — Aujourd'hui le mot *israélite* doit être tenu pour effacé de cet article. — Examen de différentes hypothèses. — Règle générale : toutes les fois que le droit d'un Musulman est en contact avec celui d'un Israélite ou Européen, pas de dispense d'exemption, le droit français doit l'emporter sur le droit musulman. — Examen et critique de divers arrêts. — Notre doctrine est rationnelle, progressiste et *française*.................................... 290-324

XX. — Vices de la législation algérienne. — Incertitudes du droit algérien à l'égard de l'Israélite. — Variations de la jurisprudence sur les plus importantes questions le concernant. — Magistrats-légistes, magistrats-législateurs. — Droit et équité, exemple. — La naturalisation fera seule cesser le *statu quo*..

XXI. — Ce que doit être la naturalisation des Israélites. — Leur Pâque législative. — Esprit et mission de la France. — Comparaison des Israélites et des Musulmans. — Nouvelles objections contre la naturalisation des premiers. — 1º Le naturaliser collectivement, ce serait prodiguer le titre de citoyen français. Réponse. — Ce que serait la naturalisation individuelle. — La conscription acceptée par les Israélites. — Naturalisation collective n'est pas le *compelle intrare*. — Elle est d'ailleurs autorisée par la législation algérienne. — 2º Cette naturalisation avilirait le titre de citoyen français aux yeux des Arabes, qui méprisent et haïssent les Israélites. — Réponse : Arabes ne les méprisent ni les haïssent. — Résumé d'une plaidoierie de Lacretelle. — Les Israélites français devant l'Assemblée constituante. — Coïncidence entre les objections contre la naturalisation collective des Juifs français de 1789 et celles contre la même naturalisation des Juifs algériens. — Considérations sur l'une et sur l'autre. — Celle des Juifs algériens n'exige ni réunion préalable de notables, ni convocation d'un sanhédrin, ni enquête préalable........................ 324-380

XXII. — Résumé de l'ouvrage. — Projet de décret de naturalisation collective. — Rédemption de la Sion algérienne par le *jugement* et par la *justice*. — Les Israélites d'Algérie, fils de la France, parce qu'ils sont Français et citoyens français................................... 380-387

APPENDICE...................................... 389

NOTES... 461

TABLE ANALYTIQUE............................... 471

TABLE ALPHABÉTIQUE............................. 475

ERRATA... 477

FIN DE LA TABLE ANALYTIQUE.

TABLE ALPHABÉTIQUE

A

Acte de mariage, 29, 147.
Administration, 64, 83.
Adoption, 59.
Algérie, 38.
Antichrèse, 263.
Aptitude à la civilisation, 61.
Arabes, 47, 85.
Assemblée des notables, 87.
Assimilation, xiv, 36, 88, 173.
Avanies, 5 et sq.
Avocat, 121.
Autonomie, 40.
Autorisation de domicile, 249.

B

Barbares, xlv, 241.
Barreau, 121.
Bible, xv.
Bigamie,

C

Capitulation, 18, 35, 39, 126, 181.
Capacité civique,
Chef de la nation juive, 20, 183.
Chrétiens, xv, xliii.
Christianisme, xv.
Citoyen français, 28, 45, 60, 64, 112.
Civilisation, 83.
Classes, 17, 181.
Codes, xxi, 45.
Colonisation, 54.
Commerce, 63.
Communauté légale, 275.
Conquête, xiii, 15, 17 et sq.
Condition administrative, 23.
Conseils civils et politiques, 23 et sq.
— généraux, 35, 39, 99.
Constitution, xx, xxxi, 38.
Convention, 144, 145.
Contrat de mariage, 273.
Cour de justice, 19.
Courtier de civilisation.

D

Déclaration, 79.
Dérogation, 138, 141.
Député civique,
Divorce, 165.
Domicile, 244.
Droit, v, vi.
— naturel, 265.
— positif, 265.
— des gens, 150.
— par droit civil, 265.
— des gens modifié, 265.
— civils et civiques, 28, 60.
— international, 125.
— français, 125, 126.
— étranger, 125.
— algérien, 123, 127, 128.
— mosaïque, 126, 127.
— musulman,

E

Ecce homo des peuples, xliii.
Economie sociale,
Enquête, 96.
Etat civil, 145.
Etranger, 21, 23, 39, 40, 43, 113, 155, 255.
Evangile, 45.
Exclusions, 60.
Expérience, viii.

F

Fait, viii.
Fonctions publiques, 40, 62.
Français, 23, 30, 39, 43, 113, 155, 236.
Francisation, 235.

G

Gage, 262-263.

H

Haine, xx.
Histoire, viii.
Hypothèque, 200 à 290.
Hypothèque de droit exceptionnel, 259.

TABLE ALPHABÉTIQUE.

Hypothèque légale, 30, 211, 259 et sq.
— conventionnelle, 254 et s.
— judiciaire, 259, 290 et s.
— de droit civil, 261, 263.

I

Incertitude des lois, 55.
Indigènes, 27, 39, 41, 162.
Inscriptions, 291 et s.
Intérêt, 90, 92.
Intermédiaires, 48.
Islamisme, 55.
Israélites, xiii, xiv, 2 et ssq.; 33, 45, 53, 70, 86, 113.

J

Jérusalem nouvelle, 67.
Judaïsme, xv, xli.
Juifs, xvi, xvii, 8, 11 et s., 53, 85.
Juridiction, 151.
Jurisconsulte, viii, ix.
Jus in re, 221.

K

Ketoubah, 215, 216.
Koran, xv, 7, 45.
Kidouscheém 214.

L

Lâchetés, 67, 68.
Législation, xiii, 22.
Liberté, 97.
Logique, 43, 69.
Loi, vi.
Lois du Christ et de Moïse, xiv, xv.
Loi du cordon, 15.
Loi du pays, 230.
Loi du prince, 46.

M

Mariage, 61, 134, 136, 153, 212, 225.
Mahométisme, xv.
Maronites, 47.
Mépris, xx, 65.
Mosaïsme, xv.
Musulmans, xiii, xiv, 43, 70, 86.

N

Nationalité, 64.
Naturalisation, xiv, 20, 34, 38, 39, 44, 71, 79, 83, 93, 237.
Naturalisation individuelle, 84, 93, 94.
— collective, 79, 81, 82, 86, 96, 97.

Naturalisation immédiate, 86, 97.
— libre, 79, 82, 86, 97.
Nédunia, 215, 223.
Notables, 87, 375.

O

Oppression, 58, 69.

P

Peregrini, 241.
Peuple juif, xxi, xxv, xxix.
Personne prodigue, 140.
Pignus, 262.
Philosophie, vi.
Politique, 165.
Polygamie,
Présomption, 134, 145.
Principes, viii, 128, 129, 211.
Privilége,
Progrès, iii, 44.
Progressiste, iii, iv.
Promulgation, 77.

Q

Question d'Etat, 145.

R

Rabbin, xlv, 7, 22.
Régime matrimonial, 62.
Religion, v, 62.
Renaissance, xlv.
Renonciation, 132, 134, 143, 157.
Résidence, 243, 249.
Réserve légale, 275.

S

Sanhédrin, 71, 88.
Serment, 331.
Servitude légale, 275.
Soria, 55.
Statut, 25, 126, 141, 152, 157, 280.
Succession, 175 à 209.
Sujet français, 23, 45, 85, 142.

T

Talmud, 6, 71.
Tiers, 209.
Transcription, 296 et s.
Transmission, 195, 199.
Tribunal rabbinique, 7, 21.

Z

Zeckhat, 40.

FIN DE LA TABLE ALPHABÉTIQUE.

ERRATA

Pages.	Lig.	Au lieu de :	Lisez
XI	11	le besoin,	ce besoin.
XIII	25	naturelle,	matérielle.
XIX	12	exaspérer,	exagérer.
XXVI	24	peuple,	comme le peuple.
XXVIII	20	s'il est vrai,	il est vrai.
XXXI	20	motif,	texte.
XLII	9	représente,	raconte.
10	22	victorieux,	(à retrancher).
13	18	enfin,	(à retrancher).
14	22	Merlin et,	Merlin? Et
16	30	ignonumieux, que,	ignominieux? Que.
15	5	méritent,	mérité.
34	4	affirmative,	négative.
53	14	de langue,	de la langue.
57	11	1860,	1865.
61	23	violentent,	violent.
76	2	doctrines,	décisions.
92	92 (note)	1864,	1844.
96	26	agrégateur,	agrégation.
117	27	*benius,*	*benignius.*
152	27 (note)	Jura judicia,	Jura, judicia.
160	31 (note)	estions,	(à retrancher).
167	19	de cette leçon,	(à retrancher).
187	6	la preuve est,	la preuve en est.
Id.	30	teneos,	*teneur.*
204	31	*acumina,*	*acumine.*
206	32 (note)	*pendeent,*	*penderent.*
235	10	natiolités,	nationalités.
246	14 et 15	ces deux lignes se suivent, avec une virgule, après « univers. »	
255	26	depuis,	avant.
303	28 (note)	réversion,	rescision.
322	6	affranches,	affranchies.
324	10	testamentaire,	*ab intestat.*

ERRATA.

Pages.	Lig.	Au lieu de :	Lisez
326	13	leur conséquence,	leurs conséquences.
328	5	jurisprudence, judœo-algérienne,	jurisprudence judæo-algérienne, peut-être.
329	12	chartres,	chartes.
329	7	mériterait,	méritait.
331	2	testimoniale et du serment,	testimoniale, du serment.
334	5	n'est pas rectifiée,	n'est pas toujours rectifiée.
339	3	« souvent, »	(à retrancher).
Id.	16	« selon, »	(Id.)
345	1 (note)	peresset,	superesset.
354	(note)	6000,	3000.
356	5 (note 2)	que sa,	dans sa.
359	27	contre,	centre.
362	18	accroupir,	croupir.
364	31	doit être,	devait être.
Id.	32	c'est,	ce serait.
370	9	il ne put,	« il ne put.
Id.	14	politiques,	politiques. »
378	5	après,	avec.

FIN DE L'ERRATA.

www.ingramcontent.com/pod-product-compliance
Lightning Source LLC
Chambersburg PA
CBHW071412230426
43669CB00010B/1530